# SHOW-HEY シネマルーム

## 40

2017年下半期 お薦め50作

弁護士

坂和章平

# はじめに

『シネマルーム４０』は２０１７年４月１日から２０１７年９月３０日までに観た洋画８０本、邦画３０本、計１１０本の映画から２０１７年下半期お薦め５０作を選び、まとめたものです。

<第１章　第８９回アカデミー賞>
１）第１章は、まず『シネマルーム３９』で収録できなかった、作品賞・脚色賞・助演男優賞の三冠に輝いた❶『ムーンライト』、ケーシー・アフレックが主演男優賞を受賞した❷『マンチェスター・バイ・ザ・シー』、外国語映画賞を受賞した❸『セールスマン』を収録しました。続いて、作品賞、脚本賞、助演男女優賞にノミネートされながら惜しくも無冠に終わった❹『ＬＩＯＮ/ライオン　～２５年目のただいま～』、次にイザベル・ユペールが主演女優賞を逃した❺『エル　ＥＬＬＥ』を収録しました。

２）第８７回と第８８回は主演男女優賞と助演男女優賞にノミネートされた２０名が白人ばかりで、黒人が１人もいなかったことが「白すぎるオスカー」と強く批判されました。第８９回はその反動もあって、監督賞、主演女優賞など主要６部門は『ラ・ラ・ランド』が受賞したものの、作品賞と脚色賞は『ムーンライト』が、そして助演男優賞は『ムーンライト』の黒人俳優マハーシャラ・アリが受賞しました。他方、大方の予想を裏切って登場したトランプ米大統領が公約通り、７カ国からの入国禁止の大統領令に署名したことに抗議して、『セールスマン』のアスガー・ファルハディ監督と主演女優のタラネ・アリドゥスティが、事前に式典への欠席を表明していたにもかかわらず、下馬評通り見事に外国語映画賞をゲットしました。授賞式での作品賞の読み間違いは前代未聞のご愛嬌でしたが、トランプ大統領批判がてんこ盛りとなった授賞式での同作の受賞は大きな話題を呼びました。本書で「このイラン人監督作品は必見！」と実感して下さい。

３）なお、録音賞と編集賞を受賞した『ハクソー・リッジ』は第５章に、音響編集賞を受賞した『メッセージ』は第７章に収録しています。

<第２章　この巨匠のこの作品に注目！>
１）ポーランドの巨匠アンジェイ・ワイダ監督が２０１６年１０月９日に死去したことは、その遺作となった『残像』の公開と相まって大きな話題を呼びました。しかし、世界の巨匠の面々はまだまだ元気です。そこで第２章では、まず「英国病」がさらに悪化したことによって広がった格差と貧困を告発するために引退宣言を撤回してまで鋭い問題提起をしたケン・ローチ監督の❶『わたしはダニエル・ブレイク』、８０歳を越えてなお毎年喜劇の演出に意欲を燃やす山田洋次監督のさらに上をゆくウディ・アレン監督がハリウッド（西海岸）とニューヨーク（東海岸）を股にかけた恋愛劇を演出した❷『カフェ・ソサエティ』、イタリアの巨匠マルコ・ベロッキオが『瞼の母』（６２年）ならぬ「母もの」に挑戦した❸『甘き人生』を収録しました。

２）続いて、２００８年の北京オリンピックの総合監督を務めた張藝謀（チャン・イーモ

ウ）監督が、ハリウッド俳優のマット・デイモンを主役に起用した、米中合作の❹『グレートウォール』そして、台湾の巨匠楊德昌（エドワード・ヤン）監督の❺『牯嶺街（クーリンチェ）少年殺人事件』を収録しました。台湾ニューウェーブを代表する、侯孝賢（ホウ・シャオエン）監督の『非情城市』（８９年）に並ぶ、上記作品は４時間にも及ぶ『ウエストサイド物語』（６１年）にも似たストーリーですが、４Ｋレストア・デジタルリマスター版で蘇ったその充実感と満足感をたっぷり味わってください。
3）第２章では、さらに日本の巨匠、三池崇史監督の❻『無限の住人』、黒沢清監督の❼『散歩する侵略者』にも注目です。

## ＜第３章　この若手監督のこの作品に注目！＞
1）第３章では、まず、イラン政府によって２０年間の映画製作禁止処分を受けたジャファル・パナヒ監督の❶『人生タクシー』、１９６９年にボスニア・ヘルツェゴビナで生まれたダニス・タノヴィッチ監督の❷『汚れたミルク　あるセールスマンの告発』が必見！前者はパナヒ監督自身がタクシー運転手になって、乗客との対話を楽しむ軽いノリの映画です。しかし、何とその乗客は①映画のＤＶＤ海賊版の密売人、②交通事故で血まみれになった男とその妻、等の他、③友人の人権派弁護士、④将来の映画監督を目指す姪っ子まで・・・。そこで交わされる際どい会話（？）の数々に注目です。これはひょっとして、人権派弁護士への弾圧がより強化されている習近平体制下の中国でも参考になる映画作りの一方法かも・・・？後者はかつての「森永ヒ素ミルク事件」との対比が不可欠な社会問題提起作です。
2）続いて、フランスの道化師カップルであるドミニク・アベル、フィオナ・ゴードンが、製作・監督・脚本・主演した❸『ロスト・イン・パリ』、自らもサーミ人の血を引くスエーデン人の女性監督、アマンダ・シェーネルの❹『サーミの血』に注目です。
3）さらに、日本人も若手監督では負けていません。長谷井宏紀監督の❺『ブランカとギター弾き』、三島有紀子監督の❻『幼な子われらに生まれ』、熊澤尚人監督の❼『ユリゴコロ』に注目して下さい。

## ＜第４章　人生とは？男の生き方、女の生き方＞
1）イギリスのＥＵ離脱と米国でのトランプ大統領の誕生。この２つに象徴される世界の潮流の変化は劇的かつ深刻なものになっています。アメリカに続く、イラン、フランス、韓国での大統領選挙もそれに輪をかけたうえ、ミサイルと核を巡る北朝鮮の動静は世界に不安と危機を与え続けています。そんな中、人間の生き方も大きく変化し、人生とは？人間の生き方とは？を考えさせる名作が次々誕生しています。そこで、第４章にはその最新作を収録しました。
2）男同士の友情をテーマとした名作は昔からたくさんありますが、そこに新たに誕生したのがスペインのゴヤ賞で主要５部門を受賞した❶『しあわせな人生の選択』です。末期ガンでの延命治療を拒否し、スペインで愛犬と共に過ごす男をカナダから古い友人が訪問。その４日間の滞在で２人の男が見せるホンモノの友情とは？幸せな人生の選択とは？何とも濃密な４日間の人生ドラマをしっかり味わいたいものです。男同士の渋い演技が光った同作に対し、イタリアのアカデミー賞と呼ばれるダヴィッド・ディ・ドナテッロ賞で７部

門を受賞した❷『歓びのトスカーナ』は、精神病院を舞台としながら、ハジけるように陽気なヒロインとそれに引きずられるようにたくましく成長していく、元々無口で陰気だったヒロイン２人の、『テルマ＆ルイーズ』（91年）を彷彿させる脱出劇ロードムービーです。２人のヒロインのオードリー・ヘップバーン風の颯爽とした服装（？）にも注目しながら、たくましく生きるイタリアの精神病患者の生キザマをしっかり味わいましょう。

3）次に、ポーランドの巨匠アンジェイ・ワイダ監督の遺作となった❸『残像』が社会主義政権下、表現の自由を求めて生きた画家ウワディスワフ・ストゥシェミンスキの苦悩を描いたものなら、❹『僕とカミンスキーの旅』に登場したカミンスキーは盲目の画家です。『交響曲第１番　ＨＩＲＯＳＨＩＭＡ』を作曲したのは新垣隆氏で、聴覚障害の作曲家・佐村河内氏はフェイクだったという真相に日本中が驚かされましたが、85歳の盲目の画家と31歳の自称新進の美術ジャーナリストが織りなす「弥次喜多道中」ならぬロード・ムービーは、ハチャメチャです。前者では現在の中国やイランにおける芸術家の生き方に思いを至らせながら広い教養人の確立を目指し、後者では何がホントで何が嘘かをしっかり見極める人生の達人を目指したいものです。

4）弁護士は嫌な事件の受任を拒否できますが、医師は治療を拒否することはできません。もちろん、診療時間の制約等はありますが、「もし、あの時ドアを開けていれば・・・。」そんな後悔にさいなまれる若き女医の生き様に焦点を当てた問題作が❺『午後８時の訪問者』です。他方❻『夜明けの祈り』は、ポーランドの修道院で起きた集団レイプ事件で６人の修道女が妊娠したことを知った赤十字病院に勤務する女医の活躍を描いた問題作です。赤ちゃんの命の大切さと共に、今なお世界で起きている惨状に思いを巡らせたいものです。

5）第３章には、さらに父と娘の愛をテーマにした❼『ありがとう、トニ・エルドマン』、と母と娘の愛をテーマにした名作❽『娘よ』を収録しました。『ありがとう、トニ・エルドマン』で見せる父親の娘への愛情（おせっかい）は、ありがた迷惑をこえた詐欺まがい、ストーカーまがい。こんな父親はもうイヤ！そんな娘の叫びが聞こえてきそうですが、さて162分という長尺が織り成すハチャメチャな物語の行き着く先は・・・？他方、日本でも戦国時代では大名間の「政略結婚」が当たり前だったように、パキスタンでは今でも部族間の「児童婚」があるそうです。部族間の同盟のため、10歳の娘をじいさんの嫁に。決定されれば従うしかないのが部族の掟だから、それを破って逃走でもしようものなら・・・？1999年の実話を基にパキスタン人の女性監督が魂の叫びを映画にした同作は、平和ボケした今の日本人に必見です。

＜第５章　こんな戦争も、あんな戦争も！＞
1）第５章では、まず、第２次世界大戦の沖縄戦における良心的兵役拒否者の大活躍（？）を描いたメル・ギブソン監督の❶『ハクソー・リッジ』、クリストファー・ノーラン監督の❷『ダンケルク』に注目！
2）続いて、日中戦争時の山東省の鉄道駅を舞台化した❸『レイルロード・タイガー』、司馬遼太郎の原作を原田眞人監督が映画化した❹『関ヶ原』に注目です。これまで俳優としてはもとより、監督・脚本・歌手・プロデューサーとして関わってきた映画が200本以上となり、2016年にはアジア人俳優として初めてアカデミー名誉賞を受賞したジャッキー・チェンは既に還暦を越えましたが、そのアクションはなお現役です。他方、大ヒッ

トした『関ヶ原』では石田三成役の岡田准一はもとより、『三度目の殺人』で何ともクセのある殺人犯を演じた役所広司の老練な徳川家康にも注目です。

3）ヒトラー映画では新たに、ヴァンサン・ペレーズ監督の❺『ヒトラーへの２８５枚の葉書』、ショーン・エリス監督の❻『ハイドリヒを撃て！「ナチの野獣」暗殺作戦』が登場します。

4）戦争は刀や剣そして銃や大砲を伴ったものばかりではなく、男同士の決斗やスパイ戦・知能戦も含まれるうえ、資本主義の確立後は経済成長・企業戦争も激烈です。第5章では、そんな視点から❼『ある決闘　セントヘレナの掟』と❽『潜入者』、そして❾『ファウンダー　ハンバーガー帝国のヒミツ』と❿『ゴールド　金塊の行方』を楽しんで下さい。

＜第６章　「裁判モノ」あれこれ＞
1）大阪弁護士会は「弁護士は、依頼者を守るために徹底的に向き合います。」というキャッチフレーズを掲げて❶『三度目の殺人』を応援しました。それは一体ナゼ？　そんな視点を含めて、役所広司ＶＳ福山雅治の拘置所内での「対決」に注目し、真実と向き合うことがいかに大変かを実感して下さい。また❷『２２年目の告白　私が犯人です』では今風の劇場型犯罪のあり方を、❸『ＨＥＲ　ＭＯＴＨＥＲ』では「娘を殺した死刑囚との対話」という一風変わった視点からの人間観察に注目です。

2）子供は誰のもの？産みの母？それとも育ての母？　それは昔から大きなテーマですが、❹『光をくれた人』からそれをじっくり考えてみてください。他方、インドにも本格的裁判モノが登場！　日本やアメリカの「法廷モノ」とは全く異質な「カースト制度」への批判を内在させた❺『裁き』の問題提起をしっかり受け止めて下さい。

＜第７章　映画から何を考える＞
1）映画は娯楽であると同時に、学びの場。それが私のモットーですが、日本にあった「ナミヤ雑貨店」とフィリピンにあった「ローサの雑貨店」で起きた２つの事件を描く❶『ナミヤ雑貨店の奇蹟』と❷『ローサは密告された』から、あなたは何を学びますか？　また、原発は維持？それとも廃止？それは大きな政治テーマであると同時に国民の選択の問題です。❸キム・ギドク監督の『ＳＴＯＰ』と❹廣木隆一監督の『彼女の人生は間違いじゃない』から、それをしっかり考えてください。

2）昨今はハリウッドの大型「ＳＦモノ」が大はやり。❺『メッセージ』はその１つです。それに対して、❻『きっといい日が待っている』はＳＦモノではありませんが、同じ宇宙飛行士がテーマ。さて、そこで主人公とされた宇宙飛行士を目指す少年の生きザマは・・・？

3）映画は面白い芸術で、様々なジャンルと形式があります。そこで、第7章では「グランドホテル」形式の❼『サラエヴォの銃声』と「ワンシチュエーション・ドラマ」の❽『おとなの事情』を対比しながら、それぞれの面白さを味わって下さい。映画って本当に総合的な芸術だということ、そして監督の視点によっていかようにも作ることができるものだということが実感できるはずです。

２０１７（平成２９）年１０月２０日

弁護士　坂　和　章　平

# 目　　次

## 第4章　人生とは？男の生き方、女の生き方

## 第5章　こんな戦争も、あんな戦争も！

# 第1章
# 第89回アカデミー賞

## 作品賞・主演男優賞・外国語映画賞は？

**ムーンライト（作品賞・脚色賞・助演男優賞）**
**マンチェスター・バイ・ザ・シー（主演男優賞・脚本賞）**
**セールスマン（外国語映画賞）**

**ＬＩＯＮ／ライオン　〜25年目のただいま〜**
**（作品賞・助演男優賞・助演女優賞・脚色賞）**
**エル　ＥＬＬＥ（主演女優賞）**

**SHOW-HEY シネマルーム**

★★★★

**Data**

監督・脚本：バリー・ジェンキンス
出演：トレヴァンテ・ローズ／アシュトン・サンダース／アレックス・ヒバート／マハーシャラ・アリ／ナオミ・ハリス／／ジャネール・モネイ／アンドレ・ホーランド／ジャハール・ジェローム

**ムーンライト**

2016年・アメリカ映画
配給／ファントム・フィルム・111分

2017（平成29）年4月8日鑑賞 ｜ TOHOシネマズ西宮OS

## 👀 みどころ

　第89回アカデミー賞での『ラ・ラ・ランド』と『ムーンライト』の読み違えミスは論外だが、「昨年はホワイト！今年はブラック！」は、一体なぜ？それを考え、分析するためにも、本作は必見！

　男の成長物語はどこにでもあるが、2人の男の少年期、高校生、30歳頃を別々の俳優が切れ目なく演じるのは大変。しかも、「リトル」だった主人公は30歳代では鍛え上げた肉体美の男に変身！

　今や男同士の同性愛の物語も多いが、本作のそれをどう見る？また、主人公たちの「成長」をどう読み解く？そして、それは感動的？それとも、少しは違和感も・・・？

―― * ―― * ―― * ―― * ―― * ―― * ―― * ―― * ―― *

### ■□■昨年はホワイト！今年はブラック！■□■

　今年のアカデミー賞のトピックスは2つある。1つは作品賞について、『ラ・ラ・ランド』（『シネマルーム39』10頁参照）と『ムーンライト』のまさかの読み上げミス。これはひどかったが、関係者達の冷静沈着な対応によってコトなきをえたから、結果オーライに。第2は「昨年はホワイト！今年はブラック！」になったこと。つまり、昨年の2016年2月28日に発表された第88回アカデミー賞は、演技部門にノミネートされた俳優が白人で占められていたため、「白すぎるオスカー」と呼ばれたが、2017年2月27日に発表された今年の第89回アカデミー賞では、黒人を起用した本作のような映画が話題を集め、また黒人俳優が次々と個人賞を受賞した。

　本作のパンフレットには、「LGBTQをテーマにしたラブストーリーが作品賞を受賞し

たのはアカデミー賞史上初」と書かれている。また、新聞紙評では、「トランプ政権成立で少数派に対する偏見や差別が助長されるなか、ハリウッドの映画人たちが良心の証しとして本作を強く推した結果といえよう」（映画評論家　中条省平　３月３１日　日本経済新聞）をはじめとして、「地味だがハリウッドの底力を証明する秀作だ」等の称賛の言葉が並ぶし、キネ旬４月下旬号の「ＲＥＶＩＥＷ 日本映画＆外国映画」でも、3氏が星4つ、3つ、4つをつけて称賛している。『Ｆｅｎｃｅｓ』で黒人女優のヴィオラ・デイヴィスが助演女優賞を受賞したのと合わせて、「昨年はホワイト！今年はブラック！」となった第８９回アカデミー賞の内容をしっかり検証したい。

『ムーンライト』
３月３１日（金）、ＴＯＨＯシネマズシャンテ他にて全国公開　配給：ファントム・フィルム
© 2016 A24 Distribution, LLC

『ムーンライト』
３月３１日（金）、ＴＯＨＯシネマズシャンテ他にて全国公開　配給：ファントム・フィルム
© 2016 A24 Distribution, LLC

## ■□■ 「同性愛」については『ブエノスアイレス』の影響を！■□■

　本作のパンフレットにはバリー・ジェンキンス監督のインタビューがあり、そこでは同性愛を描いた映画をウォン・カーウァイ監督の『ブエノスアイレス』（９７年）ではじめて観たし、字幕で映画を観るのもそれがはじめてだったと語られている。さらに、本作でカエターノ・ヴェローゾの「ククルクク・パロマ」を選曲したのは、『ブエノスアイレス』の直接的なオマージュであることをはじめ、『ブエノスアイレス』の影響が大きかったことを告白している。ウォン・カーウァイ監督が、地球上のちょうど香港の裏側にあるアルゼンチンのブエノスアイレスという異国の地を舞台とし、レスリー・チャンとトニー・レオンという香港の二大俳優を起用して同性愛を描いた『ブエノスアイレス』を私は２００４年７月４日に観たが、バリー・ジェンキンス監督と同じように私にとってもこれはショッキングな映画だった（『シネマルーム5』２３４頁参照）。

　もっとも、『ブエノスアイレス』では男同士の抱擁シーンやキスシーンそしてベッドシーンが再三スクリーン上に登場したが、本作の第1部「リトル」ではそれらしきものは雰囲気だけ。また、具体的な「行為」は、第2部「シャロン」における、月明かりが輝く夜の浜辺で、ほんの少しだけ互いの唇が触れ、互いの手がうごめくシーンだけ・・・。そして、

そんなシーンを美しいと感じるかどうかは、『ブエノスアイレス』を観た時と同じように、あなたの感性次第・・・。

## ■□■原案は？資金は？■□■

本作のパンフレットにあるプロダクションノートによれば、本作の原案になったのは、劇作家タレル・アルバン・マクレイニーという黒人が書いた「In Moonlight Black Boys Look Blue」と題する短い戯曲。そして、偶然にも、バリー・ジェンキンス監督もタレル・アルバン・マクレイニーも危険で荒れたリバティシティの公営住宅に育ち、学年は違うものの同じ小、中学校に通い、2人とも重度の麻薬中毒である母親に育てられたらしい。なるほど、なるほど・・・。

『ムーンライト』
3月31日（金）、TOHOシネマズシャンテ他
にて全国公開 配給：ファントム・フィルム
© 2016 A24 Distribution, LLC

『ムーンライト』
3月31日（金）、TOHOシネマズシャンテ他
にて全国公開 配給：ファントム・フィルム
© 2016 A24 Distribution, LLC

他方、ブラッド・ピットはハリウッドを代表とする俳優だが、彼は同時に、「プランBエンターテインメント」という会社の創業者としてプロデュース活動にも力を注いでいる。その「プランBエンターテインメント」がプロデュースした第一作『ディパーテッド』（06年）（『シネマルーム14』57頁参照）は見事にアカデミー賞を受賞し、『ジェシー・ジェームズの暗殺』（07年）（『シネマルーム18』35頁参照）や『ツリー・オブ・ライフ』（11年）（『シネマルーム27』14頁参照）、『それでも夜は明ける』（13年）（『シネマルーム32』10頁参照）、『グローリー ─明日への行進─』（14年）（『シネマルーム36』162頁参照）、『マネー・ショート 華麗なる大逆転』（15年）（『シネマルーム37』232頁参照）も高い評価を受けている。しかして、本作の脚本が「プランBエンターテインメント」に持ち込まれ、即採用となったことで、本作の資金調達は完了した

らしい。なるほど、なるほど・・・。

## ■□■出演者は？同一人物を3人の俳優が切れ目なく！■□■

本作は、「黒人映画」が強調され、さらに「同性愛」がテーマとして大きく浮上しているが、本筋はあくまで自分の居場所を求めて幼少期から30歳代までの人生を歩んできた1人の男の成長物語。その主人公がシャロンで、いつもその側に寄り添っているのが親友の

ケヴィンだ。

　本作はそのストーリーを、第1部「リトル」（月明かりで、お前はブルーに輝く）、第2部「シャロン」（泣きすぎて、自分が水滴になりそうだ）、第3部「ブラック」（あの夜のことを、今でもずっと、覚えている）で構成しているので、少年期、高校生、３０歳頃のシャロン役とケヴィン役を演ずる俳優を合計６名キャスティングする必要があったが、それは結構難しい作業。しかして本作には、シャロン役の少年期、高校生、３０歳頃を演ずる３人の俳優と、ケヴィン役の少年期、高校生、３０歳頃を演ずる３人の俳優が登場するが、途中で俳優がガラリと変わることによって物語に違和感が生まれてはならないのは当然。さあ、本作のその点の出来は如何に？

　パンフレットにあるバリー・ジェンキンス監督のインタビューによれば、本作の主人公シャロンとその友人ケヴィン役を演じる俳優を３人ずつ用意するのが大変だったそうだが、本作はたった２５日間で撮影した低予算映画だから、大スターを集め、大予算を組む近時のハリウッド大作とは全く異質のハリウッド映画に仕上がっているらしいから、そこに注目！もっとも、本作で第８９回アカデミー賞助演男優賞を受賞したのはシャロン役やケヴィン役を演じた６人の俳優ではなく、少年期のシャロンの良き理解者となり、かつ父親代わりとしてシャロンを大人に導いてゆく役割をみごとに果たすドラッグディーラーのフアン役を演じたマハーシャラ・アリなので、その存在感と演技力にも注目！

『ムーンライト』
３月３１日（金）、ＴＯＨＯシネマズシャンテ他にて全国公開　配給：ファントム・フィルム
© 2016 A24 Distribution, LLC

『ムーンライト』
３月３１日（金）、ＴＯＨＯシネマズシャンテ他にて全国公開　配給：ファントム・フィルム
© 2016 A24 Distribution, LLC

## ■□■３０歳代での再会に感動？少しは違和感も？■□■

　男でも女でも１０歳代と３０歳代の容貌が、ほぼ同じようなケースと全然違ってしまうケースがある。しかして本作では、シャロンもケヴィンも１０歳代と３０歳代とではそれが全然違っているので、第３部「ブラック」では、まずそこに注目！ちなみに、日本では、ある時ボディビルによる肉体改造の必要性に目覚めた作家の三島由紀夫が肉体的にも思想的にも激変していったが、これは三島が壮年期になってからのことだし、様々な小説を書き、様々な思想を勉強していく中で到達した心境だ。それに対して、３０歳代になったシ

13

『ムーンライト』
3月31日（金）、TOHOシネマズシャンテ他
にて全国公開　配給：ファントム・フィルム
© 2016 A24 Distribution, LLC

『ムーンライト』
3月31日（金）、TOHOシネマズシャンテ他
にて全国公開　配給：ファントム・フィルム
© 2016 A24 Distribution, LLC

ャロンが、往時の三島を彷彿させる（?）筋肉隆々の肉体に改造し、今はアトランタでフアンと同じドラッグのディーラーになったのは、とにかく生きるためにやむを得なかったものらしい。グリルの金歯を装着し、高級車を乗り回して、自分の「シマ」を取り仕切っているシャロンの姿を見ていると、私はつい「このバカが！」と思ってしまうが、シャロンにとってはこれがやっと到達した自分のサクセスストーリーらしい。そしてそこまでのし上がるために不可欠だったのが、身体を鍛え上げてケンカに強くなることだったわけだ。

他方、「リトル」と呼ばれていたシャロンを温かく見守り、高校生になったシャロンと少し怪しげな雰囲気を楽しんでいたケヴィンは、30歳頃にはどんな生活をしていたの？シャロンがワルの世界でのし上がっていったのに対し、ケヴィンは料理人となり、今は結婚して、安月給ながらダイナーで真面目に働いていたから、なるほど、なるほど。小さい頃は掃き溜めのような貧しい街で育っても、それなりに努力すればまっとうな人生もあるわけだ。

　本作の第3部の物語が成立するのは、ある日何の前触れもなくケヴィンからシャロンに一本の電話が入ったためだが、なぜケヴィンはシャロンに電話をしたの？そして、シャロンは「一度メシでも食おう」というケヴィンの誘い（?）に応じるの？さて、30歳代になった2人の男の成長は如何に？本作が第89回アカデミー賞で作品賞を受賞したのは、白人俳優による楽しいばかり（?）の『ラ・ラ・ランド』よりも、黒人俳優が演じたこんな厳しい「成長物語」の方がリアリティがあり、作品としての価値があると判断されたからだろうが、さて、この物語はホントに感動的？それとも、少しは違和感あり・・・？

　　　　　2017（平成29）年4月14日記

『ムーンライト』
3月31日（金）、TOHOシネマズシャンテ他
にて全国公開　配給：ファントム・フィルム
© 2016 A24 Distribution, LLC

**SHOW-HEY シネマルーム**

★★★★

## マンチェスター・バイ・ザ・シー

2016年・アメリカ映画
配給／ビターズ・エンド、パルコ・137分

2017（平成29）年5月16日鑑賞　｜　テアトル梅田

**Data**
監督・脚本：ケネス・ロナーガン
プロデュース：マット・ディモン他
出演：ケイシー・アフレック／ミシェル・ウィリアムズ／カイル・チャンドラー／ルーカス・ヘッジズ／グレッチェン・モル／カーラ・ヘイワード／C・J・ウィルソン

## 👀 みどころ

　ベン・アフレックの弟のケイシー・アフレックがアカデミー賞主演男優賞を受賞した本作は、同時に脚本賞も受賞！

　兄の死亡をきっかけに始まった後見人と被後見人とのぶつかり合いがストーリーの本筋だが、多くの人間関係が絡むエピソードがテンコ盛りのため、ずっと見ているのはしんどい面も・・・。

　しかし不器用な男同士でも、最後には何とかなるもの。そこにマンチェスター・バイ・ザ・シーという土地がいかなる役割を果たしているのかを考えながら、よく練られた2人の男の再生物語をじっくり味わいたい。

—— * —— * —— * —— * —— * —— * —— * —— * —— * ——

### ■□■ベン・アフレックの弟が主演男優賞を！■□■

　本作最大の話題は、私もはじめて観るベン・アフレックの弟であるケイシー・アフレックが本作で第89回アカデミー賞主演男優賞を受賞したこと。これは、もともと本作に主演するはずだったベン・アフレックの盟友マット・ディモンが、諸般の事情でプロデューサーに回り、ケイシー・アフレックを大抜擢したためらしい。「ボーン」シリーズはもとより、『パッセンジャー』（16年）（『シネマルーム39』未掲載）や『グレートウォール』（17年）等にみる近時のマット・ディモンの活躍に比べて、少し影の薄い感があったベン・アフレックは、近時の『ザ・コンサルタント』（16年）で巻き返しを図った（『シネマルーム39』285頁参照）が、さて、その成否は？

　ケイシー・アフレックは顔も体型も兄ベン・アフレックによく似たイケメンだが、彼は本作の主人公リー・チャンドラー役を演じるについては、本来持っているであろう陽気さ

をすべて隠し、終始陰気な顔で、この世の不幸を代表する男のような表情と態度を見せてくれる。しかも、そのセリフ回しがぶっきら棒（投げやりな態度？）だから、どちらかというとお友達にはしたくないタイプ・・・？それは、リーの死亡した兄ジョー（カイル・チャンドラー）の１６歳の息子であるパトリック・チャンドラー（ルーカス・ヘッジズ）も同じらしい。死亡した父親に代わって、突如こんなうっとうしい叔父さんが後見人になると宣言し、あれこれ指図されるのは迷惑千万だ。

　本作を監督したケネス・ロナーガンが完全オリジナルで書いた脚本では、リーはそんな嫌なキャラで重たいキャラだが、俳優にとってはむしろそれはチャンス。こんな難しい役を立派に演じれば、プロの視線が集まり評価が高まるはずだ。ケイシー・アフレックが主演男優賞を受賞したのは、そんな計算がドンピシャにハマったためで、マッド・ディモン、ベン・アフレック、そしてケイシー・アフレックの思惑通りだ。さらに、よく練られた男の再生物語となっている本作の脚本も、見事に脚本賞をゲット！

## ■□■主人公のキャラは？兄の死亡から物語が始動■□■

　冒頭、寒空の下、アメリカのボストン郊外でアパートの雪かきをしている便利屋リー（ケイシー・アフレック）の姿が登場する。その後も、トイレ掃除、ゴミ出し、ペンキ塗りなど便利屋の仕事は大変そうだ。リーはそんな仕事を嫌がらず、ちゃんとこなしているにもかかわらず、無愛想なため注文主とよく言い争いになるらしい。それに対してリーは一切謝らないし、仕事を終えて夜一人で飲みに行ったバーではカウンターの隣に座る女にも興味を示さず、向かいの男客に「俺にガンをつけたな」とケンカを売っていく始末だから、タチが悪い。ケネス・ロナーガン監督の脚本とそれを自らが演出した本作は、冒頭こんな風にリーのキャラを紹介してくれるので、極めてわかりやすい。

　続いて、この日も便利屋として働いていたリーの携帯に、マンチェスター・バイ・ザ・シーにいる兄のジョーが倒れたという知らせが入ったため、急いで駆けつけたが、既にジョーは１時間前に息を引きとっていた。そこに立ち会ったのは、医師の他、ジョーの仕事仲間だったジョージ（Ｃ・Ｊ・ウイルソン）だけだったため、リーはジョーの息子でリーにとっては甥にあたるパトリックに父親の死亡を知らせるため、ホッケーの練習試合をしていたパトリックの元に向かうことに・・・。

## ■□■なぜ甥っ子の後見人に？それが物語の主軸に■□■

　そこで私が持った疑問は、何故、父親の死亡がリーより先に妻や息子のパトリックに伝えられていないの？ということ。しかし、待て待て、そういえば、リーが病院に向かう車の中の回想シーンで、ジョーの病状がリーやジョーの父親、そして、ジョーの元妻エリーズ（グレッチェン・モル）に対して伝えられた時、エリーズはジョーと既に離婚していたはず。であれば、ジョーが死亡した病院にエリーズが来ていないのは当然だ。しかし、息

子のパトリックに電話がされていないのは一体なぜ？

　その疑問を含んだまま、スクリーン上にはジョーの死亡に伴うさまざまな動きの一方で、さまざまな回想シーンが登場してくる。そのため本作全体のストーリーを追っていくのはかなり大変だが、本作の本筋の物語になるのは、弁護士の元でパトリックを伴ったリーズが、ジョーの遺言を聞くシーン。つまり、ジョーはパトリックの後見人としてリーを指名していたわけだ。

　しかし、ここでも弁護士の私が不思議に思うのは、リーを後見人に指名することを中核として、パトリックの養育費の問題やジョーの家や船の処理の問題、さらにはジョーの死亡後は後見人になって、リーにマンチェスター・バイ・ザ・シーに移り住んで欲しい、ということまで遺言するのなら、ジョーはなぜそれを事前にリーに説明していないの？ということだ。この遺言を聞いてビックリするリーの様子をみればそれは当然だが、続いてスクリーン上には、なぜリーがこのマンチェスター・バイ・ザ・シーという町を去っていったのか？また、なぜ今ボストン郊外で一人寂しく心の荒れた状態で便利屋の仕事をして生きているのか、についての重大な「回想シーン」が登場するので、それに注目！

「マンチェスター・バイ・ザ・シー　ブルーレイ+DVD セット」
発売元・販売元：NBC ユニバーサル・エンターテイメント　発売日：２０１７年１１月８日
価格：３，９９０円+税　　(C)2016 K FILMS MANCHESTER LLC. All Rights Reserved

## ■□■エピソードがテンコ盛り！微妙な会話も・・・■□■

　アメリカもフランスと同じように「離婚大国」。そのため、１６歳の息子パトリックがジョーと離婚したエリーズとの間の子供なら、リーが今マンチェスター・バイ・ザ・シーを離れボストン郊外に一人で住んでいるのは、元妻のランディ（ミシェル・ウィリアムズ）

と離婚したためだ。また、リーはランディとの間に3人の子供がいたそうだが、その子供たちを含むリーの家族を襲ったエピソードは、そりゃ悲しいもの。それによってリーは自殺を試みるほどの大きな痛手を受けると共に妻ランディとの離婚を余儀なくされ、以降ずっと心の中に罪の意識を背負ったまま、今を生きているわけだ。

　しかして、本作後半には、ランディが再婚し、ベビーカーに乗せた子供を連れた姿も登場する。さらに、そこでは、再会したリーとランディとの間にかなり微妙な会話も・・・。本作はこのように一方の主人公リーをめぐる展開だけでも一本の映画になりそうなエピソードがテンコ盛りになっているので、人物関係をしっかり確認しながら、会話劇によるストーリー展開をじっくり味わいたい。

## ■□■エピソードがテンコ盛り！しかし本筋はあくまで・・・■□■

　他方、パトリックにとっては、突然父親を失ったうえ、リーから突然「俺が後見人だ」と言われたことに戸惑ったのは当然。そして、全く自分に理解を示さず、「上から目線」で命令ばかり下す後見人のリーよりも、離婚したとはいえ、母親のエリーズに連絡を取りたいと願ったのも当然だ。しかし、そのエリーズも敬虔なキリスト教信者であるジェフリーを新たな婚約者としていたため、パトリックがその家に招かれ3人で食事をしても会話が弾まず、気まずさが残るばかりだった。本作にはそんなエピソードを含め、パトリックをめぐるさまざまなエピソードも登場する。しかも、それらのエピソードはリーの側もパトリックの側も重たいものばかりだから、ハッキリ言って、それらをスクリーン上で1つ1つ追っていくのはつらいところがある。本作の脚本を書いたケネス・ロナーガンはそんなことを意識したためか、意外にもパトリックを、女の子やスポーツや音楽に熱心な明るいキャラに設定し、「二股かけ」に悩む姿や、初の「ベッドイン」に悪戦苦闘する姿をユーモラスに描いているので、それにも注目！

　前述のとおり、本作はたくさんのエピソードがテンコ盛りで、ついていくのが正直しんどいが、ストーリーの本筋は、あくまでリーとパトリックとの間の、当初は最悪だった「後見」と「被後見」の関係にある。つまり、さまざまなエピソードの中で、後見人リーと被後見人パトリックの2人が次第に打ち解け、互いに信頼し合っていくと共に、その中でリーの「再生」が実現していくというストーリーが本筋であることを、しっかり押さえておきたい。

## ■□■覚えにくい地名だが、一度覚えると・・・■□■

　私は本作がアカデミー賞の作品賞、監督賞、主演男優賞等にノミネートされていると聞いても、そのタイトルからは何の映画かサッパリわからなかった。また、本作を鑑賞するについては、それは地名だとわかっていたが、それがどこにある町なのか、またその町がストーリーの中でいかなる役割を果たすのかは全くわからなかったが、たくさんのエピソ

ードが続いていくかなりうっとしい物語（？）の中では、マンチェスター・バイ・ザ・シーという町が、リーとパトリックにとって大きなポイントになってくることがわかる。。

またマンチェスター・バイ・ザ・シーという町の中で、ジョーが仕事仲間のジョージらと共に生きていくについては、船が大きな役割を果たしていたのは当然だが、本作では、ジョーが使っていたオンボロ船を修理するのか売りとばすのかについても、リーとパトリックの間で意見の対立が生まれてくるので、それにも注目！マンチェスター・バイ・ザ・シーという土地は憶えにくい名前だが、一度覚えると忘れられない名前になるはずだ。

## ■□■後見と被後見の最終案は？2人の賛否は？■□■

他方、マンチェスター・バイ・ザ・シーという土地はリーにとってとんでもなく悪い思い出のある町だったから、いくら後見人の役割を果たすためとはいえ、リーがそんな町に戻っていくのはイヤなはず。しかし、リーが後見人としての務めを果たすためには、どうすればいいの？本作を観ている限り、リーとパトリックは立場が違うだけではなく、性格の違いもあって意見の対立はかなり顕著。そのため、その溝は容易に埋められそうになかったが、それでも少しずつ2人の間に信頼が芽生え、打ち解けていくところが本作の焦点になるので、それに注目！その結果、長い冬が終わり、マンチェスター・バイ・ザ・シーに遅い春がやってくる中で、やっとリーは、①パトリックをジョージの養子とし、②お金はすべてジョージに引き継ぎ、③パトリックは今後ジョージの家に住むこと、を骨子とする今後の後見のプランを示したが、それに対するパトリックの賛否は？

それがベストのものかどうかは、弁護士の私にもわからないが、その案では、リーはボストンで便利屋の仕事を続けるものの、住居はマンチェスター・バイ・ザ・シーに定めるらしい。また、そこでのリーの説明は、その住居は狭くてもいいが、予備の部屋が不可欠だというもの。しかし、それは一体何のため？パトリックがそんな疑問を持ち、それを質問したのは当然だが、それに対するリーの答えは、「パトリックが遊びにくる部屋を用意しておくため」ということだったから、なるほど、なるほど・・・。ここまで心が打ち解けあえば万々歳のハッピーエンドに・・・。男の再生とはかくもややこしいものであることを再確認するとともに、やっと訪れてきたハッピーエンドに大きな拍手を送りたい。

2017（平成29）年5月22日記

「マンチェスター・バイ・ザ・シー ブルーレイ+DVD セット」発売元・販売元：NBCユニバーサル・エンターテイメント
発売日：2017年11月8日
価格：3,990円+税　(C)2016 K FILMS MANCHESTER LLC. All Rights Reserved

★★★★★

## セールスマン

2016 年・イラン、フランス映画
配給／スターサンズ、ドマ・124 分

| 2017（平成 29）年 6 月 25 日鑑賞 | シネ・リーブル梅田 |
|---|---|

**Data**
監督：アスガー・ファルハディ
出演：シャハブ・ホセイニ／タラ
ネ・アリドゥスティ／ババ
ク・カリミ／モジュタバ・ピ
ルサデー

## 👀 みどころ

　　トランプ大統領の入国禁止令に抗議して、監督と主演女優がアカデミー賞外国語映画賞の授賞式への出席をボイコット。そんな話題に乗るまでもなく、イランのアスガー・ファルハディ監督の本作は、『彼女が消えた浜辺』（０９年）、『別離』（１１年）、『ある過去の行方』（１３年）に続いて必見！同じイラン人監督ジャッフル・パナヒの、風刺にあふれた『人生タクシー』（１５年）も面白かったが、こちらは、超一級のサスペンスと人間ドラマに！

　　引っ越し先の賃貸アパートで、妻に暴行傷害を加えたのは一体誰？犯人探しに躍起となる夫と、コトを公にしたくない妻との溝が深まりすれ違いが多くなる中、犯人探しのミステリーは佳境に。そして、やっと探し当てた真犯人とは・・・？

　　しかし、コトの真相究明にはどこまで意味が・・・？タイトルの意味を含め、内在するたくさんのポイントをしっかり勉強しながら、その面白さをたっぷり味わいたい。

―――＊―――＊―――＊―――＊―――＊―――＊―――＊―――＊―――

### ■□■このイラン人監督作品は必見！■□■

　　去る５月１４日に見たイラン人監督ジャッフル・パナヒの『人生タクシー』（１５年）は風刺いっぱいの面白い映画だった。パナヒ監督は検閲が厳しいイラン政府から２０年間の映画製作禁止処分を受けている中でぎりぎりＯＫの映画を同作で作ったわけだ。他方、同じイラン人で１９７２年生まれのアスガー・ファルハディ監督の作品も、『彼女が消えた浜辺』（０９年）をはじめて観て、その構成力のすごさにびっくり（『シネマルーム２５』８

３頁参照）。当然星五つをつけたが、その後の『別離』（１１年）（『シネマルーム２８』６８頁参照）、『ある過去の行方』（１３年）（『シネマルーム３３』１１３頁参照）も、その出来は素晴らしく、両者とも星５つだった。

1/10　Blue-ray & DVD 発売　販売：バップ
© MEMENTOFILMS PRODUCTION-ASGHAR FARHADI PRODUCTION-ARTE FRANCE CINEMA 2016

　本作が第８９回アカデミー賞外国語映画賞のイラン代表に選ばれているとの事前情報を得て、そんなファルハディ監督の作品は必見！そう思っていると、２０１７年１月に就任したトランプ大統領が、イランを含む特定７ヶ国からの入国制限を命ずる大統領令を定めたことに抗議して、ファルハディ監督と主演女優タラネ・アリドゥスティが授賞式へのボイコットを表明したというニュースが日本でも大きく報道された。そして、その渦中で本作が予想通り見事第８９回アカデミー賞外国語映画賞を受賞したから、本作の話題は一層大きくなった。

　そんなイラン人監督ファルハディの最新作は必見！劇場はひょっとして満席？そう思ったが、意外に席は空いていた。しかし、作品の出来はそりゃ素晴らしいの一言！

## ■□■今のイランはどんな国？主人公たちの生活は？■□■

　パナヒ監督の『人生タクシー』を見た時は、タクシーへの相乗り制度を含めてイランのタクシー制度が面白かったし、パナヒ監督自身が運転手を務めるタクシーが走り回っているイラン市内の近代的な姿にびっくりさせられた。そのイランでは、５月７日のフランス、５月９日の韓国に続いて、５月１９日に大統領選挙が行われ、穏健派のロウハニ氏が当選したが、今のイランという国の状況（発展状況）はどうなっているの？

　本作の主人公エマッド（シャハブ・ホセイニ）は高校の国語教師で、妻のラナ（タラネ・アリドゥスティ）は専業主婦。この２人は、２人とも地域の小さな劇団に入って活動

しており、今はアーサー・ミラーの『セールスマンの死』という劇に取り組んでいた。もっとも、本作がエマッドとラナ夫妻の日常生活を描くのは少し経ってからで、本作冒頭は「みんな逃げて！早く外へ！」というシークエンスから始まるので、それに注目！アパート（マンション？）が倒壊しそうだというシチュエーションを考えると、誰でも地震の発生を考えるが、本作はそうではなく、これは隣の敷地で行われている強引な建築工事のせい。そのためエマッド夫妻が住むアパート全体が倒壊の危機にさらされ、住人が一斉に避難する騒ぎになったらしいというからびっくり！都市計画法や建築基準法をはじめ厳しい都市法制度の中にある日本ではそんなハチャメチャな事態は考えられないし、何でも中国共産党と地方政府の幹部の意思によって早期に都市計画の決定がなされる中国でも、本作冒頭のようなハチャメチャな建築工事は考えられない。しかし、今のイランでは、そんなことが本当にあるの？

1/10 Blue-ray & DVD 発売　販売：バップ
© MEMENTOFILMS PRODUCTION-ASGHAR FARHADI
PRODUCTION-ARTE FRANCE CINEMA 2016

倒壊の危機にあるアパートから逃れたエマッド夫婦は、当然新たなアパートを探さなければならないが、劇団仲間のババク（ババク・カミリ）の紹介で新たな賃貸物件に入居したところから、本作のミステリー色いっぱいの人間ドラマが展開していくことになる。もちろん本作では、そのメインストーリーの構成力に注目だが、都市問題・住宅問題をライフワークにしている私が注目するのは、エマッド夫妻の住居事情だ。倒壊しそうだという前のアパートもそれなりに広く設備は近代的だったし、前の住人がいかがわしい女だったという新たな賃貸アパートも十分な広さと設備を整えているから、テヘランの住宅事情は東京よりはるかに良さそうだ。『人生タクシー』でも市内の道路事情や道路走ってる車の綺麗さにびっくりしたが、それは本作でも同じ。ラナがヒジャーブ（スカーフ）を巻きつけているところだけは、イランはイスラム教の国なのだと実感させてくれるが、現代化された今のイラン、ましてやその首都のテヘランでは、その近代化と主人公たちの近代化された生活にしっかり注目したい。他方、都市や道路や住宅が近代化しても、日本人の心の中は？その価値感は？

## ■□■タイトルの意味は？背景事情の勉強もしっかりと！■□■

アーサー・ミラーの戯曲『セールスマンの死』は１９４７年に発表され、１９４９年にニューヨークで初演された有名な演劇だそうだが、残念ながら私はそれを知らない。本作

を鑑賞する観客も、それを知っている人は少ないはずだ。エマッドが主人公を演じ、ラナがその妻役を演じる演劇『セールスマンの死』の稽古風景とその本番シーンは、『恋に落ちたシェイクスピア』（９８年）と同じような「劇中劇」として何度か小出し（？）で登場するのでそれに注目！もちろん、その内容を知っているに越したことはないが、たとえ知らなくても本作の面白さが理解できないわけではないので、ご心配なく。ただ、前述したように、本作の主人公エマッドは高校の国語教師でセールスマンではないのに、なぜ本作が『セールスマン』というタイトルに？

　パナヒ監督の『人生タクシー』の原題はシンプルな『ＴＡＸＩ』だったが、邦題の『人生タクシー』はいかにも作品の内容にふさわしい意訳でグッドだった。しかし本作は、英題も『Ｔｈｅ　Ｓａｌｅｓｍａｎ』なら、邦題もシンプルな『セールスマン』。そこに修飾語をつけるのはきっとファルハディ監督の狙いに反することになるから、意訳はダメだったはずだ。本作は、ファルハディ監督の『彼女が消えた浜辺』『別離』『ある過去の行方』と同じようなミステリー心理サスペンスとして一級品のドラマに仕上がっているが、一つ一つのシークエンスの意味を掘り下げれば、面白いテーマがいっぱい含まれてる。

　例えばそれは、『セールスマンの死』の稽古シーンに出てくる、赤いコートの女・サナム（ミナ・サダティ）の存在感とその意味だ。本作のホントの面白さとその奥深さを把握するためには、それら背景事情をしっかり理解することが不可欠。そして、そのためには、本作のパンフレットにある①大場正明（評論家）の「他者の視線と見えない女」、②酒井洋子（翻訳家）の「アーサー・ミラーの「セールスマンの死」からひもとく『セールスマン』」、③山崎（鈴木）和美（横浜市立大学准教授）の「映画『セールスマン』が映し出す現代イランの家族と女性」、④小野正嗣（作家）の「過不足しかない言葉の壁に囲まれて」もしっかり勉強することが大切だ。

## ■□■登場しない前の住人、見せない演出の冴えに注目！■□■

　前述した大場正明氏のＲＥＶＩＥＷ「他者の視線と見えない女」は、本作の第１のポイントとして、「物語にちりばめられた勘違いやボタンの掛け違い」を挙げている。本作は、エマッドとラナ夫妻がババクの紹介で前入居者がいかがわしい女だったという賃貸アパートに引っ越した後、ラナに起きた暴行傷害事件と、エマッドによるその犯人捜しを巡るサスペンス劇。その事件は、インターホンが鳴ったため、てっきりエマッドが戻ってきたと勘違いしたラナが、玄関ドアを開けっぱなしにしておいたために生じたものだから、ある意味ラナの自己責任（過失）。

　本作の脚本を書き、監督・制作したファルハディがすごいのは、スクリーン上にアパートに住んでいた前の住人（いかがわしい女？）の姿を一切登場させず、ラナの暴行傷害シーンも一切見せないことだ。かつて１９７０年代に一世を風靡した日活ロマンポルノなら、前述したストーリーは絶好だから、風呂場にいる裸の（？）ラナに対する暴行傷害、場合

によればレイプシーンを丹念に描くはずだが、本作ではスクリーン上に姿を見せない前の住人を訪ねてアパートにやってきた暴行傷害犯と暴行傷害シーンを見せない演出が冴えわたっている。そのため観客は、本作鑑賞中ずっとこのアパートの前入居者とその女を訪ねてやってきた（？）犯人の姿を自分で想像しながらスクリーンに集中せざるを得ないことになる。

　もっとも、本作後半以降は、コロンボ刑事ばりのエマッドの素人調査が見事にハマり、暴行犯を探し当てるが、さて、それは一体誰・・・？

1/10　Blue-ray & DVD 発売　販売：バップ
© MEMENTOFILMS PRODUCTION-ASGHAR FARHADI PRODUCTION-ARTE FRANCE CINEMA 2016

## ■□■夫の執念は犯人探しに！しかし妻は？そのすれ違いは？■□■

　本作中盤以降は、劇団員としての活動はしっかり続けているものの学校教師の仕事はかなりおろそかになったエマッドが、犯人捜しに執念を燃やすストーリーが描かれていく。

　最初のヒントは、「アパートの前の入居者はいかがわしい女だった」という隣人の言葉。法的にはそんな言葉に何の証拠能力もないから、それに依拠して捜査を進めていくのはダメだが、にわか仕立ての素人探偵たるエマッドの場合は仕方ない。さらにエマッドは、犯人がソファーの上に置き忘れていった鍵束をたどることによって、その１つがアパート近く止めてあった白い軽トラの鍵であることを発見したからすごい。さらに、階段に残された足跡をよく見ると、犯人は足に怪我を負っているようだ。なるほど、なるほど・・・？そんな執念で犯人探しに努力した結果、トラックの所有者の割り出しが決め手となり、エマッドはついにある日、パン屋で働く若い男マジッド（モジュタバ・ピルサデー）にたどり着くことに。

　ここまでのエマッドの素人探偵ぶりはお見事だが、さて、エマッドのそんな犯人探しの

執念にラナは拍手してくれたの？日本では近時、①刑の下限を懲役３年から５年に引き上げ、②起訴する際に被害者の告訴を必要とする定めをなくす等の「性犯罪の厳罰化」を図る改正刑法が成立したが、性犯罪被害を受けた女性にとっては、その事件をどこまで公にするか、それ自体が大問題。しかして、エマッドがみせる犯人探しの執念に対して、コトを公にしたくないラナの方は・・・？そんなすれ違いの結果、互いの人間性に対する信頼感は・・・？さらに、この事件まで仲の良かった２人の夫婦仲は・・・？

## ■□■真犯人は意外にも？真相究明の意味は？■□■

　いわゆる推理小説は、犯人探しの面白さがポイント。また、刑事もの、ミステリーものでも、犯人探しの面白さがポイントになることが多い。しかして、本作中盤から後半にかけては、まさにその犯人探しの面白さがいっぱ

1/10　Blu-ray & DVD 発売　販売：バップ　© MEMENTOFILMS PRODUCTION-ASGHAR FARHADI PRODUCTION-ARTE FRANCE CINEMA 2016

いだ。もし犯人がエマッドの推理通りパン屋で働く若者マジッドだったら、やっぱりラナのあの事件は暴行傷害だけではでなく、レイプも含まれていたのでは？

　そう思うのは当然だが、本作では犯人はマジッドではなく、近々マジッドが妻として迎えることになっている娘の父親で、マジッドの雇い主である初老の男だということがわかるから、アレレ・・・？しかもこの男は年齢も年齢なら、心臓に持病を抱えているらしく、下手に興奮させると死んでしまう恐れがあるから、その犯罪の追及の仕方は難しい。現にこの男を部屋に閉じ込めたまま、エマッドが劇団の方でひと芝居をして帰ってみると・・・？このように、本作ラストは犯人探しの面白さだけでなく、犯人の意外性とその犯人の犯罪をエマッドが「裁く」ことから生まれてくる様々な矛盾と夫婦の葛藤が重要なテーマとして浮上してくるので、それに注目！

　やっぱり、こんな刑事事件に素人が刑事兼裁判官の役割を果たすのはやめて、警察に任せた方がいいのでは・・・？そう思える面もあるが、やはりエマッドがこうせざるを得なかったことは、私にはよく理解できる。しかし、努力の甲斐あって犯人を発見し、その罪を裁くことができても、結局そのことの是非は・・・？そして、やっと辿りついた真相究明の意味は？

２０１７（平成２９）年７月３日記

**Data**

監督：ガース・デイヴィス
原作：サルー・ブライアリー「Ａ Ｌong Way Home」
出演：デヴ・パテル／ルーニー・マーラ／ニコール・キッドマン／デビッド・ウェンハム／サニー・パワール／アビシャーク・バラト／ディープティ・ナバル／プリヤンカ・ボセ／ディビアン・ラドワ

★★★★

## LION／ライオン ～２５年目のただいま～

2016年・オーストラリア映画
配給／ギャガ・119分

2017（平成29）年4月8日鑑賞　｜　TOHOシネマズ西宮OS

## みどころ

　インドのスラム街に住む５歳の少年が、回送列車に閉じ込められたまま大都会へ！インドにはそんな孤児が何万人といるそうだから、サルーがオーストラリアに住む夫妻の養子となり、大学生まで成長できたのはラッキー！

　本作の感動の「ＴＲＵＥ　ＳＴＯＲＹ」は、それだけでは弱いから、後半の産みの母親との面会になる。本作では警察の無能ぶりとＧｏｏｇｌｅ　Ｅａｒｔｈの有能さが目立つが、それはちょっと・・・。さらに、ラストに明かされる本作の「タイトル秘話」も、私にはイマイチ・・・。

――＊――＊――＊――＊――＊――＊――＊――＊――＊――＊

### ■□■こんな迷子、失踪ってあり？解決は容易では？■□■

　１９８０年代のインドが発展途上国だったことは、本作冒頭におけるインドのスラム街に住むクドゥ（アビシャーク・バラト）とサルー（サニー・パワール）兄弟、そしてその母親カムラ（プリヤンカ・ボセ）の暮らしぶりを見ればよくわかる。５歳の弟サルーが夜中に働く兄クドゥと一緒に働くのが無理なことは当然だが、それでも弟の熱意に負けた兄が、弟を連れて列車に乗って職場に出かけた際、ある「手違い」によってサルーが回送列車に閉じ込められてしまい、はるか遠くのコルカタまで運ばれてしまったから、さあ大変。

　１９８０年代の日本なら、九州の端っこから北海道の端っこまで仮に５歳の少年が一人ぼっちで回送列車に閉じ込められたまま運ばれても、自分の名前と住所さえ言えれば警察が自宅まで送り戻してくれるはず。しかし、サルーは自分の家の正確な住所や自分の名前すら正確にわかっていなかったうえ、サルーの「方言」では言葉すら通じなかったから、コルカタの大都会で孤立し、お手上げ・・・。

ええっ？今ドキそんな迷子物語がホントにあるの？そう疑うのは当然だが、本作は「原作に基づく実話の映画化」で、第７４回ゴールデングローブ賞や、第８９回アカデミー賞にノミネートされている作品だから、必見！

## ■□■大都会の中で、５歳の孤児はどう生きるの？■□■

大都会の中で孤児として過ごす物語は、イギリスの作家チャールズ・ディケンズの小説『オリバー・ツイスト』（映画は『シネマルーム９』２７３頁参照）等たくさんあるが、本作導入部では、孤児達が自発的に集まっている団体や、孤児をたぶらかして何らかの目的に利用しようとする大人達の姿が登場する。インドではサルーのように行方不明になる子供（幼児）が毎年８万人もいるそうだから、まだ５歳だったサルーが、そんなシステムの中で何らかの餌食になってしまっても不思議ではない。しかし、スクリーンを見ているとサルーはいかなるケースにおいても意外な「自衛能力」を発揮するので、導入部ではそこに注目！

もっとも、格差の大きいインドの大都会コルカタにも、当然親切な人や善意の人がいたから、そういう人達の協力の中で警察がちゃんと迷子や失踪者を調査すればサルーの迷子事件ごときはすぐに解決！私はそう思うのだが、インドの現実はそうではないことを、本作でじっくりと。

## ■□■本作はオーストラリア映画！なるほど、なるほど■□■

本作はインド映画？そう思っていたがそうではなく、実はオーストラリア映画。そのため、途中から私の大好きな女優ニコール・キッドマンが、夫と共にサルーの「養親」として登場してくることになる。なぜオーストラリアの「金持ち」夫婦が、わざわざインドの孤児を養子にもらうの？私にはそれが疑問だが、それは本作中盤から終盤にかけて少しずつ明らかにされていくので、それに注目！

©2016 Long Way Home Holdings Pty Ltd and Screen Australia

©2016 Long Way Home Holdings Pty Ltd and Screen Australia

意外だったのは、このジョン（デヴィット・ウェンハム）とスー（ニコール・キッドマン）夫妻は、肉体上の問題や欠陥で子供に恵まれなかったからやむなく養子を望んだのではなく、2人の合意で自分達の子供を作らず貧困国から養子をもらうことに決めたことが語られること。なるほど、そうすればたしかに地球上のこれ以上の人口増加を防ぐことと、貧困国の子供を救うことが同時にできるからそんな価値観もわからないではないが、ちょっと不自然な考え方では・・・？私にはそう思えたが、本作ではそんな価値観を前提としたうえで、養子サルーの養親下での順調な成長ぶりをしっかり確認したい。立派な青年に成長したサルーが25年後に産みの母親に再会するのが本作で描かれる「ＴＲＵＥ　ＳＴＯＲＹ」の核だから、その結末に注目！

## ■□■大学生になってから「出自」の探求を？■□■

©2016 Long Way Home Holdings Pty Ltd and Screen Australia

　本作後半は趣がガラリと変わり、ジョンとスー夫妻の申し分のない養子として成長し、今や立派な大学生になったサルー（デヴ・パテル）が登場する。大学のゼミには各国の学生が集まっていたが、インド系の彫りの深い顔はモテモテらしく、サルーにはたちまち恋人のルーシー（ルーニー・マーラ）ができたうえ、直ちにベッドインだから、サルーもなかなかのヤリ手・・・？

　そう思っていたが、自己紹介のシーンを見ていると、やはり自らの「出自」にこだわりがあり、インドで別れた母や兄のことは気になって仕方ないらしい。そこで友人に勧めら

れてやり始めたのが、Ｇｏｏｇｌｅ　Ｅａｒｔｈによる調査だが、ここで私が不思議に思ったのは、なぜサルーは物心ついた時からＧｏｏｇｌｅ　Ｅａｒｔｈはもちろん、警察を使ってインドの母親と兄を探さなかったのかということ。本作にみるサルーのＧｏｏｇｌｅ　Ｅａｒｔｈでの調査はどれほどのもの？その実態が全くわからないのが本作の根本的欠陥だし、逆にサルーがインドまで出かけて行って自分の足で各地を調べているかのような描写もちょっとワケがわからない。いくらインドが人口１２億人の国で大都会の混沌やスラム街の未整備がひどいとはいえ、またインドの戸籍制度も中国と同じように未整備な面があるとはいえ、大人になったサルーなら自分の「出自」を調べ、故郷にいるはずの母親と兄を探すくらいのことは容易にできるのでは・・・？

## ■□■出自の探求に何か負い目が？それがイマイチ・・・■□■

©2016 Long Way Home Holdings Pty Ltd and Screen Australia

ルーシーとの交際が始まる中で、急に故郷にいるはずの母や兄への思いにとりつかれてしまったサルーが、なぜそれを率直にルーシーに説明しないのかも私にはさっぱりわからない。また、インドにいるかもしれない産みの母親を探す作業に没頭することは、何も養子として自分を２５年間育ててくれた養親を裏切ることになるわけではない。したがって、サルーは自分の今の気持ちを率直にスーに説明すればいいだけのことで、これまで順調だった養親との関係に何も波風を立てる必要はない。ところが、本作後半に展開していくスクリーン上の物語をみていると、そこらあたりにさまざまな問題と波乱が・・・。おいおい、なぜそんなややこしい問題を発生させなければならないの・・・？

　さらに本作では、ジョンとスー夫妻が２番目の養子として迎え入れたマントッシュ（ディヴィアン・ラドワ）が、サルーとは違って「問題児」に育っていくストーリーを登場させ、サルーとの確執や２人の養子と養親との確執を描いていくが、ハッキリ言ってこれは「余分」だったのでは・・・？

## ■□■感動の再会にケチをつけるつもりはないが・・・■□■

　本作のラスト１０分間では、サルーがＧｏｏｇｌｅ　Ｅａｒｔｈを頼りに調べ上げた故郷に１人で戻り、無事母親と２５年ぶりに再会するシーンが登場する。なるほど、このクライマックスは感動的だが、スクリーン上でみる限り、サルーが５歳まで生活していたス

ラム街がほぼそのまま残っていたようだし、２人の再会を祝う街の人々も大勢集まっていたから、これなら街（村）のコミュニティは２５年間ずっと続いていたことになる。しかし、それも私にはイマイチ納得できない。つまり町（都市、スラム）の変化が激しければそれを辿るのは大変だが、こんな形でコミュニティが残っているのなら、サルーが警察やＧｏｏｇｌｅ　Ｅａｒｔｈを使ってそれを調べ上げることは容易だったのでは、ということだ。

　本作が「実話に基づく物語」であることは、ラストにホンモノのジョンやスーそしてサルーの母親の姿が登場することからも明らかだ。したがって、２５年目にサルーが実の母親と故郷で涙の再会ができたことの喜びに水を差すつもりは毛頭ないが、こりゃちょっとした話を大きく持ち上げすぎでは・・・？さらに、本作は最後に『ＬＩＯＮ／ライオン　２５年目のただいま』とタイトルされていることの意味が明かされるが、それもイマイチ。いくらインドのスラム街では子供の教育が不十分とはいえ、自分の正式の名前くらいはしっかり言えるように教育しておかなくっちゃ・・・。

　ちなみに森鴎外の小説『山椒大夫』は、人買いに騙されて離ればなれにされてしまった安寿

©2016 Long Way Home Holdings Pty Ltd and Screen Australia

と厨子王の幼い姉弟の物語と、成長した厨子王と盲人となった母親との再会の物語だったが、あの時代と２１世紀では根本的に違うのでは・・・。

２０１７（平成２９）年４月１３日記

**Data**

監督・脚本：ポール・ヴァーホーヴェン

原作：フィリップ・ディジャン『エル ELLE』（ハヤカワ文庫刊）

出演：イザベル・ユペール／ローラン・ラフィット／アンヌ・コンシニ／シャルル・ベルリング／ヴィルジニー・エフィラ／ジョナ・ブロケ／クリスチャン・ベルケル／ジュデット・マーレ

## エル ELLE

2016年・フランス映画
配給／ギャガ・131分

2017（平成29）年8月27日鑑賞　　大阪ステーションシティシネマ

★★★★★

## みどころ

　ポール・ヴァーホーヴェン監督の『氷の微笑』（92年）におけるシャロン・ストーンの演技は生ツバものだったが、ハリウッド女優が軒並み尻込みしたレイプシーンへのフランス人女優イザベル・ユペールの挑戦は？

　ジョディ・フォスターが主演した『告発の行方』（88年）では、レイプ犯の処理を求めて女性の地方検事補が大活躍したが、本作では被害者が自ら犯人を追及。さて、そのやり方は？

　犯人は誰か？のミステリー一色とともに、少女時代のトラウマを抱えながらも強い会社経営者に成長したヒロインの人物像に注目！ヒロインとその母親・息子たち、さらに隣人や友人たちは皆少しずつ変なキャラだから、ストーリーが変な方向に進むのは当然。しかし、本作ではそんな展開をしっかり楽しみたい。しかして、犯人は誰？そして、その結末は如何に？

—— ＊ —— ＊ —— ＊ —— ＊ —— ＊ —— ＊ —— ＊ —— ＊ —— ＊ ——

## ■□■このフランス人女優の度胸のよさに拍手！■□■

　現在フランスを代表する女優といえば、『エディット・ピアフ　愛の讃歌』（07年）（『シネマルーム16』88頁参照）で第80回アカデミー賞主演女優賞を受賞し、『サンドラの週末』（14年）（『シネマルーム36』193頁参照）でも第87回アカデミー賞主演女優賞にノミネートされたマリオン・コティヤール。本作で第89回アカデミー賞主演女優賞にノミネートされたザベル・ユペールは彼女と並ぶフランス女優だ。『未来よこんにちは』（16年）（『シネマルーム39』260頁参照）では、50代となって女1人で力強く生きていく高校教師役を淡々と演じていた彼女が、本作では冒頭のレイプシーンから一貫し

て出ずっぱりでミシェル役を熱演！本作を監督・脚本したのはポール・ヴァーホーヴェン。彼のエロティック・スリラーの代表作たる『氷の微笑』（９２年）では、ハリウッド女優シャロン・ストーンの魔性の女ぶりにビックリさせられたが、さて、イザベル・ユペールが本作でみせる魔性の女ぶりとは？

　かつて「日活ロマンポルノ」では「レイプもの」が人気を呼んでいたが、そこでは何よりもリアルさが命だった。しかして、本作冒頭、いきなり猫の両眼だけが目撃している中で展開されるレイプシーンは如何に？事前に少しだけ情報を得ていた私はある意味そこに大きく期待したが、冒頭のそれは実際にはほんの一瞬で終わってしまったから、アレレ・・・？そう思っていたが、実は・・・。

　ポール・ヴァーホーヴェンが脚本を書いた本作では、並みいるハリウッドの女優陣は、こんな役を演じることに躊躇し出演を辞退したそうだが、イザベル・ユペールは敢然とその要請をオーケーし、『氷の微笑』におけるシャロン・ストーンと同じように魔性の女ミシェル役に挑戦。まずは、そんなフランス人女優イザベル・ユペールの度胸の良さに拍手！

## ■□■まずは警察に！日本ではそれが常識だが、本作では？■□■

　日本では長い間、強姦罪は親告罪だったから、被害者が告訴しなければ捜査が始まらなかった。しかし、近時の１１０年ぶりの刑法の改正で強姦罪が親告罪でなくなると同時に、その犯罪名も「強制性交等罪」と改正された。そして、女性に限定されていた被害者も、男性を含めるとされたうえで、性交類似行為がその対象とされた。さらに、法定刑の下限は懲役３年から５年に引き上げられた。しかし、親告罪であるか否かにかかわらず、レイ

© 2015 SBS PRODUCTIONS - SBS FILMS- TWENTY TWENTY VISION FILMPRODUKTION -
FRANCE 2 CINÉMA - ENTRE CHIEN ET LOUP

プ事件が起きればその被害者はまずは警察に届け出るのが日本でもアメリカでも常識・・・?若き日のジョディ・フォスターが主演した『告発の行方』(88年)ではレイプ犯の追及に女性の地方検事補が大活躍したが、そこでは同時に裁判で被害者がかなり苦しめられ、精神的に多くの苦痛を強いられる姿が描かれていた。したがって、これを見ればアメリカでもレイプ事件の犯人探しと裁判での有罪認定は、大変なことがよくわかる。しかして、そんな知識が十分頭に入っている本作のヒロインは?

　冒頭にみる、猫の両眼だけが目撃しているレイプシーンはかなりの暴力を伴った凶悪なものだったから、こんな場合は、警察への通報が大原則。しかし、幼い頃の父親の「ある事件」がトラウマとなって警察不信が徹底しているミシェルは、警察への通報を拒否。コトが終わった後、寿司を注文して腹ごしらえしながら気分を落ち着け、傷の手当や性感染症の予防等の善後策もバッチリ。もちろん、翌日からの社長業にも何の影響も無しとしたのだからすごい。しかして、犯人追及に向けたミシェルの戦略と戦術は・・・?

　イザベル・ユペールも御年60歳を超えているから、『アデル、ブルーは熱い色』(13年)(『シネマルーム32』96頁参照)で観たフランスの若手女優レア・セドゥのような美しさには到底及ばない。しかし、その歳にしてなお彼女が演じたミシェルはゲーム会社の女社長として辣腕を振るっていたから、ミシェルのビジネスウーマンとしての実力はすごい。しかも、誠実そうだが生活力ゼロの元夫で作家のリシャール(シャルル・ベルリング)とはすでに離婚し、1人で豪邸に住んでいたが、仕事上のパートナーの女性アンナ(アンヌ・コンシニ)の夫ロベール(クリスチャン・ベルケル)としっかり不倫関係を保っていたから、「その方面」も相当なものだ。そんなミシェルに対して嫉妬や恨みを抱く男女は多そうだが、こんなレイプ事件まで引き起こした男は一体誰?当初は一夜限りの暴漢かとも思ったが、その後届く「年のわりには締りがよかった」等のメールを見ると、ひょっとして犯人はミシェルをよく知っている身近な男・・・?

## ■□■母親の息子も、隣人も社員も、みんなヘン・・・■□■

　本作は群像劇ではなく、レイプ事件の犯人捜しを核としたサスペンス劇。それに、『氷の微笑』と同じようにポール・ヴァーホーヴェン監督流のエロティックという冠がつくのがミソだ。本作は全編を通じて、ミシェルが幼い頃に彼女の父親が犯した「ある犯罪」で父親のみならず、その妻も娘も大きく傷ついたことが語られる。そのため、ミシェルは今でも父親を許せず、刑務所に入っている父親とは面会すら拒否しているらしい。そして、母親(ジュデット・マーレ)はそんな娘に反省を求めるとともに、70歳を越えた今でも若い男と同棲生活を楽しんでいるから、フランスという国はすごい。他方、ミシェルの一人息子ヴァンサン(ジョナ・ブロケ)は、妊娠中のわがままな嫁ジョジー(アリス・イザース)にぞっこん。彼女の出産が大騒動なら、生まれてきた赤ちゃんの世話にもヴァンサンが大奮闘だ。ところが、肌の色を見れば、ミシェルの目には赤ちゃんの父親がヴァンサン

でないことは明らかだから、これまた大変・・・。

　他方、ミシェルの住んでいる家はアパートの多いフランスでは例外的に豪華な一戸建てだが、その向かいに住んでいる若くてハンサムな男パトリック（ロラン・ラフィット）の家も同じく立派な一戸建て。仕事一筋のミシェルだが、たまには近所づきあいも大切と考え、パトリックを食事の席に招待すると、若く敬虔なキリスト教徒の妻レベッカ（ヴィルジニー・エフィラ）と共にやってきた彼の仕事は？収入は？

　また、ミシェルの仕事上のパートナーである女性アンナの夫ロベールは仕事上でもミシェルを手助けしていたが、前述の通り、この男は実はミシェルの不倫相手。そんなの関係だけに、ミシェルが隣人の長身のハンサムボーイを食事に招待したことにロベールは嫉妬心を燃やし始めたから、さあ、複雑な男女関係の進展は・・・？さらに、ミシェルの母親もアパートに囲っていた若いツバメと結婚すると言い始めたから、アレレ・・・？

　ポール・ヴァーホーヴェン監督の映画は意外性のあるものが多いが、その原因は登場人物が奇妙なヤツばかりだから・・・？本作では、そんな点にも注目！

## ■□■犯人は誰だ？中盤のミステリー色に注目！■□■

　『氷の微笑』でも犯人は誰だ？が中盤の大きなテーマになっていたが、それは本作も同じ。しかし、本作ではミシェルがレイプ被害を警察に届け出なかったうえ、彼女の手元に送られてきたメールから、犯人は自分を知っている人物の可能性が高いと推測。そのうえで、ミシェルはある社員に秘密で全社員のパソコンを調べるよう命じたが、これは明らかに違法行為だから、弁護士的にはおすすめできないやり方だ。ミシェルが犯人を知人、しかも社員もしくはゲームの仕事関係者と推測したのは、ミシェルが「もっと刺激的に！」と要求していたゲームの制作過程で、レイプされているミシェルの顔が登場してくるゲームが開発されていたためだ。そんな挑発的なことをするのは一体誰？こんな事ができるのは社員に限定されるのではないか？ミシェルがそう考えたのは当然だが、さて実際は？

　ミシェルがレイプされる冒頭のシーンはごく数秒だけだったので少し拍子抜けだった

© 2015 SBS PRODUCTIONS - SBS FILMS- TWENTY
TWENTY VISION FILMPRODUKTION - FRANCE 2 CINÉMA
- ENTRE CHIEN ET LOUP

© 2015 SBS PRODUCTIONS - SBS FILMS- TWENTY
TWENTY VISION FILMPRODUKTION - FRANCE 2 CINÉMA
- ENTRE CHIEN ET LOUP

（？）が、実はこのシーンはその後再三ミシェルの頭の中で蘇るたびに、スクリーン上で再現されるので、それに注目！また、それとともに、これはあの時の回想シーンなの？それとも新たな襲撃シーンなの？と、一瞬見間違うかのような刺激的なレイプシーンが再三登場するので、それにも注目！しかして、犯人は一体誰？

　１度あることは２度ある。それが世の鉄則だ。そしてまた、ミシェルがレイプ被害を警察に届け出ていない本件においては、なおさら犯人は味をしめて次のチャンスを狙うのでは・・・？そう思ってると案の定・・・。しかし、今回はミシェルの防御態勢は万全。したがって、１度は間違って不倫相手のロベールがミシェルの反撃に遭ったはご愛嬌だったが、ホンモノのレイプ犯人（？）からの襲撃が２度目になるとそれに対するミシェルの反撃は・・・？本作では、そんな中盤のミステリー色に注目！

## ■□■この強い人格はどこから？過去のトラウマの影響は？■□■

　私の父親は今年２月に１０２歳で死亡したが、私と兄の２人の兄弟と父親との関係は必ずしも良好ではなかった。しかし、それに比べても本作にみるミシェルと刑務所に入っているという父親との関係は最悪。母親がいくら勧めても「絶対に面会など行かない」という姿勢をミシェルは貫いていたが、それはなぜ？また、母親との関係でも、７０歳を過ぎてなお若い男と同棲し、結婚宣言までしてしまう母親が少し異常なこともわかるが、そんな母親がいきなり倒れると「ウソでしょ！仮病はやめてよ！」というスタンスだから、ビックリ！そのままあっけなく母親が死んでしまっても、ミシェルの心には何の痛手も残

© 2015 SBS PRODUCTIONS - SBS FILMS- TWENTY TWENTY VISION FILMPRODUKTION - FRANCE 2 CINÉMA - ENTRE CHIEN ET LOUP

らなかったようで、母親の死亡後は同棲中の男に対して、しっかり「この家の名義は母親だからすぐに出て行ってくれ」と宣言。その強さは、ゲーム会社の社長としてだけではなさそうだ。

　『氷の微笑』に見たヒロイン（？）も美人だけれども変な女だったが、同時にメチャクチャ強くたくましかった。それと同じように、ミシェルもお肌の衰えが目立つものの、おしゃれをすればまだまだ女盛りだから、「その方面」もしっかりやっているし、レイプ犯探しや再度の襲撃に対する防御態勢も万全だから、その強さとたくましさが際立っている。しかし、この人格形成は一体なぜ？小さい時にどんな苦労すれば、少し変だけれどもこんなに強い人格に育つの？

　本作については、レイプ被害者のミシェルに同情しつつ、多くの焦点をレイプ犯に対するミシェルの反撃の強さにあてることによって、その強いけれども少しゆがん

だ人格をしっかりと分析したい。そこに彼女が子供時代に経験した「父親の犯罪」という大きなトラウマが影響したことは間違いないが、そのことがなぜ、またどこまでこんな人格形成に寄与しているの・・・?

## ■□■覆面を剥いでみると？犯人の動機は？結末は？■□■

本作では、レイプ被害に遭ったヒロイン、ミシェルの意外な力強さがストーリー構成の大きなポイント。しかし、同時に犯人は誰だ？という中盤のミステリーがストーリーの面白さを牽引する枠組みだから、本作の評論で「レイプ犯は○○だった」と明かすのは厳禁！しかして、１３１分という意外に長尺になった本作でも、犯人は誰が暴かれる瞬間がやってくるが、それは、いつ？そして、どんなシチュエーションで・・・?そこには命の危険を含むさまざまな危険が予測されるし、犯人が明確になればさすがに自分だけで制裁を加えるわけにはいかないので、その処罰を求めて警察に届け出ることも予測される。すると、日本では近時厳罰化された強姦罪（改正後は強制性交等罪）による量刑は、アメリカではどのくらい？本作ラストに向けて、弁護士的にはそんな興味が湧いてくるが、ポール・ヴァーホーヴェン監督が描く本作の結末は・・・?

© 2015 SBS PRODUCTIONS - SBS FILMS-TWENTY TWENTY VISION FILMPRODUKTION - FRANCE 2 CINÉMA - ENTRE CHIEN ET LOUP

かつて私が司法試験の勉強を始めた頃、セックスの最中にハンカチを敷いているか否かによって強姦か和姦かが分かれる、コトの最中は強姦でも、コトが終わった後も関係が継続すれば和姦になる、等さまざまな説が展開されていた。要するに、強姦罪という犯罪は性質上その認定が難しいわけだ。しかして、本作ではレイプ犯の覆面が剥がされた後、ストーリーはいかなる展開に？そして、その結末は？

折りしも、ゲーム会社で開発中だった新企画はかなり刺激的な内容で完成したらしい。そこにはもちろん、社員のコンピューターを私かに探り続けた社員の寄与もあったが、ひょっとしてその完成にはミッシェルのレイプ事件も大きく寄与していたの・・・?いやいや、そんなことはないはずだが、ポール・ヴァーホーヴェン監督が描くレイプ事件をテーマにしたエロティックミステリーの結末は予測不能。しかして、それはあなた自身の目でしっかりと！

２０１７（平成２９）年９月１日記

# 第2章
# この巨匠のこの作品に注目！

## 西欧の巨匠のこの作品に注目！

わたしは、ダニエル・ブレイク（ケン・ローチ監督）

カフェ・ソサエティ（ウディ・アレン監督）

甘き人生（マルコ・ベロッキオ監督）

## 中国と台湾の巨匠のこの作品に注目！

グレートウォール（チャン・イーモウ監督）

牯嶺街（クーリンチェ）少年殺人事件（エドワード・ヤン監督）

## 日本の巨匠のこの作品に注目！

無限の住人（三池崇史監督）

散歩する侵略者（黒沢清監督）

SHOW-HEY シネマルーム

★★★★★

## わたしは、ダニエル・ブレイク

2016 年・イギリス、フランス、ベルギー映画
配給／ロングライド・100 分

2017（平成 29）年 4 月 2 日鑑賞 ｜ シネ・リーブル梅田

Data
監督：ケン・ローチ
出演：デイヴ・ジョーンズ／ヘイリー・スクワイアーズ／ディラン・フィリップ・マキアナン／ブリアナ・シャン／ケイト・ラッター／シャロン・パーシー／ケマ・シカズウェ

## 👀 みどころ

　引退宣言を撤回してまで英国のケン・ローチ監督が挑んだのは、従来の「英国病」が更に悪化した、格差の広がりと貧困の告発！常に労働者階級や移民の目線で映像を作り続けてきた巨匠による、現代版「スパルタカスの反乱」とは？

　妻に先立たれた５９歳の頑固ジジイという設定は、スウェーデン映画の傑作『幸せなひとりぼっち』（15 年）と同じだし、ストーリー展開上の共通点も多いから、ぜひ両者を比較検討したい。

　民進党のように野党の立場から現行制度の矛盾や問題点を告発するだけなら簡単だが、そこに人間の絆や温かさ、そして希望や再生を感じさせる映画にするのは難しい。そう考えると、まさに本作はケン・ローチ監督の最高傑作！

—— * —— * —— * —— * —— * —— * —— * —— * —— * ——

### ■□■引退宣言を撤回してまで、鋭い問題提起を！■□■

　社会派監督として有名な１９３６年生まれのイギリスの巨匠ケン・ローチ監督は、カンヌ国際映画祭の常連で、『麦の穂をゆらす風』（06 年）でパルムドール賞を受賞した。そして、前作『ジミー、野を駆ける伝説』（14 年）を最後に引退を宣言したが、イギリスや世界各国で拡大し続ける格差や貧困の問題を目の当たりにした彼は、敢然と引退宣言を撤回して、本作に挑戦！そして、２０１７年の第69回カンヌ国際映画祭において、本作で２度目のパルムドール賞を受賞したからすごい。

　昨年６月の国民投票によるイギリスのEU離脱と、昨年１２月のアメリカ大統領選挙におけるトランプ候補の当選とそれを受けた１月の大統領就任。この２つの出来事によって２０１７年の政治・経済・外交を巡る国際情勢は大きく変わろうとしているが、そんな時

代状況の中、貧困と格差をテーマとし、大工という職業を持ちながら心臓病のため一人で生きていくのが困難になったダニエル・ブレイクという５９歳の主人公の生きザマを追った本作は、見応えがある。ちなみに、昨年１２月に観たスウェーデン映画『幸せなひとりぼっち』（１５年）も５９歳の「わがままジジイ」を主人公にした面白い映画で、「高負担、高福祉の国スウェーデンは、日本と違って老人が安心して暮らせる国」と思っていた私たち日本人に対する鋭い問題提起作だったが、本作もまさにそれ。さあ、ケン・ローチ監督がイギリスの現状を批判的に踏まえ上で、本作に込めた問題提起はいかに！

## ■□■妻の死亡、心臓病、仕事を引退、さあその後は？■□■

イギリスの地方都市ニューカッスルに生まれて５９年、大工仕事に誇りをもって生きてきたダニエル・ブレイク（テイヴ・ジョーンズ）は、妻に先立たれた後も規則正しく勤勉に暮らしてきた。しかし、突然発症した心臓病のためドクターから仕事を止められ、やむをえず国の援助を受けるため職業安定所に赴くことに。大工仕事ができないのだから、他の仕事もできないのは当然。いやいや、軽い事務仕事ならできるのでは？もしそれもできないのなら、仕方なく生活保護の手続きに・・・？日本ならそんなシステムだが、さてイギリスのその手の制度は・・・？

本作は、心臓病の宣告を受けた後、国からの「雇用支援手当」の支給者になったダニエルが「継続審査」を受けているシーンから始まる。担当者が次々と繰り出す質問に対して、受給継続希望者は誠実に答えなければならないのに、ダニエルは、「俺が悪いのは心臓だ！だのになぜ、次から次へとくだらない質問を！」とさかんに反撃し、逆質問をぶつけるから、質問者はうんざり・・・。その数日後、ダニエルは「就労可能。手当は中止」という通知を受け取ることに。それに憤慨したダニエルは直ちに窓口に電話したが、長々と待たされた上、認定人からの電話を待てと言い放たれたから、唖然！そこで仕方なくダニエルは、職業安定所に赴いたが・・・。

日本でも縦割りのお役所仕事の評判は悪く、どの窓口でも待たされ続けるのが常だが、それはイギリスでも同じ。いや本作を観ていると、対応の悪さはそれ以上・・・。それでも、ダニエルは窓口担当の中年女性アン（ケイト・ラッター）から求職者手当の申請をするよう説明され、パソコンは使えないのに「申込みはオンラインのみ」と言われて途方にくれているダニエルに対して親切に教えてくれたから、かなりラッキー。私にはそう思えたが・・・。

## ■□■キレる若いシングルマザーを見て、主人公も・・・■□■

役所でも病院で順番待ちが常だが、イライラしながら順番を待っていたダニエルに聞こえてきたのは、悲痛な声をあげて担当者に食い下がっている若いシングルマザーのケイティ（ヘイリー・スクワイアーズ）。１０歳の長女デイジー（ブリアナ・シャン）、７歳の長

男ディラン（ディラン・フィリップ・マキアナン）を連れたケイティは懸命に遅れてきたことを詫び、その弁解をしていたが、担当者は「約束の時間に遅刻したから、給付金は受け取れない」の一点張りだ。弁護士の私の目で公平に判断すれば、一方では遅れてきたケイティが悪く、いくらそれを弁解しても無意味にも思えるが、他方で、「規則だ、規則だ」と、偉そうにかつ杓子定規に言わなくてもいいのでは？少しは融通をきかしてもいいのでは？と思う面も・・・。

わたしは、ダニエル・ブレイク　Blu-ray￥4,800+税
DVD￥3,800+税　提供：ロングライド、バップ
発売元：バップ ⓒ Sixteen Tyne Limited, Why Not
Productions, Wild Bunch, Les Films du Fleuve, British
Broadcasting Corporation, France 2 Cinéma and The

「これ以上騒ぐと警察を呼びますよ」の言葉を聞いて、ダニエルは依然立ち上がってケイティの「擁護」を始めたが、これは日本流に言えば「義を見てせざるは勇無きなり」の精神に沿ったもの。イギリスでは、「ノーブレスオブリュージュ」は貴族階級のものだが、労働者階級だってそれなりの正義感や義侠心は健在というわけだ。

もっとも、そんなダニエルのささやかな抵抗は何の効果も生まず、2人は職業安定所から追い出されてしまうだけのみじめな結果に・・・

## ■□■奇妙な友情の芽生えとその進展は？■□■

５９歳の、妻に先立たれた孤独なわがままジジイが主人公だった『幸せなひとりぼっち』でも、中盤以降は、近所に引っ越してきたイランからの移民一家に対して見せる主人公の意外に親切な行動が、興味の焦点になったが、それは本作も同じ。隣に住む若者チャイナ（ケマ・シカズウェ）が、朝のゴミ捨てをｊきちんとしないことに文句をつけるダニエルの姿は、『幸せなひとりぼっち』の主人公が、団地内の「憲兵」の役割を果たしていたのと同じだが、職安を一緒に追い出された後に、ダニエルがケイティとその2人の子供たちに対して示していく、友情あふれる態度には感心する他ない。ダニエルがもう少し若ければ、そこに「色気絡み」があるかもしれないが、本作のダニエルにそれが全くないのは明らかだ。

ダニエルが最初に示したケイティへの友情は、

わたしは、ダニエル・ブレイク　Blu-ray
￥4,800+税　DVD￥3,800+税　提供：ロングライド、バップ
発売元：バップ ⓒ Sixteen Tyne Limited,
Why Not Productions, Wild Bunch, Les
Films du Fleuve, British Broadcasting
Corporation, France 2 Cinéma and The
British Film Institute 2016

プライドを持った大工として、ロンドンからニューカッスルに引っ越してきたケイティ一家が入居している、広いけれども古い家のさまざまな修理をしてやること。それはお手のものだが、2人の子供たちともぎこちないながら真正面から向き合っていくうち、いつの間にか彼らからの信頼も勝ち取ることに・・・。

## ■□■フードバンクとは？ケイティの身に迫る危機は？■□■

　アメリカの非営利団体「社会発展調査委機構（Social ProgressImperative）が発表した社会発展指数（SPI：Socia Progress Index）によると、「世界で住みやすい国ランキング」の上位は、フィンランド、デンマーク、スウェーデン、ノルウェー等の北欧諸国が占め、日本は14位。ちなみに、アメリカは19位、韓国は26位で、イギリスは9位だ。

　その程度の知識で、本作にみるイギリスの社会福祉制度の一端をみると、本作中盤にみるフードバンク制が面白い。日本にはこんな制度はないが、パンフレットにあるケン・ローチ監督のインタビューによれば、「英国は世界で5番目に飢えに苦しむ人がいる国だということです。多くの場所で慈善給食や、無料で食料を配布するチャリティが行われています。10年前には想像もできないことでした。」と語られている。しかも、食料を配っているのは慈善団体らしい。順番を待つ長い行列とあわせて、現在の英国に見る、フードバンク制の実態に注目！

　他方、ダニエルの親切が身に沁みるケイティだが、ダニエルが生活資金を出してくれているわけではないから、貧乏状態はいっこうに変わらない。そこで、ケイティはある日、あるところからもらっていた電話番号に電話をかけ「面接」に行くと、直ちに「仕事先」が決まったが、さてその「仕事先」とは・・・？2人の子持ちとはいえ、まだケイティは27歳と若く、十分な美貌を保っていたのだから、少しだけ割り切れば「仕事先」はいくらでも・・・。電話番号のメモをみたダニエルがある日、客としてその仕事先を訪れてみると・・・？ケイティにとっては、そんな職場を、今や第一の親友になっているダニエルに見られたことが恥。そのため、「放っておいて、もう2度と会わない」と宣言することになってしまったが・・・。

## ■□■再審査の結果は？ダニエルの「反乱」は？■□■

　私は「トランボ　ハリウッドに最も嫌われた男」（15年）（『シネマルーム38』123頁）を観て、カーク・ダグラスが主演した『スパルタカス』（60年）を再度DVDで鑑賞したが、それを見れば、「スパルタカスの反乱」はローマ帝国の圧制に苦しむ奴隷たちのやむにやまれぬものだったことがよくわかる。そこでは反乱の成否が問題ではなく、反乱を起こすこと自体に意義があったわけだ。

　本作中盤でダニエルはケイティとその2人の子供たちに対して、自分が職業安定所の不

当な扱いで苦しんでいるとは思えないほどの親切心を示すが、自分の仕事探しは一向に進展しなかった。もっとも、再審査の結果、またしても「働ける」と判定されてしまったダニエルが唯一の収入源となる求職者手当を受け取るには、病気で働けないにもかかわらず、求職活動を続けるしかなかった。しかし、実直で勤勉なダニエルにとって、そんな矛盾した行為は苦痛でしかなかったのは当然だ。

　しかして、ダニエルが下した最終的な決断は、「スパルタカスの反乱」と同じ「反乱」。つまり、ダニエルは職業安定所で求職者手当をやめると宣言し、そんな無謀な行動を止めるアンに対しても、ハッキリと「尊厳を失ったら終わりだ」と宣言。なるほど、なるほど、この決断は立派だが、その後ダニエルはどうやって生活を・・・？

　そう思っていると、「ダニエルの反乱」は、ある意味「スパルタカスの反乱」以上のものとなり、周囲の人たちの大きな拍手喝采を浴びることになるので、それはあなた自身の目でしっかりと・・・。

## ■□■この結末をどう解釈？希望は？再生は？■□■

　ケイティの長男はまだ幼なかったが、長女のデイジーはしっかり者だったから、時が経ち電話が通じなくなったダニエルを心配して、ダニエルの家を訪れてみると・・・。この時点で、ダニエルは蓄えも底をつき、家財道具も売り払って絶望状態になっていたから、デイジーを追い出そうとしたが、デイジーのある一言に胸を打たれ、再び目を覚ますことに。つまり、今度はケイティがダニエルを励まし、助ける役割に転じたわけだ。こういう展開を見ているとついつい安心してしまうが、本作ラストのささやかな食事会のシーンでは、トイレに向かったダニエルの心臓に遂に異変が！

　『幸せなひとりぼっち』では、心臓が人より大きいという持病をもっていた５９歳の主人公に、最後にはベッドの上でのポックリ死が訪れてくるという「幸せ」に恵まれたが、さてダニエルの場合は・・・？両者が共に５９歳での死亡という結果（設定）になったのは偶然の一致だが、両作の主人公共にやるべきことをやり、それなりに満足していた状態で突然心臓がアウトになったのは、多分偶然の一致ではなく神様の思し召しだろう。私はそのように解釈し、泣きじゃくっているケイティの姿に希望と再生をみたが、さてあなたの解釈は？

　　　　　２０１７（平成２９）年４月６日記

わたしは、ダニエル・ブレイク
Blu-ray￥4,800+税
DVD￥3,800+税
提供：ロングライド、バップ
発売元：バップ　© Sixteen
Tyne Limited, Why Not
Productions, Wild Bunch, Les
Films du Fleuve, British
Broadcasting Corporation,
France 2 Cinéma and The
British Film Institute 2016

Data

監督・脚本：ウディ・アレン
出演：ジェシー・アイゼンバーグ／
　　　クリステン・スチュワート／
　　　スティーヴ・カレル／ブレイ
　　　ク・ライブリー／コリー・ス
　　　トール／ケン・ストット／ジ
　　　ーニー・バーリン／パーカ
　　　ー・ポージー

SHOW-HEY シネマルーム

★★★★

## カフェ・ソサエティ

2016年・アメリカ映画
配給／ロングライド・96分

2017（平成29）年5月6日鑑賞　TOHOシネマズ西宮OS

## 👀 みどころ

　山田洋次監督が８０歳を超えてなお毎年「喜劇」の演出に意欲を燃やせば、さらにその上を行くウディ・アレン監督だって「恋愛」の演出に意欲を！

　本作の舞台は、前半はハリウッド（西海岸）、後半はニューヨーク（東海岸）に分けられているが、共通するのは「カフェ・ソサエティ」。しかし、それって一体ナニ？昨年の大統領選挙と対比しながら、１９３０年代の古き良き（？）アメリカをしっかり想像し、かつ楽しみたい。

　もっとも、「二股かけ」は今も昔も厳禁だったはずだが、恋愛の達人ウディ・アレン監督の手にかかると、それもドロドロ劇とはならず、甘く切ない結末に。なるほど、なるほど・・・。

——＊——＊——＊——＊——＊——＊——＊——＊——＊——

### ■□■日本なら山田洋次！アメリカならウディ・アレン！■□■

　日本の山田洋次監督が１９３１年生まれなら、ウディ・アレン監督は１９３５年生まれ。山田洋次監督が近時８０歳を超えて『家族はつらいよ』（16年）（『シネマルーム37』１３１頁参照）、『家族はつらいよ2』（17年）を作り続けているなら、ウディ・アレン監督だって毎年のように諸作を次々と。また、山田洋次監督が日本アカデミー賞の常連なら、ウディ・アレン監督は本家のアカデミー賞の常連だ。このように共に長生きしている両監督は多くの点で共通点があり、共に人生ドラマを追求してきたのも同じだが、全然違うのが映画の切り口。ハナ肇を起用した、かつての『馬鹿』シリーズや、渥美清を起用した「男はつらいよ」シリーズ、そして近時の「家族はつらいよ」シリーズで明らかなように、山田洋次監督はあくまでも人生を喜劇として描くのに対し、ウディ・アレン監督の興味はあ

くまでも男女の恋に向けられているから、その映画は一貫してすべてラブストーリーだ。

　私は観ていないが、２０１１年のドキュメンタリー『映画と恋とウディ・アレン』（１１年）に自ら出演した彼は、その中で「ロマンスを過去のものとする年齢には達していない」と語っていたそうだが、本作を観ればまさにそのとおり。今なお、若者たちの恋をストーリーの軸として、その愛と人生の選択、夢と現実を映画にしている彼の感性と若々しさはすごい。

　本作で、ウディ・アレン監督が起用した女優は、『トワイライト～初恋～』（０８年）（『シネマルーム』２２未掲載）で大ブレイクした女優クリステン・スチュワート。ペネロペ・クルスやスカーレット・ヨハンソン等、毎回旬の女優を主役に起用して映画を作っていれば、監督自身が若返るのは当然かもしれないが、何ともうらやましい限りだ。

## ■□■舞台の前半はハリウッド、後半はニューヨーク■□■

　ウディ・アレン監督はニューヨーク生まれだから、当初の作品はニューヨークを舞台にした恋愛劇がほとんどだった。私が映画評論を始めた２０００年以降、彼の作品の舞台はロンドンやスペインのバルセロナにも広がったが、あくまで彼の本拠地はニューヨークだ。しかして、本作は彼がもっとも得意とする１９３０年代のアメリカ、とりわけハリウッドとニューヨークを舞台にするもの。そして、前半がハリウッド（西海岸）、後半がニューヨーク（東海岸）とハッキリ二分されているから、その対比も面白いし、前半と後半に二人のヴェロニカが登場するもの面白い。さらに、ウディ・アレンは、ブルックリンのユダヤ人家庭で育ち、そのルーツと混沌とした幼少期のさまざまな体験がのちに生み出す幾多の映画の作風に多大な影響を及ぼしたそうだが、本作の主人公ボビー（ジェシー・アイゼンバーグ）はユダヤ人青年だから、まさにウディ・アレンその人。『ソーシャル・ネットワーク』（１０年）（『シネマルーム２６』１８頁参照）でマーク・ザッカーバーグ役を演じ、早口で大量のセリフを喋ることを最大の売りとした俳優ジェシー・アイゼンバーグが演じるボビーが本作で見せる恋愛模様も、きっとウディ・アレン監督の体験にもとづくものだろう。１９３０年代のアメリカといえば、一方では「世界恐慌」、「禁酒法」、「ギャング」等をキーワードとする嫌な時代だったが、他方ハリウッドやニューヨークではプール付きの大邸宅に住み、日夜パーティーに明け暮れるセレブな人たちもたくさんいたらしい。

　さて、ウディ・アレン監督はそんな時代のハリウッドやニューヨークを舞台に、そしてまた、ユダヤ人青年を主人公にどんな恋愛映画を？

## ■□■昔は公私混同もＯＫ？仕事より恋？■□■

　ボビーは、ニューヨークのブロンクスで小さな宝石店を営む父マーティ（ケン・ストット）、母ローズ（ジーニー・バーリン）の下での生活に満足できず、ハリウッドで映画のエージェントとして大成功を収めている叔父フィル（スティーヴ・カレル）に憧れ、そこに

活躍の場を求めたが、それは当然。「青雲の志」を描いた五木寛之の長編小説『青春の門』の主人公・伊吹信介は、九州の筑豊から上京し、早稲田大学の中で恋と勉強と学生運動そしてボクシングに熱中したが、さて、ニューヨークからハリウッドにやってきたボビーは？

　エージェントとの約束でいっぱいのため、わざわざ自分を訪ねてきたかわいい甥のボビーに会う時間すらとれないフィルの姿を見ていると、ひょっとしてフィルは身内の若者が自分を頼ってハリウッドに来たことを迷惑に思っているのかナ、とつい勘ぐってしまったが、一度面会した後のストーリー展開を見ていると、その逆。つまり、フィルは周りに少しは気を遣うものの、甥っ子のボビーをいとも簡単に身の回りを世話する社員として採用し、雑用一切を委ねたから、ビックリ！こんな公私混同は今なら完全にアウトだが、１９３０年代ならOK！

　ボビーが忙しいフィルのために仕事上どのように役立ったのかは本作では一切描かれないが、ボビーの気の遣い方とおしゃべりのうまさは天性のようだから、それなりに仕事はこなしていたのだろう。もっとも、本作ですぐに明らかにされるのは、ボビーの女への手の早さ。これはウディ・アレン監督と全く同じなのだろうが、フィルの秘書として有能ぶりを発揮し、ボビーにも親切に対応してくれた美人のヴォニー（クリステン・スチュワート）に一目惚れしたボビーは、直ちに猛アタックを開始。普通は、「私には恋人がいる」と言われると一歩引いてしまうものだが、それは気の弱い日本人男性特有のもので、ユダヤ人青年のボビーは全然違うらしい。しかして、ヴォニーは本来の恋人とは別に、完全な「二股状態」を楽しんでいた（？）が・・・？

## ■□■男の二股はゲスだが、女なら？ヴォニーの選択は？■□■

　近時日本では「ゲスの極み乙女。」のボーカル・川谷絵音の「二股かけ」が暴露され、ゲス野郎と言われてしまった。また、宮崎謙介氏も国会議員の育休取得を掲げながら妻の妊娠中に不倫していたことが暴露され、衆議院議員の辞職を余儀なくされた。さらに、中川秀直元内閣官房長官の息子で衆議院議員だった中川俊直氏も不倫プラス重婚（？）スキャンダルが報じられ、こちらも議員辞職を余儀なくされた。

　それらと同じように（？）、本作前半に見るヴォニーの「二股かけ」も、見方によってはかなりヤバイ。①ヴォニーの恋人が自分の直接の上司であるフィルだという設定も、②フィルが２５年間も連れ添ってきた妻に対してなかなか離婚を切り出せず日々悩んでいるという設定も、さらには、③ヴォニーの二股かけの相手がフィルと甥のボビーだという設定も、かなりリアルでドロドロしているが、それを軽妙かつロマンティックにスクリーン上に描くのがウディ・アレン流。そして、それに寄与するのがボビーの早口のしゃべりだから、本作前半では、下手をするとドロドロ劇になりがちなニューヨークでのヴォニーの「二股かけ」のラブストーリーに注目！

　ヴォニーの二股かけのお相手を知らないボビーは、幸せの絶頂の中で強引にヴォニーに対して「結婚してニューヨークに住もう」と迫ったが、ヴォニーの二股かけのお相手がボ

ビーと知ったフィルの方も遂に妻との離婚を決意した上で、ヴォニーとの結婚を迫ったから大変。さあ、ヴォニーはこの究極の局面でどちらを選ぶの？青春ドラマものなら当然セレブで金持ちのフィルではなく、今は貧乏でも将来性のあるボビーを選ぶはずだが、８０歳を超えたウディ・アレン監督の恋愛劇では、ヴォニーの愛と人生の選択、夢と現実の選択はどちらに・・・？

## ■□■カフェ・ソサエティとは？■□■

　私は本作を鑑賞している最中も、本作のタイトルとなっている「カフェ・ソサエティ」の意味が全くわからなかったが、鑑賞後にパンフレットを読んではじめて「なるほど」と理解。「作品紹介　Ｉｎｔｒｏｄｕｃｔｉｏｎ」には、「ちなみに、《カフェ・ソサエティ》とは、１９３０年代に夜ごと都会のお洒落なレストランやクラブに繰り出すライフスタイルを実践したセレブリティたちの社交界のこと」と説明されている。

　他方、海野弘氏の「華やかで、はかない世界の恋物語」と題する「Ｒｅｖｉｅｗ」には、「《カフェ・ソサエティ》は、１９３０年代にできた新しい〈社交界〉である。第一次世界大戦で、古きよき時代の貴族的な〈社交界〉が崩壊してしまったので、それに代わる新興の〈社交界〉が出現した。豪華な館の大広間を舞台とする〈社交界〉ではなく、カフェでくりひろげられる気楽な〈社交界〉といった意味で、ニューヨークのゴシップ・コラムニストなどがいい出した用語らしい。《カフェ・ソサエティ》の特徴は、トランスアトランティック、つまり、大西洋をはさむヨーロッパとアメリカにまたがる風俗文化だったことである。１９２９年からの世界大恐慌、そしてヒトラーによるナチズムに追われて、ヨーロッパのアーティストたちがアメリカにやってきた。それを吸収して、アメリカはモダン・アートの中心となってゆく。それらのアーティストを後援したのが《カフェ・ソサエティ》であった」と説明されている。なるほど、なるほど・・・。

　昨年のアメリカ大統領選挙では、民主党のヒラリー・クリントン候補がニューヨークのセレブリティを代表するものだと批判されて、白人労働者の立場に立つ（？）共和党のドナルド・トランプ候補に敗れたが、「大不況」「禁酒法」「ギャング」をキーワードとした１９３０年代のアメリカでも、ハリウッドやニューヨークにはこんなセレブの世界があったわけだ。

## ■□■2人の男のカフェ・ソサエティは？■□■

　ハリウッドの映画界の中でエージェントをしているフィルの生活が、まさに「カフェ・ソサエティ」であったことは当然。そして、ボビーもそんなフィルに憧れてその世界に飛び込んだわけだが、ボビーがヴォニーにプロポーズするについて「ニューヨークに帰る！」と宣言したのは、一見華やかな「カフェ・ソサエティ」の虚偽性と空虚性に辟易したためだ。しかし、そんな決心とヴォニーへのプロポーズにもかかわらず、ヴォニーが絶望的な

選択をしてしまうと、ボビーは失意の中、一人ぼっちで故郷のブロンクスに帰ることに・・・。

　ところが、失恋の痛手を引きずったまま、ギャングの兄ベン（コリー・ストール）が経営するナイトクラブで働き始めると、ボビーは再び持ち前の社交性を発揮して、気配り上手な店長になったばかりか、ある夜来店したブロンド美女ヴェロニカ（ブレイク・ライブリー）に魅了され、あっさり結婚することに。

　そして、ベンがある事件で死刑にされてしまう不幸が襲う中、生バンドを取り入れたクラブの経営は順風満帆で、ボビーはどっぷりとニューヨークの「カフェ・ソサエティ」の中に浸り切ることに。

## ■□■カフェ・ソサエティ同士の男女の再会は？■□■

　これは見方によれば、ボビーの堕落ともいえる変化だが、そんなお店をハリウッドからフィルとヴォニーが訪れてくるところから本作のラストのストーリーが展開していくことになる。フィルはヴォニーの「二股かけ」のお相手がボビーだったことを知ったため急いでヴォニーに求婚したのだから、ヴォニーと結婚した後も甥っ子に対するこだわりをもっていたはずだが、そんなことはおくびにも出さないのが「カフェ・ソサエティ」のルール。それはヴォニーも心得たものだった。しかし、ヴォニーが自分ではなくフィルを選んだことに今なお納得できていないボビーは、すっかりハリウッドの社交界に染まった様子のヴォニーを批判したが、「あなただって、昔とは違うでしょ」と切り返されるとギャフン。そりゃ確かにそうだ。

　もっとも、フィルがニューヨークにやってき

『カフェ・ソサエティ』
11月10日発売　DVD¥3,800（税抜）
発売・販売元　株式会社KADOKAWA

たのは仕事のためだが、なぜヴォニーはそれに同行し、しかもフィルと一緒にボビーの店までやってきたの？懐かしさで一目会うだけなら問題ないが、ひょっとして焼けぼっくりに火がついたり、再び「二股かけ」が始まる危険はないの？そんなことを考えながら結末に向けてのストーリーを注目したいが、ウディ・アレン監督の映画は2時間以内に抑えるのが原則。また、ドロドロした人間ドラマとせず、コメディ風にサラリと仕上げるのが原則だ。しかして、96分に編集された本作の、甘く切なくかついかにも大人の雰囲気に満ち溢れた結末に注目！なるほど、なるほど・・・。

2017（平成29）年5月15日記

Data
監督：マルコ・ベロッキオ
原作：マッシモ・グラメッリーニ「F
　　　ai bei sogni」
出演：ヴァレリオ・マスタンドレア
　　　／ベレニス・ベジョ／バルバ
　　　ラ・ロンキ／グイド・カプリ
　　　ーノ／ニコロ・カブラス／ダ
　　　リオ・デル・ペーロ／ロベル
　　　ト・ヘルリッカ／ファブリツ
　　　ィオ・ジフーニ／エマニュエ
　　　ル・ドゥヴォス

SHOW-HEY シネマルーム

★★★★

甘き人生

2016年・イタリア、フランス映画
配給／彩プロ・130分

2017（平成29）年8月1日鑑賞　｜　シネ・リーブル梅田

## 👀👀 みどころ

　9歳の時に溺愛する母親を失った少年は、その死を受け入れられないまま今30歳となりジャーナリストとして活躍中だが、その心の中の母への想いは・・・？

　イタリアの巨匠マルコ・ベロッキオ監督が「母モノ」に挑戦！『瞼の母』では、番場の忠太郎は上下の瞼を合わせればおっかさんに逢えたそうだが、母親がなぜ死亡したのかも教えられなかった本作の主人公は・・・？

　美しい女医との遭遇が主人公を覚醒させてくれたのは幸いだが、ベテラン映画評論家の「絶賛」にもかかわらず、私には本作の難解さがイマイチ・・・。

—— * —— * —— * —— * —— * —— * —— * —— * —— * ——

## ■□■イタリア映画の巨匠が「母モノ」に挑戦！その評価は？■□■

　本作公開直前の新聞での映画批評に、共に著名なベテラン映画評論家である①佐藤忠男氏の「追憶の母　美しさと優しさ」（読売新聞）と②中条省平氏の「甘き人生」「巧みなドラマ　息のむ映像」（日本経済新聞）の2つがあり、私はこれに大きく注目した。

　前者は、「実にイタリア的な映画である」「手の込んだ質の高い感傷的母物なのである」「母物なら日本が本場だと思っている日本人は少なくないと思うが、こんなに批評性に富んで、そのうえで母の追憶も美しく描いている映画はちょっとない」という視点からの褒め方だ。更に、本作のチラシには、日本映画大学名誉学長の肩書で佐藤忠男氏は「ヴィスコンティ、アントニオーニ以来の本格イタリア映画の傑作！」と書いている。また、後者は「ベルトルッチが健康問題で不振の今、それとは対照的に、今年78歳になるマルコ・ベロッキオは、絶頂期にあるといって過言でない。名実ともに現代イタリア最高の映画監督である。

最新作『甘き人生』は、その証明となる傑作だ」、「単に美しいだけではない、ぴんと張りつめた緊張感に息を呑まされる。これぞ名匠の業である」と絶賛！

　このように両者とも本作を絶賛しており、後者を読んだ友人は「これは必ず観なければ・・・」と私に語っていたから、私もこりゃ必見！そう思って映画館へ。ちなみに、マルコ・ベロッキオ監督作品で私が観たのは、『夜よ、こんにちは』（０３年）（『シネマルーム１１』１６８頁参照）と『愛の勝利を　ムッソリーニを愛した女』（０９年）（『シネマルーム２６』７９頁参照）の２本。いずれも傑作だったから、本作も楽しみだ。

## ■□■死別した母親への想いをどう整理？■□■

　映画冒頭、９歳の男の子マッシモ（ニコロ・カブラス）が、母親（バルバラ・ロンキ）の深い愛情を受けながら育てられる風景が描かれる。去る７月３１日フランスの名優ジャンヌ・モローが８９歳で死亡したが、フランスやイタリアの女優は肌は綺麗とは言えないが、彫りの深い美人顔が目立つうえ、スタイルと服装が良いからとにかくカッコいい。９歳のマッシモと２人でダンスに興じる母親のドレス姿一つを見ても、その美しさは際立っている。これでは、９歳の男の子が溺愛する母親を突然失った時、その現実を容易に受け入れられないのも無理はない。

　しかし、いくらキリスト教では自殺は認められないからと言っても、急に母親を失った９歳の男の子に、父親（グイド・カプリーノ）から「お母さんはここよりもっと良いところに行ったんだよ」と言い聞かせても、それを理解させるのは無理。遅くとも中高校生にもなれば、父親から母親が死亡した理由をきっちり説明すべきだと思うのだが、さてイタリア人ジャーナリストのマッシモ・グラメッリーニの自叙伝ともいうべき『Ｆａｉ　Ｂｅｉ　ｓｏｇｎｉ（良い夢を）』を原作とした本作では、その点は如何に・・・？

　ちなみに、日本の「母モノ」では、５歳の時に母親のおはまと別れ、やくざの世界に入った番場の忠太郎を主人公とした戯曲『瞼の母』が有名。番場の忠太郎は、「俺あ、こう上下の瞼を合せ、じいッと考えてりゃあ、逢わねえ昔のおっかさんのおもかげが出てくるん

だ。それでいいんだ。逢いたくなったら俺あ、眼をつぶろうよ。」と強がりを言って男の世界を生きていたが、本作の３０歳となりジャーナリストの世界で成功を収めているマッシモは今、９歳の時に死別した母親への想いをどのように整理できているの・・・？

## ■□■舞台はトリノ、サラエボ、ローマ。時は６０～９０年代■□■

　外国人は年齢がわかりにくいうえ、成年になったマッシモを演じるヴァレリオ・マスタンドレアはかなり老け顔だから、３０歳というのはちょっと厚かましすぎ・・・？そう思って調べてみると、『ローマに消えた男』（１３年）（『シネマルーム３７』未掲載）に主演していた彼は１９７２年生まれだから、案の定・・・。もっとも、その分演技力は達者だから、ジャーナリストとしてサラエボに赴いて取材をしたり、ローマでは新聞社の幹部として人生相談のコラムを担当したりと大活躍しながら、死別した母親への想いを断ち切れない３０歳男の苦悩を見事に演じている。もっとも、社会人として大活躍し３０歳にもなっているのなら、いい加減「マザコン」は断ち切ってもいいのでは・・・？

　そう思っていると、スクリーン上には、少年期のマッシモ（ダリオ・デル・ペーロ）が金持ちの友人エンリコのお屋敷を訪れた際、エンリコがその美しい母親（エマニュエル・ドゥヴォス）に一方では反発しながら、他方ではあたかも近親相姦のようにじゃれあっている姿が登場する。これを見ていると、この点では前述した新聞批評で佐藤忠男氏が「この国では母親に甘える気風がとくに強い。だから逆に母性崇拝はもううんざりだと言えば共鳴する人も少なくないみたい」と書いていることに納得！また、本作は中条省平氏が言うように、「マルコ・ベロッキオ監督の傑作」かもしれないが、そのポイントはあくまで、舞台がトリノからサラエボ、ローマへ、そして、時代が１９６０年代から８０年代、９０年代と移っていく中で、マッシモの死んだ母親への想いを描いたもの。とりわけ、新聞社への「母の横暴を憎む」と題した読者の投書に対する回答を任されたマッシモが、自分の体験を踏まえた心の叫びをそのまま回答すると、これが大反響。つまり、どんな母親でも生きてさえいてくれれば、それだけで子供は幸せなのだというのがマッシモのスタンスだったが、さてその賛否は・・・？さらに、そんな内なる心の叫びを公の新聞の文字として表現したことによって、逆にマッシモが受けることになった心の痛みとは・・・？

## ■□■男の覚醒は美人女医との出会いから・・・■□■

　本作導入部に登場する幼少期のマッシモの母親がチョー美人なら、少年期のマッシモの友人エンリコの母親もチョー美人。さらに、マッシモがサラエボ紛争の取材から、ある日パニック障害を起こして病院に電話したところ、それに対して親切かつ適切な治療方法を指示してくれた女医エリーザ（ベレニス・ベジョ）も、病院で会ってみればチョー美人。このベレニス・ベジョは、『アーティスト』（１１年）（『シネマルーム２８』１０頁参照）で主演し、『ある過去の行方』（１３年）（『シネマルーム３３』１１３頁参照）でも主演していた女優だから美人なのは当然だが、実在の医者にもこんな美人がいることにビックリ！私は日本の医療制度は世界一と思っているが、これを見ている限りイタリアもなかな

かのもの・・・？もっとも、マッシモがこんな待遇を受けることができたのはごく一部の例外だろうし、その後マッシモがエリーザと「いい仲」になっていくストーリーも、マルコ・ベロッキオ監督の脚本上だけの例外中の例外だろう。

それはともかく、３０歳になるまでずっと死んだ母親の影を引きずってきた三十男のマッシモが、やっとそれを振り切り覚醒することができたのは、この美人女医エリーザとの出会いだったことは明らかだ。エリーザの祖父のパーティーに招かれたマッシモが、「僕は踊れないんだ」と言いながら、いざステップを踏み出すと見事なダンスを披露するのはちょっと嫌味。いくら巨匠マルコ・ベロッキオ監督の脚本とはいえ、これはちょっとやりすぎだが、エリーザとの出会いによって、やっとマッシモは１人前の男として覚醒！本作後半では普通はありえないそんなストーリー展開をしっかり確認したい。

## ■□■母親の死亡理由は？この男はそれをどう克服？■□■

前述した通り、本作の舞台はトリノからサラエボ、ローマへと移り、ラストには再びトリノに戻ってくる。そして、父親とも死別したマッシモはやっと母親との思い出がいっぱい詰まったトリノの家を売却する決心を固めるわけだが、そこで叔母さんからはじめて明かされた母親の死因は自殺だったからマッシモはビックリ！何故、父親は死ぬまでそれを息子に教えなかったの・・・？

本作には冒頭、母親と一緒にテレビを観る幼少期のマッシモが、テレビの画面上で女性が飛び降り自殺をするのを観ているシーンが登場する。また、ラスト近くでは、水着姿のエリーザがプールで見事な飛び込みの演技を見せるシーンが登場する。これらが何を物語る（暗示する）のかは、あなたの解釈次第だし、そこら辺りの難解さが巨匠の巨匠たる所以（？）だが、さあ、マッシモはエリーザとの出会いによって、亡き母親への想いをどう整理するの？

私にはなかなか理解できない難解な「母モノ」だが、さてあなたの理解は・・・？

２０１７（平成２９）年８月４日記

**SHOW-HEY シネマルーム**

★★★★

**Data**

監督：チャン・イーモウ
出演：マット・デイモン／ジン・ティエン／ペドロ・パスカル／ウィレム・デフォー／アンディ・ラウ／ルハン／チャン・ハンユー／ワン・ジュンカイ／チーニー・チェン／チェン・カイ／エディ・ポン／ケニー・リン／ホアン・シュエン

## グレートウォール

2017 年・中国、アメリカ映画
配給／東宝東和・103 分

2017（平成 29）年 4 月 16 日鑑賞　TOHO シネマズ西宮 OS

## 👀 みどころ

　ミサイル開発と核実験を繰り返す北朝鮮を巡る米中の駆け引きが目下の大きな焦点だが、近時大きく進んできた映画界における「米中の融合」は本作において頂点に！

　なんと張藝謀（チャン・イーモウ）監督は、マット・デイモンを主役に起用し、万里の長城を舞台とした壮大な歴史劇（？）を！「イーモウ・ガール」としてチョー美人の司令官が登場するうえ、女性ばかりで構成された華やかな鶴軍も、見どころいっぱい。さらに本作では、中国伝説の怪物たる饕餮（とうてつ）の「造形」をポン・ジュノ監督の『グエムル　漢江の怪物』（０６年）と、しっかり比較したい。

　万里の長城の真の目的は？西洋人の傭兵が中国に入り込んだ目的は？美人司令官と傭兵とのキーワードとなる「信任（シンレン）」とは？

　マンガチックとはいえ、チャン・イーモウ監督による３Ｄのハリウッド大作をしっかり楽しみたい。もっとも、興業的にはイマイチで、上映期間も短いようだから、少し心配・・・。

───＊───＊───＊───＊───＊───＊───＊───＊───＊───

### ■□■北朝鮮を巡る米中の思惑は？■□■

　去る４月７日にアメリカのフロリダで行われたトランプ米大統領と習近平国家主席との「米中首脳会談」における夕食会は順調に進んでいたが、デザートの段階に至って、トランプ大統領の命令によってシリアの軍事基地に対して５９発の巡航ミサイルが撃ち込まれたことが習主席に伝えられたらしい。面子を大切にする中国人にとって、これは大きな屈

辱。その時、習主席は約１０秒ほど黙り込んだらしいが、その時の彼の表情までは伝えられていない。さぞ苦りきった表情だっただろうと想像できるが、彼は翌日は笑顔でカメラの前に現れたそうだから、それはある意味偉い。

さらにミサイル発射実験と核実験で挑発を強める北朝鮮に対して、トランプ大統領は「軍事攻撃も辞せず」とばかりに、原子力空母カール・ビンソンを中心とする第一空母打撃群と海中深くからミサイルを発射することができる強力な原子力潜水艦を北朝鮮に送り込み、中国に対しても、「金正恩のムチャぶりをしっかり抑えろ。さもないと、米国が単独で北朝鮮を武力攻撃するぞ」と脅かしているから、中国も大変だ。こんな風に政治、経済や軍事、外交面では、今やアメリカと世界第二の大国となった中国との緊張関係が続いているが、さて映画の世界では？

## ■□■映画界での米中融合は、今やここまで！■□■

そこでは近時、『ゼロ・グラビティ』（１３年）（『シネマルーム３２』１６頁参照）、『インデペンデンス・デイ　リサージェンス』（１６年）（『シネマルーム３８』未掲載）、『オデッセイ』（１５年）（『シネマルーム３７』３４頁参照）等で見るように、米中の「融合」が大きく進んできた。

ちなみに、２０１６年３月２２日付産経新聞は、「ハリウッド大作 濃い『中国色』」と題してそんな状況を報告している。そこでは『オデッセイ』について、映画評論家の秋本鉄次氏が「『７０億人が彼の還りを待っている』というキャッチコピーなのに、米国以外は中国ばかり。まるで米中共同救出作戦のようで、違和感を覚えた」と語っている。また、「『００７　スペクター』のダニエル・クレイグや『オデッセイ』のマット・デイモンらはキャンペーンで訪中したが、来日せず。『ハリウッドは、かつてのように"日本第一"ではなくなった』と感じる映画関係者は多い。」と書いている。そして、「中国の映画興行収入は間もなく米国を超えるといわれ、その影響力はますます強まりそう」な中、秋本氏は、「映画の世界では米中は共闘しており、若干、中国の方が優勢な印象。将来を暗示しているようで、考えてしまう」と話している。

そんな状況下、チャン・イーモウが監督し、マット・デイモンが主演した本作で、映画界における米中の融合は頂点に！

## ■□■なぜ傭兵が中国に？火薬は中国が先？■□■

ヨーロッパを近代化に導いたルネサンス期における「三大発明」は、火薬、羅針盤、活版印刷術の３つ。私は、中学校の歴史の授業でそう教わったが、実は火薬の発明はヨーロッパよりも中国が先・・・？万里の長城を作ったのは、清の始皇帝だから紀元前２世紀のこと。しかし「グレートウォール」と題された本作の時代設定は、１２世紀の宋の時代だ。その時代に中国では、火薬が発明されていたため、傭兵のウィリアム（マット・デイモン）、

ペロ（ペドロ・パスカル）たちは、それを入手してヨーロッパに持ち帰り、大金持ちになるべく半年にわたる旅の末、ようやくシルクロードの果ての宋の国境までたどり着いたらしい。

　馬賊に追われて逃げていく中、ウィリアムとペロの目の前に現れたのは、噂に名高い巨大な万里の長城。今さら後方に引けないウィリアムとペロは、腹を決めて武器を捨て、長城防衛の命を受けた禁軍に投降したが、さて２人の処分は？それがストーリの本筋だが、長城の中には、既に火薬を求めて宋の国に入っていた「先輩」のバラード（ウィレム・デフォー）がいたことがもう１つのサブストーリーになっている。バラードもいつか火薬を持って（盗んで）故郷に帰ることを夢見ていたから、ウィリアムもペロも守備隊のシャオ将軍（チャン・ハンユー）の命令によって殺されなければ、バラードと共に火薬を持って故郷に帰れるかも・・・？

　中学時代に習った歴史とは全然違う、ハチャメチャだが何とも楽しそうな、火薬を巡るそんなストーリーに、なるほど、なるほど・・・。

「グレートウォール ブルーレイ+DVD セット」発売元・販売元：NBC ユニバーサル・エンターテイメント　発売中　価格：３，９９０円＋税　(C) 2016 Universal Studios. All Rights Reserved

## ■□■長城建設の目的は？饕餮（とうてつ）とは？■□■

　秦の始皇帝が「万里の長城」を作ったのは、北方に住む異民族（＝夷狄）から漢民族を守るため。長城建設の苦労とそれによる民衆の始皇帝への恨みの増大は、勝新太郎が始皇帝を演じた大映映画の７０ミリの大作、『秦・始皇帝』（６２年）でも明らかだが、チャン・イーモウ監督はそんな「史実」を本作のために大胆に変更！何と、万里の長城を建設した目的は２０００年以上前から６０年に一度現れ、過去幾度となく襲来してきた怪物、饕餮（とうてつ）から国を守るため、と解釈した。饕餮の大襲来を食い止めるため、長城には鷲軍・虎軍・熊軍・鹿軍・鶴軍の５つの軍からなる「禁軍」が配備されているわけだ。

　禁軍の司令官はシャオ将軍だが、ある日一匹の饕餮との戦いでシャオ将軍が死んでしま

うと、彼は娘のリン・メイ（ジン・ティエン）を新しい司令官に任命。こんな若くて美人、そして英語もペラペラの女性にホントに司令官が務まるの？そんな疑問もあるが、「ボンドガール」ならぬ「イーモウガール」と呼ばれる、女優発掘の名人だったチャン・イーモウ監督が、本作で抜擢したジン・ティエンの魅力と存在感は抜群だ。5つの軍の司令官もそれぞれ若いイケメン俳優が演じているが、意外にその存在感は薄く、目立つのはアンディ・ラウ演じる、戦略を司るワン軍師の存在感。やはり、これくらいの経験がないと、美人の司令官を補佐して大量の饕餮と戦うのは無理だということを実感させてくれる。

ポン・ジュノ監督の韓国映画『グエムル　漢江の怪物』（06年）を見た時は、一匹だけのグエムルの造形ぶりが大きな話題となったが（『シネマルーム11』220頁参照）、本作でも一匹ごとに見れば饕餮の造形は面白い。しかし、それが何千、何万と群れをなして長城めがけて突進してくる姿を見ると、かなりマンガ的。さらに、饕餮の大軍の行動がすべて女王の饕餮に制御されているとか、なぜか磁石の前では大人しくなってしまうという「属性」を見せつけられると、なお一層マンガ的になっていくことに・・・。

# ■□■色使いと３Ｄの立体性に注目！■□■

チャン・イーモウ監督の代表作は何といっても『紅いコーリャン』だが、その最大の特徴は赤を基調とした色使いだった（『シネマルーム5』72頁参照）。また、西の『マトリックス』東の『HERO（英雄）』と称されるほど、CGを多用したチャン・イーモウ監督作品が『HERO（英雄）』（02年）だったが、そこでも3つのストーリーを赤、青、白の3つのカラーで分類した映像の美しさが際立っていた（『シネマルーム5』134頁参照）。さらに、唐代を舞台とした『王妃の紋章』（07年）では、『満城尽帯黄金甲』という中国タイトル通り、ゴールドを基調とした絢爛豪華な衣装をはじめとして、とにかくキンキラキンさが目立っていた（『シネマルーム34』90頁参照）。しかして、チャン・イーモウ監督初のハリウド映画の本作ともなれば、そんな彼の一つの特徴である「色使い」がより強調されるのは当然だ。

本作では、長城を守る禁軍は、①射手で編成された鷲軍、②火玉を投げる投石機などを操る工兵隊である虎軍、③饕餮と接近戦で戦う熊軍、④騎兵隊と歩兵隊で構成されて、饕餮が長城に侵入した際の防衛線となり、敵を長城の反対側へと誘導する役割を果たす鹿軍、⑤女性兵士で構成されている鶴軍という5つの防衛軍で構成されている。そして、それぞれ、①鷲軍は赤色、②虎軍は黄金色、③熊軍は黒色、④鹿軍は紫色、⑤鶴軍は青色、の甲冑に身を包む華麗な姿で登場してくるので、それに注目！高い壁に向かって突進し、よじ登ってくる饕餮を迎え撃つには、弓矢や投石だけではなく、空から地上の饕餮への攻撃が有力。そのため、身体をロープのようなものに繋ぎ、槍を手に、鳥のようにダイブし、饕餮を突き刺す形で戦うのが鶴軍だ。これには身体の軽い女性の方が向いているため、鶴軍はすべて女性兵士で構成されているから、その点でも極めてユニーク。また、鶴軍の女性

兵士の甲冑の色がすべて青色とされているのは、空からの攻撃をカムフラージュするためだ。なるほど、なるほど。

他方、こんな禁軍と饕餮との戦闘を大スクリーン上で楽しむには、やはり３Ｄで立体的に見る方がベター。そのため、本作の上映には２Ｄはなく、すべて３Ｄにされているからその立体性にも注目！

## ■□■欧中が共に戦うキーワードは？「信任」■□■

ウィリアムとペロは火薬の獲得を目指して傭兵となり大儲けを企んでいたのに、禁軍に捕まり、処罰されたのでは元も子もない。「即刻処刑すべきだ」との武将たちの声を制してワン軍師がウィリアムたちの命を助けるよう求めたのは、ウィリアムたちが饕餮の手を切り落として撤退させた「実績」を持っていたためだ。したがって、ウィリアムたちはシャオ将軍やワン軍師から饕餮について聞かれる質問に対して、リン司令官の通訳で回答すればいいだけで、自ら命を張って「長城」を襲ってくる饕餮と戦う義務がないのは当然だ。しかし、饕餮の第一波攻撃の場面で、ウィリアムとペロはいかにも「実力派」の傭兵らしい力を発揮して饕餮と戦ったため、これがリン司令官やワン軍師の目に焼き付けられることに。

しかして、所詮ウィリアムとリン司令官との恋物語には発展しない本作においては、「信任」が、ウィリアムとリン司令官の心を結び付けるキーワードになる。「信任」は中国語では「シンレン」と読み、日本語の「信頼」と同じ意味。ペロはバラードと共にさっさと火薬を盗んで長城を逃げ去ろうと画策するのに対し、ウィリアムはリン司令官の「信任」のために命を張って饕餮と戦うことに生きがいを見いだすというストーリーだが、さてその成否は？

そもそも、傭兵のウィリアムのどこにナニワ節的な心情があったのか不思議だし、ウィリアムがペロと仲違いしてまでリン司令官との「信任」のために饕餮と戦う心情を私はイマイチ理解し難い。それが、ひょっとしてリン司令官の美人度にあったとすれば、中国流のハニートラップは宋の時代にも形を変えて存在していたことになるのだろうか・・・？それはともかく、本作では、チャン・イーモウ監督が１２世紀の西洋と中国を結びつけるキーワードとして設定した「信任」の意味をしっかり考えたい。

## ■□■　中国の皇帝は？人民は？首都防衛は？■□■

１９４９年１０月１日に成立した新生中国、つまり中華人民共和国の首都は北京だが、中国歴代王朝の首都は、西安、洛陽、南京、北京等いろいろと変わってきた。しかして、１２世紀の宋王朝の都はどこに？「グレートウォール」（＝万里の長城）は、皇帝が住む首都とそこに住む人民を守るためのものだが、本作後半は、ウィリアムやリン司令官の奮闘にも関わらず、饕餮の大軍があまりにも強力なため、長城が突破され大量の饕餮がクイー

ンの指揮の下に首都に乱入してしまう事態になるから、宋帝国は万事休す。そう思えたが、そんな場面の中でもリン司令官たちは、大量の飛行船（？）に乗って首都に向かい、あくまで饕餮と戦い、首都と皇帝、人民を守る戦いに命を捧げるので、後半はそれに注目！

　そこで、饕餮を倒す武器とて大きく浮上するのが、当時既に実用使用段階に入っていた火薬だ。これで、いちいち饕餮を倒しても埒が開かないが、饕餮全体を支配するクイーンの身近で火薬を爆発させクイーンを殺してしまえば、饕餮を全滅させる可能性あり！そんな戦略、戦術の下で本作のクライマックスに向けて、ウィリアムとリン司令官、ワン司令官たちのクイーン退治に向けての決死の戦いが決行されていくから、若干マンガ的ながら、それに注目！リン司令官による英語の通訳を介しながらのウィリアムとワン軍師との共同作戦は大変だが、そのチームワークの良さは抜群。その結果、多くの犠

牲を払いながらも火薬を腹の中に仕込んだ生け捕りの饕餮をクイーンの近くに運び、そこに矢を放って爆発させることに大成功！さあ、その結果スクリーンに展開されていく、あっと驚く光景とは・・・？

　本作で皇帝を演じたのは、中国の人気アイドルグループ　ＴＦＢｏｙｓ（Ｔｈｅ　Ｆｉｇｈｔｉｎｇ　Ｂｏｙｓ）のリードボーカルのワン・ジュンカイで、本作が俳優デビュー作らしい。その音楽界における実力は全く知らないが、彼が演じる皇帝の饕餮への興味の示し方をみていると、ハッキリ言って「馬鹿」と言わざるを得ない。こんなバカ皇帝のために、みんなが命を張って饕餮から宋帝国を守っているのかと思うといささかイヤになってくるが、国とはなにか？皇帝とは何か？人民とは何か？を考えながら、饕餮からの首都防衛の意味をしっかり考えたい。

２０１７（平成２９）年４月２８日記

SHOW-HEY シネマルーム

★★★★★

牯嶺街（クーリンチェ）少年殺人事件
４Ｋレストア・デジタルリマスター版

1991年・台湾映画
配給／ビターズ・エンド・236分

2017（平成29）年4月9日鑑賞　　シネ・リーブル梅田

| Data | |
| --- | --- |
| 監督： | エドワード・ヤン |
| 脚本： | エドワード・ヤン／ヤン・ホンヤー／ヤン・シュンチン／ライ・ミンタン |
| 出演： | チャン・チェン／リサ・ヤン／ワン・チーザン／クー・ユールン／エレイン・ジン／タン・チーガン／ジョウ・ホェイクオ／リン・ホンミン／チャン・ホンユー／ワン・ゾンチェン／タン・シャオツイ／ヤン・シュンチン |

## 👀 みどころ

　「台湾ニューウェーブ」を代表する侯孝賢（ホウ・シャオシェン）監督の『非情城市』（８９年）に並ぶ、楊徳昌（エドワード・ヤン）監督の本作をはじめて鑑賞。

　①国共内戦の敗北、②本省人と外省人、③長く続いた戒厳令と白色テロ、④「反攻大陸」のスローガンとプレスリーを始めとした洋楽へのあこがれ。そんな時代背景の中、屈折した若者たちの抗争は？恋愛は？生きザマは？

　タイトルの意味がわかるのはラスト近くになってからだが、日本とは全然違う当時の台湾の若者たちの屈折ぶりをしっかり確認したい。

　暗い画面の中、４時間にも及ぶ、『ウエストサイド物語』（６１年）にも似た（？）ストーリーを追うのは大変だが、これはすごい！充実感と満足感でいっぱいになることはまちがいない！

―― * ―― * ―― * ―― * ―― * ―― * ―― * ―― * ――

### ■□■「台湾ニューウェーブ」のもう１つの代表作を鑑賞！■□■

　「中国ニューウェーブ」の代表作が陳凱歌（チェン・カイコー）監督の『黄色い大地』（８４年）（『シネマルーム５』６３頁参照）と張藝謀（チャン・イーモウ）監督の『紅いコーリャン』（８７年）（『シネマルーム５』７２頁参照）なら、「台湾ニューウェーブ」の代表作は侯孝賢（ホウ・シャオシェン）監督の『悲情城市』（８９年）（『シネマルーム１７』３５０頁参照）と楊徳昌（エドワード・ヤン）監督の本作、『牯嶺街少年殺人事件』だ。『悲情城市』は２００７年９月に鑑賞し強烈な印象を受けたが、ＢＢＣが１９９５年に選出した「２１世紀に残したい映画１００本」に台湾映画として唯一選ばれ、２０１５年釜山映

画祭で発表された「アジア映画ベスト１００」において、『東京物語』『七人の侍』『悲情城市』と並んでベスト１０入りするなど、映画史上に残る傑作として高い評価を受けた本作をやっと鑑賞！それができたのは、映画史上に残る傑作として評価されながらも、日本では初上映以来２５年間ＤＶＤ化もされず、観る機会がほとんどなかった本作を、マーティン・スコセッシ監督が激賞し、エドワード・ヤン監督の生誕７０年、没後１０年となる２０１７年に４Ｋレストア・デジタルリマスター版で蘇らせたためだ。

　本作の主役として登場する小四（シャオスー）は小学校四年生の意味ではなく、１９６０年当時の台湾の台北にあった建国中学校夜間部に通う学生の名前だが、何とその役を演じているのは『ブエノスアイレス』（９７年）（『シネマルーム５』２３４頁参照）、『グリーン・ディスティニー』（００年）、『呉清源　極みの棋譜』（０６年）（『シネマルーム１７』２４９頁参照）、『レッドクリフＰａｒｔ１』（０８年）（『シネマルーム２１』３４頁、『シネマルーム３４』７３頁参照）、『レッドクリフＰａｒｔ２』（０９年）（『シネマルーム２２』１７８頁、『シネマルーム３４』７９頁参照）、『グランド・マスター』（１３年）（『シネマルーム３０』２４６頁、『シネマルーム３４』４８４頁参照）、『黒衣の刺客』（１５年）等で「アジアを代表する俳優」に成長している張震（チャン・チェン）。それがわかれば、本作が１９９１年に製作された古い映画だということが実感できる。しかして、本作のタイトルになっている「牯嶺街」とは一体ナニ？また「少年殺人事件」とは一体ナニ？

## ■□■監督自身の体験と、ある現実の殺人事件から本作が！■□■

　本作のパンフレットには、三澤真美恵（日本大学文理学部中国語中国文化学科教授）の「緻密な闇の設計図を玩味する－『牯嶺街少年殺人事件』の歴史的背景」と題する解説がある。そこには、本作を鑑賞するためのバックグラウンドとして不可欠な次の知識が要領よく解説されているので、これは必読。
①台湾の歴史と日本の影（１８９５年の下関条約によって台湾が日本に割譲されて以降、半世紀に及ぶ日本の植民地支配。）
②外省人と本省人（１９４５年の日本敗戦によって中国大陸から台湾に移り住んだ台湾省以外の出身者が外省人。台湾省の出身者と接収以前から台湾に住んでいて、日本の植民地統治を経験したのが本省人。）
③国共内戦の敗北と眷村（けんそん）（１９４９年に国民党政府は共産党軍との国共内戦に敗れ台湾に撤退したため、外省人が急増した。台湾には階級の低い軍関係の外省人が集住する眷村と呼ばれる地区があった。）
④冷戦とアメリカの影（１９４９年１０月の中華人民共和国の成立と１９５０年６月の朝鮮戦争勃発によって世界が「東西冷戦」の時代に入る中、台湾は「反共の防衛ライン」とされ、中華民国（国民党）政府は生き残った。そのため、本作に登場する小公園パーラーの天井を飾る旗は、中華民国、アメリカ、国連の３種類とされ、「反共復国」「反攻大陸」

のスローガンとプレスリーの甘い歌声が同居する中、台湾は戦争と暴力の気配に包まれた。）

⑤戒厳令と白色テロ（反共の防波堤となった台湾では、『悲情城市』で描かれたように、中華民国（国民党）政府は台湾を「共産党」勢力が入り込まない浄土にするため、「白色テロ」と呼ばれる共産主義分子の摘発キャンペーンを繰り広げた。そのため、１９４９年から１９８７年まで、何と３８年間にもわたって世界に類を見ない長期の戒厳令がしかれ、集会、結社、言論、報道、学問の自由が制限され、郵便や電報が検閲された。）

　１９４７年に上海に生まれたエドワード・ヤン監督は１９４９年２月に、家族と共に台北に移住し、本作の主人公である小四と同様、建国中学校夜間部に入学しているから、本作はまさにエドワード・ヤン監督自身の体験にもとづく外省人たちとその家族の物語。また、『ウエストサイド物語』（６１年）と同じような不良グループの抗争事件をテーマとした本作は、１９６１年に台北で起きた未成年の少年によるガールフレンド殺人事件に想を得たものだ。本作は１９９２年に日本で最初に公開された時は３時間８分版だったが、４Ｋレストア・デジタルリマスター版は本作完成時の当初のバージョンである３時間５６分版とされている。

## ■□■登場人物は？２つの抗争グループは？■□■

　『ウエストサイド物語』はポーランド系アメリカ人の不良グループであるジェット団と、新参のプエルトリコ系アメリカ人の不良グループであるシャーク団に分かれた２つの不良グループの抗争劇だったが、本作は小四が所属する不良グループである「小公園」と、山東（シャンドン）（楊順清（ヤン・シュンチン））をトップとする不良グループである「２１７」との対立が基本。また、ニューヨークの「ウエスト・サイド」を舞台とした『ウエストサイド物語』では、ポーランド系とプエルトリコ系の人種差別が少年たちのグループ抗争の根底にあったが、本作では本省人ＶＳ外省人の対立はもちろん、外省人同士でも父親の職業や地位（軍人の場合はとりわけその地位）によって明確に優劣が分かれ差別があることが少しずつわかってくる。つまり、本作の主な舞台は、小四たちが通う建国中学校夜間部と、本作のタイトルになっている牯嶺街（クーリンチェ）だが、本作に登場する少年少女たちの父親の職業や地位によって、その住んでいる場所や家に大きな「格差」があるわけだ。

　本作は３時間５６分の長尺だし、

『嶺街少年殺人事件』・DVD＆Blu-ray 好評発売中
価格　６,８００円（税抜）・発売元　株式会社ハピネット
・販売元　株式会社ハピネット・(C)１９９１Kailidoscope

60

登場人物も多いため、日本人には登場人物の相互関係が容易に把握できない。しかし、本作のパンフレットには小四と小明（シャオミン）（楊静怡（リサ・ヤン））をはじめとする多くの登場人物のグループ分けがされているので、それを参考にしながら、整理しておけば次のとおりだ。

（1）まず、前述したとおり、本作の主人公・小四は建国中学校夜間部の学生で、そのクラスメートが王茂（ワンマオ）（王啓讚（ワン・チーザン））と飛機（フェイジー）（柯宇綸（クー・ユールン））。また、小四のクラスメートには、バスケットボール部のエースの小虎（シャオフー）（周慧國（ジョウ・ホェイクオ））や小四のクラスに転校してきた小馬（シャオマー）（譚志剛（タン・チーガン））もいる。小四の無二の親友になる小馬は、父親が司令官のため裕福な暮らしをしており、不良たちにも顔がきく少年だ。そして、本作中盤以降に登場してくる男が、かつての「小公園」のリーダーだったが、対立するグループ「217」のリーダーと小明のことで揉めて相手を殺害したため、台南に身を隠していたハニー（林鴻銘（リン・ホンミン））。そのハニーが不在の隙に、小明やリーダーの座を狙っている男が滑頭（ホアトウ）（陳宏宇（チャン・ホンユー））で、滑頭の恋人が小翠（シャオツイ）（唐暁翠（タン・シャオツイ））だ。また、ボーイソプラノを武器とする王茂と共に洋楽バンドのリーダーになっているのが二條（アーティアオ）（王宗正（ワン・ゾンチェン））だ。

（2）他方、「小公園」と対立する「217」の現在のリーダーが山東で、その恋人が神経（クレージー）（倪淑君（ニー・シュウジュン））。そして卡五（カーウ）（王維明（ワン・ウェイミン））は「217」のメンバーの1人だ。

（3）また、小四の家族は、小四の父（張國柱（チャン・クオチュー））、母（金燕玲（エレイン・ジン））と、長男・老二（ラオアー）（張翰（チャン・ハン））、長女・張娟（チャンジュエン）（王娟（ワン・ジュエン））、次女・張瓊（チャンチョン）（姜秀瓊（チアン・ショウチョン））、三女・張雲（チャンユエン）（頼梵転（ライ・ファンユン））だ。小四の父親は上海から渡ってきた外省人で公務員。その後ろ盾になっているのが政府の有力者、汪國正（ワン・グオチェン）（徐明（シュー・ミン））だが、本作中盤以降この父親には警備総部から「ある嫌疑」がかかることになるので、そのストーリーに注目！

## ■□■暗い映像！多い登場人物！しかし、こりゃ面白い！■□■

　私がはじめて「中国ニューウェーブ」の旗手であるチャン・イーモウ監督の『紅いコーリャン』を観た時は、赤をえらく強調したその「色彩感覚」に驚愕し、その魅力の虜になった。それに対して、「台湾ニューウェーブ」の旗手、エドワード・ヤン監督の本作を今回はじめて観てビックリしたのは、色彩の暗さ。これは、台湾が1949年から1987年まで38年間も戒厳令の下に置かれていたことを象徴するものだが、とにかく本作の映像は暗い。しかし、少しずつそれに馴れていくにしたがって、小四や小明たち世代の若者の

鬱屈した気持ちと、小四の父親たち世代の何ともやりきれない気持ちが、その映像にマッチしていることに気づき、違和感がなくなっていく。こりゃ面白い！

他方、本作の登場人物は前述のとおりやたら多い上、「少年殺人事件」が最初に提示されるわけではない。そして、前半では小四と小明の恋模様を軸とした「小公園」グループと「２１７」グループとの対立模様が少しずつ紹介されていくので、それほどスリリングな展開があるわけではない。したがって、ある意味眠くなってしまっても仕方ないが、本作に限っては全然そんなことはない。そして、中盤以降は、真面目に勉強し成績も悪くない小四が、小明との恋の芽生えを発端として少しずつ不良グループとの「接点」を強め、また学校でのトラブルが増大していく物語が描かれていくのでそれに注目！

他方、小四の父親は厳格さと公平さが「売り」の公務員であるにもかかわらず、下っ端の外省人であるためにさまざまな問題に直面していくため、その面でも小四のイライラは増大していくことになる暗い映像の中で、多くの登場人物が４時間近くにわたって織りなす、そんな暗い物語をしっかり鑑賞したい。

## ■□■洋モノへの憧れ、プレスリーの影響にビックリ！■□■

終戦直後の日本を代表する歌は、『りんごの歌』『青い山脈』『誰か故郷を想わざる』等々だが、「もはや戦後ではない」と宣言された昭和３１年（１９５６年）頃からは、日本にもエルヴィス・プレスリーを代表とする「洋モノ音楽」が入り込み、ザ・ピーナッツや坂本九たちが大人気となった。さらに、１９６６年のザ・ビートルズの来日によって、若者たちはロック、グループサウンズ、フォーク等を自由に楽しむ時代になっていった。しかして、１９６０年代の台湾の台北における音楽事情は？

小四たちの世代が『ウエストサイド物語』と同じように不良グループに分かれて対立・抗争していたのは仕方ないが、本作ではそれとは別に洋モノ音楽に夢中になっている王茂や二條にも注目！とりわけ、小四のクラスメートで、背の小さい王茂はあっと驚く美しいボーイソプラノの声を聴かせるので、それに注目！もっとも、その声がプレスリーの歌にマッチしているかどうかは別モノで、ある音楽会社に持ち込んだ王茂のデモテープはロクに聴いてもらえないまま即ゴミ箱へ。さらに、バンドのリーダーとして演奏活動に精を出している二條らの姿を見ていると、あの暗い時代の台湾でも、若者の洋モノ音楽への情熱は日本と同じだと知ってビックリ！そんな彼らにとって、学校での演奏会を超えた中山堂での晴れのコンサートは夢舞台だから、張り切ったのは当然だ。

本作後半は、中山堂での洋楽バンドの演奏会に多くの観客が集まり、王茂や二條の音楽に熱狂するシークエンスが描かれるので、それを楽しみたい。しかし、その一方では不穏な動きも・・・。

## ■□■ハニーのご帰還からあれこれの波紋が！■□■

古き良き昭和の時代、日本では『かえり船』や『かよい船』を歌った田端義夫の「マドロススタイル」が流行したが、本作後半から登場してくるハニーの服装を見ていると、私はついそれを連想してしまった。しかし、ハニーのその姿はカッコ良くマドロススタイルを気取っているのではなく、兵役義務として海軍に入っていたためらしいから、そこにも注目！

それはともかく、台南に身を隠していたハニーが突然台北に戻り小明と再会したことによって、小四と小明との間に芽生えていた恋模様に大きな変化が生まれたのは当然。さらに、ハニー不在の間に「小公園」のリーダーの座を狙っていた滑頭とハニーとの間で「小公園」内部の「権力闘争」が勃発するとともに、「小公園」と対立する「２１７」グループにハニーの帰還が大ニュースとして伝わったのも当然だ。そんな中、ハニーはたった一人で「中山堂」で開催された音楽会に乗り込んでいったから、さあハニーと「２１７」グループとの対決は？

コンサート会場で、恋人の神経と共に王茂や二條の演奏を聴いていた「２１７」グループのリーダー山東は、「ハニー現る！」の報告を聞いて、すぐに会場を出てハニーに対して「大人の対応」を見せていたが、その実は・・・？そんな流れの中でスクリーン上で展開される、「あっと驚く事件の発生」はあなた自身の目でしっかりと！

## ■□■ハニーの死亡はなぜ？これが少年殺人事件？■□■

ハニーのケンカの強さは、たった一人で中山堂での演奏会場に乗り込み、「２１７」グループのメンバーたちと闘う姿を見ればよくわかる。しかし、いくら何でもこれはちょっと無茶では・・・。『ウエストサイド物語』では、ジェット団とシャーク団のケンカを止めに入った、マリアの恋人であるトニーが死んでしまったが、本作では意外にもこのハニーがあっけなく死んでしまうので、そのストーリー展開に注目！すると、本作のタイトルになっている「少年殺人事件」とは、この殺人事件のこと？いやいや、そうではない。ハニーが急に消えてしまったことによって、小四や小明をはじめとする「小公園」グループの仲間たちに衝撃が走ったのは当然。もしハニーが台南に帰ってしまったら、あるいは殺されてしまったら、「小公園」の次期リーダーの座は誰に？

さらに、恋人のハニーが突然消えてしまったことによって少しおかしくなってしまったのが小明。小明も外省人の娘で、貧乏だったが、なんせ美人だからモテモテ。しかも、１０歳代では男より女の方が早熟だから、小明が小四に対して語る男性観はかなり自由奔放

に思えるものだった。もしそうなら、台南に行ってしまったハニーにさっさと見切りをつけて新しい恋人を見つければいいのに、小明は小虎にも気を持たせ、小四にも好意を示していたから、女ゴコロはわからない。そんな中で、突然ハニーが戻ってくると、やっぱりハニーが一番いいの・・・？そうなると、ひそかに小明のことが好きだったバスケットボール部のエース小虎の心境は？そしてまた、小明のそんな変化に誰よりも心を痛めている小四の心境は？他方、大人の世界では小四の父親に警備総部からかかっていたある嫌疑について、父親の後ろ盾になっていた汪國正の援護があまり当てにならないことがわかり、父親のイライラも頂点に・・・。

## ■□■なぜこんな少年殺人事件が？その全貌は？■□■

　そんなこんな状態で小四の周りがすべて大きな不安要素に包まれる中、ついにある日、少年殺人事件が勃発！その加害者は？被害者は？これはある意味、男女の痴情のもつれから発生した殺人事件だが、小四や小明たち世代の純愛劇の中でそんな表現はふさわしくない。しかして、あなたはこの「少年殺人事件」をどう見る？どう解釈する？

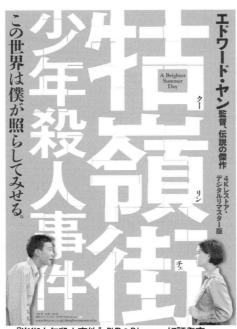

『嶺街少年殺人事件』・DVD&Blu-ray 好評発売中　価格　6,800円（税抜）・発売元　株式会社ハピネット・販売元　株式会社ハピネット・(C)１９９１Kailidoscope

　本作ではその答えは提示されず、映画はある意味、中途半端な状態で終わってしまう。つまり、「少年殺人事件」とタイトルされている本作の「少年殺人事件」は本作のラスト近くで突然起こり、その結末も描かれない。ただ、字幕で裁判の結果が表示されるだけだ。そんな作り方を見ると、本作は少年殺人事件そのものの内容を描きたかったわけではなく、その時代とその中で生きる若者たちの姿を描きたかったことがわかる。つまり、それを描かなければならないという使命感を持ち、大金を使ってそれを実行したわけだ。そんな４時間もある本作は必見！

　２０１７（平成２９）年４月２４日記

Data
監督：三池崇史
原作：沙村広明『無限の住人』（講談社『アフタヌーン』所載）
脚本：大石哲也
出演：木村拓哉／杉咲花／福士蒼汰／市原隼人／満島真之介／市川海老蔵／戸田恵梨香／山﨑努／田中泯／北村一輝／栗山千明／山本陽子

★★★★

## 無限の住人

2017 年・日本映画
配給／ワーナー・ブラザース映画・140 分

| 2017（平成29）年5月3日鑑賞 | TOHOシネマズ西宮OS |

## 👁👁みどころ

　人気漫画の実写化は難しいうえ、あの木村拓哉を「汚れ役」に起用するのはかなりの冒険。しかし、冒頭の「百人斬り」とクライマックスの「三百人斬り」の美学さえしっかり演じてくれれば、成功は約束されたも同然・・・。

　「血仙蟲」による不老不死の肉体というアイデアはストーリーを台無しにしてしまう危険もあるが、それをうまく活用した分、逸刀流のボスとその配下のＮＯ．２たちの存在感が薄くなったのが少し残念。

　また、幕府の薄汚いやり口にもっと焦点をあてる「正攻法」もありだろうが、三池崇史監督流としては、もちろんこれでオーケー！

―――＊―――＊―――＊―――＊―――＊―――＊―――＊―――＊―――

## ■□■三池崇史監督の時代劇は？人気漫画のポイントは？■□■

　三池崇史監督の時代劇は、『十三人の刺客』（１０年）（『シネマルーム２５』２０１頁参照）、『一命』（１１年）に続くもので期待大だが、本作は、沙村広明の人気マンガ『無限の住人』を実写化したものらしい。これは『月刊アフタヌーン』に１９９３年６月から２０１２年１２月まで長期連載され、「むげにん」と略称された人気マンガで、独特の世界観を持ち、登場人物も多いらしい。そして、その最大のポイントは、木村拓哉演じる主人公・万次が「血仙蟲（けっせんちゅう）」を体内に宿しているため、不老不死の肉体を持ち、「死にたくても死ねない」孤高の主人公という点にあるらしい。なるほど、なるほど・・・。

　キムタクこと木村拓哉は俳優として、現代劇では、『ＨＥＲＯ』（０７年）（『シネマルーム１６』１５１頁参照）や『２０４６』（０４年）（『シネマルーム５』３５９頁参照）等でいい味を出していたし、時代劇でも『武士の一分（いちぶん）』（０６年）（『シネマルーム

１４』３１８頁参照）で見事な演技を見せていた。もっとも『武士の一分』では、徹頭徹尾カッコ良さが売りだったが、本作では冒頭から左腕を斬り落とされたり、片目を斬られたりと、散々な目にあわされるから、顔や身体に無数の傷跡をつけた姿で登場。しかも、衣装は初めから終わりまで同じ、汚れた（？）着流し姿だ。そんな原作のポイントはかなりマンガチックだが、面白そう。そして、そんなストーリーなら三池崇史監督は手際よく料理するのでは、と大いに期待！

## ■□■冒頭の「百人斬り」をどう見る？■□■

　本作では、まず冒頭の万次（木村拓哉）による「百人斬り」の迫力に注目。このシーンでは、本当にきっちり１００人を斬ったらしい。この「騒動」は、元同心であった万次が、私腹を肥やす旗本を斬った罪で妹と共に逃走していたところ、多くの手下を従えた賞金稼ぎに襲われたために起きたもの。言われるとおり、捕えられた妹・町（杉咲花）を返してもらうため刀を捨てたのに、賞金稼ぎの男は無慈悲にも妹を斬ってしまったため、怒りに燃えた万次はハチャメチャな勢いで、百人の敵に向かって突進していくことに。

　『プライベート・ライアン』（９８年）は冒頭十数分間の激しい戦闘シーンが売りだったが、本作でもこの冒頭の百人斬りのシーンは迫力満点だ。もっとも吉川英治の『宮本武蔵』を読み、内田吐夢監督、中村錦之助主演の『宮本武蔵　一乗寺の決斗』（６１年）を観れば、刀で一人の人間を斬り殺すのは大変な作業だから、一人で大勢の吉岡勢と闘うについて、武蔵がいかに一対一の状況を作り出して、相手を一人ずつ斬り殺すかに苦心したことがよ

『無限の住人』１１月８日ブルーレイ＆ＤＶＤ リリース
【初回仕様】無限の住人 ブルーレイ＆ＤＶＤ セット プレミアム・エディション（３枚組）￥７,９９０＋税 ブルーレイ￥４,９９０＋税／ＤＶＤ（本編１枚）￥３,９９０＋税
ワーナー・ブラザース ホームエンターテイメント
©沙村広明／講談社 ©2017 映画「無限の住人」製作委員会

くわかる。そんなリアルな「一対多数」の斬り合いを考えると、本作冒頭の「百人斬り」がいかに現実離れした荒唐無稽なものかは明らかだ。しかし、さすが木村拓哉、これはもちろん、斬られ役の俳優たちの協力を得ての話だが、その奮闘ぶりはお見事!

## ■□■女優・杉咲花の演技に注目!■□■

本作で、万次の実の妹・町役と百人斬りから５０年後の今、父親・浅野虎厳の仇討を万次に依頼する虎厳の娘・浅野凛役を一人二役で演じているのが杉咲花。杉咲花は、『湯を沸かすほどの熱い愛』（１６年）（『シネマルーム３９』２８頁参照）で日本アカデミー賞最優秀助演女優賞を獲得した女優。さらに、私たちが毎年大阪で開催している「おおさかシネマフェスティバル」で、２０１５年度に新人女優賞を、２０１６年度に助演女優賞を受賞した新進女優だ。

その杉咲花演じる凛は、父親が江戸で営む無天一流の道場で男勝りの稽古をしていたが、その武術の腕前は？ちなみに、坂本龍馬が通った北辰一刀流の千葉道場では、千葉周作の娘・千葉佐那が相当の剣術の腕前を誇っていたから、それとの対比で凛の腕前に期待したが、本作では残念ながらその腕前も見せどころは一切なし。冒頭の百人斬りのシーンの後、謎の老婆八百比丘尼（山本陽子）の力（いらざるおせっかい？）によって不老不死の体となった万次は、その後なんの生き甲斐もないまま一人山奥で暮らしていたが、そこを凛が訪ねていくところから本作の本格的ストーリーが始まることになる。

浅野虎厳は、各流派の統合を目指す若きリーダー、逸刀流の天津影久（福士蒼汰）から、逸刀流グループの傘下に加わるか、それとも対決するかと迫られた挙げ句、あっけなく一対一の対決で敗北。それはそれで仕方ないが、母親が天津の部下たちの好きなようになぐさめものにされたうえ、死んでしまったから、凛は天津を仇として必ず殺すと誓ったが、何せ実力不足。そこで、凛は仇討ちのための助っ人として、八百比丘尼から万次を紹介されたわけだ。

杉咲花は、『湯を沸かすほどの熱い愛』では、母親役の宮沢りえを相手にいかにも今風の、学校でいじめを受ける女の子役を見事に演じていたが、さて、本作では？「勝負どころ」での、若干「叫び過ぎの演技」はイマイチだったが、そんな経験を重ねながら彼女がこれから今後一層成長していくことに期待したい。

## ■□■天津影久の野望は？その戦略は？そのＮＯ.２たちは？■□■

本作冒頭に登場する万次は、今は完全なアウトローだが、幕府の同心だったのだから元は役人。それに対して、凛が両親の仇と狙う天津影久は、江戸の道場すべてを逸刀流の支配下に置くという野望のために邁進し、急速に勢力を拡大している剣客集団のリーダーだから、彼は幕府の役人ではなく、いわば在野の剣客だ。したがって、自分の収入を安定させ、また、逸刀流グループの財政を安定させるためには、幕府にその地位を認めさせ、柳

生但馬守が率いた柳生一門のように幕府公認の剣術指南役として公認してもらうのが理想
だ。そのため天津影久の雰囲気は一見アウトロー的だが、その行動原理はきわめて現実的。
また、そのために天津影久が立てた戦略は幕府への売り込み（？）のようだから、本作中
盤から後半にかけてみえてくる天津影久と幕府との各種かけひき（？）に注目！

　他方、天津影久が凛の父親を一太刀で切り捨てる姿を見るとその腕前は超一流だし、孤
高の存在としてそのカリスマ性は十分だから、そのＮＯ．２たちも実力者がひしめいてい
るらしい。そのため、天津影久の命を狙う凛と万次の存在感が増していくにしたがって、
万次と１対１で対決する天津影久のＮＯ．２である尸良（市原隼人）、凶戴斗（満島真之介）、
乙橘槇絵（戸田恵梨香）たちが次々と登場してくるので、その対決ぶりに注目！その１対
１の対決をみれば、万次とＮＯ．２たち一人一人の実力は拮抗しているようだが、なにせ
万次は腕を斬られても腕は復活し、心臓を貫かれてもなお死なないのだから、そのハンディ
キャップは大きすぎる。したがって、その勝敗の行方が明らかなことが少しずつ見えて
くると・・・？

　私は、本作の結末は万次と天津影久の決闘になるものと考えていたが、中盤のそんな展
開が重なってくると、どうもクライマックスはそうではないような気が・・・。

## ■□■死ねないことの苦しみと虚しさは？■□■

　冒頭の「百人斬り」の戦いで左腕を切り落とされた他、全身をメッタ斬りにされて、死
の直前にあった万次に対して、「血仙蟲」を飲ませて不老不死の身体にしたのは、八百比丘
尼婆だが、その婆が凛に対して万次を助っ人として紹介したのは一体なぜ？また、当初、
万次が凛の話をまともに受けつけなかったのは当然だが、万次が凛の依頼を引き受け、以
降万次と凛の疑似兄妹のような関係がどんどん深まっていくことになったのは一体なぜ？
そこらあたりのストーリー構成は少し甘いが、本作では凛の天津に対する仇討ちの覚悟と
万次の死んだ妹そっくりの容貌が万次の生きザマに大きな影響を与え、それが本作の底流
を流れる人間ドラマになるので、それに注目！

　万次は凛と出会い、自分に与えられた役割を自覚するまでは、八百比丘尼婆のおかげで
自分が不老不死の肉体になったことを持て余していたらしい。これは、かつて秦の始皇帝
が不老不死の薬を求めて部下の徐福を中国大陸の奥地西安から東海岸の蓬莱（現在の山東
省）へ遣わした、という物語を聞けば贅沢な話。しかし、所詮人は何らかの目的がなけれ
ば生きていけない動物だということを本作はしっかり教えてくれる。もっとも、山田洋次
監督ではなく、三池崇史監督がそんな人生訓を垂れるところに若干違和感を覚えたのは私
だけ・・・。

## ■□■「三百人斬り」のクライマックスをどう見る？■□■

それはともかく、死ねないことの苦しさと虚しさを抱きながら一人孤独に生きていた万次が、今は凛の仇討ちを助けるために天津影久のNO.2たちとの対決を続けていると、次第にその命の危険が迫ってくることに・・・。それは大ケガをして大量の血液が流れると、さすがに「血仙蟲」の働きが追いつかなくなるためだ。そして、そうなってくると万次は逆に早く「血仙蟲」が働き、命が回復することを期待するようになるから、おかしな話だ。つまり、万次は凛を守り、天津影久を倒すまでは死ねないと思い始めたわけだ。

そして、そんなことが、本作終盤に至って、幕府の裏切りのために、今幕府の役人（捕り物衆）達に一人囲まれている天津影久を

『無限の住人』11月8日ブルーレイ＆DVD リリース
【初回仕様】無限の住人 ブルーレイ＆DVD セット プレミアム・エディション（3枚組）¥7,990＋税 ブルーレイ¥4,990＋税／DVD（本編1枚）¥3,990＋税 ワーナー・ブラザース ホームエンターテイメント
©沙村広明／講談社 ©2017映画「無限の住人」製作委員会

万次が助けに行く理由になるらしい。戸田恵梨香演ずるNO.2の乙橘槇絵は天津影久の恋人でもあったから、その愛のために、捕り物の場に駆けつけ、最後には自ら鉄砲玉の前に飛び出して天津影久の命を救ったのは当然だが、万次がこの捕り物の舞台に登場したのは一体なぜ？本作にみる万次のそこらあたりの「美学」をあなたはどう解釈？それをしっかり考えながら、本作のクライマックスとなる、いかにも「これぞ、三池崇史監督流の美学！」と実感できる「三百人斬り」の圧倒的迫力を楽しみたい。

２０１７（平成２９）年５月１１日記

**Data**

監督・脚本：黒沢清
原作：前川知大『散歩する侵略者』
出演：長澤まさみ／松田龍平／高杉
　　　真宙／恒松祐里／前田敦子
　　　／満島真之介／児嶋一哉／
　　　光石研／東出昌大／小泉今
　　　日子／笹野高史／長谷川博
　　　己

# SHOW-HEY シネマルーム

★★★★★

## 散歩する侵略者

2017 年・日本映画
配給／松竹・日活／・129 分

2017（平成29）年9月9日鑑賞　｜　TOHOシネマズ西宮OS

## 👀 みどころ

　　日本の巨匠、黒沢清監督が、ＳＦ大作に初挑戦！黒沢作品は難解さが特徴だが、タイトルからして本作も難解そう。さあ、ハリウッドで続々と誕生するＳＦ大作と比べた黒沢ＳＦの特異性は・・・？

　　本作に見る「宇宙人」の姿カタチは人間と同じ。しかし、この宇宙人は地球人から次々と「なるほど。それ、もらうよ」と言いながら「概念」を奪っていくからやっかいだ。

　　しかして、夫を宇宙人に奪われた若妻、宇宙人の取材のためガイドとなるジャーナリストを中心として展開する摩訶不思議な黒沢ＳＦの世界を堪能し、最後には「愛は奪うことが出来るの？」という、キリスト教の奥義にも迫りたい。

　　あなたにとって、一番大切なものは何ですか？そんな問いかけに対する、あなたの答えは・・・？

――＊――＊――＊――＊――＊――＊――＊――＊――＊――＊

## ■□■日本の巨匠・黒沢清監督がＳＦ大作に初挑戦！■□■

　　黒澤明監督は日本を代表する巨匠だが、「ホラー映画作家」というイメージが強い１９５５年生まれの黒沢清監督も、今や「日本の巨匠」と呼ばれる地位についている。彼の近時の『岸辺の旅』（１５年）は「生者と死者の共存」という難しいテーマだったし（『シネマルーム３７』２４７頁参照）、『クリーピー　偽りの隣人』（１６年）も難解な映画だった（『シネマルーム３８』８４頁参照）。さらに、フランスを舞台とし、フランス人俳優、全編フランス語でホラーラブロマンスに初挑戦した『ダゲレオタイプの女』（１６年）も生者と死者の境目が不明な難解な物語だった（『シネマルーム３９』未掲載）。このように難解な作品

が多い黒沢清監督が、本作ではＳＦ大作に初挑戦！！

　もっとも、本作は脚本こそ自分で書いているが、原作は劇団イキウメの同名の舞台劇で、演出・脚本家の前川知大が小説にしたもの。近時、ハリウッドでは『ゼロ・グラビティ』（13年）（『シネマルーム３２』16頁参照）、『インターステラー』（14年）（『シネマルーム３５』15頁参照）、『オデッセイ』（15年）（『シネマルーム３７』34頁参照）等のＳＦ大作が相次いでいるが、それらの出来はさまざま。たとえば、『パッセンジャー』（16年）（『シネマルーム３９』未掲載）は大きく期待外れだったのに対し、同じような設定の『スターシップ９』（16年）は上出来だった。また、園子温監督が20代の頃に書いた脚本を映画化した『ひそひそ星』（16年）を発表したが、これは期待を大きく裏切るものだった（『シネマルーム３８』未掲載）。

　新聞紙評によると、黒沢監督は、「いつかＳＦ映画を撮ろうと構想してきました。ようやく満足できる作品が撮れた」と語っているが、そもそも『散歩する侵略者』というタイトルからして難解そう。さて、日本の巨匠・黒沢清監督が初のＳＦ映画に挑戦した本作のテーマは？その出来は？

## ■□■先遣隊３人の宇宙人の姿は？その役割は？■□■

　ハリウッドのＳＦ大作『メッセージ』（16年）では、宇宙（人）との交信にジェレミー・レナー扮するイアン・ドネリー博士が大きな役割を果たしたが、もし宇宙人が存在しており、戦争か平和かは別として、彼らが地球への「進出」を考えるなら、何より大切なのは、いかに地球人と「交信」するかということ。日中、日韓の間でさえ容易に「交信」できず、南北朝鮮では、同じ朝鮮人同士でも「交信」できないのだから、宇宙人と地球人との交信が難しいのは当然。私が小学生の頃に読んだＳＦ小説では、宇宙人は頭が小さく足がチョー長い、ロボットのような形状と相場が決まっていたが、本作の宇宙人はそうではなく、ヤドカリのように地球人に乗り移るものらしい。

　そのため、本作冒頭のストーリーでは、女子高生・立花あきら（恒松祐里）と彼女が縁日の金魚すくいでゲットした金魚をめぐって、少し気味悪い風景が登場する中、一家惨殺事件が発生し、あきら１人だけが取り残されることになる。それをジャーナリストとして取材するのが桜井（長谷川博己）だ。そしてまた、桜

2017『散歩する侵略者』製作委員会

2017『散歩する侵略者』製作委員会

2017『散歩する侵略者』製作委員会

71

井と同じように、あきらの家をじっと見つめる若者・天野（高杉真宙）がいたが、天野は桜井に対して「僕は宇宙人」と自己紹介し、「地球を侵略するため先遣隊としてやってきた、自分たちの仕事は人間特有の概念を奪い、収集すること」だと説明。そりゃ、一体何のこと？

　当初、桜井は天野の言うことをハナから馬鹿にしていたが、どうも、あきらは宇宙人の仲間らしい。そして、話をよくよく聞いてみると、たしかに天野は人間離れしているものの、狂人ではなさそうだし、あながち嘘八百でもなさそうだ。「これはひょっとして特ダネになるかも・・・」と考えた桜井が、天野の「僕のガイドになってくれないか」との頼みをＯＫしたことによって、映画は一挙にＳＦ的な展開に・・・。

## ■□■ホントの主役は真治と鳴海夫妻だが・・・■□■

　本作は巨匠・黒沢清監督作品だから、出演者は豪華。しかして、本作のホントの主役になるのは松田龍平扮する加瀬真治と長澤まさみ扮する鳴海の加瀬夫妻だ。３日前から行方不明になっていた夫・真治が警察に保護されたとの連絡を受けた鳴海が駆けつけてみると、たしかに目の前にいる男の姿かたちは真治。しかし。鳴海の顔を見るなり「あなたのこと知っています。加瀬鳴海さんですよね」と語りかけてくる真治は明らかにヘン。何らかの精神疾患を患っているようで、しばらく様子を見ることになったが、真治の説明によると、彼は３日間散歩をしていたらしい。

2017『散歩する侵略者』製作委員会

2017『散歩する侵略者』製作委員会

　松田龍平は、『探偵はＢＡＲにいる』（１１年）（『シネマルーム２７』５４頁参照）や、『探偵はＢＡＲにいる２　ススキノ大交差点』（『シネマルーム３１』２３２頁参照）でもとぼけた味が持ち味だったが、本作にもその演技をトコトン持ち込み、ヤドカリのように宇宙人に寄生された能天気な男・加瀬真治役を演じ切っている。真治との夫婦関係はもともと冷め切っていたから、鳴海はこれを機会に離婚してもいいのだが、それまでは亭主関白で、「真ちゃん」と呼ばれることを嫌っていた真治が、今はそれを素直に受け入れているばかりか、言動に不安な点はあるものの、それさえ除けばやさしくて無邪気な笑顔を見せるようになった今の真治はそれなりに魅力的。

他方、ＡＫＢ４８のセンターを務めた歌手・前田敦子は、『もらとりあむタマ子』（１３年）（『シネマルーム３２』１２５頁参照）や『Ｓｅｖｅｎｔｈ　Ｃｏｄｅ（セブンスコード）』（１３年）（『シネマルーム３２』未掲載）等で女優としても大成長しているが、本作では鳴海の妹役として、真治から「家族」という概念を奪われてしまう女の子・明日美役に徹しているので、これにも注目！

## ■□■概念を奪うとは？奪われた概念とは？■□■

2017『散歩する侵略者』製作委員会

2017『散歩する侵略者』製作委員会

地球への侵略を目指す宇宙人の先遣隊がまず目指しているのは、地球人の言葉の中に含まれている「概念」を奪うこと。したがって、本作を理解するためには、「概念」を奪うとは？、「奪われた概念」とは？、を理解する必要がある。語学をマスターするには、単語を覚え、文法を理解する必要があるが、難しいのは、それぞれの言葉に含まれている概念を理解すること。鉛筆や消しゴム、ごはんやコーヒー等の簡単な概念なら理解は容易だが、戦争と平和、侵略と防衛等々、抽象的な概念を理解するのは難しい。

しかして、地球上に突如現れた宇宙人の先遣隊である真治、天野、あきらたち３人の当面の任務は、地球人からさまざまな概念を奪い、自分のものにしていくこと。あきらたち宇宙人は、これは重要だと考えた概念について、「なるほど。それ、もらうよ」と言っていとも簡単に地球人からそれを奪っていったが、その概念を奪われてしまうと地球人はどうなるの？本作には、「家族」の概念を奪われる鳴海の妹の明日美の他、「仕事」の概念を奪われる鳴海の上司・鈴木社長（光石研）、「所有」の概念を奪われる引きこもりの青年・丸尾（満島真之介）、「自分」の概念を奪われる刑事の車田（児嶋一哉）等が登場するので、それに注目！

しかし、概念を奪うのは意外に難しい。本作を観ていると、そのことを実感させられるので、本作中盤ではそのことをしっかり確認したい。

## ■□■国の対策は？こんな役人で大丈夫？■□■

９月１９日に国連総会の一般討論演説で、日本人拉致を含めた北朝鮮の暴挙を非難し国

際社会の結束を訴えたトランプ大統領に続いて、９月２０日には、安倍首相が北朝鮮問題に異例の時間を割いて演説を行った。現在の世界的注目は北朝鮮の核とミサイル問題だが、宇宙人の出現という緊急かつ非常事態に対して国の機関として動いているのは、本作を観ている限り、厚生労働省の役人品川（笹野高史）だけ。しかも、その行動は秘密裏のようだ。もちろん、それは一般国民に不安と動揺を与えないためだが、宇宙人による地球への侵略という大変な事態に対して、こんな対応で大丈夫なの？

　そんな心配をしながら観ていると、品川はひそかに桜井に近づいていったから、政府はしっかり桜井が宇宙人と接触中という情報を把握しているようだ。本作に見る厚生労働省の役人、品川は一見高級官僚と現場指揮官の両役を担う「キレモノ」のようだが、さてそのホントの能力は・・・？

　本作の鑑賞については、今日に至るまでの北朝鮮への政府の対応とも対比しながら、日本国のあるべき対策についてもしっかり考えたい。

## ■□■愛とは？その概念は？愛は奪うことはできるの？■□■

　キリスト教最大のキーワードは愛。そして、キリスト教では、愛は奪うものではなく与えるもの。そのことがどこまでわかっているかは別として、キリスト教のそんな教えが結婚式の儀式によくマッチするため、近時は日本でも神父サマの前で愛を誓うチャペル方式の結婚式が花盛りになっている。しかし、「愛は奪うものではなく、与えるもの」という、キリストの教えは、「言うは易く、行うは難い」ものだ。

2017『散歩する侵略者』製作委員会

本作で鳴海役を演じた長澤まさみは、何といっても第２８回日本アカデミー賞最優秀助演女優賞を受賞した行定勲監督の『世界の中心で、愛をさけぶ』（０４年）（『シネマルーム４』１２２頁）と、第３０回日本アカデミー賞優秀主演女優賞を受賞した土井裕泰監督の『涙そうそう』（０６年）（『シネマルーム１２』１９６頁）の２本が代表作だが、今や日本を代表する正統派美人女優に成長しているそんな長澤まさみが本作では本来の美女振りを封印し、宇宙人になってしまった夫真治にトコトン振り回され、イライラさせられっぱなしの鳴海役にトコトン徹している。真治が数日間行方不明になる前の夫婦仲は最悪。したがって、奇妙な発言と奇妙な行動をしながら戻ってきた真治を見て、鳴海はすぐに離婚しても良さそうなものだが、鳴海はそうしなかったばかりか、逆にその後少しずつ真治を愛し始めていくから、長澤まさみが演ずるその微妙な変化に注目！本作後半では、鳴海にも真治は宇宙人ら

しいということがわかっている。そしてまた、夫の真治の身体に乗り移った宇宙人は人類からさまざまな「概念」を奪い、それによって地球への侵略者になろうとしていることもわかっている。したがって、そんな真治と一緒に行動することは、地球人として如何なもの？鳴海にはそういう考えもあったはずだが、結果的には真治にべったり寄り添う行動をとっていくので、そこでも長澤まさみの微妙な演技に注目したい。

2017『散歩する侵略者』製作委員会

2017『散歩する侵略者』製作委員

　しかして、本作のクライマックスは桜井と自衛隊機との「ドンパチ」ではなく、鳴海が真治に対して「愛を奪って！」と語りかけるシーンになってくるので、それに注目！もちろん、それまで真治には愛と言う概念は全くわからなかったが、鳴海が真治に対して持っている愛の概念とは一体どんなものだったの？そして、それを奪うとはどういうこと？さらに、それは奪うもの？そして、奪うことができるもの？

　ちなみに、本作のチラシには、次のとおり書かれているが、さて、これをしっかり理解できる人はどれくらいいるのだろうか？

「なるほど。それ、もらうよ」
《家族》《仕事》《所有》《自分》彼らは私たちの大切な《概念》を奪っていく。
侵略者たちは会話をした相手から、その人が大切にしている《概念》を奪っていく。そして奪われた人からは、その《概念》は永遠に失われてしまう。「家族」「仕事」「所有」「自分」・・・次々と「失われる」ことで世界は静かに終りに向かいます。もし愛する人が侵略者に乗っ取られてしまったら。もし《概念》が奪われてしまったら。あなたにとって一番大切なものは何ですか？

２０１７（平成２９）年９月２２日記

# 表紙撮影の舞台裏（28）

1）２０１７年６月某日、「寅さん記念館」を見学。併せて、柴又帝釈天参道を歩いて柴又帝釈天題経寺を参詣し、山田洋次ミュージアムを見学した。京成金町線の柴又駅前には、世界一の長寿シリーズとなった山田洋次監督の『男はつらいよ』シリーズで渥美清が演じたフーテンの寅さんと賠償千恵子が演じた妹のさくら像があったので、仲良く２人と並んで記念撮影。その１枚が、『シネマルーム40』の表表紙となった。私も帽子を被って雪駄を履き、ボストンバッグを片手に持って寅さんと並べば演出は最高だったが、残念ながらそこまでの事前準備は無理。素人写真にしては、上出来だと思っているが、さて・・・。

2）『男はつらいよ』シリーズ全48作は１９６９年に始まり、昭和と平成の日本人を楽しませてくれたが、渥美清の死亡によって終了。しかし、寅さんの故郷である葛飾柴又では、今なお寅さんが生きていた時代の暮らしや風景の中にその人情が残っている。柴又駅から参道を歩き、寅さんの叔父夫婦が経営する「くるまや」（第39作までは「とらや」）で草だんごを食べ、題経寺を参拝すれば、今でもそれを実感することができる。

3）２０１４年７月１５日に小樽で見学した「石原裕次郎記念館」が今年８月末日で閉館されたのは残念だが、寅さん記念館はまだまだ健在。「くるまや」の撮影スタジオに入り、寅さんと並んで立っ

たり、座ったり、さらにタコ社長やひろしが働く朝日印刷を見学したり、寅さんの専用部屋（？）である２階への階段の入口に立ってみると、私はたちまち寅さんと一心同体に。ここに、寅さんのすべてを知り尽くした妹のさくらがおり、口は悪いが心根は優しいおいちゃんとおばちゃんがいれば、どこを放浪していても必ず、ここに戻ってくるはずだと実感！

4）１９３１年生れの山田洋次監督は、今や日本を代表する巨匠。私の修習生時代から始まった『男はつらいよ』シリーズの前には、高校生の時に観た『馬鹿シリーズ』があった。そして、70年代には『家族』（70年）や『幸福の黄色いハンカチ』（77年）が、90年代には『息子』（91年）や『学校』（93年）がある。さらに近時は『東京家族』（13年）、『小さいおうち』（14年）、『母と暮せば』（15年）等の名作が続き、最新の『家族はつらいよ』（15年）はシリーズ化している。また、『たそがれ清兵衛』（02年）、『隠し剣 鬼の爪』（04年）、『武士の一分』（06年）という「時代劇三部作」は山田作品としては異色ながら、それぞれ鋭い輝きを放っている。寅さん記念館の隣にある山田洋次ミュージアムは５つのテーマに分けてそんな山田監督の"もう１つの世界"を展示しているから、これも必見！
２０１７（平成29）年１０月１７日記

# 第３章
# この若手監督のこの作品に注目！

## イランとパキスタンの若手監督に注目！

人生タクシー（ジャファル・パナヒ監督）

汚れたミルク　あるセールスマンの告発（ダニス・タノヴィッチ監督）

## フランスとスウェーデンの監督にも注目！

ロスト・イン・パリ（ドミニク・アベル監督、フィオナ・ゴードン監督）

サーミの血（アマンダ・シェーネル監督）

## 日本のこの若手監督にも注目！

ブランカとギター弾き（長谷井宏紀監督）

幼な子われらに生まれ（三島有紀子監督）

ユリゴコロ（熊澤尚人監督）

**Data**

監督・出演：ジャファル・パナヒ

SHOW-HEY シネマルーム

★★★★★

## 人生タクシー

2015年・イラン映画
配給／シンカ・82分

| 2017（平成29）年5月14日鑑賞 | テアトル梅田 |

## 👀 みどころ

　監督自らが運転手となり、運転席に座る乗客が織りなす人生模様を映画に。これは、イラン政府によって、２０年間の映画製作禁止処分を受けたパナヒ監督の窮余の一策だが、それでもベルリンでは見事に金熊賞を！

　わずか８２分の上映時間内には、赤の他人の乗客以外に、将来の映画監督を目指す姪っ子や友人の人権派弁護士も乗ってくる（？）ので、そこで交わされる数々の際どい会話（？）にも注目！

　５月７日のフランス、５月９日の韓国に続いて、５月１９日に行われるイランの大統領選挙は、直前に保守強硬派の候補が前検事総長のライシ氏に一本化されたため、穏健派のロウハニ氏との一騎打ちとなったが、その結果は？北朝鮮と並んでヤバイ国とされているイランの動静と、そんな国で命懸けで映画製作に邁進する巨匠パナヒ監督の本作は必見！

—— * —— * —— * —— * —— * —— * —— * —— * —— * ——

## ■□■イランの名匠パナヒ監督をインプット！■□■

　本作の話題は、内容もさることながら、イラン人の監督ジャファル・パナヒが、自らタクシーの運転手に扮してドキュメンタリーと劇映画との境目がはっきりしない８２分の本作を監督し、見事に２０１５年の第６５回ベルリン国際映画祭で金熊賞（最高賞）を受賞したこと。既に、パナヒ監督はアッバス・キアロスタミ監督の愛弟子として、①『白い風船』（９５年）でカンヌ国際映画祭カメラ・ドールを、②『チャドルと生きる』（００年）でヴェネチア国際映画祭金獅子賞を、③『オフサイド・ガールズ』（０６年）でベルリン国際映画祭銀熊賞（審査員特別賞）を受賞した経歴を持ちながら、イラン政府への反体制的

な活動を支持したとして、２０１０年から２０年間の映画監督禁止令を受けていいるらしい。私はパナヒ監督の過去の作品を一度も観たことがないが、中国と同じようにイランでも、映画監督（映画作家）は映画製作における「表現の自由」が国家権力によって大きく制約されているわけだ。

　そんな状況下で、あえて自ら主演して監督した本作は、ハリウッド映画のようなド派手な仕掛けもアクションもないが、タクシーに乗ってくる乗客や運転中にたまたま出会う（？）姪っ子や旧友の女性弁護士との対話の中で、まさにイランの今を生きる人たちの人生模様が語られていく。

　タクシーの運転席の上部に備え付けられたカメラで撮ったそんな会話をそのまま映画に使っていいの？本作では、そんな会話が次々飛びだしてくるので、それに注目！また、パナヒ監督の運転するタクシー内ではわずか８２分の間に様々なことが起きるが、ラストにはあっと驚く出来事が・・・。イランの名匠ジャファル・パナヒの名前を、しっかりインプットしておかなくっちゃ！

©2015 Jafar Panahi Productions

## ■□■国によるタクシーの規制はどの程度がベスト？■□■

　日本ではタチの悪い業者を排除するため、タクシー業には免許が不可欠で白タクは禁止。また、料金は国が決め（認可制）、相乗りも禁止だ。もっとも、スマホが普及している今、それを活用して「相乗り」を認めようとする動きにあるし、料金や台数を国が規制することに反対し、規制緩和を求める動きもあるが、さて、タクシーの規制はどの程度がベスト？？

中国旅行に２０回近く行った私は、２００１年の西安・敦煌旅行ではタクシー料金を自由な交渉で決めていることにビックリしたが、その後の北京、上海旅行ではさすがにそれはなくなっていた。また、日本に比べてのタクシー料金の安さにビックリしたし、当初は車の古さや汚さ、冷暖房のないこと、運転の荒っぽさ等々にも驚いたが、それらは時代が進むにつれて改善された。また、上海では雨の日でタクシーがなかなか拾えない中、タクシーの相乗りを強要（？）されたことにもビックリ！しかして、本作冒頭のパナヒ監督が運転するタクシーの客席同士で展開する、教師の女性と自称フリーランス（路上強盗？）の男とのイランの死刑制度をめぐる「議論」を聞いていると、議論の内容への興味もさることながら、イランのタクシーの客の乗せ方が日本とは全然違っていることがわかるので、それに注目！

　ジェイソン・ステイサム主演の『トランスポーター』（０２年）（『シネマルーム２』１８８頁参照）、『トランスポーター２』（０５年）（『シネマルーム１１』３１６頁参照）、『トランスポーター３　アンリミテッド』（０８年）（『シネマルーム２３』未掲載）は、「運び屋」を主人公にした面白い映画だったが、タクシーをテーマにした映画はあまりないので、この際、日本、中国、そしてイランにおけるタクシー制度の国による規制について、しっかり勉強しておきたい。

## ■□■原題より邦題の方がグッド！■□■

　本作の原題はシンプルな『ＴＡＸＩ』だが、邦題はいかにも本作にふさわしい『人生タクシー』としており、グッド！

　本作で最初に語られる「人生」は、前述した女性教師とフリーランスの男との死刑をめぐる抽象的な議論だが、その後は、①映画のＤＶＤ（海賊版）の密売人、②交通事故で血まみれになった男とその妻、③金魚鉢を抱えて乗り込んできた２人の老婦人、④映画監督を目指す青年等が客となり、彼らの人生模様をドキュメント風に示してくれる。ＤＶＤの密売人は、前述した女性教師とフリーランスの男との会話を黙って聞いていたが、その間にこのタクシー運転手は帽子を被っているが、イランで有名なあのパナヒ監督だとわかったらしい。そのため、女性教師とフリーランスの男が下車した後、わざわざ助手席への乗

©2015 Jafar Panahi Productions

©2015 Jafar Panahi Productions

り換えを希望し、パナヒ監督に対して自分のＤＶＤを売り込んだり、販売先への販売についてパナヒ監督の名前を利用したりするシーンが展開していくのが何とも微笑ましい。

それに対して、金魚鉢に入った金魚を所定の時間に所定の場所に何が何でも持って行かなければ命に影響する、と言い張る２人の老婦人は少し異常気味だから、途中でこの客を別のタクシーに移したのは適切かも・・・。もっとも、タクシーを急停車させた時のどさくさの中で金魚をビニール袋に移し替えた際、老女の財布が車内に落ちていたらしいことがわかると、運転手のパナヒ監督はそれをちゃんと届けに行こうとするから立派なものだ。また、交通事故のため血まみれになっているケガ人とその妻から頼まれれば車に乗せないわけにはいかないのは当然だが、今にも死ぬかもしれないと考え、大声でわめきながら遺言書づくりに必死になる男の様子が面白い。その他、本作はたかが８２分の映画だが、タクシーの中では様々な人間の様々な人生がいっぱい！

## ■□■小学生の姪っ子も将来は映画監督に！■□■

パナヒ監督はドキュメンタリーと劇映画の境目のない作品を創り出す才能に長けているそうだが、本作ではまさにそれが顕著だ。日本では運転中の携帯電話の使用は禁止だが、イランではそんな規制はないようで、パナヒ監督は客を乗せての運転中しょっちゅう携帯電話で会話をしている。もっとも、金魚を持った２人の老婦人を送っている途中、彼が何度電話しても電話に出てこなかったことがわかるのは、２人の老婦人を降ろした後に向かった姪っ子とのご対面のシーン。姪っ子がむくれていたのは、パナヒ監督の到着が１時間以上遅れたためらしい。そのためにパナヒ監督は何度も電話をしていたわけだが、「どうして電話に出なかったの？」との質問に対する姪っ子の答えは、「遅れることの弁解だろうから、それを聞きたくなかった」というものだから、かなり生意気だ。

この姪っ子は小学生だが、学校で映画製作の課題があるらし

©2015 Jafar Panahi Productions

い。したがって、姪っ子は有名な映画監督パナヒを叔父に持っていることをクラスメイトに自慢したかったらしい。そんな自慢ができなくなったこともあってむくれていたわけだが、車に乗り込んでから、カメラ撮影をする様子や小学生ながらメチャしっかりした議論のやり方をみていると、「この叔父にして、この姪っ子あり」と実感。この小学生の姪っ子も、将来はきっと映画監督に！

## ■□■日本、韓国、中国の人権派弁護士の実態は？■□■

　日本では人権派弁護士の活動に何の制約もなく、４月初旬の産経新聞は、「戦後７２年弁護士会　政治闘争に走る『法曹』」を特集し、①政治集団化する日弁連　「安倍政権打倒」公然と、②現実離れの反安保決議　「尖閣」「有事」直視せず、③日本貶める声明　訂正せず　証拠ないまま「慰安婦　強行連行」、④「脱原発」先鋭化　「科学」「国益」考慮せず等の見出しで報じた。

　他方、去る５月９日の大統領選挙で当選した韓国の文在寅（ムン・ジェイン）大統領は、かつての盧武鉉（ノ・ムヒョン）政権での秘書室長だったが、彼は盧武鉉と共に闘った有名な人権派弁護士だ。人権派弁護士盧武鉉の姿は、『弁護人』（１３年）（『シネマルーム３９』７５頁参照）に詳しい。韓国では、人権派弁護士の多くが韓国の財閥政治に反対し「親北朝鮮」の考え方が強いが、文在寅はまさにその代表。したがって、保守派であった朴槿恵（パク・クネ）政治の否定と弾劾裁判によって始まった今回の選挙で、野党の文在寅候補が勝利したのはよくわかる。しかし、さて、文在寅大統領による現実の政治は？５年の任期が正常に全うできるのかどうか、それ自体に大いに不安がある。

　それに対して、中国の人権派弁護士の状況は極端にひどい。習近平政権下では「法治主義」を掲げて国家政権転覆罪等で起訴された人権派弁護士の公判や判決の様子を「公開」しているが、そこでは政治犯たちがカメラの前で懺悔する姿が日常的になってきた。たとえば、①周世鋒弁護士（懲役７年）の「自らの行為が党や政府に危害をもたらしたことを深くざんげする」、②王宇弁護士（保釈）の「海外組織は我々に西側の価値観を植え付け、中国政府を批判した。これらは過ちだった」等の発言だが、これが拷問、弾圧の結果であることは明らかだ。

## ■□■イランの大統領選挙は？人権派弁護士の実態は？■□■

　あなたはイランで、来たる５月１９日に大統領選挙が実施されることを知ってる？その有力候補は、①現大統領のロウハニ氏、②現テヘラン市長のガリバフ氏、③前検事総長のライシ氏の３人だが、５月１６日の新聞各紙は、テヘラン市長のガリバフ氏が選挙戦から撤退することを報じた。これは、穏健派のロウハニ氏の再選を拒むため、前検事総長ライシ氏より少し支持率の高かったテヘラン市長のガリバフ氏が、同じ保守強硬派のライシ氏に自分の票をまとめる、というすごい決心をしたためだ。こうなるとロウハニ氏の支持率とガリバフ氏＋ライシ氏の支持率が拮抗してくるから、さあその選挙結果は？

　イランで保守強硬派の大統領が就任すれば、アメリカＶＳイランの対立がより一段と強まることは必至だから、北朝鮮の核・ミサイル開発問題と併せてイランの大統領選挙を注視する必要がある。しかして、そんなイランという国における人権派弁護士の実態は？本作で姪っ子を乗せて運転中のパナヒ監督がたまたま出会うイランの人権派女性弁護士は、

今どこでどんな活動をしているの？

　真っ赤なバラの花束を抱えてパナヒ監督のタクシーに乗り込んできた女性弁護士はパナヒ監督との偶然の再会を喜んだが、彼女はこれから人権活動によって拘束され、ハンストを決行している友人に面会に行くらしい。この女性弁護士の語り方や表情に何の暗さも悲壮感もないのが幸いだが、タクシーの中でパナヒ監督との間で交わされるさまざまな政府批判は痛烈。モロに政府の弾圧を受けている当事者による生の会話だから、そうなるのは

仕方ない。しかして、本作がすごいのはそんな会話をすべてそのままドキュメント風にタクシー内のカメラで撮影している点だ。そして、この内容なら、イラン政府が即上映禁止にするのは仕方なし。私は人権派弁護士ではないが、中国はもちろんイランでも人権派弁護士を貫くのはホントに大変だと痛感！

©2015 Jafar Panahi Productions

## ■□■テヘランの治安状況は？この結末にビックリ！■□■

　北朝鮮は日本にとって恐ろしい国であり「近くて遠い国」だが、北朝鮮と国交を保っているイランも日本人にとって「遠くて遠い国」。したがって、私はあえてそんな国の観光に出かけようという気はないが、本作で見る限り、パナヒ監督が運転する車もきれいだし、道路事情も、そこを走っている車も全然悪くない。もっとも、冒頭で信号待ちをする間、パナヒ監督の車から映し出される前方の交差点の風景を見ていると、車もバイクも自転車も歩行者もきちんと分離されないまま動いているようだから、日本ほど厳しい交通規制はないようだ。しかし、中国旅行のたびに驚いたような、大きな道路での車とバイクと自転車と人のハチャメチャな流れとは全然違う、かなりまともなものだった。また、パナヒ監督のタクシー運転手としての運転技術や乗客への接客マナーがどのレベルなのかはわからないが、見ている限り全然違和感がないから、イランの交通事情はまずまずで、大きな不安はないものと本作鑑賞中はずっと思っていた。

　しかし、パナヒ監督が後部座席に落ちていた財布を届けるべく2人の老婦人のもとへ行き、姪っ子と一緒に車から出ていくと・・・？このラストシーンの展開が「やらせ」なのか、それとも現実ににパナヒ監督の車が「車上荒らし」の被害にあったのかはわからないが、本作は車内に設置されていたカメラが大変な状況を映し出す中で終了するので、それに注目！

2017（平成29）年5月17日記

83

**Data**

監督・脚本：ダニス・タノヴィッチ
脚本：アンディ・パターソン
出演：イムラン・ハシュミ／ギータ
　　　ンジャリ／ダニー・ヒュース
　　　トン／カーリド・アブダッラ
　　　ー／アディル・フセイン／サ
　　　ティヤディープ・ミシュラ／
　　　マリアム・ダボ／ハイノ・フ
　　　ェルヒ／サム・リード／ヴィ
　　　ノード・ナグパル／スプリ
　　　ヤ・パタク

SHOW-HEY シネマルーム

★★★★

# 汚れたミルク　あるセールスマンの告発

2014 年・インド＝フランス＝イギリス映画
配給／ビターズ・エンド・94 分

2017（平成 29）年 4 月 2 日鑑賞　｜　テアトル梅田

## 👀 みどころ

　某巨大企業がパキスタンで大量販売していた粉ミルクで、乳幼児たちが下痢、脱水症状を起こし、次々と死亡！こりゃ、「森永ヒ素ミルク事件」のパキスタンでの再来！私は一瞬そう思ったが、それは誤解だった。しかして、あるセールスマンは一体ナニを告発したの？何が論点なの？

　ボスニア・ヘルツェゴヴィナ出身のダニス・タノヴィッチ監督の問題提起は貴重だが、『スノーデン』（１６年）に観た元ＣＩＡのスパイ、スノーデンと同じように、本作のセールスマンの評価は難しい。世界に先駆けて日本で本作を初公開した関係者の英断に拍手しつつ、本作の問題提起の意味をしっかり検証したい。

―― * ―― * ―― * ―― * ―― * ―― * ―― * ―― * ―― *

### ■□■ボスニア生まれのダニス・タノヴィッチ監督に注目！■□■

　私は『鉄くず拾いの物語』（１３年）を見逃していたが、実際の当事者を出演させるという斬新なアプローチを試みた同作で、第６３回ベルリン国際映画祭銀熊賞（審査員グランプリ）、主演男優賞、エキュメニカル賞特別賞の三冠を手にしたのが、１９６９年にボスニア・ヘルツェゴヴィナで生まれたダニス・タノヴィッチ監督。パンフレットによると、彼は０１年にボスニア紛争を描いた『ノー・マンズ・ランド』（０１年）で監督デビューし、アカデミー賞外国語映画賞、ゴールデン・グローブ賞外国語映画賞、カンヌ国際映画祭脚本賞など数々の賞を受賞。その後は『美しき運命の傷痕』（０５年）、『戦場カメラマン　真実の証明』（０９年）、『Ｃｉｒｃｕｓ　Ｃｏｌｕｍｂｉａ』（１０年）を発表したそうだ。

　そんな彼の２０１４年製作の本作が、今般日本で「世界初」の公開となるそうだが、そ

れは一体なぜ？また、第６６回ベルリン国際映画祭銀熊賞（審査員グランプリ）と国際批評家連盟賞をW受賞し、本年度アカデミー賞外国語映画賞　ボスニア・ヘルツェゴヴィナ代表に選出された彼の最新作『サラエヴォの銃声』（１６年）も本作とほぼ同時に日本で公開されるが、それも一体なぜ？

## ■□■パキスタンでは乳児たちが次々と死亡！その原因は？■□■

　１９９７年のパキスタン。そこでは、ラスタ社という大手グローバル企業（多国籍企業）が大量に販売していた粉ミルクを毎日飲んでいた乳児たちが、それを溶かす水が不衛生なために激しい下痢に襲われ、脱水症状となり、次々に死亡するという大事件が起きていた。そんな事実を突き止めたのは、ラスタ社でセールスマンをしていた本作の主人公アヤン（イムラン・ハシュミ）の友人のファイズ医師（サティヤディープ・ミシュラ）と、人権支援組織の職員マギー（マリアム・ダボ）だった。

　ラスタ社で粉ミルクのトップセールスマンとなっていたアヤンはそんな事実を全く知らなかったから、２人からそんな現実を見せつけられてビックリ！２０１６年１２月２３日に観た韓国映画『フィッシュマンの涙』（１５年）は衝撃的な映画だったが、そこで見たフィッシュマン（魚人間）の誕生は病気ではなく、自らの意思で臨床実験に臨んだ者が臨床実験で飲んだ薬の副作用のために発症したものだった。それに対して、今パキスタンで乳幼児たちが次々と死亡しているのは、アヤンが販売した粉ミルクによるもの。そんな現実を突きつけられたアヤンが大いに悩んだのは当然だが、さて悩んだ末にどんな行動を？

## ■□■理想の就職で理想の生活を築いていたはずだが・・・■□■

　もともと国産の製薬会社に勤めていたアヤンは、ラスタ社という多国籍企業が台頭してきたために貧乏暮らしを余儀なくされていた。そんな中、妻ザイナブ（ギータンジャリ）を養うため一念発起してラスタ社の面接試験を受けた結果、何とか合格できたことに大喜び。しかし、スクリーン上で見るラスタ社でのアヤンの販売戦略はコネを駆使したワイロ攻勢だから、そのやり方はいかがなもの？もっとも、日本人の私はそう考えるが、中国やパキスタンではそれはごくあたり前なのかも・・・？

　それはともかく、アヤンはその誠実な人柄と日々の熱心な仕事ぶりで友人（得意先？）のサリーム医師や陸軍病院の新医長・マリク大佐等に気に入られ、今やラスタ社のトップセールスを誇っていた。上司のビラル（アディル・フセイン）は「お前は医師ウケがいい。この地域一帯をラスタ社一色にしろ」と更にハッパをかけ、ポンと新車のバイクをプレゼントしたから、アヤンは大喜びし一層セールスに励むことに。

　そんな好循環の中、ザイナブには２人目の子供が生まれようとしていたから、今やアヤンはラスタ社への就職で理想の生活を築いていたはず。ところが、ファイズ医師から、ラスタ社の粉ミルクのせいで次々と死亡していく乳児たちの姿を見せられると、アヤンは・・・。

## ■□■ラスタ社の責任は？森永ヒ素ミルク事件と対比すると■□■

　私が弁護士登録をした１９７４年当時大問題になっていた「森永ヒ素ミルク中毒事件」は、日本の大企業である森永乳業が製造・販売した粉ミルクにヒ素が含まれていたため、大量の被害者が出たという大事件。後に住宅金融債権管理機構の初代社長として大活躍する中坊公平弁護士を団長とする、大阪の弁護団が当時大活躍していた。私は本作のタイトルとその問題提起を見て、「森永ヒ素ミルク中毒事件」と同じような事件がパキスタンでも起きたのかと思ったが、本作をよく見ているとそうではないことがわかる。

　本作でラスタ社と呼ばれている巨大グローバル企業は、実はスイスのヴヴェイに本社を持つネスレのことらしいが、実名を使ってこのような映画をつくることの危険性を避けるため本作ではそれをラスタ社という架空の名前にしたらしい。乳児死亡事件問題が表面化し、社会問題化する中で展開されるラスタ社の主張は、「乳児死亡の原因は粉ミルクに何らかの欠陥があるためではなく、不衛生な水で溶かして飲んでいることが原因だ」「水が不衛生なのは国に言ってくれ。そこまで責任はとれない」というもの。この弁解を聞くと弁護士の私は「なるほど、そのとおりだ」と考え、森永ヒ素ミルク中毒事件との違いをハッキリ認識させられることに。

　しかして、弁護士の私が整理するラスタ社の法的論点は、水道水が完備していないパキスタンでは不衛生な水に溶かしてラスタ社の粉ミルクを飲んでいるという実情をラスタ社が知っていれば、そのような事態を回避するべく、ラスタ社には水道が完備するまで粉ミルクの販売を中止することを含め、何らかの適切な措置をとるべき義務が認められるか否か、ということになる。そう整理すると、「水が不衛生なのは国に言ってくれ。そこまで責任はとれない」というラスタ社の主張は無理筋だが、他方、本作の邦題のように、ラスタ社の粉ミルクを「汚れたミルク」と決めつけるのもいかがなもの・・・？

## ■□■アヤンの「内部告発」という選択は？■□■

　本作冒頭は、映画監督、プロデューサー、弁護士、人権組織の職員が集まり、アヤンの「内部告発」を受けて、ラスタ社の不法行為を映像化するべくスカイプでアヤンにインタビューし、その会話を録画する風景が描かれる。ラスタ社の粉ミルクのトップセールスを誇っていたアヤンはファイズ医師とマギーから被害の実態を聞いたことで、思い悩んだ末、敢然とラスタ社を「辞める！」と宣言したうえ、今はその映像化を試みるスタッフたちと協議を重ねているわけだ。アヤンがラスク社を退職し、ラスク社を「内部告発」したことにファイズ医師は驚き、その決断の無謀さを説いたが、アヤンの決心は揺るがなかったから立派なものだ。しかし、アヤンに対するラスタ社からの反撃、報復は？

　本作中盤はアヤンがラスタ社を内部告発する姿と、それに対する硬軟織り交ぜたラスタ社の反撃、報復が描かれる。アヤンの生命まで危うくするようなラスタ社の反撃、報復は

アヤンの想像を絶するものだったが、それはラスタ社が強大な多国籍企業であることを考えればある意味当然。しかして、それはアヤンの決断にいかなる影響を・・・？

## ■□■後半はあっと驚く展開が！なぜアヤンはこんな行動を？■□■

　本作後半以降は、ややもすればブレようとするアヤンを「信念に背く夫を尊敬できない」と述べて支える妻・ザイナブの姿と、命の危険を感じたアヤンが避難する間、妻と子供を自分の故郷へ避難させるアヤンの父親の確固たる姿勢がすごい。本作は「実話に基づく物語」だが、どこまでホントの話を入れ込み、どこまで脚色するかは監督の自由。したがって、本作後半には、ある時アヤンがラスタ社と「金銭による解決」を試みていたことを示す、あっと驚く「録音テープ」が登場する場面を含めて、ダニス・タノヴィッチ監督の演出力に注目したい。

　アヤンの内部告発に信憑性を認めたうえ、それを映画化するのはきわめてリスクの高い作業だから、アヤンの説明に対して監督やプロデューサーたちがあらゆる観点からチェックを入れたのは当然。したがって、本作後半に至って突如暴露される、アヤンの「裏切り行為」ともいえるような「金銭による解決」を了解する旨の録音テープの出現に、関係者はビックリ！現在日本では、森友学園理事長である籠池泰典氏の国会証言の真偽を巡って大騒動だが、この録音テープの声はアヤンに間違いないの？もしそうだとすれば、ホントにアヤンはこの金額での和解交渉にＯＫしたの？万一そうであれば、アヤンの内部告発の映画化などとてもムリ。さらに、マギーの努力によってドイツでドキュメンタリー映像化されていた企画もボツになってしまうのも明白だ。さあ、そんな危機的状況下で見せるアヤンの行動は？そして、映像化の道は・・・？

## ■□■本作の終り方は少し中途半端だが・・・■□■

　社会的大事件となった「森永ヒ素ミルク事件」は被害者側の勝訴＝和解で終わったから万々歳。それに対して『フィッシュマンの涙』では、一度終わったように思えたストーリーがラスト数分間で再び始動し、あっと驚く「ホントの結末」を迎えることになった。この両者の終り方に比べると、アヤンが敢行したラスタ社の内部告発はかなり中途半端な形で終わることになるので、それに注目！つまり、アヤンがテープに残した「６万ドルで手を引く」という言葉がマスコミに公表されたことによって、「正義の味方」としてのアヤンの内部告発は、ほとんど無意味になってしまったわけだ。

　それは『スノーデン』（１６年）で見た、ＣＩＡを内部告発したスノーデンと同じで、スノーデンは英雄？それともスパイ？という評価は、今なお分かれている。さらに、ロシアに亡命したスノーデンが今なおロシアに住んでいるのと同じように、アヤンは７年間も家族と別れて過ごすことを余儀なくされたうえ、７年後にやっと家族と再開できたものの、その後はカナダに難民申請をし、今はカナダのトロントで家族５人で暮らしているそうだ。

そんな結末（現状？）を聞くと、私は本作のタイトルを『汚れたミルク　あるセールスマンの告発』とするのはいかがなもの？と改めて考えてしまったが、ダニス・タノヴィッチ監督が本作に込めた問題提起はしっかり受け止めたい。そして、２０１４年に製作されながらずっと公開されていなかった本作が、世界に先駆けて２０１７年に日本で公開されたことを誇りに思いたい。

２０１７（平成２９）年４月５日記

★★★★

## ロスト・イン・パリ

**2016年・フランス・ベルギー映画**
**配給／サンリス・83分**

| 2017（平成29）年7月3日鑑賞 | シネ・ヌーヴォX試写会 |

**Data**

監督・脚本・製作：ドミニク・アベル、フィオナ・ゴードン
出演：フィオナ・ゴードン／ドミニク・アベル／エマニュエル・リヴァ／ピエール・リシャール／フィリップ・マルツ

## 👀👀 みどころ

　パリの観光名所を巡る恋愛映画や失恋映画は多いが、パリの現役の道化師夫妻が監督・主演した"飛び出す絵本""21世紀のサイレント映画"はチョー異色。しかも、単純なおとぎ話ではなく、カナダからパリにやってきたヒロインがおばさん探しをする捜索劇は、誤った葬式シーンの登場などかなりミステリアス・・・？

　クライマックスはエッフェル塔上での「涙の再会」だが、そこでは盗人でストーカー的存在だったホームレスの男が、すっかり自己の存在感を獲得することに・・・。

　アホバカバラエティー色が強い邦画とは全く異質の、これこそ若き日のビートたけしが目指していたのでは？と思える道化師の本物のパフォーマンスに注目！たまには、こんな上質の芸とお笑いをたっぷりと。

―――＊―――＊―――＊―――＊―――＊―――＊―――＊―――＊―――＊―――

## ■□■現役の道化師カップルが製作、監督、脚本、主演を！■□■

　「ロスト・イン・パリ」と題された本作は、フランスの現役の道化師のカップルであるアベル＆ゴードンが贈るサプライズとユーモアが詰まった"飛び出す絵本"。また、プレスシートにある「DIRECTORS' Note」よれば、

> 私たちの他の作品のように、『ロスト・イン・パリ』はバーレスクコメディ（踊りを主にしたおどけ芝居）である。

とされている。そして、そこには続いて次のように書かれている。すなわち、

なるほど、なるほど・・・。

## ■□■こりゃ "飛び出す絵本" "21世紀のサイレント映画" ■□■

　プレスシートには、①小柳帝（ライター・編集者）の「「詩的バーレスク」から「リアリズム」へ　映画史の川を上り始めたアベル＆ゴードン」と、②伊藤聡（海外文学批評家）の「21世紀のサイレント映画」と題する、2つのコラムがある。

　本作は、カナダの雪深い村で図書館司書のフィオナ（フィオナ・ゴードン）のもとに、パリのマーサ叔母さん（エマニュエル・リヴァ）から、「老人ホームに入れられる！助けて！」と書かれた手紙が届くところからストーリーが始まる。その導入部の、吹雪の中で家のドアが開くシーンを見れば、誰でも本作が "飛び出す絵本" であること、そして、"21世紀のサイレント映画" であることがよくわかり、私たち観客は一斉に笑い出すことになる。続く舞台は、パリのシテ駅。そこでは大きなバックパックを背負ったフィオナが1人でマーサのアパルトマンに向かう姿が映し出されるが、そこからはいかにもパリの道化師らしいフィオナを演じるフィオナ・ゴードンの演技に注目！

　他方、写真を撮ってもらおうとしたフィオナが絶妙のタイミングでセーヌ川に転落してしまうシーンの後、シーニュ島（白鳥の島）でホームレスをしている男ドム（ドミニク・アベル）がフィオナのバックパックを川の中から拾い上げ、その中にあったハンドバッグをさぐって金目のものを抜き出したところから、何とも不思議な本作のストーリーが展開していくことに・・・。

『ロスト・イン・パリ』：©Courage mon amour-Moteur s'il vous plaît-CG Cinéma　配給：サンリス　8月5日（土）より渋谷・ユーロスペースほか全国順次公開

## ■□■三者が絡む前半のストーリーに見るパリの名所は？■□■

　本作が「素人の捜索劇」になったのは、せっかくフィオナがカナダからパリまでマーサを救うためにやってきたのに、老人ホームの職員から追われているマーサがひとりでアパルトマンから脱出したため。そのうえ、マーサを捜索するフィオナには、けったいなホームレスの男・ドムが様々な形で絡んでくるため、本作の物語は私の中高生時代のテレビの

人気番組『てなもんや三度笠』のような（？）予想もつかないハチャメチャな展開に・・・。

パリの観光地巡りを兼ねた面白い映画は、ウディ・アレン監督の『ミッドナイト・イン・パリ』（１１年）（『シネマルーム２８』２５頁参照）をはじめたくさんある。本作前半のストーリーで、フィオナ、ドム、マーサの３人が絡むストーリーに見るパリの名所は、①ドゥビリ橋、②シーニュ島、③船上レストラン　マキシム等だ。バックパックごとセーヌ川に転落し、命だけは助かったものの、バックパックごと大切なものをすべて失ってしまったフィオナが泣きついたのはカナダ大使館。途方に暮れてすすり泣くフィオナに対して職員がレストランの無料券をくれたため、フィオナは船上レストランでの食事にありつけたわけだ。そこでドムと出会い、ダンスを楽しんでいるうちに、フィオナはこの男が自分のバックパックから金目のものをすべて盗んだ泥棒だということに気付いたが、その後この２人の腐れ縁は・・・？

## ■□■後半には墓地も！そのミステリー性と３人の絡みは？■□■

日本では２０１２年２月に完成した東京都墨田区のスカイツリーが同年の５月以降観光名所になっているが、フランス最大の観光名所は昔も今もエッフェル塔。本作ではそれはラストに登場し、エッフェル塔を巡って三人三様のパフォーマンス（？）を見せてくれるので、それに注目！しかし本作では、そのラストに至る後半の素人捜索劇の中に、パリの名所の１つとして（？）ペール・ラシェーズ墓地が登場し、否応なくストーリーのミステリー性を増大する物語が展開していく（？）ので、それにも注目したい。

船上レストランの中で一緒にダンスをしたドムがバックパックの盗人だったと知ったフィオナが、警察の協力によってそれを取り戻すことができたのはラッキーだった。その後、なぜかフィオナに恋したドムにつきまとわれることになったのはフィオナにとって迷惑千万だったが、それでも方向音痴のフィオナ、フランス語を少ししかしゃべれないフィオナにとっては、ドムの存在はマーサの捜索において大いに役立つことに。もっとも、やっとマーサの所在を確認できた時点では、マーサは２日前に亡くなり、これから葬儀が行われるらしい。方向音痴のフィオナはドムの助けを借りて何とか葬儀の場に滑り込み、そこでドムは即席の挨拶まで行ったが、よくよく確認すると、この遺影の主は本当にマーサ・・・？そこから展開される奇想天外なストーリーと、フィオナ・ゴードンとドミニク・アベルの２人が見せる大道芸人らしいパフォーマンスの数々をタップリ楽しみたい。

## ■□■彼らのパフォーマンスはどの先達を参考に？■□■

道化師であるフィオナ・ゴードンとドミニク・アベルが本作を監督し主演するについて、「喜劇王」と呼ばれたチャールズ・チャップリンたちの演技をどこまで参考にしたのかはわからないが、プレスシートにあるＩＮＴＥＲＶＩＥＷでは次の質問に対し、次のように答えている。すなわち、

映画の喜劇王たち（タチ、キートン、チャップリン）のクラシックな伝統芸と自分たちを重ね合わせていますか？

もしくは、この伝統を意図的に打破しようとしているのですか?

ドム:彼らにはとてもインスピレーションを与えられました。なぜなら私たちを笑わせて
くれる真のクラウンですから。でも私たちの作品には先入観や形式はありません。絶えず
模索しています。ですからノスタルジーはありません。

フィオナ:私たちは彼らと同じカテゴリに属していることを自覚しています。しかし意図
的に彼らの伝統の一部になろうとはしていません。最初のうちは、皆さんが予想できるよ
うなタイプの映画を作るため参考にしていました。今は本当の意味で伝統を壊しているの
ではなく、私たちの創造力によって新しい何かを提案したいのです。「新しい」と言っても、
それは大きな新しさではなく、小さな新しさなのですがね。

なるほど、本作で見せる彼らのパフォーマンスの先達はそこにいたわけだ。

## ■□■マーサとの涙の再会と永遠の別れは?■□■

　本作は中盤では、カナダからパリに乗り込んだフィオナがマーサのアパルトマンの前ま
でたどりつきながら、なかなかマーサに会うことができない捜索劇が続き、挙句の果てに、
フィオナはドムとともにマーサのお葬式から焼き場までつき合わされる羽目になるから、
結局フィオナはマーサに会えずじまい・・・?いやいや、そんなことはない。本作ラスト
では、老人ホームの追っ手(?)からの追及を逃れてついにエッフェル塔の上まで逃げて
きたマーサに、フィオナとドムが追いつくところで「涙の再会」を果たすことになる。も
ちろん、それはストーリー構成における想定の範囲内だが、そこで注目すべきは、フィオ
ナとドムが見せる道化師らしいパフォーマンスだ。

　エッフェル塔の上まで観光客は普通エレ
ベーターで昇るはずだが、夜中(夜明け?)
にエッフェル塔が開放されているはずはない
から、エッフェル塔の上へ上へと徘徊する
(?)マーサとそれを追うフィオナとドムの
エッフェル塔上部での追いかけっこは、必然
的に階段を使ったものにならざるを得ない。
しかして、その設定は道化師のパフォーマン
スの舞台として絶好のものだ。高い高いエッ

amour-Moteur s'il vous plaît-CG Cinéma
配給:サンリス　8月5日(土)より渋谷・
ユーロスペースほか全国順次公開

フェル塔上部での鉄骨を使ったパフォーマンスは、「さすが、これがパリの道化師!」と思
える見事なもの。そんな苦労を積み重ねての「涙の再会」となるため、エッフェル塔上で
のフィオナとマーサの「涙の再会」の感動は大きい。したがって、そんな「涙の再会」の
後、あっけなくマーサがフィオナと永遠の別れを告げるのは、ある意味神の思し召しとし
て観客も納得できるし、フィオナ自身も納得できるものだろう。

　そんな風に誰もが胸にストンと落ちる結末の中で、今やほとんど恋人同士となったドム
と別れ、晴れやかな顔でカナダの村に戻ったフィオナを迎えるのは、またあの雪景色・・・?

2017(平成29)年7月7日記

**Data**

監督・脚本：アマンダ・シェーネル
出演：レーネ＝セシリア・スパルロ
　　　ク／ミーア＝エリーカ・スパ
　　　ルロク／マイ＝ドリス・リン
　　　ピ／ユリウス・フレイシャン
　　　デル／ハンナ・アルストロム
　　　／オッレ・サッリ

★★★★

## サーミの血

2015年・スウェーデン・デンマーク・ノルウェー映画
配給／アップリンク・108分

2017（平成29）年8月3日鑑賞　　ビジュアルアーツ大阪試写室

 みどころ

　島崎藤村の小説『破戒』は、被差別部落出身の主人公、瀬川丑松の悲しい人生が描かれていたが、本作はラップランド地方に住む少数民族サーミ族の少女の悲しい人生を描くもの。

　『ヒトラーの忘れもの』では、敗戦後のデンマークで地雷処理に強制的に従事させられるドイツ人の少年兵の姿に驚かされたが、スウェーデンではサーミ族の脳は劣っており社会生活に適応できないとされ、居住区に住まわされているサーミ族の実態には更にビックリ！

　14歳の少女のあっと驚く大胆な行動をしっかり鑑賞しながら、世界にはこんな悲しい現実＝民族差別があることをしっかり学習したい。

―――＊―――＊―――＊―――＊―――＊―――＊―――＊―――＊―――＊―――

### ■□■東京国際映画祭でＷ受賞！■□■

　本作は２０１６年の東京国際映画祭で審査員特別賞と最優秀女優賞をＷ受賞したもので、北欧のスウェーデンから届いた映画。また、北欧最大の映画祭であるヨーテボリ国際映画祭２０１７年では、『ヒトラーの忘れもの』（15年）が前年度に受賞した最優秀ノルディック映画賞を獲得した映画だ。『ヒトラーの忘れもの』では、ナチスドイツの敗北後、デンマークに残されたドイツ人の少年兵が強制的に地雷除去作業に従事させられる姿が描かれていたが、今まで全く知らなかったそんな「史実」があったことを同作ではじめて知って私はビックリ（『シネマルーム39』88頁参照）。

　しかして、本作はラップランド地方、いわゆるノルウェー、スウェーデン、フィンランドの北部とロシアのコラ半島でトナカイを飼い暮らし、フィンランド語に近い独自の言語

を持つ先住民族であるサーミ族についての悲しい映画だ。１９３０年代、スウェーデンのサーミ人は他の人種より劣った民族として差別されていたそうだが、さてサーミ族の本作の主人公である１４歳の少女エレ・マリャ（レーネ＝セシリア・スパルロク）は具体的にどんな差別を受けていたの・・・？

## ■□■サーミ族って何？映画は勉強！■□■

　日本の少数民族としては北海道のアイヌ族が有名だが、彼らは明治政府が北海道に進出するについて圧迫され虐げられた少数民族。１９３０年代のスウェーデンにおけるサーミ族もそれと同じように、いやそれ以上に「他の民族より劣った民族」として差別されていたらしい。

　本作前半、妹のニェンナ（ミーア＝エリーカ・スパルロク）と共に寄宿学校に入った１４歳のエレ・マリャが、①サーミ語を話すことを禁じられ、②骨相学的検査のために全裸で写真を撮られることを強制され、③進学のための推薦状を書いてくれと依頼すると、エレ・マリャの

(c) 2016 NORDISK FILM PRODUCTION

優秀さを認めている女教師（ハンナ・アルストロム）でさえ、サーミ族の脳は劣っており、文明に適応できないから推薦状は書けないと断られるシーンが登場する。それを見ていると、サーミ族に対する根強い差別がいかに強力だったかがよくわかる。

　本作前半では、サーミ族の集団生活の姿やトナカイを飼育して生計を立てている姿が登場するので、それに注目！日本では、明治時代に島崎藤村の小説『破戒』のテーマとされたいわゆる部落差別（同和問題）があったが、１９３０年代のスウェーデンにはそれと同じようないやそれ以上に深刻な民族差別問題があったことを本作ではじめて知り、ビックリ！

## ■□■１４歳の少女の大胆な行動　その１■□■

　日本人が最も好きな中国映画の１つが若き日の章子怡（チャン・ツィイー）の可憐なお下げ髪姿と赤い服が良く似合っていた張藝謀（チャン・イーモウ）監督の『初恋のきた道』（００年）（『シネマルーム５』１９４頁参照）。同作では冒頭、母親の葬式のために里帰りしてきた息子の回想シーンから少女時代のチャン・ツィイーが登場したが、そんな構成は本作も同じだ。今やシワだらけの老女になったエレ・マリャ（別名クリスティーナ）（マイ＝ドリス・リンピ）は今、妹ニェンナの葬儀に参列するため、息子のオッレ（オッレ・サ

ッリ）の車に乗って、渋々「生まれ故郷」に戻ってきた。そして、波のように押し寄せてくる感情の中、エレ・マリャは１４歳の頃の自分を思い出すことに・・・。

　サーミ族として暮らしていた１４歳の頃、エレ・マリャは妹のニェンナと一緒にサーミ族のための寄宿学校に入ったが、そこでは嫌な思いばかり。地元の若者たちはサーミ族の民族衣装を着たエレ・マリャを見ると、「ラップ人だ。臭えな。あいつら仕留めりゃ賞金が出るぜ。」と口々にバカにしていた。また、学校ではサーミ語は禁止、すべてスコットランド語で話さなければならなかった。成績優秀だったエレ・マリャが進学のための推薦状を依頼しても、前述の理由でダメ。これでは八方ふさがりだ。そこである日、エレ・マリャは大胆な行動に・・・。

　それはある日、女教師の家の前に干してあったワンピースを着てみたこと。民族衣装でないそのワンピースを着ると、男の子たちから「パーティーに来ないか？」と誘われたから、さあどうしよう・・・？思い切ってパーティーに顔を出してみると、サーミ族とわからないエレ・マリャに対して、かっこいい男の子ニクラス（ユリウス・フレイシャンデル）が声をかけ、ダンスに誘われることに。エレ・マリャは自分の名前をクリスティーナと名乗って、ダンスに興じたが、そこは若い男女のこと。少しずつ行動がエスカレートし、キスを交わすまでに・・・。

　もっとも、妹のニェンナがここまで捜しにくると、連れ戻されたエレ・マリャにはあの女教師による手荒い「お仕置き」が待っていたが・・・。

(c) 2016 NORDISK FILM PRODUCTION

(c) 2016 NORDISK FILM PRODUCTION

## ■□■１４歳の少女の大胆な行動　その２■□■

　寮に連れ戻されたエレ・マリャは、文字通りカゴの中の鳥。ここから何とかして脱出したい！外の世界へ出てみたい！そう考えてニクラスの家がある町の地図を調べたエレ・マリャは、ある日サーミ族の民族衣装を燃やし、女教師の服を盗み、たった１人で汽車に乗ってその町まで行くという大胆な行動に出ることに。ニクラスの家を訪れると、あいにくニクラスは留守だったが、母親には「遊びにこいと言われた」とウソをつき、厚かましくも家の中に入り夕食を食べながらニクラスの帰りを待つことに。

(c) 2016 NORDISK FILM PRODUCTION　　(c) 2016 NORDISK FILM PRODUCTION

　そして、その日はニクラスの家に泊めてもらうことになったが、これには（この厚かましさには）ニクラスはもちろんニクラスの両親もビックリだ。しかし、ここでも若い男女のこと。やることはしっかりやっていた（？）から、エレ・マリャの来訪にいい顔をしなかった両親は、ニクラスに「あの子はラップ人よ。妊娠でもしたらどうするつもりなの？早く帰ってもらいなさい」と最後通告をしたのは当然だ。

　そんな両親の決断を伝えるニクラスに対して、エレ・マリャは、さらに「メイドとして雇ってくれない？」と食い下がったが、もちろんそれが聞き入れられるはずはなし。1人家の外に出されてしまったエレ・マリャは、さてこれからどうするの・・・？

## ■□■１４歳の少女の大胆な行動　その３■□■

　普通はそこまで見放されたら諦めて故郷（サーミ族の集落）へ帰るものだが、エレ・マリャは根性が据わっている。一人野宿をし、翌日の昼間に学校の図書館をうろついていると、「新入生？何しているの？早く着替えて。」と声をかけられたエレ・マリャは、クリスティーナ・ライレルと名乗って体操の授業に参加することに。

　エレ・マリャのこの大胆な行動にはビックリだが、日本人の私にはいくら何でもこのストーリー展開はいかがなもの・・・？だって、エレ・マリャはあくまでエレ・マリャであって、クリスティーナではないことはちょっと調べればすぐにわかることだし、入学許可書も持っていないのだからエレ・マリャがもぐ

(c) 2016 NORDISK FILM PRODUCTION

りの生徒だということはすぐにバレてしまうはずだ。しかし、そこは映画だから１９８６年生まれのスェーデン人の女性監督アマンダ・シェーネルはちょっと脱線気味（？）にエレ・マリャがスウェーデン人たちの生徒に混じった学園生活を描いていく。

　しかし、そこで「授業料を支払え」との督促状がきたから、エレ・マリャは大慌て。そこでエレ・マリャは厚かましくも再度ニクラスの家を訪れ「カネを貸してくれ」と頼んだが、さて・・・？

## ■□■サーミの血をどう考える？■□■

　『破戒』の主人公、瀬川丑松は父の戒めをしっかり守り、被差別部落出身の生い立ちと
身分を隠して生きてきたが、最後にはその素性を打ち明け、アメリカのテキサスへと旅立
っていった。それに対して、サーミ族を嫌い、何とかスウェーデン人になろうと努力した
エレ・マリャは、その後どうなったの？

(c) 2016 NORDISK FILM PRODUCTION　　(c) 2016 NORDISK FILM PRODUCTION

　授業料を払わなければ学校から追い出される。そして、ニクラスからお金を貸すことを
断られた以上自分の親に頼むしかない。そう考えたエレ・マリャはさらに厚かましくも居
住区に戻って母親に無心したが、母親の答えは「そんなお金はない」だった。それに対し
て、エレ・マリャは「父さんの形見の銀のベルトを売ればいい！」と食い下がったが、母
親からは「何てことをいうの！」と完全拒否。

　そこで、仕方なく居住区内を歩き回っていたエレ・マリャは「そうだ。私のトナカイを
殺して売れば・・・！」。そう考えたエレ・マリャは逃げ惑うトナカイを一頭捕まえて殺し
たが、そこに妹と共にやってきた母親は、黙ってエレ・マリャに父親の銀のベルトを手渡
すことに・・・。これを売ればたしかに当面の授業料を支払うことはできるだろうが、さ
てその後のエレ・マリャの生活は・・・？

　それは本作では描かれていないので1人1人の観客が自ら考えるしかないが、きっとエ
レ・マリャのその後の人生は『破戒』の瀬川丑松と同じように、自分の生い立ちと身分を
隠してスウェーデン人に混じって生きてきたのだろう。しかし、いくら素性を隠しても、
エレ・マリャの身体の中に流れているサーミの血は・・・？

2017（平成29）年8月7日記

## SHOW-HEY シネマルーム

★★★★

### ブランカとギター弾き

2015年・イタリア映画
配給／トランスフォーマー・77分

2017（平成29）年8月27日鑑賞 | シネ・リーブル梅田

**Data**

監督・脚本：長谷井宏紀
出演：サイデル・ガブテロ／ピーター・ミラリ／ジョマル・ビスヨ／レイモンド・カマチョ

## 👀みどころ

　フィリピンのスラム街で生きる少女と年老いた盲目のギター弾きによる孫と祖父のようなロードムービーだが、ラストではそれ以上の信頼関係に！

　お金で子供（養子）が買えるのなら、お母さんだってお金で！孤児のブランカがそう考えたのは間違い？また、日本では盗みは悪いことだが、フィリピンのスラム街では・・・？

　内向き志向が高い邦画界だが、本作を観れば例外も！77分の小作品ながら第72回ベネチア国際映画祭での2冠獲得は立派なもの。豊かになりすぎた今の日本では、こんな心にホッコリくる映画はもう作れないの？いやいや、そんなことはないと信じたいが・・・。

―― * ―― * ―― * ―― * ―― * ―― * ―― * ―― * ―― * ―― * ――

## ■□■マジックランタン賞とソッリーゾ・ディベルソ賞■□■

　本作については、2015年の第72回ベネチア国際映画祭で、マジックランタン賞とソッリーゾ・ディベルソ賞を受賞したことがチラシで大きく謳われている。しかし、それって一体何？公式サイトによれば、前者は映画祭の全作品が対象の若者から贈られる賞、後者はジャーナリストから贈られる外国語映画賞らしい。ちなみに、前者は過去にチャン・イーモウ監督の『あの子を探して』（99年）（『シネマルーム3』56頁参照、『シネマルーム5』188頁参照）や、ダーレン・アロノフスキー監督の『レスラー』（08年）（『シネマルーム22』83頁参照）が受賞しているそうだから、かなりすごい賞だ。

　マジックランタン賞については、審査員の言葉として、「とても若い主人公が、家庭や家族といったものを追求していくことを巧みに物語っている。カメラは常に主人公の視点に

98

置かれ、彼らと共に動き回りながら、彼らの視点を反映している。長谷井監督はマニラのストリートを探求し、自力で生きている孤児やティーンエイジャーらを追いかける。そこから現れるものは日々の生活のリアルな光景であり、いつも劇的な問題の在りかをさがしている"犠牲者コンプレックス"に満ちたステレオタイプではない。」「監督はシンプルで性急な言語を使っているようで、それは実のところ、感動的な効果を生んでいるのだ。スラム街を遠くから捉えた風景から始まり、ストリートキッズたちが古い段ボールのうえで生き、眠る路地や歩道を露わにして終わるといったパンショットでは特にそれが明らかである。暖色の色みと明るさは、ビタースイートだが決してナイーブになることがなく、いつもフレッシュで、のびのびとしたストーリーによくマッチしている」と語られている。

　また、ソッリーゾ・ディベルソ賞については、審査員の言葉として、「いわゆる「ストリートキッズ」の存在という、深刻でありながらしばしば無視されがちな問題を表現した。その貴重な功績を称え、長谷井氏にソッリーゾ・ディベルソ賞を贈る」「この物語は、痛ましくも優しく、心を揺さぶり、同時にコミカルな瞬間もとらえている。さらに、社会から追いやられた人々の友情、老人や身体障害者の姿を——社会が包含するものの価値を見事に捉えている。そのことを讃えたい」と語られているから、これも、なるほど、なるほど・・・。

## ■□■日経新聞も注目！日本人監督が異国で第１作を！■□■

　近時は若者を中心とする日本人の「内向き志向」と「ひきこもり現象」が指摘されている。しかし、男子ゴルフにおける松山英樹選手や男子テニスにおける錦織圭選手等の世界を舞台にした大活躍の例外も多い。しかして、２０１７年８月８日付日本経済新聞は、映画界でも「海外でチャンスをつかみ、長編第１作を異国で撮る日本人監督が出てきた」ことを報じた。本作の舞台はフィリピンで、出演者もスタッフもフィリピン人、言語はタガログ語だ。しかし、その資金はベネチア国際映画祭などが出しており、製作国はイタリア。そして、監督は日本人だから国際色豊かだ。福永壮志監督の『リベリアの白い血』（１５年）も、舞台は西アフリカのリベリアと米国。ニューヨーク在住の３４歳の福永壮志監督は「固まった価値観を押し付ける日本社会に嫌気がさした」「日本に戻ろうとは思わなかった。商業映画以外の製作にお金が集まるシステムがない」と語っている。

　それと同じように、本作について長谷井宏紀監督は、「フィリピンのゴミの山で暮らす子供たちと出会い、「たくましさ、前向きなエネルギー」にひかれた」「モノにあふれた日本と対極の社会だった。モノはないが、ヒトを大事にしていた」と語り、最後に「様々な国の路上で暮らす人々と映画を作りたい」、日本で出資を得るのは難しそうな題材だが、「これは世界の問題。映画を作ることで多くの人に共感をもってもらえる」と力を込めたそうだ。しかして、現在のくだらない邦画のシステムの中に浸りきって飯を食っている日本の多くの映画関係者たちは、日本を出て世界でたくましく活躍している、この２人の若手映画監督の活躍と問題提起をどう受け止める・・・？

## ■□■3万ペソで母親を買います！それってナニ？■□■

　本作の主人公は、フィリピンのスラム街で窃盗や物乞いをしながら路上生活をしている１１歳の少女ブランカ。ブランカを演じるサイデル・ガブテロは、ＹｏｕＴｕｂｅで自身で歌う動画をアップしているところをプロデューサーに見い出された少女で、現在はフィリピン国内でミュージカルに出演するなど女優、歌手としての活動の幅を広げているらしい。去る８月１５日に観た『ローサは密告された』（１６年）もフィリピンのスラム街が舞台だったが、それは「ローサの雑貨店」を舞台とする、あっと驚く現代的な物語だった。それに対して本作は邦題のタイトル通り、ブランカと盲目のギター弾きピーター（ピーター・ミラリ）が織りなす心温まるロードムービーだ。

　導入部では、相当気の強いブランカが行動を共にしていたガキたちから意地悪をされ、段ボールで作った家を壊されてしまうという窮状が描かれるが、ブランカはそこでくじけず、出会ったばかりの流れ者の路上ギター弾きの盲人ピーターと共に旅に出ることに。公式サイト等における長谷井宏紀監督のメッセージによれば、本作のコンセプトは「母親を買うことは可能なのか？」という問いから生まれたらしい。そのため、ピーターと共に旅に出たブランカは「３万ペソで母親を買います」と書いたビラを張り、その資金を得るため窃盗を重ねていくが、ブランカのこのアイデアは一体どこから生まれたの？そして、ブランカは一体何をしたいの・・・？

## ■□■母親買いはダメ！盗みもダメ！少女の成長は？■□■

　ブランカが「母親を買う」ことを思いついたのは、有名なハリウッド女優が自分と同じような境遇の子供を養子に迎えたというニュースをテレビで見たため。「お金で子供が買える」のならお母さんだってお金で買えるはず、と子供心に考えたわけだ。そうすると、その代金を３万ペソ（日本円で約６万５０００円）とすることにどこまで合理性があるのかは疑問だが、品物や家と同じように母親だってお金で買えるとブランカが考えたこと自体は、なるほど、なるほど・・・。

　また、ブランカにとって盗みをすることは生きるための不可欠な行為だったから、ピーターから盗みはダメだと言われても、なぜダメなのかわからなかったのは仕方がない。日本の子供なら、小さい時からそう教わっているから盗みがダメなことは当然知っているが、小さい時からそれを教わっていなければ、それが悪いことだと思わないのがむしろ当然だ。もちろん、ピーターだってギターを弾いてわずかばかりのお金を恵んでもらっているその日暮らしの老人に過ぎなかったから、ブランカに対してえらそうに物事の道理を教えたわけではないが、ブランカとピーターの２人による奇妙なロードムービーが展開していく中、ブランカは次第に母親買いはダメ！盗みもダメ！ということを理解していくことに。そこが、犬や猫と違う、人間の学習能力のすごいところだ。

しかも、路上でピーターのギターに合わせて、ピーターの励まし通りに大きな声で自分の知っている歌を歌うと道端の人達が拍手してくれたうえ、お金を恵んでくれたからビックリ！さらに、その姿と歌声がクラブのオーナーの目と耳に留まり、ブランカはクラブ歌手としてデビューすることになったから万々歳だ。このまま順調にいけば、戦後の混乱した日本で、笠置シヅ子や美空ひばり、江利チエミ、雪村いづみの「３人娘」が大活躍したのと同じように、ブランカもフィリピンの人気少女歌手に・・・？それはブランカを演じているサイデル・ガブテロの現在の姿だが、映画の中でのブランカはそうはうまくいかず、ブランカに嫉妬した従業員の告げ口によって「盗人」の汚名を着せられ、クラブから追い出されてしまうことに。それはある意味でブランカの挫折だが、それによってピーターとの再度の旅が始まったから、意外にそうではなかったのかも・・・。

## ■□■同世代の悪ガキとの切磋琢磨による成長は？■□■

　本作の原題は『ＢＬＡＮＫＡ』だが、邦題は『ブランカとギター弾き』。この邦題をみると、本作は孤児の少女ブランカと盲目のギター弾きピーターとのロードムービー（だけ）のように思えるが、実はブランカらと共にフィリピンのスラム街で生活している孤児である、ラウル（レイモンド・カマチョ）とセバスチャン（ジョマル・ビスヨ）も登場する。そして、本作ではブランカがこのラウルとセバスチャンという同世代の悪ガキとの間で切磋琢磨しながら成長してゆく物語も大きなウェイトを占めるので、それにも注目！

　そこで面白いのは、兄貴分のラウルは盗みで生計をたてることを本業と考え、縄張り問題から、盗んだ金の配分までしっかり仕切っているのに対し、弟分のセバスチャンの方はまだ小さいだけに、ラウルの命令通りに動きながらも、ことあるごとに「ホントにそれでいいの？」と疑問を持ったり、立ちどまって考えていること。したがって、ブランカに対しても、ラウルは配下に入り命令通り動くのか否か？という視点だけで接していたから、ブランカがクラブ歌手として成功すると絶縁状態に。しかし、セバスチャンの方はそんなブランカを応援しつつ、タチの悪い従業員の嫉妬心による濡れ衣によって店を追い出されてしまうと何かとブランカの世話をやくことに。その結果、歌がうまくそれなりの美人でもあるブランカを、オカマたちの館に売り飛ばす計画をラウルが練り、それで大金を得てしまうと、セバスチャンは兄貴分のラウルにつくのか、それともブランカを助けるのかという「究極の選択」を迫られることに。

　さあ、そこでセバスチャンが頼りとし、救出を求めたのがピーターだったが、それは一体なぜ？そして、ピーターはブランカ救出のために、一体何ができるの？そこらあたりの本作のクライマックスは、近時の巨大なハリウッド映画のクライマックスとは全然異質の小さな小さな物語だが、誰も知らないフィリピンのスラム街で繰り広げられる見事な人情劇をしっかり楽しみたい。本作はわずか７７分の小作品ながら、見終わってみると心がホッコリ・・・。

２０１７（平成２９）年９月１日記

Data
監督：三島有紀子
脚本：荒井晴彦
原作：重松清『幼な子われらに生ま
　　　れ』（幻冬舎文庫刊）
出演：浅野忠信／田中麗奈／南沙良
　　　／鎌田らい樹／新井美羽／
　　　宮藤官九郎／寺島しのぶ／
　　　水澤紳吾／池田成志

**幼な子われらに生まれ**

2016 年・日本映画
配給／ファントム・フィルム・127 分

2017（平成 29）年 8 月 31 日鑑賞　　｜　　テアトル梅田

★★★★★

## 👀 みどころ

　弁護士歴４２年ともなれば、離婚や養育に関する家事事件もベテランにな
る。しかして、本作のような連れ子を伴うバツイチ同士の再婚で、新たに「幼
な子」に恵まれた場合は、産む産まないの賛否は難しい？法律上の問題発生可
能性の視点からはその答えは「否」だが、人間賛歌の視点（？）からは当然「賛」。

　他方、大人になりかけた連れ子から、２人の間の赤ちゃん誕生前に、「やっ
ぱりこのウチ、嫌だ。本当のパパに会わせてよ」と言われたら、あなたはどう
する？この家族はハチャメチャになってしまうの？それとも・・・？

　こりゃ難しい！観ていて、しんどい！でも、しっかり考えなければ・・・。
第４１回モントリオール世界映画祭で審査員特別グランプリを受賞した三島
有紀子監督のドキュメンタリータッチの演出と荒井晴彦の脚本に拍手！さら
に、両親を演じた２人のビッグネームに加え、３人の「演技派」子役にも拍手！

——＊——＊——＊——＊——＊——＊——＊——＊——＊——

## ■□■原作は？脚本は？監督は？■□■

　本作の原作は、重松清の『幼な子われらに生まれ』。その概要は、ネット情報をそのまま
引用すれば次のとおりだ。

> 三十七歳の私は、二度目の妻とその連れ子の二人の娘とありふれた家庭を築く努力をして
> いた。しかし、妻の妊娠を契機に長女は露悪的な態度をとるようになり、『ほんとうのパ
> パ』に会いたいと言う。私も、長女を前妻との娘と比べてしまい、今の家族に息苦しさを
> 覚え、妻に子供を堕ろせと言ってしまう―。「家族」とは何かを問う感動の長篇小説。

そして、本作の脚本は、荒井晴彦が書いている。私は荒井晴彦の名前を『この国の空』（１５年）ではじめて知ったが（『シネマルーム３６』２６頁参照）、１９４７年生まれの彼は、日活ロマンポルノの名作『赫い髪の女』（７９年）や薬師丸ひろ子主演の『Ｗの悲劇』（８４年）、そして『ＫＴ』（０２年）（『シネマルーム２』２１１頁参照）等の脚本を書いてきた著名脚本家らしい。

　私はつい先日、シネ・ヌーヴォで２０１７年９月２日～１５日まで「７０になった全身脚本家」と題して「荒井晴彦映画祭」を行う旨の連絡をもらったが、そのチラシによれば、荒井氏の略歴は次のとおりだ。

---

### 荒井晴彦 略歴

1947年1月26日東京生まれ、都立立川高校卒。大学在籍時の1971年より若松プロで助監督、そして足立正生と共に出口出ネームにより脚本を執筆。その後ピンク映画の助監督、脚本執筆を経て、1977年日活ロマンポルノ『新宿乱れ街　いくまで待って』で注目を浴びる。以後、薬師丸ひろ子主演『Ｗの悲劇』を始め、数々の話題作、傑作を執筆してきた。日本アカデミー賞優秀脚本賞、キネマ旬報脚本賞、毎日映画コンクール脚本賞、日本シナリオ作家協会菊島隆三賞など、脚本賞の受賞は数多い。2016年には読売文学賞戯曲・シナリオ賞を受賞した。映画監督としては『身も心も』(1997年)『この国の空』(2016年)の2本を発表。1989年より現在に至り季刊誌『映画芸術』の編集・発行人を務めている。

---

　その荒井氏は、重松氏が１９９６年に『幼な子われらに生まれ』を発表したときから、映画化の約束をしていたそうだ。その脚本がなぜ三島有紀子監督の手に渡り、なぜ彼女が本作を監督することになったのかは知らないが、元ＮＨＫのディレクターとして数々のドキュメンタリーを手がけてきた三島監督だけに、本作でもドキュメンタリータッチの描き方が顕著だ。しかも、『繕い裁つ人』（１５年）（『シネマルーム３５』未掲載）で見たとおりの、女性監督らしい神経の行き届いた細やかな演出が本作では際立っている。８月に公開される映画は大作が多いが、本作はテアトル梅田で上映される小作品。しかし、新聞紙評でも好評だし、前述のラインナップから見ても、こりゃ必見！

『幼な子われらに生まれ』
８月２６日（土）、テアトル新宿・シネスイッチ銀座ほか全国ロードショー
配給：ファントム・フィルム©2016「幼な子われらに生まれ」製作委員会

## ■□■この大層なタイトルは一体ナニ？夫婦の設定は？■□■

　近代明治政府が確立した以降の日本は、日清、日露戦争を経験する中で多くの兵士を必要としたから、国力増強のためにも「産めよ増やせよ」の大合唱だったし、太平洋戦争中もそうだった。しかし、戦後は経済的要因によって自然に人口増となった私たち団塊の世代があったものの、今や人口減少が大きな社会問題になっている。中国では、日本と逆に人口増を食い止めるため、長い間、国が強制的な「一人っ子政策」をとってきたが、数年前にそれは廃止されている。そんな時代に入ったためか、日本では今や子供が生まれてくることに敏感となり、ありがた味を感じているが、それにしても『幼な子われらに生まれ』とはなんとも大層なタイトル。原作も本作も、なぜそのタイトルに？また、浅野忠信と田中麗奈が演じている夫婦はいったいどんな夫婦なの？

　本作冒頭に見る浅野忠信演じる、スーツにネクタイ姿の中年男・田中信は普通のサラリーマン。妻の奈苗も専業主婦のようだし、夫婦が住んでいる斜行式エレベーターのあるマンションは、夫婦者ばかり住む関西では有名な団地。そこは私もかつて神戸方面のゴルフに車で行ったときによく通っていた西宮名塩団地だ。三島監督が本作で田中夫婦が住む舞台にここを選んだのは、ここは典型的なサラリーマン家族が住むマンションとして最適と考えたためというから、なるほど、なるほど・・・。

　この夫婦には2人の女の子がいるようで、長女・薫（南沙良）は小学校6年生、次女・恵理子（新井美羽）はまだ幼稚園児だ。夕方に仕事を終えた信の日課は子供のためにケーキを買って家に帰ることだし、彼の子供たちのかわいがりようも並大抵ではない。こりゃ私にはとてもできなかったことだが、本作導入部におけるそんな信の姿を見ているとこれぞまさに今風のサラリーマンの典型的な4人家族。そう思ったが、イヤイヤ実は・・・？

## ■□■共にバツイチ！妻には2人の連れ子、夫は外で面会！■□■

　私も離婚経験があり、バツイチの再婚だが、私の妻は初婚。しかし、田中夫妻は2人ともバツイチで、薫・恵理子姉妹は奈苗と前夫との間の子供らしい。したがって、導入部で見た斜行式エレベーター付きの団地で暮らす4人家族は一見幸せそうだが、最近少し大人になってきた長女・薫が「こんな家族はイヤだ」「ホントのお父さんに会いたい」と言い始めたところから、大きな軋みが生まれているらしい。さらに導入部では、信が公園で沙織（鎌田らい樹）と呼ぶ女の子と楽しく遊んでいるシーンが登場するが、それは私たち弁護士の言葉で言う、離婚した父親と母親が親権・監護権を持つ子供との面接交流権にもとづく風景であることがわかる。なるほど、信は現在の妻・奈苗との間では奈苗の連れ子である薫と恵理子をかわいがりつつ、3ヵ月に1度は、離婚した元妻との間の血のつながっている沙織と面会交流し、かわいがっているわけだ。

　ちなみに、本作の時系列は三島監督流にうまく構成しているが、信、奈苗それぞれの離婚原因とバツイチ同士が再婚した事情はドキュメンタリータッチで（？）よくわかるように示してくれている。それを要約すると、①信の元妻・友佳（寺島しのぶ）はキャリアウ

ーマンで、子供より自分の研究を重視していたため、2人の価値観の不一致が離婚原因、②奈苗の元夫・沢田（宮藤官九郎）は子供が嫌いなうえ、奈苗から束縛されることに耐えかねて暴力亭主になったことが離婚原因だ。したがって、奈苗が信から、「俺たち結婚しよう」との言葉を聞いたとき、奈苗はホントにうれしそうだったが、されそれから4年経った今は？あのときは薫も恵理子も小さかったが、今や薫が「あんたはホントのパパじゃない」「ホントのパパに会いたい」と言い始めると・・・。

## ■□■浅野忠信の演技力に注目！■□■

　私は子育てには全然熱心でなく、外でバリバリ働くタイプの父親だったが、本作の信はその逆で、ものすごい子煩悩。直属の上司との2人の飲み会で信が密かに聞いた話によると、信の勤めている商社で信は同期の中で最も期待されていたそうだが、①残業はしない、②宴会は1次会のみ参加、③休日出勤はせず家族サービス優先、というスタイルを貫徹させてきたこともあり、会社で現在進行中の人員削減プランの中、信は本社から現場の子会社への派遣社員の筆頭に挙げられているらしい。現実にそんな「格下げ人事」が実行され、

『幼な子われらに生まれ』
8月26日（土）、テアトル新宿・シネスイッチ
銀座ほか全国ロードショー
配給：ファントム・フィルム
©2016「幼な子われらに生まれ」製作委員会

『幼な子われらに生まれ』
8月26日（土）、テアトル新宿・シネスイッチ
銀座ほか全国ロードショー
配給：ファントム・フィルム
©2016「幼な子われらに生まれ」製作委員会

ロボットのような配送の仕事に回されても、信は妻にもグチこぼさず現場ではきちんとネクタイの上に作業服を着て頑張ってるから、偉いものだ。家庭内における妻への接し方もほんとに模範的な亭主であり、2人の子供達への接し方も本当に模範的な父親だ。しかし、会社の同僚から勧められた「1人カラオケ」での欲求不満の解消ぶりをみていると、その身体と精神の中にたまってるストレスは相当なもの・・・？
　『モンゴル』（07年）でチンギス・ハーン役を演じた時の浅野忠信は鬼気迫るものがあった（『シネマルーム19』150頁参照）が、本作で彼が見せる良きサラリーマン、良き夫、良き父親としての演技も、一見静かだが実は相当鬼気迫るもの。とりわけ「部屋に鍵をつけてくれ」と迫られ、その取り付け作業をしている信や、「俺たち別れよう。子供は堕

すしかない」と奈苗に迫る信の姿を見ていると、同じ男として身につまされる感が強い。よくまあ、ここまでぐっと我慢できるものだ。本作では、何よりもこの浅野忠信の演技力に注目！

## ■□■田中麗奈と３人の子役の演技力にも注目！■□■

他方、奈苗の方は、薫の「ホントのお父さんに会いたい」との言葉をどう解釈してるのかよくわからないが、信のようには深刻に受け止めておらず、「何とかなるわ」と、その場しのぎの対応の感が強い。血の繋がった母と娘が連れ子で再婚した場合、これくらいの問題が起きてくるのは想定内？ひょっとして奈苗にはそれぐらいの割り切りがあるのかも・・・？奈苗の対応は男の私にはそう思えるほどしたたかだが、そんな奈苗役を本作では田中麗奈が見事に演じている。

『幼な子われらに生まれ』
８月26日（土）、テアトル新宿・シネスイッチ銀座ほか全国ロードショー配給：ファントム・フィルムⒸ2016「幼な子われらに生まれ」製作委員会

『幼な子われらに生まれ』
８月26日（土）、テアトル新宿・シネスイッチ銀座ほか全国ロードショー配給：ファントム・フィルムⒸ2016「幼な子われらに生まれ」製作委員会

本作でさらに注目すべきは、演技派の大人２人と真正面からやり合う薫役を南沙良が見事に演じていること。初潮期を迎えている薫には「お腹が痛い」というのも１つの武器のようだが、私なら再婚した妻の連れ子からこんな対応をされれば、沢田と同じようにすぐにブチ切れているだろう。本作で一貫して無邪気なのは次女の恵理子で、恵理子を見てる限り何の苦労もなさそうだ。他方、信と３ヵ月に１度の面会交流を楽しみにしている信の実の長女である沙織の方は、奈苗の次女恵理子の父親が信と同じくらいの歳なのに末期がんで死にそうだと聞くと、その対応に年頃の女の子らしい苦悩が・・・。そのため、父親の死に目に急行する時はじめて恵理子と車の中で一緒になると、何ともお姉ちゃんらしい対応を・・・。奈苗の次女恵理子を演じる新井美羽は自然なままの演技かもしれないが、沙織を演じる鎌田らい樹の方は、そんな複雑な役柄をしっかり演じている。

新聞紙評にも書かれている通り、これらの演技には三島有紀子監督の厳しい演出もあるのだろうが、本作では浅野忠信、田中麗奈という２人のビッグネームに立派に太刀打ちしている３人の子役たちの演技にも注目！

## ■□■ここまでやるか！両極端な父親の言動に注目！■□■

私も離婚経験者の一人として、小学校高学年になった子供から「父親に会いたい」と言われて会ったことがあり、以降はそれなりの交流が生まれた。そう考えれば、薫だって家の中で駄々をこねるだけでなく、ホントの父親である沢田に直接連絡をとる努力をしてもよさそうだが、本作ではそれはない。

そのため本作では、やむなくある時点で信が直接沢田を訪れ、薫がホントの父親に会いたがっている旨を伝える

『幼な子われらに生まれ』
8月26日（土）、テアトル新宿・シネスイッチ銀座ほか全国ロードショー
配給：ファントム・フィルム
©2016「幼な子われらに生まれ」製作委員会

ことになるが、それに対する沢田の回答は、「会いたくない」の一点張り。しつこく信が頼み込むと、何と沢田は「金を出してくれれば会ってもいい」となったから、私はビックリ！ええっ、世の中にはこんなひどい父親もいるの・・・。しかし、何事も実務的（事務的）な処理能力を発揮する信の手はずによって、今日は薫がホントの父親である沢田との面会日だが、さて、その「ご対面は」・・・？

私はそんな父親ならひょっとし

『幼な子われらに生まれ』
8月26日（土）、テアトル新宿・シネスイッチ銀座ほか全国ロードショー
配給：ファントム・フィルム
©2016「幼な子われらに生まれ」製作委員会

てハチャメチャな結果になるかもしれないと心配していたが、薫の迎えも兼ねて頃合いを見計らって信がご対面の場となっているショッピングモール屋上の遊園地を訪れると、何とそこには沢田が1人で座っていたから、アレレ・・・？沢田とのご対面をあれほど心待ちにしていたはずの薫が沢田の前に現れなかったのは、一体なぜ？そしてまた、家に帰っていた薫に、「今日はどうだった？」と尋ねると、薫の返事は・・・？

本作に見る、離婚した父親同士が微妙な雰囲気の中で、微妙な会話を交わすシークエンスは、男の私ですらかなり意外性に富んだもの。それを、いくらドキュメンタリー出身の監督とはいえ、女性の三島有紀子監督がこのように見事に演出していることに私はビック

リ！沢田を演じる宮藤官九郎の、投げやりながらも娘との面会に向けてぬいぐるみのお土産を持って来ている姿や、信が連れてきている妹の恵理子にゲーム代（１００円）を気前よく出すシーンを見ていると、この男のやるせない気持ちが十分に伝わってくる。

本作では、信と奈苗との「掛け合い」、信と友佳との「掛け合い」も見事だが、離婚した亭主同士である信と沢田との「掛け合い」も、実にお見事！

## ■□■問題解決？いやいや、問題山積！■□■

本作はバツイチ同士の再婚、そして、子連れは女の方だけという設定。これは、信の子供沙織の養育・監護権者が離婚した妻の友佳に指定されたためだ。前夫との間の子供を連れて女が再婚するケースは多いが、これは、離婚に際して子供の養育・監護権者が母親に指定されることが多いため。この場合、夫は初婚、もしくは再婚でも前妻との間に子供がいないケースが多いだろう。そして、この場合、夫は妻が連れてきた子供と養子縁組をしない限り、連れ子との間に法律上の父子関係は生じないことになる。どちらのケースでも、夫と妻の連れ子との事実上の父子関係がうまくいくかどうかは難しいが、夫にも離婚した妻との間に子供がおり、定期的に面接交流をしている本作のようなケースでは、問題はより複雑になる。そのうえ、信と奈苗との間に新たに子供が授かり、奈苗の２人の連れ子である薫と恵理子と一緒に父母の下で生活するとなると、さらに問題が発生する可能性が高まるのは当然だ。

本作はそんな設定の下で、薫が「やっぱりこのウチ、嫌だ。本当のパパに会わせてよ」と言い始めるという１つの問題を取り上げ、その深刻性を浮き彫りにしたが、映画としてはもちろん、原作の小説でもとりあえず「問題解決」で終わっている。本作では、奈苗の体内から産まれてくる子供を、信はもちろん、薫や恵理子も祝福しているから、喜びと安堵に満ち溢れた本作ラストの映像によってその解決ぶりは明らかだが、それって本当の解決・・・？弁護士の私には、そうは思えない。つまり、本作に見る問題解決はあくまで「一時的な落ち着き」に過ぎず、新たに産まれてきた赤ちゃんをめぐって新たな問題が出てくるだろうと予想せざるを得ないわけだ。

## ■□■審査員特別グランプリ受賞！おめでとう！■□■

近時、ＬＧＢＴ（女性同性愛者Lesbian、男性同性愛者Gay、両性愛者Bisexual、トランスジェンダーTransgender の頭文字をとったもの）が大流行り（？）で、男同士の結婚や女同士の結婚の姿がしばしば報道されているが、この場合、法律上の子供の誕生はありえない。したがって、結婚した男同士、女同士が２人で仲良く暮らせば良いだけで、子供の養育や相続をめぐる問題は発生しない。つまり、その場合は、子供が産まれなかった、あるいは、子供を作らなかった男と女の夫婦と同じように、自分たち２人の世代だけで終わることになるから、問題は少ない。それに比べれば、新たな命を授かった信と奈苗夫妻は幸

せといえば幸せだが、前途多難で、「問題山積」となるだろう。私はできれば重松清に、この夫妻の10年後に新たにどんな問題が起こり、信と奈苗夫妻とそれぞれの子供たちの間がどうなっているかをしっかり書いて欲しいと思っているが、さて・・・。

『幼な子われらに生まれ』
8月26日（土）、テアトル新宿・シネスイッチ銀座ほか全国ロードショー
配給：ファントム・フィルム
Ⓒ2016「幼な子われらに生まれ」製作委員会

　以上のように本作の評論を書き終えた時点の9月5日付の夕刊で、私はカナダで開催されていた第41回モントリオール世界映画祭で4日夜（日本時間5日）に授賞式が行われ、本作が最高賞のグランプリに次ぐ審査員特別グランプリを受賞したとのニュースを読んだ。これは2014年の『ふしぎな岬の物語』（14年）（『シネマルーム35』未掲載）以来の快挙だ。また、それと同じ9月5日に、第90回アカデミー賞外国語映画賞部門の日本代表に『湯を沸かすほどの熱い愛』（16年）（『シネマルーム39』28頁参照）が決まったことが発表された。本作はもちろん、『湯を沸かすほどの熱い愛』も私は星5つをつけて絶賛しているから、そんな結果に大満足。三島有紀子監督、審査員特別グランプリ受賞おめでとう！

2017（平成29）年9月7日記

**Data**

監督・脚本：熊澤尚人
原作：沼田まほかる「ユリゴコロ」
　　　（双葉文庫）
出演：松坂桃李／吉高由里子／松山
　　　ケンイチ／佐津川愛美／清
　　　野菜名／清原果耶／木村多
　　　江

## SHOW-HEY シネマルーム

★★★★

### ユリゴコロ

2017 年・日本映画
配給／東映・日活・122 分

| 2017（平成29）年9月24日鑑賞 | 梅田ブルク7 |
| --- | --- |

## 👀 み ど こ ろ

　“ユリゴコロ”とは“拠りどころ”。そして、吉高由里子演じるヒロインは、人間を殺すことがその“拠りどころ”らしい。沼田まほかるの原作は“まほかるブーム”を巻き起こしたそうだが、そんなクソ難しいテーマが映画に！しかして、その「容赦ない愛の物語」の展開は・・・？

　冒頭から始まるナレーションとその映像を見ているだけで、大きな違和感がある。しかし、これが現実だとしたら？他方、恋人の失踪に始まる物語が展開する中、この青年は自己の“ユリゴコロ”を自覚し、発露していくことに・・・。

　本作はネタバレ厳禁！2つのストーリーの展開が後半からクライマックスにかけていかに結びつくのかを予想できれば、あなたのカンは大したものだが・・・。

—— ＊ —— ＊ —— ＊ —— ＊ —— ＊ —— ＊ —— ＊ —— ＊ —— ＊ ——

### ■□■ “まほかるブーム”とは？容赦ない愛の物語とは？■□■

　本作のチラシには、“まほかるブーム”を巻き起こしたあのベストセラー・ミステリー小説が待望の映画化！と書かれている。しかし、“まほかるブーム”って一体ナニ？また、ベストセラーミステリー小説って一体ナニ？それは、第14回大藪春彦賞を受賞し、2014年本屋大賞にノミネートされた、沼田まほかるが書いた小説「ユリゴコロ」のことらしい。ちなみに、公開直前の新聞広告では、「待望の映画化！ミステリーの常識を覆す容赦ない愛の物語！」の文字が躍っていた。

　また、私は「ユリゴコロ」と言う小説も、それを書いた沼田まほかると言う作家の名前も知らなかったが、その新聞紙上では私も知っている著名作家を含む各氏から、次のよう

110

な絶賛の声が載せられていた。すなわち、桐野夏生氏「こんな不思議な小説は初めて読んだ。恐怖や悲しみが、いつの間にか幸福に捻れていく。」千街晶之氏「法や倫理を完全に無視した、だがそれ故にどこまでも純粋――そんな愛情を描くことで善悪の彼岸を垣間見せてくれる、いかにも著者らしい迫真の力作だ。」吉野仁氏「秘められた家族の謎が明らかになるとき、驚愕せずにはおれない。胸をえぐるようなすごみをたたえた傑作だ。」大沢在昌氏「計算し尽くした上で、読者をも企みにはめる、恐ろしい書き手である。」

　しかし、そもそも「ユリゴコロ」って一体ナニ？そして、「ミステリーの常識を覆す容赦ない愛の物語」とは、一体どんな物語？

## ■□■映画ではノートは１冊！登場人物も２人カット！■□■

　映画化不可能！もしくは、映画化困難！と言われる小説は多い。きっと本作はその一つであり、かつその代表格だ。映画は約２時間にまとめなければならないため、小説に登場する人物を削ったり、一部のストーリーを省略することがよくあるが、本作もそうらしい。そもそも原作では「ユリゴコロ」と題するノートは４冊もあったそうだが、映画では１冊だけだ。また、原作は亮介（松坂桃李）の一人称で進むそうで、それは映画でも概ね同じだが、亮介が発見した「ユリゴコロ」と題するノートを現実にナレーション的に語るのは、それを実際に書いた女性美紗子（吉高由里子）だ。そこらあたりは映画ならではのテクニックでうまく観せてくれるので、本作はそのノートに書かれている冒頭の「私のように平気で人を殺す人間は、脳の仕組みがどこか普通と違うのでしょうか。」のナレーションから不気味さがいっぱい！またミステリー色がいっぱいになっている。

(C) 沼田まほかる／双葉社　(C) 2017「ユリゴコロ」製作委員会

(C) 沼田まほかる／双葉社　(C) 2017「ユリゴコロ」製作委員会

　もっとも、①突然、亮介の恋人の千絵（清野菜名）が行方不明になること②亮介の父親が末期ガンと診断されること③そんな状況下で亮介が父親の家にあったノート「ユリゴコロ」を偶然発見し、読み始めること、というストーリーの構成は原作も映画も同じだが、映画では小説における重要な人物が２人省略されているらしい。その１人は美紗子の妹のえみ子、もう１人は亮介の弟の洋平だ。しかし、本作を観ている限り、この２人の人物の

省略には何の違和感も感じないから、本作の脚本作りに長い日数を費やしたと言う熊澤尚人監督の構成力に拍手！

## ■□■美紗子の"ユリゴコロ"は？その自覚は？その発露は？■□■

　日本には刑法と少年法がある。そして、「刑事未成年」には刑事罰を問うことができず、少年法によって保護処分が下される。たしかに、幼い頃の美紗子がお友達の女の子を無慈悲に殺すシーンを観ていると、それはある程度やむを得ないと思える面もあるが、高校生になってからの美紗子のかなり自覚的な犯行を観ていると、いささか少年法の存在に疑問も湧いてくる。しかし、スクリーン上で見る幼い頃の美紗子の犯行（殺人鬼ぶり）は、ユリゴコロの不足によるものらしい。そして、そんな犯行をくり返していくうちに、どうも人間を殺すことが自分の"拠りどころ"になっていることを美紗子は自覚していくわけだが、それは何よりも自分自身が一番つらいことだろう。

　犯罪者のモノローグを基調とする小説や映画は多いが、本作では、少女時代の殺人について何も罪に問われないまま成長した美紗子がレストランで働いている時、自分で自分の手首を切ることに快感を見い出す女性、みつ子（佐津川愛美）とお友達になるストーリーの中で、更に不気味さを増していく。そんな異様な生活の中でも、自分の"ユリゴコロ"によって自分に言い寄ってくる男に対して必然的に引き起こす殺人事件等を経て、今や美紗子はまともな社会では生きていけない娼婦に堕ちていた。本来ならこれで美紗子の人生は終わりになるはずだが、そこで美紗子が出会った奇妙な男が洋介（松山ケンイチ）だ。娼婦の美紗子から声を掛けられた洋介は、何の代償も求めず、５０００円を手渡した他、食事を御馳走し（といっても、うどんだけだが）更に何と妊娠していた美紗子と結婚し、お腹の子供の父親になることまで承諾したからビックリ！

(C) 沼田まほかる／双葉社　(C) 2017「ユリゴコロ」製作委員会

(C) 沼田まほかる／双葉社　(C) 2017「ユリゴコロ」製作委員会

　世の中にめったにいない、こんな男に、美紗子が巡り合えたことは最大の幸運だったはずだ。「女の一生」は林芙美子の小説『放浪記』や杉村春子が一生涯演じ続けた劇団文学座の舞台『女の一生』等、さまざまな形で描かれているが、これにてやっと美紗子の「女の

一生」も幸せが確定！スクリーン上の展開を観ていると一瞬そう思えたが、さてその後のこの2人の運命はいかに・・・？

## ■□■恋人の失踪と細谷の登場がストーリーの核に■□■

本作冒頭に登場するのは、レストランのオーナーとして楽しそうに働いている亮介（松坂桃李）。婚約者の千絵を父親に紹介している姿は、順風満帆そのものだった。ところが、ある日、父親の家で"ユリゴコロ"を読んだところから、亮介の心の中にさまざまな違和感が生じてくることになる。さらにある日、急に千絵が失踪し

(C) 沼田まほかる／双葉社　(C) 2017「ユリゴコロ」製作委員会

てしまい、かつて千絵と一緒に働いていたという女性、細谷（木村多江）が登場してきたところから、彼の生活は大きく変わっていくことになる。

もっとも、本作を見ている限り、婚約までした千絵が急に失踪したというのに、亮介は警察に失踪届も提出していないのは不可解。情報化社会の今、警察の捜査があれば、細谷が亮介にもたらした情報くらいはすぐに警察で収集できたはずだ。細谷が亮介にもたらした情報は、①千絵はもともと結婚していたこと、②その夫はヤクザだったこと、③そこでさまざまな悲劇が起こり、そこから逃げ出してきた千絵は亮介に出会ったこと、④そのヤクザに居所を突き止められた千絵は、脅されて今ヤクザの元に戻っていること、等だ。それなら亮介がこれからでも警察に千絵の捜索を依頼すれば、千絵の発見は容易なのでは？弁護士の私はすぐにそう思うのだが、それではミステリー小説の展開にはならないから、本作のストーリーはあくまで、細谷からの情報を元に進んでいく。細谷役を演じる木村多江は『ぐるりのこと。』（08年）（『シネマルーム19』341頁参照）、『夢売るふたり』（12年）（『シネマルーム29』61頁参照）等での繊細な演技が持ち味だが、本作でも出番は少ないもののストーリー展開をリードするミステリアスな役柄を見事に演じている。

しかして、本作後半からクライマックスにかけては、細谷があっと驚くキーウーマンであったことが判明するので、それに注目。

# ■□■2つのストーリーはどこで結びつくの？■□■

　本作はタイトルからわかる通り“ユリゴコロ”と題された恐ろしいノートがポイント。したがって、一方の主役はその書き手である女性、美紗子。“ユリゴコロ”を朗読する美紗子のナレーションに従って、スクリーン上では前述したおどろおどろしいストーリーが展開していく。これを見ていると、殺人事件なんていとも簡単に起こせるし、犯人逮捕もままならないものだということがよくわかる。そして、その度に殺人犯である美紗子は自分の“ユリゴコロ”（＝拠りどころ）を確認しつつ、少しずつ破滅の人生を歩んでいくことになる。

　他方、そんなユリゴコロをテーマとしたストーリーとは全く別に、当初は明るく前向きだった亮介の、後ろ向きなストーリーがスクリーン上では同時並行的に描かれていく。もっとも、父親の末期ガンの告知は世の中でもよくあることだが、千絵の失踪とそれについて細谷からもたらされた情報というストーリー構成は極めて特異なもの。何故、亮介がそんな騒動に巻き込まれていくのかが不思議だが、それはひょっとして亮介がユリゴコロと題されたノートを読んだことと関係があるの？そして、千絵の所在は発見できるの？本作前半では全く別モノとして展開していくこの２つのストーリーは、一体どこでどう結びついていくの？“ミステリーの常識を覆す容赦ない愛の物語”を売りにした本作では、ネタバレは厳禁！細谷からの情報を元に中盤からクライマックスに向けて展開していくストーリーの中では、さて、どんな真相が明らかになっていくのだろうか・・・？

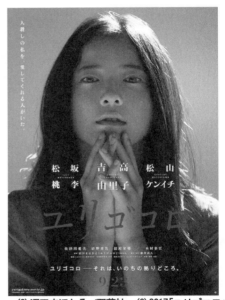

（Ｃ）沼田まほかる／双葉社　（Ｃ）2017「ユリゴコロ」製作委員会

　人間は生まれてくる両親を選ぶことができないもの。したがって、その体の中を流れる血も両親のものを受け継がざるを得ないもの。松本清張の原作を、野村芳太郎監督が映画化した名作『砂の器』（７４年）にも、そんな根源的なテーマが描かれていたが、それは本作も同じだ。しかし、美紗子が人間の死をユリゴコロ＝拠りどころとする人間であったとしたら、その血を受け継いだ子供も同じような人間になるの・・・？いやいや、そんなことはない。そう言い切れればいいのだが、さて・・・？

　　　　　　　　　　　　　　　　　　　　　　　２０１７（平成２９）年９月２７日記

# 第4章
# 人生とは？男の生き方、女の生き方

## 男同士の友情、女同士の友情

**しあわせな人生の選択（男同士の友情）**

**歓びのトスカーナ（女同士の友情）**

## 2人の巨匠作品に見る2人の画家に注目！

**残像**

**（アンジェイ・ワイダ監督、画家ストゥシェミンスキ）**

**僕とカミンスキーの旅**

**（ヴォルフガング・ベッカー監督、盲目の画家カミンスキー）**

## 2人の女医の生き方

**午後8時の訪問者（イギリス）**

**夜明けの祈り（ポーランド）**

## 父と娘は？母と娘は？

**ありがとう、トニ・エルドマン（父と娘）**

**娘よ（母と娘）**

**Data**

監督・脚本：セスク・ゲイ
出演：リカルド・ダリン／ハビエル・カマラ／ドロレス・フォンシ

SHOW-HEY シネマルーム

★★★★★

## しあわせな人生の選択

2015年・スペイン・アルゼンチン映画
配給／ファインフィルムズ・108分

| 2017（平成29）年7月9日鑑賞 | テアトル梅田 |

## 👀 みどころ

　末期ガンで延命治療を拒否し、スペインで愛犬と共に過ごす男を、カナダから古い友人が訪問。その4日間の滞在で、2人の男が見せるホンモノの友情とは？しあわせな人生の選択とは？

　スペインでゴヤ賞の主要5部門を受賞した監督と俳優たちに注目しながら、何とも濃密な4日間の人生ドラマを、しっかり味わいたい。

—— * —— * —— * —— * —— * —— * —— * —— * ——

### ■□■スペイン・アルゼンチン映画とこの監督に注目！■□■

　スペインには「スペインのアカデミー賞」と呼ばれる「ゴヤ賞」がある。そのゴヤ賞で高く評価されたのが、スペイン人のペドロ・アルモドバルが監督・脚本し、ペネロペ・クルスが主演した『ボルベール―帰郷―』（06年）。これは、スペイン映画の素晴らしさを私に認識させてくれた最初の映画だった（『シネマルーム13』198頁参照）。

　他方、2009年のアルゼンチンのアカデミー賞で最優秀作品賞等計13部門を受賞し、2010年の第82回アカデミー賞外国語映画賞も受賞したのが、本作の名優リカルド・ダリンが主演した『瞳の奥の秘密』（09年）。これは私が「こりゃ今年のベストワンの作品かも？」と評価した最高の映画だった（『シネマルーム25』69頁参照）。さらに、最近観てメチャ面白かったアルゼンチン・スペイン映画が、タジアン・ジフロン監督の『人生スイッチ』（14年）（『シネマルーム36』112頁参照）だった。

　『ボルベール―帰郷―』はスペイン映画、そして、『瞳の奥の秘密』と『人生スイッチ』はスペインとアルゼンチンの合作映画だったが、それらの系譜を受け継ぎ、スペインのアカデミー賞である第30回ゴヤ賞で作品賞、監督賞、主演男優賞、助演男優賞、脚本賞の

最多5部門受賞したのがセスク・ゲイ監督の本作だ。日本ではまだまだ馴染みは少ないが、近時素晴らしい作品を次々と発表しているスペイン。アルゼンチン映画とセスク・ゲイ監督に注目！

## ■□■ “しあわせ”を2人と1匹で探した特別な4日間！■□■

　難病ものの映画は多いし、安楽死をテーマにした問題提起作も多い。役所広司が主演した『象の背中』（07年）は、48歳の働き盛りで末期がんを宣告された男が、残されたわずかな時間内にそれまで出会った大切な人たちと直接会って別れを告げようとする物語だった（『シネマルーム16』382頁参照）。また、大沢たかおが主演した『解夏』（03年）は、ベーチェット病による失明の宣告を受けた主人公が故郷の長崎に戻り、解夏までの夏を恋人とともに過ごす姿を描いた映画だった（『シネマルーム3』356頁参照）。それらに対して本作は、末期がんを宣告されて延命治療を拒否し、今は身辺整理を始めながら残り少ない人生をいかに過ごすかという人生最後の選択をしようとしている男フリアン（リカルド・ダリン）を、カナダにいるはずの古い友人トマス（ハビエル・カマラ）が突然訪問してきたことによって2人が共に過ごす濃密な4日間を描くものだ。

　本作冒頭は、1人でカナダから飛行機に乗ってスペインで愛犬のトルーマンと共に過ごしているフリアンの自宅をわざわざ訪問してくるトマスの姿が描かれる。これは、トマスがフリアンのいとこのパウラ（ドロレス・フォンシ）から彼の具合が良くないと聞かされたためだ。しかし、いくらそんな情報を聞いても、わざわざカナダからスペインまで、し

©IMPOSIBLE FILMS, S.L. /TRUMANFILM A.I.E. /BD CINE S.R.L. 2015

かも何の連絡もないままいきなり自宅を訪問してくるのはきわめて異例だ。延命治療を拒否したフリアンの目下最大の関心事は、すでに老齢となり、老い先が短くなってきた愛犬トルーマンの引き取り先（里親）を探すこと。それを決める前に自分が死んでしまうわけにはいかない。フリアンはそんな気分だったから、いくら古い親友でも、トマスが自分に対して「抗がん剤を飲め」等のくだらないアドバイスをするためにやってきたのなら、そんな訪問（お見舞い？）は断固拒否。フリアンははっきりその意思を伝え、トマスを追い返そうとしたが、トマスはそんなフリアンの言い分を無視して４日間は滞在すると宣言。もちろん、わざわざカナダからスペインまで来てくれた親友の滞在をそれ以上拒絶する理由はないから、そこから"しあわせ"を２人と１匹で探した特別な４日間が始まることに・・・。

## ■□■スケジュールが大事？それとも直感を優先？■□■

　昔の友人関係が良いのは、何よりも会えばいきなり昔の関係に戻れること。もちろん、１０年も２０年も経てば、互いの社会的な立場や家族関係等が大幅に変わっているのは当然。しかし、２人きりになれば、すぐに「俺とお前」「おい、こら」の関係に戻れるのが昔の友人関係の良いところだ。ちなみに、私は去る６月２８日には高校卒業以来５０年ぶりという友人に東京の居酒屋で２人で再会し、そこでは互いに顔を見た瞬間すっかり１８歳の「あの頃」に戻っていた。それが男同士に限定された関係なのかどうかはわからないが、本作では共に主演男優賞と助演男優賞に輝いたリカルド・ダリンとハビエル・カマラが本作全編を通じて見せてくれる男同士の何とも言えない良い関係に注目したい。

©IMPOSIBLE FILMS, S. L. /TRUMANFILM A. I. E. /BD CINE S. R. L. 2015

　滞在が４日間だけの限定と決まれば、その４日間に何をどうすべきか、そのスケジュールが大切。海外旅行に行く時はスケジュールをきっちり決めてしまうタイプの私はついそう思ってしまうが、よくよく考えれば、トマスがフリアンの家を訪れ、４日間滞在すると言っても、ホテルは別にチェックインしているし、一緒に病院めぐりをしたり観光旅行をするわけではないから、決められたスケジュールは何もない。会話だって「特別これをしておかなければ・・・」というものは何もない。すると、２人はある意味気づまりに・・・？いやいや、決してそんなことはない。全くの思いつきだったが、例えば、これからオランダのアムステルダムの大学に通ってる息子ニコの誕生日祝いのため、飛行機に乗ってアムステルダムに行こうというアイデアは・・・？多分、こんな状況下ではスケジュールよりも、そんな直感力の方を優先したほうがベター・・・？

## ■□■ "余命いくばく・・・"の情報をいつ誰に？■□■

「０８憲章」に署名し、ノーベル平和賞を授与された中国の人権活動家で執筆家の劉暁波氏が末期の肝臓がんで危篤状態に陥っていることがつい最近報道されたが、彼が中国から出国してアメリカやドイツでその治療を受けることを巡っては意見が対立している。海外の医師は治療のための国外移動は可能だと主張しているが、中国の発表では「すでに危篤状態になっている」との主張も・・・。

それはともかく、フリアンは自分が余命いくばく状態にあるという情報を積極的に開示したわけではないから、トマスがいきなりやってきたことに驚いたのは当然。フリアンはその情報を自分の別れた妻にも伝えてなかったし、息子にも伝えていなかったが、息子に伝えるべきか否かについては相当悩んでいたらしい。トマスがやって来たことによって、フリアンは急に息子の誕生日祝いのためアムステルダムの大学へ行こうと思いついたわけだが、その訪問でフリアンは自分の病状を息子に告知するの？

フリアンのそんな「内心」にトマスがずけずけと入り込んでくるシーンやそれを率直に受け入れるシーンは本作の白眉だが、さあ、そんな決心で臨んだアムステルダムでの息子とその恋人とのささやかな誕生日パーティー（ランチ）の展開は・・・？

## ■□■家族ではなく、なぜこの男が・・・？■□■

先日、歌舞伎界の若きプリンス市川海老蔵の妻小林麻央さんが３４歳の若さで亡くなった。彼女が夫・海老蔵を始めとする家族に見守られながら続けてきた闘病の姿は多くの日本人の涙と感動を呼んだが、そこでのテーマはあくまで家族の絆だった。しかし、妻と離婚しているフリアンの家族で今一緒に生活しているのは、老犬のトルーマンだけ・・・。

ちなみに、離婚した妻との間に生まれた息子ニコに、フリアンの余命いくばくの情報が伝わっているのかどうかは別として、彼が大学を休学してフリアンの看護のためにスペインに戻るという選択肢はまずありえない。したがって、フリアンはあくまで１人で、愛犬トルーマンと共に自宅で最期の瞬間を迎えようと考えていたわけだが、そこに古い友人だったトマスが登場してくると、互いに何かとわがままを言い合い、ぶつけ合うことに。普通はそんな関係が

©IMPOSIBLE FILMS, S.L. /TRUMANFILM A.I.E. /BD CINE S.R.L.
2015

４日も続くと仲たがいしてしまうものだが、本作にみるフリアンとトマスの場合は・・・？

　スペインのゴヤ賞で本作が作品賞、監督賞、主演男優賞、助演男優賞、脚本賞という主要５部門を受賞したことに納得。心からそう思える本作で、２人の男が見せる展開をしっかり楽しみたい。

## ■□■トルーマンの処理もきっちりと！■□■

　日本では、７月１０日に学校法人「加計学園」の獣医学部新設の経緯を巡って、衆参両院の「閉会中審査」が開かれ、参考人として前川喜平・前文部科学事務次官が登場した。彼は「官邸の関与」をしきりにアピールしたが、さて、その真相は？加計学園問題では、官邸の関与の忖度の有無が論点とされているが、私に言わせれば本当の問題の本質は獣医不足は本当なの？獣医学部の増設は本当に必要なの？ということだ。大きな犬を家の中で飼っていた私の友人は、ここ数年その犬の高齢化、認知症の進展（？）に悩み、獣医通いを続けていたが、先日ついにその愛犬との別れの時がやってきた。

©IMPOSIBLE FILMS, S.L. /TRUMANFILM A. I. E./BD CINE S.R.L.
2015

　その話を聞いていると獣医不足は明らかだったが、トルーマンは獣医通いは不要で、とりあえず必要なのは里親らしい。そのため、トマスが来訪するまでにフリアンはそれなりの努力を続けていたが、トマスの来訪によってフリアンはトルーマンの処理についてある方針を決めたようだ。トルーマンがいる間もフリアンはトルーマンの処遇についてはいろいろと手を打ったが、４日間で具体的な方針が決まらない以上、フリアンが提示したトルーマンに関するあるわがままとは・・・？さあ、それを聞かされたトマスはそんなフリアンのわがままを受け入れるの？トルーマンはドーベルマンだから、その体はかなり大きい。しかし、動物の飛行機での移動は簡単らしい。また、人間ならスペインからカナダに移動すれば言語の壁があるが、犬の世界では言語の壁はないからスペインからカナダへの移動にも問題なし・・・？その結果、スペインの空港におけるフリアンとトマスの別れでは、トルーマンはどっちの側に・・・？

２０１７（平成２９）年７月１３日記

Data

監督：パオロ・ヴィルズィ
出演：ヴァレリア・ブルーニ・テデ
スキ／ミカエラ・ラマッツォ
ッティ／ヴァレンティー
ナ・カルネルッティ／トンマ
ーゾ・ラーニョ／ボブ・メッ
シーニ／セルジョ・アルベッ
リ／アンナ・ガリエナ／マリ
サ・ボリーニ／マルコ・メッ
セーリ／ボボ・ロンデーリ

歓びのトスカーナ

2016年・イタリア＝フランス映画
配給／ミッドシップ・116分

2017（平成29）年6月12日鑑賞　　　ギャガ試写室

★★★★★

## 👀★みどころ

　イタリアのアカデミー賞たるダヴィッド・ディ・ドナテッロ賞で7部門を受賞したパオロ・ヴィルズィ監督の『人間の値打ち』（13年）はメチャ面白かったが、それに続いてヴィッド・ディ・ドナテッロ賞で5部門を受賞した本作もすばらしい。

　2人の精神病患者がヒロインと聞けば重苦しそうだが、診療施設ヴィラ・ビオンディから脱出し、トスカーナ州の各地をめぐるロードムービーには明るさも・・・。

　『テルマ＆ルイーズ』（91年）は悲しい結末を迎えたが、さて本作は・・・？前作に続いて星5つのパオロ・ヴィルズィ監督に注目！なお、精神病施設と精神病患者のあり方についての日仏比較もしっかりと！

—— * —— * —— * —— * —— * —— * —— * —— * ——

### ■□■『人間の値打ち』に続く、このイタリア人監督に注目！■□■

　原題の『人的資本』でも邦題の『人間の値打ち』（13年）でも題名だけでは映画の意味や狙いがわからなかったが、パオロ・ヴィルズィ監督の『人間の値打ち』はメチャ面白い映画だった。そこでは、交通事故による損害賠償額が、上流、中流、下流によっていかに違うのかを、大きく4つの章に分けて、スリリングな物語を展開させていた。そして、この面白さを私は、『ワイルドシングス』（98年）以来！」と表現した（『シネマルーム39』171頁参照）。

　そんな私の評価と同じように、同作はイタリアのアカデミー賞と呼ばれるダヴィッド・ディ・ドナテッロ賞で7部門を受賞したそうだが、そのパオロ・ヴィルズィ監督の新作で

ある本作では、再度同賞の作品賞、監督賞、主演女優賞等５部門を受賞したというから、すごい！

　邦画では、さる３月５日の「おおさかシネマフェスティバル２０１７」の会場で観た『ケンとカズ』（１６年）の小路紘史監督らに注目（『シネマルーム３９』２７２頁参照）だが、洋画では『人間の値打ち』に続く１９６４年生まれのイタリア人監督、パオロ・ヴィルズィに注目！

## ■□■主人公は２人の精神病患者！なぜそんなテーマを？■□■

　パオロ・ヴィルズィ監督は、『人間の値打ち』では、「イタリアは鉄壁のクラス社会！階級社会！」であることを明確に指摘するとともに、『ゴッドファーザー』３部作で見たヴィトー・コルレオーネのお屋敷と見紛うばかりの広大な大富豪のお屋敷に出入りする３つの階級を代表する個性豊かな人物を登場させて、とにかく面白い物語を展開させた。それに対して、精神病患者の女性２人を主人公にした本作では、同監督は自らイタリアの精神病施設や精神病患者の治療実態を綿密にリサーチしたうえで、「彼女たちの立場に立ちたい」と強く望んで、本作の脚本作りと演出に集中したらしい。私も１度だけ見学したことがある日本の「精神病院」は、監獄と同じような施設と待遇だが、さて、イタリアでは・・・？

　本作冒頭、トスカーナ州の緑豊かな丘の上にある精神診療施設、ヴィラ・ビオンディイの全体像と、そこで心に様々な問題を抱えた女性たちが、経験豊かな診療スタッフとともに生活をしている風景が映し出される。まずそこで、この施設の女主人のように振る舞う本作の一方の主人公であるベアトリーチェ（ヴァレリア・ブルーニ・テデスキ）の姿が強く印象付けられるが、なるほどこの演技を見ているだけで、ヴァレリア・ブルーニ・テデスキが主演女優賞を受賞したのも当然と納得できそう。

しかし、これがイタリアの精神診療施設・・・?本作のプレスシートには、「精神病院を捨てた国ならではの、狂人喜劇の傑作」と題する「COLUMN」がある。その執筆者たる大熊一夫氏（ジャーナリスト）は、１９７０年に都内の精神病院にアルコール依存症を装って入院した経験を有することからもわかるとおり、精神施設のあり方についてのプロ中のプロだ。弁護士の私も全く知らなかったが、イタリアでは１９７８年に精神科医フランコ・バザリアの名にちなんだ「バザリア法」という法律が施行されて、精神病院は廃絶

(c)LOTUS 2015

されたらしい。さらに、２０１５年３月３１日には、「司法精神病院を閉鎖する法律」によって、２０１７年２月に保健大臣はすべての司法精神病院を閉じて、被収容者をふり分けることを宣言したそうだ。ここではその詳しい内容には触れないが、本作をしっかり理解するためにはその勉強も不可欠なので、上記「COLUMN」は必読！

## ■□■もう一人の主人公は？２人の性格は正反対！■□■

本作導入部に見る、ヴィラ・ビオンディにおけるベアトリーチェの女王様然とした振る舞いはハッキリ言ってかなり異常。そのため、施設のスタッフはもちろん同僚たちから大いに煙たがられていたが、本人だけはそんなことにいたって無頓着だ。ベアトリーチェの実家はすごい金持ちらしいし、元夫は有名な弁護士らしいが、さてその実態は？

そんなヴィラ・ビオンディにある日新たに入所してきたのが、やせ細り、全身タトゥーが入った女性ドナテッラ（ミカエラ・ラマッツォッティ）。彼女の表情は暗く、何かを抱え込んでおり、深い孤独感が漂っていたが、陽のベアトリーチェはなぜかそんな陰のドナテッラに興味を示し何かとおせっかいを焼き始めたが、ドナテッラの方は迷惑そうだ。ベアトリーチェは陽気でおしゃべりだから。いつまでしゃべっていても全然疲れないようだが、逆にドナテッラの方はいたって陰気で無口だから、２人の性格は正反対だ。したがって本作導入部では、しばらくヴィラ・ビオンディ内でのそんな何ごとにも正反対でチグハグな２人の動きに注目！

## ■□■２人の脱出劇に注目！なぜ２人は親友に？■□■

本作のストーリーが動き始めるのは、何やかやとドナテッラの動きに気を遣うベアトリーチェに対して、半分迷惑そうにしながらも一緒に行動していたドナテッラが、ある日、ベアトリーチェと共に施設とは別方向に向かうバスに飛び乗ってしまったため。施設外の作業で報酬を得た２人は、そのまま一目散に施設を脱出してしまったわけだ。

私は、リドリー・スコット監督の『テルマ＆ルイーズ』（９１年）が大好きで、何度もビデオで観ているが、ベアトリーチェとドナテッラの２人がヴィラ・ビオンディを脱出し、思いのままショッピングをし、見知らぬ男の車に乗り込み、トスカーナのハイウェイを気ままにドライブする姿を見ていると、まさに『テルマ＆ルイーズ』におけるルイーズとテルマのようだ。もっとも、ルイーズとテルマは思わぬ形で「殺人犯」になるまでは普通の独身女性と専業主婦だったが、本作のベアトリーチェとドナテッラは脱走した精神病患者だから、ヴィラ・ビオンディは大騒ぎに。施設側が精神安定剤などを定期的に飲まなければならない２人を必死に捜し始めたのは当然だから、２人が発見されて連れ戻されるのは時間の問題・・・？

## ■□■２人の過去は？それを巡るロードムービーに注目！■□■

　天才ウォルフガング・アマデウス・モーツァルトの生涯を、当時の彼のライバルだった（？）アントニオ・サリエリの目から描いた『アマデウス』（８４年）はすばらしい映画だった。そして同作では、天才のモーツァルトに対して自分の才能の無さを自覚するサリエリの辛くて重い過去の「告白」がストーリー形成のベースになっていた。ベアトリーチェもドナテッラもヴィラ・ビオンディに収容されている精神病患者だから、彼女たちの過去の辛さと重さを語らせれば、きっとサリエリと同じようなものがあるだろう。しかし、パオロ・ヴィルズィ監督は本作でそんな手法を使わず、ヴィラ・ビオンディを抜け出した２人が自由奔放にそれぞれの目的の地と目的の人をめぐる「テルマ＆ルイーズ」風のロードムービーの手法を採用したから、それに注目！

(c) LOTUS 2015

　そのロードムービーの目的地は主導権を持つベアトリーチェの選択に委ねられたが、その最初の地はドナテッラの生まれた故郷。そこではドナテッラの母親が金持ちの老人の愛

人となり、老人の死を待ち望んでいたが、そこでベアトリーチェとドナテッラはどんな行動を？次の目的地は、ドナテッラがかつて働いていたクラブ。かつて、ここでクラブのオーナー、マウリツィオと付き合い、妻子がいる彼の子供を出産したものの、子どもと共にマウリツィオから見捨てられたドナテッラは、絶望の中で子供を抱いたまま川の中に飛び込み自殺を。なるほど、こんな辛くて重い過去があれば、ドナテッラが精神を病み、ヴィラ・ビオンディに収容されたのも仕方なし・・・？しかして、スクリーン上で見る何年かぶりのクラブでのドナテッラとマウリツィオの再会と、そこで起きるハプニングとは・・・？

　他方、そんなドナテッラの過去を知り、おせっかい心がメラメラと燃え上がったベアトリーチェは、著名弁護士の「元夫」が住む邸宅に乗り込み、周囲の迷惑も省みず元夫とベッドインしたうえ、元夫が寝ている隙に宝石を盗み出し、それを逃避行の軍資金にするという大胆な行動に。何事も陽気にテキパキこなすベアトリーチェの行動を見ていると小気味良く見えるから不思議なもの。しかし、こりゃ明らかに窃盗罪（ヘタすると昏睡強盗罪）だから、いくら辛くて重い過去を持つからといって、こんな行動をくり返してホントにいいの？本作中盤では、『テルマ＆ルイーズ』と同じような、２人のヒロインが織り成す楽しいロードムービー（？）をたっぷりと楽しみたい。

## ■□■なぜスポーツカーに？海辺のシーンは絶品！■□■

　『テルマ＆ルイーズ』では、逃避行になってしまった２人のヒロインが車で疾走するシーンが印象的だったが、本作でも後半、２人のヒロインがオードリー・ヘップバーン風の服装（？）で真っ赤なスポーツカーに乗って疾走するシーンが登場するので、それに注目！なぜ２人は、こんなクラシックな服装で高級車を運転しているの？

本作ではさらに、海辺の護岸コンクリートの上で２人のヒロインが重なり合って眠っているシーンがすごく決まっているが、スポーツカーに乗っていた２人がなぜそんな姿に？そんな映像に続いて本作のクライマックスとして登場するのが、美しいトスカーナ州の太陽の下の美しい海辺の風景だ。愛媛県山市生まれの私は、小・中学生の頃はよく梅津寺海水浴場で遊んだから海水浴の楽しさはよく知っている。フランス映画では、『太陽がいっぱい』（６０年）や『ベニスに死す』（７１年）（『シネマルーム２７』２０２頁参照）で見た美しい海辺が印象に残っている。しかして、本作のクライマックスは、ドナテッラから過去の告白をすべて聞いた後に、２人がもう一度「あの事件」以降奪われてしまったドナテッラの息子に会いにいくプロジェクト（？）になるので、それに注目！

(c) LOTUS 2015

　水着もないままワンピース姿でドナテッラが海の中に入っていくのは如何なものだが、今は大きくなったわが子が水着を着て海の中に入っていくのなら、私だってワンピースを脱ぎ、下着のままでOK！ドナテッラがそんな心境になったのは当然だが、トスカーナ州のある町の美しい海辺でドナテッラがわが子と戯れるシーンはまさに絶品！

　迫りくるヴィラ・ビオンディからの追っ手によってベアトリーチェもドナテッラも再び連れ戻されるのは確実だが、こんな経験をした２人のヒロインの今後は・・・？『テルマ＆ルイーズ』では２人のヒロインに悲しい結末が待っていたが、本作の２人のヒロインにはきっと明るい再生の道が見えてくるはずだ。

２０１７（平成２９）年６月１６日記

## Data

| | |
|---|---|
| 監督 | アンジェイ・ワイダ |
| 脚本 | アンジェイ・ワイダ、アンジェイ・ムラルチク |
| 出演 | ボグスワフ・リンダ／ゾフィア・ヴィフワチ／ブロニスワヴァ・ザマホフスカ／クシシュトフ・ピェチンスキ／シモン・ボブロフスキ／アレクサンデル・ファビシャク／トマシュ・ヴウォソク／アレクサンドラ・ユスタ／マリア・セモチュク |

★★★★

## 残像

2016 年・ポーランド映画
配給／アルバトロス・フィルム・99 分

| 2017（平成29）年7月2日鑑賞 | シネ・リーブル梅田 |
|---|---|

## 👀みどころ

　私は「抵抗三部作」を観ていなかったが、『カティンの森』（０７年）でポーランドの巨匠のアンジェイ・ワイダ監督を知り、その素晴らしさと彼の功績にビックリ！

　本作は、昨年１０月に９０歳で死去したそのワイダ監督の遺作で、社会主義政権下、表現の自由を求めて生きた画家ヴワディスワフ・ストゥシェミンスキの苦悩を描くもの。それは現在の中国でもイランでも同様だが、ワイダ監督の遺作だけにそのアピール力はすごい。

　もっとも、本作の出来は私の目にはイマイチ。だって、本作を観ても何の面白味もなく、また何の希望も湧いてこないのだから・・・。

―――＊―――＊―――＊―――＊―――＊―――＊―――＊―――＊―――＊

## ■□■ポーランドの巨匠ワイダ監督が、９０歳で死去！■□■

　ポーランド代表する巨匠アンジェイ・ワイダ監督が、２０１６年１０月１０日、９０歳で死去した。そのニュースは日本でも駆けめぐったが、それと呼応するかのように、彼の遺作となった本作が日本でも公開。ワイダ監督の功績と本作のポイントについては、キネマ旬報６月下旬号で佐藤忠男氏（映画評論家）らが詳しく語っているので、それを参照したい。

　私は彼の初期の代表作で、「抵抗三部作」と呼ばれている、『世代』（５４年）、『地下水道』（５６年）、『灰とダイヤモンド』（５８年）等を観ておらず、２００９年１１月に『カティンの森』（０７年）を観て、はじめて彼の名前を知った。そして、同作のような歴史の「語り部」がいたことにびっくり（『シネマルーム２４』４４頁参照）。世間にはすごい監督が

いるものだと痛感した。

## ■□■画家ストゥシェミンスキへの迫害は？その１■□■

　第２次世界大戦中のナチスドイツと
ソ連の勢力争いの中で、ポーランドがい
かに悲惨な状況に置かれたかは、『戦場
でワルツを』（０８年）（『シネマルーム
２３』９３頁参照）でみた「サブラ・シ
ャティーラの虐殺」、『セントアンナの奇
跡』（０８年）（『シネマルーム２３』８
８頁参照）で観た「セントアンナの大
虐殺」と並ぶ、１９３９年９月にポー
ランドで起きた「カティンの森大虐殺
事件」を見れば明らかだが、第２次世
界大戦でナチスドイツが敗北した後、
ポーランドはソ連の支配圏に。

『残像』・発売：ニューセレクト
販売：アルバトロス・税抜価格：3,800 円
©2016 Akson Studio Sp. z o.o, Telewizja Polska
S.A, EC 1 - Łódz Miasto Kultury, Narodowy
Instytut Audiowizualny, Festiwal Filmowy
Camerimage- Fundacja Tumult All Rights

　１９１７年の「二月革命」や「十月革命」にみるソ連の社会主義革命の意義をすべて否
定する議論はナンセンスだが、同時に第２次世界大戦後にソ連の社会主義体制の支配下に
入った国の悲劇は今や歴史的に明らかになっている。本作の主人公たるポーランドの画家
ヴワディスワフ・ストゥシェミンスキ（ボグスワフ・リンダ）の悲劇もその一つだし、『ド
クトルジバゴ』（６５年）を書いた作家ボリス・パステルナークに対するソ連の弾圧も有名
な歴史的事実だ（『シネマルーム３８』未掲載）。もっとも、ベートーヴェンなどと並んで
（？）、ソ連の作曲家ショスタコーヴィッチの名前は日本でもよく知られているし、彼の交
響曲第５番「革命」はとりわけ有名だが、ショスタコーヴィッチはソ連の社会主義体制を
信じ、そのために奉仕するべきだと信じていた芸術家の１人だ。

　去る６月２６日には、中国で人権活動や民主化運動に参加し、「０８憲章」にもサインし、
２０１０年にノーベル平和賞を受賞した中国の著作家・劉暁波が末期がんの状態にあるこ
とが発表されたが、中国共産党の彼に対する取り扱いは過酷を極めている。それと同じよ
うに、第２次世界大戦終了直後のポーランドおける社会主義政権のストゥシェミンスキに
対する取り扱いは過酷を極めていたが・・・？

## ■□■画家ストゥシェミンスキへの迫害は？その２■□■

　プロレタリア作家・小林多喜二は日本共産党の党員として華やかな活動をしていた（？）
こともあって、その逮捕・拷問がきつかった。それは『母―小林多喜二の母の物語』（１７
年）等を観れば明らかだ。そして古くは、黒澤明監督の『わが青春に悔いなし』（４６年）

や近時は、山田洋次監督の『母べえ』（０７年）（『シネマルーム１８』２３６頁参照）、降旗康男監督の『少年Ｈ』（１３年）（『シネマルーム３１』１５０頁参照）でも、太平洋戦争中における自由主義者に対する軍部や特高警察の迫害ぶりが、よく描かれている。

　それに対して、ポーランドにおける社会主義リアリズムに協力しない画家ストゥシェミンスキに対する取り扱いを見ていると、直接逮捕したり強制労働を課したり、拷問したりすることがないのは幸い。しかし、「芸術家を殺すにナイフはいらない。仕事と食料を与えなければそれで十分」というやり口が目立つ。本作は、映画監督であるワイダ監督自身が受けた迫害をそのまま描くのではなく、同じ立場の芸術家であった画家のストゥシェミンスキの姿を通じて、ポーランドの社会主義政権による自由な活動を求める芸術家への迫害と弾圧の悲劇を描くもの。そしてまた、本作はいわば彼が「遺言」として残した遺作だから、そこではすべて真実を語っていることは間違いない。

　本作はポーランドの社会主義が一番過激な形をとったと言われる１９４９年〜５２年までの４年間のストゥシェミンスキに対する迫害が描かれているが、１９２６年生まれのワイダ監督にとってのその４年間は、クラクフの美術学校からウッチ映画学校に移って卒業するまでの４年間にあたるらしい、つまり、ストゥシェミンスキが弾圧に苦しんでいたその期間、ワイダ青年は物語の舞台であるウッチで映画学校に通っていたわけだ。したがって、同作はドキュメンタリー映画ではないが、限りなくドキュメンタリー映画に近い（？）。したがって、同作は決して面白いものではないが、やっぱり必見！

## ■□■大学教授とその教え子たちの運命は？■□■

　『わが青春に悔いなし』では、日本が戦争の道に大きく踏み出した１９３３年当時の京都大学の自由主義者・八木原教授と、その前途有望な７人の教え子たちとの信頼と連携が描かれていたが、それは本作も同じだ。共産党を賛美する芸術部門の当局が掲げる社会主義リアリズムの方針に賛同せず、独自の絵画の理論を主張するストゥシェミンスキが当局から迫害されたのは当然。その結果、ストゥシェミンスキは、①美術館の壁から自身の作品が取り除かれ、②美術アカデミーの会員から除名され、さらに、③大学教授の地位を追われることに・・・。

『残像』・発売：ニューセレクト
販売：アルバトロス・税抜価格：3,800円
©2016 Akson Studio Sp. zoo, Telewizja Polska S.A, EC 1 - Łódz Miasto Kultury, Narodowy Instytut Audiowizualny, Festiwal Filmowy Camerimage- Fundacja Tumult All Rights Reserved.

学生たちにとっては、そんな落ち目の教授の下につくより陽の目を見ている教授の下につく方が将来の就職や出世のために好都合なことは明らかだが、本作にみるストゥシェミンスキ教授の教え子たちは正反対で、ストゥシェミンスキへの信頼感に満ち溢れている。ひょっとして、ストゥシェミンスキにとっては、ややもすれば心が離れていく一人娘のニカ（ブロニスワヴァ・ザマホフスカ）よりも、そんな教え子たちとの交流の方が心が休まっていたのかもしれない。とりわけ、1人の男子学生はストゥシェミ

『残像』 ・発売：ニューセレクト
販売：アルバトロス・税抜価格：3,800円
©2016 Akson Studio Sp. z o.o, Telewizja Polska S.A, EC 1 - Łódz Miasto Kultury, Narodowy Instytut Audiowizualny, Festiwal Filmowy Camerimage- Fundacja Tumult All Rights Reserved.

ンスキが仕事にありつくため涙ぐましい努力をしてくれるので、それに注目。また、ストゥシェミンスキを愛していると公言する、えらく美人の女子学生ハンナ（ゾフィア・ヴィフラチュ）は、ストゥシェミンスキの身の回りの世話だけでなく、ストゥシェミンスキの絵画理論をタイプで打って書籍化する努力まで・・・。しかし、そんな活動が当局に目を付けられた彼女のその後の運命は？『わが青春に悔いなし』では、ＧＨＱが奨励した民主主義映画らしく、原節子が演じた八木原教授の娘・幸枝の「自我の確立」が顕著で前向きの力強いものだったが、あの時代のポーランドにおけるストゥシェミンスキ教授の教え子ハンナの場合は・・・？

## ■□■これではどこに希望が？どこに感動が？■□■

　本作は必見の映画だが、実は本作を観ても悲劇の認識度が高まるだけで何の希望も湧いてこない。だって、自分の主義主張を曲げずに作品を描き続け、死ぬまでに自分の絵画理論をまとめようとするストゥシェミンスキは立派だが、当局の圧力に対してなんら有効な対応もできず、ただ打ちひしがれていくばかりなのだから・・・。これでは自分を慕って

共に作品の完成に向けた努力を続けたり、体系書の完成のために当局の目を盗んでタイプ打ちをするハンナたちの苦労に何も報いてやれないばかりか、

『残像』 ・発売：ニューセレクト
販売：アルバトロス・税抜価格：3,800円
©2016 Akson Studio Sp. z o.o, Telewizja Polska S.A, EC 1 - Łódz Miasto Kultury, Narodowy Instytut Audiowizualny, Festiwal Filmowy Camerimage- Fundacja Tumult All Rights Reserved.

彼ら彼女ら若い世代の犠牲を増すばかりだ。また、一人娘のニカに対してもろくに父親らしい対応をしてやれないうえ、ハンナがストゥシェミンスキの部屋にいつも出入りしている状況下では、ニカの居場所がなくなることすらわからないのだから、これでは「父親失格」と言われても仕方がない。

　本作後半では、「生きていくためには、パンにありつくためには、どんな仕事でもする」と宣言して、レーニンの肖像画を描くストゥシェミンスキの姿が登場するが、さすがにこれは如何なもの・・・？こんな仕事をするくらいなら、もっと早くうまく妥協して、それなりの自分の居場所を確保すればよかったのでは・・・？行きずりの親切な女性が救急車を呼んでくれたおかげで、ある日発作で倒れたストゥシェミンスキが命拾いできたのは幸いだったが、病院のベッドの上で「俺にはまだ

『残像』・発売：ニューセレクト
販売：アルバトロス・税抜価格：3,800 円

やらなければならない仕事がある・・・」と強情を張って、仕事場に戻ってくるのも、如何なもの。その結果、本作は映画として何の面白味もないごく普通の展開の中でストゥシェミンスキは死んでしまうことに。

　本作はワイダ監督の遺作として必見だし、本作で見たポーランドの画家ストゥシェミンスキの生きザマも貴重なものだが、これではストーリーの感動性についても、また映画の出来としてもイマイチ・・・。

２０１７（平成２９）年７月７日記

**Data**

監督：ヴォルフガング・ベッカー
原作：ダニエル・ケールマン
出演：ダニエル・ブリュール／イェ
　　　スパー・クリステンセン／ア
　　　ミラ・カサール／ドニ・ラヴ
　　　ァン／ヨルディス・トリー・
　　　ベル／ジェラルディン・チャ
　　　ップリン／ヤン・デクレール
　　　／ジャック・エルラン／ルー
　　　シー・アロン／ヴィヴィアー
　　　ネ・デ・ムンク／ヨーゼフ・
　　　ハーダー

SHOW-HEYシネマルーム

★★★★★

## 僕とカミンスキーの旅

2015年・ドイツ、ベルギー映画
配給／ロングライド・123分

2017（平成29）年5月4日鑑賞　｜　テアトル梅田

## 👁👁👁みどころ

　マティスやピカソ、藤田嗣治やフェルメールなど有名な画家はたくさんいるが、さてあなたは盲目の画家カミンスキーを知ってる？

　『交響曲第1番"HIROSHIMA"』を作曲したのは新垣隆氏で、盲目の作曲家・佐村河内守氏はフェイクだった。そんな「真相」に日本中が驚いたのはつい最近だが、さて本作は？

　85歳の盲目の画家と31歳の自称新進の美術ジャーナリストが織り成す「弥次喜多道中」ならぬロード・ムービーは、ハチャメチャ。何がホントで何がウソ？それを見極められるのはよほど人生の達人だ。

　2人の俳優の怪演ぶりを楽しみながら、本作の怪作ぶりをタップリ味わいたい。

―――＊―――＊―――＊―――＊―――＊―――＊―――＊―――＊―――＊―――

## ■□■あなたは、盲目の画家カミンスキーを知ってる？■□■

　私は去る4月18日、丸4時間かけて、徳島県鳴門市にある大塚国際美術館を見学した。これは大塚製薬グループが創立75周年記念事業として1998年に建てた世界初の巨大な陶板名画美術館。本作に登場する①パブロ・ピカソ（1881年～1973年）、②アンリ・マティス（1869年～1954年）、③クレス・オルデンバーグ（1929年～）、④アンディ・ウォーホル（1928年～1987年）、⑤サルバドール・ダリ（1904年～1989年）等のすばらしい絵画がすべて展示されていたかどうかは知らないが、そこには原寸大で1000余の作品が展示されていた。しかして、さて大塚美術館に「盲目の画家」カミンスキーの絵は？

１９２０年代にポーランド人の母親と共にパリに渡り、アンリ・マティスの弟子となって、パブロ・ピカソにも一目置かれたカミンスキーは、１９６０年代にポップアート花盛りのニューヨークを訪れるや、「盲目の画家」として時代の寵児となった。ところが突然、表舞台から姿を晦まし、スイスでの隠遁生活に入ってしまったらしい。なるほど、そんな事情のため、大塚美術館にはカミンスキーの絵画の展示はなかったの・・・？

　本作冒頭に登場する若き日のカミンスキーの活躍ぶりをスクリーン上で鑑賞しながら、私はそう納得していたが、画家の名前や絵画の知識に詳しいあなたなら、盲目の画家カミンスキーの名前やその作品名、そしてその活躍ぶりを知ってる？本作のスクリーンを見ている限り、彼はあのビートルズやあのヒッチコック監督と一緒に写真に写っていたが、これって・・・？

## ■□■盲目の作曲家はフェイクだったが、こっちは？原作は？■□■

　かつて日本では、『交響曲第１番"ＨＩＲＯＳＨＩＭＡ"』を作曲した盲目の作曲家・佐村河内守氏の人気が沸騰した。そのため、この佐村河内守氏を特集したドキュメンタリー、ＮＨＫスペシャル『魂の旋律〜音を失った作曲家〜』も大きな反響を呼んだ。ところが、これがすべてフェイクだったことが判明したから、さあ大変！すると、今度は佐村河内守氏に代わって『交響曲第１番"ＨＩＲＯＳＨＩＭＡ"』の「ゴースト作曲家」だったという新垣隆氏が登場し、その人気が沸騰したから、さらにビックリ！これは何とも言えない日本のマスコミの底の浅さを暴露する世紀のニュースだった。このように「盲目の作曲家・佐村河内守氏」はフェイクだったが、ひょっとして本作に登場する「盲目の画家・カミンスキー」もフェイク？

　本作には原作があるらしい。それがダニエル・ケールマンの『僕とカミンスキー』で、２００３年に発表され、世界２６か国語に翻訳されて、１８万部のベストセラーになったらしい。そして、日本では２００９年に、『僕とカミンスキー』（三修社刊）として刊行されたらしい。もちろん、私は、そんな原作を読んだことはないし、本作を観るまで「盲目の画家」カミンスキーの名前すら知らなかった。しかして、その原作の内容は？

## ■□■このコラム、あのコラムは必読！■□■

　本作のパンフレットには、森達也氏（作家・映画監督・明治大学特任教授）の「世界はかつて美しかった。そして今も美しい。」と題するコラムがある。そこで、森達也氏は、盲目の画家カミンスキーの存在も、ダニエル・ケールマンが書いた原作『僕とカミンスキー』の存在も、さらに本作の監督が『ＧＯＯＤ　ＢＹＥ　ＬＥＮＩＮ！（グッバイ、レーニン！）』（０３年）を撮ったヴォルフガング・ベッカー監督であることも全く知らなかったことを「告白」しているから、このコラムは必読！

　さらに、本作を鑑賞するについては、パンフレットにある瀬川裕司氏（明治大学教授・

ドイツ文学者）の「若き天才小説家ケールマンと老練なる監督ベッカーの対決―インチキ評論家と盲目の老画家との滑稽なるバトル―」と題するコラムも必読だ。ドキュメント映画にウソを取り入れることは厳禁だが、ドキュメントでない映画は所詮フィクションだから、そこにウソや虚構の世界を取り入れることはOKだし、観客を騙すことも、フェイク映像をスクリーン上に流すこともすべてOKだ。

　したがって、本作ではよほど絵画の専門家で、「盲目の画家カミンスキーなど存在しない」と言い切れる人以外は、少なくとも本作導入部で「盲目の画家カミンスキー」の存在を信じてストーリーに見入ったはずだ。

## ■□■監督は？主演は？■□■

　「ベルリンの壁」が崩壊したのは、中国で「天安門事件」が起きたのと同じ１９８９年の１１月９日。そのため、１９８９年は１９５０年代後半から始まった「東西冷戦」の終わりを告げる年となり、以降、世界は大きく変化していくことになった。そんな世紀の「大事件」を映画の面白い題材に取り上げたのが『ＧＯＯＤ　ＢＹＥ　ＬＥＮＩＮ！（グッバイ、レーニン！）』で、それを監督したのがドイツ人のヴォルフガング・ベッカー監督だ（『シネマルーム４』２１２頁参照）。ヨーロッパのウッディ・アレン監督や日本の山田洋次監督のように、毎年次々と作品を発表する多作の監督もいるが、本作はそのヴォルフガング・ベッカー監督が１２年ぶりに発表した作品だ。彼は、ちっとも小説らしくない二幕しかない演劇のような、ダニエル・ケールマンの原作『僕とカミンスキー』を映画化するのに大変な苦労をし、１２年間も悪戦苦闘を続けたらしい。

　そんな本作で「僕」ことゼバスティアン役を演じる俳優は、何と『ＧＯＯＤ　ＢＹＥ　ＬＥＮＩＮ！（グッバイ、レーニン！）』で、東ドイツやレーニンの信奉者で、病床にある母親のために、ずっと「ベルリンの壁は存在する」とウソをつき続けた主人公アレックスを演じたダニエル・ブリュールだ。あの時はまだ若かったダニエル・ブリュールが、本作では、自分で「経験豊富なジャーナリスト」と称し、盲目の画家カミンスキーへの突撃取材を敢行する、３１歳の無名の美術評論家ゼバスティアン・ツェルナーを演じているが、その演技はすばらしい。今ならスマホをはじめとするＳＮＳの活用で、ゼバスティアンが取材したネタをすぐに全世界に発信することが可能だが、ダニエル・ケールマンの原作を発表した２００３年の時点ではそれは無理。ゼバスティアンが日々の取材を記録するのは録音テープやカメラだから、そんな時代のあり方にも注目！

## ■□■カミンスキー役は誰が？その他のキャストは？■□■

　他方、本作で「盲目の画家」カミンスキー役を演じるのは、『００７』シリーズの『００７／カジノ・ロワイヤル』（０６年）（『シネマルーム１４』１４頁参照）、『００７／慰めの報酬』（０８年）（『シネマルーム２２』８８頁参照）、『００７　スペクター』（１５年）（『シ

ネマルーム３７』２０８頁参照）でミスター・ホワイト役を演じ、また、『メランコリア』（１１年）（『シネマルーム２８』１６９頁参照）等にも出演している、デンマークのコペンハーゲン生まれの俳優イェスパー・クリステンセンだ。彼は１９４８年生まれだから私と同年代だが、本作では、次から次へと人を食った行動をとる８５歳のカミンスキー役を見事な演技で怪演している。ちなみに、私はこの怪演を見て、日本の映画で次々と怪演を見せている名優リリー・フランキーを思い出した。ひょっとして、本作やダニエル・ケールマンの原作を日本版で映画化することになれば、カミンスキー役は絶対リリー・フランキーが最適だ。すると、ゼバスティアン・ツェルナー役は、さしずめ、これも怪演をさせれば日本一の俳優・香川照之だろう。

　さらに本作では、ラスト近くになってチャールズ・チャップリンの８人兄弟の長女ジェラルディン・チャップリンがカミンスキーの元恋人テレーゼ・レッシング役で登場するので、それにも注目！私は高校時代に観た『ドクトル・ジバゴ』（６５年）で、ヒロイン役のラーラを演じたジュリー・クリスティと共にドクトル・ジバゴの妻トーニャを演じたジェラルディン・チャップリンの名前と顔を記憶した。しかし、その後彼女は泣かず飛ばず（？）で、『トーク・トゥ・ハー　talk　to　her』（０２年）（『シネマルーム３』２０８頁参照）等いくつかの作品でチラチラと見ているだけだ。本作でも、ジェラルディン・チャップリンの登場は少しだけだが、その存在感と名前の懐かしさに、ついうっとり・・・。

## ■□■ゼバスティアンの狙いは？初日の収穫は？■□■

　無名の美術評論家であるゼバスティアンが、そもそも美術に対する知識も情熱も乏しかったのは仕方ない。しかし、３１歳になった今、そんなゼバスティアンが狙うのは、カミンスキーの謎に満ちた人生の真実を彼自身の口から聞き出し、センセーショナルな伝記を発表して、ひと山当てること。カミンスキーは今８５歳で隠遁生活中だから、仮に突撃取材中にポッコリ死んでくれたら、それもまた好都合！

　本作冒頭は、そんな思惑で列車に乗り、牧歌的ムード漂うスイスの村のホテルに入り、徒歩で３０分もかけてカミンスキーの屋敷にたどり着くゼバスティアンの姿が描かれる。早速、ゼバスティアンは、美人だが愛想のない実の娘ミリアム・カミンスキー（アミラ・カサール）と共に暮らしているカミンスキーのインタビューを試みたが、カミンスキーは体調が芳しくないため、初日の収穫はゼロ。仕方なく、その日はホテルに戻ったゼバスティアンは、恋人のエルケ（ヨルディス・トリー・ベル）に電話をし、状況を報告したが、逆にゼバスティアンの身勝手さに幻滅したエルケからは一方的に別れ話を宣告されることに。

## ■□■突撃取材は大成功！その後の旅は？■□■

　これによって心のよりどころばかりか、経済的な支えと住み家まで失ったゼバスティア

ンは、逆に開き直って、翌日もカミンスキーの屋敷を訪れ、突撃取材を敢行。そこでゼバスティアンは、ミリアムが外出した際に、カネを払ってメイドを追っ払い、一人で屋敷内をじっくり探索。その結果、地下のアトリエでカミンスキーの自画像らしい未発表の連作絵画を発見したから、すごい収穫だ。もっとも、その絵にはカミンスキーの署名がなかったが、もし署名があれば、これは数億円の価値が？そして今、アトリエには誰もいないのだから、額縁さえ取ってしまえば、これらの絵はお持ち帰りも可能！もちろん、それは刑法上の窃盗罪だが、今や失うものは何もないゼバスティアンにとって、そんなことは関係なしだ。

　さらに、ゼバスティアンは屋敷に戻ってきたカミンスキーに対して、自分の持っている切り札である「テレーゼは今も生きています。住所も知ってますよ。」というネタを打ち明けたから、さあカミンスキーの反応は？テレーゼとはカミンスキーの若き日のミューズで、彼が人生において最も愛した女性テレーゼ・レッシングのこと。テレーゼは交際開始から１年後、理由も告げずに去ったため、悲しみのどん底に沈んだカミンスキーは当時自殺まで考えたらしい。そんなテレーゼが今も生きているとゼバスティアンから聞かされたカミンスキーはその話に興味を示し、サングラスにガウン姿でゼバスティアンが運転する車に乗り込むことに。さあ、ここから本作のメインストーリーである、カミンスキーとゼバスティアンの凸凹コンビによるロード・ムービーが始まっていくが・・・。

## ■□■旅の主導権はどちらに？２人の行きつく先は？■□■

　男２人の、しかも凸凹コンビによるロード・ムービーの日本代表は、『東海道中膝栗毛』で有名な「弥次喜多道中」だが、８５歳の盲目の画家カミンスキーと３１歳の無名の美術評論家ゼバスティアン・ツェルナーの凸凹コンビが織り成す本作中盤のロード・ムービーも、２人の怪演もあってメチャ面白い。とりわけ、カミンスキーがカール・ルートヴィヒと名乗るホームレスのバイオリニスト（ドニ・ラヴァン）と意気投合する物語や、古めかしいホテルにカミンスキーが若い娼婦を呼び込む物語に注目！ベッド上のカミンスキーは若い娼婦のひざ枕でご機嫌だったが、８５歳の彼は今なお「あの方面」は現役なの？

　他方、ゼバスティアンは、一刻も早くカミンスキーをテレーゼの元に連れて行って、何十年かぶりの再会をさせ、そこから生まれてくるであろう現実の物語をしっかり取材する計画だったが、カミンスキーのように自由奔放で行動のメカニズムが全くわからない老人を連れて旅行するのは至難のワザ。そんな気遣いに疲れ果てていたためか、ゼバスティアンは、ある日、ガソリンスタンドで買い物をしている途中に、とんだ食わせ者だったカール・ルートヴィヒに車を盗られてしまったからアレレ・・・。あの車には、ゼバスティアンの生活用具一式はもちろん、カミンスキーの地下のアトリエから盗んだ２枚の貴重な絵も入っていたのに・・・。

　しかして、二人の凸凹コンビよるロード・ムービーの中で、いつしかカミンスキーに主

導権を奪われたうえ、有り金もわずかとなったゼバスティアンは、やむなくドイツのデュッセルドルフに住む恋人のエルケの元に転がり込むことに・・・。

## ■□■どこまでがホント？あの絵は誰が？■□■

　愛想をつかして別れを宣告した男ゼバスティアンが今、エルケの目の前に。しかも、そのゼバスティアンはサングラスをかけた盲目の老人カミンスキーと一緒。そんな状況にエルケが驚いたのは当然だが、「人道的見地」からそんな2人を見放せなかったのは仕方ない。エルケ宅での2人（3人？）の生活も奇妙だが、そこでは、ゼバスティアンがエルケから「彼はあなたのことが好きみたいよ。唯一の友だちだって。」と聞かされたことがせめてもの救いだった。さらに、カミンスキーが今なおホントに目が見えないのかどうかについて確信を持てないゼバスティアンが、ある日、あるところで、カミンスキーの言うとおり目を閉じたまま、手に持った鉛筆で線を引いていくとアレレ・・・？目を開けてみると、何とそこには鉛筆でのデッサンながら、見事なゼバスティアンの自画像が！こりゃ一体ナニ？カミンスキーの言うとおり、絵は指や腕が描くのではなく、心が描くものなの？するとホントに盲目でも、カミンスキーのようにすばらしい絵がホントに描けるの？

　ヴォルフガング・ベッカー監督のオリジナリティあふれる本作は、どこまでがホントで、どこまでがウソかがわからないところがポイント。ホントに心の中で思うだけで、見事な自画像が描けるのなら、ぜひ私も実践したいものだが、さて・・・？ちなみに、私は4時間も連続して世界の名画を鑑賞したのは大塚美術館での経験がはじめてだが、中学・高校時代にはたくさんの油絵の宗教画を描いていたから、私もそれなりの絵画の知識と技術を持っている。したがって、①フェルメールが描いた「真珠の耳飾りの少女」をテーマにしたピーター・ウェーバーの映画『真珠の耳飾りの少女』（02年）（『シネマルーム4』270頁参照）や②光の画家ジョゼフ・マロード・ウィリアム・ターナーが描いた「吹雪―アルプスを越えるハンニバルとその軍隊」「戦艦テメレール号」「吹雪―港の沖合の蒸気船」等を作中に散りばめた『ターナー　光に愛を求めて』（14年）（『シネマルーム36』156頁参照）、③フランスで有名になった日本人画家・藤田嗣治を主人公にした『FOUJITA』（15年）（『シネマルーム37』未掲載）、④『ビッグ・アイズ』（14年）（『シネマルーム35』231頁参照）等の絵画映画は結構興味深かった。

　そんな私の目には、ゼバスティアンがカミンスキーの地下のアトリエで鑑賞し、そのうちの2枚を盗み出したカミンスキーの自画像は、ムンクの「叫び」に似たような、絶望的な雰囲気いっぱいのすばらしい絵だった。いくら何でも盲目の画家にこんなに凝った油絵が描けるとは思えないが、さて、あの自画像は誰が・・・？

## ■□■達磨大師とその弟子の寓話は？西洋と東洋の融合は？■□■

　中国の高僧としては、①中国の伝記小説『西遊記』で有名な「三蔵法師（玄奘三蔵）」、

②奈良時代の帰化僧で日本における律宗の開祖となった「鑑真」、③平安時代初期の僧で、真言宗の開祖となった弘法大師こと「空海」が有名。さらに、④「達磨大師」も有名だが、達磨大師は、中国禅宗の開祖とされているインド人仏教僧だ。

　しかして、ドイツ人であるダニエル・ケールマンの『僕とカミンスキー』を原作とし、ドイツ人のヴォルフガング・ベッカー監督が監督した本作には、何とその達磨大師とその弟子の寓話が登場するので、それに注目！

　カミンスキーとゼバスティアンの凸凹コンビによるロード・ムービーは、車でも列車でも、わかったようなわからないような、子どものようで哲学的な（？）、ホントのようなウソのような（？）会話に満ち溢れているが、そこで面白いのは、列車の中でカミンスキーがゼバスティアンに語る達磨大師とその弟子の寓話だ。その内容は、あなた自身の目と耳で確認してもらいたいが、もちろんそこでは、何の結論も答えも出してくれない。その語りは一種の禅問答であり、問いが答えであり、答えがまた次の問いになっている。

　本作には前述した２つのコラムの他、森村泰昌氏（美術家）の「絵画と旅をして人生を知る映画」と題する面白いコラムがあり、そこでは、カミンスキーが達磨大師で、ゼバスティアンがその弟子という位置付けで、そのエピソードについて詳しく論じているので、これも必読だ！

## ■□■ラストの舞台はベルギーへ！テレーゼとの再会は？■□■

　本作ラストの舞台は、ベルギー北部の海にほど近いまち。ゼバスティアンに連れられたカミンスキーがそこで奇跡の再会を果たすのは、何十年も前に理由も告げないままカミンスキーの前を立ち去った女性テレーゼだ。もっとも、カミンスキーが盲目だとしたら、今カミンスキーはテレーゼの姿を見ることができないはずだから、あの時のテレーゼが今目の前に立っていると言われても困るのでは・・・？

　そんな疑問もあるが、そんな現実的で夢のないことを言っていたのでは、本作ラストが作り出す不思議な満足感と充実感、そして人生最高の幸せ感を満喫することはできない。ヴォルフガング・ベッカー監督が本作のラストのために用意したこのシークエンスをどう解釈するかはあなた自身の自由だから、それをあなたなりに自由に解釈してタップリとその余韻に浸ってもらいたい。ちなみに、前述した森達也氏のコラム「世界はかつて美しかった。そして今も美しい。」は、そこらあたりの「虚実」についても、そのタイトルどおり詳しく書いているので、ぜひそれも参考に・・・。

２０１７（平成２９）年５月１０日記

Data

監督・脚本：ジャン＝ピエール・ダ
　ルデンヌ、リュック・ダルデ
　ンヌ
出演：アデル・エネル／オリヴィ
　エ・ボノー／ジェレミー・レ
　ニエ／ルカ・ミネラ／オリヴ
　ィエ・グルメ／ファブリツィ
　オ・ロンジォーネ

# 午後8時の訪問者

2016年・ベルギー、フランス映画
配給／ビターズ・エンド映画・106分

| 2017（平成29）年4月10日鑑賞 | テアトル梅田 |

★★★★

## みどころ

　弁護士は受任拒否も可能だが、医者は診療拒否できないから大変。もっとも、時間外の受付けを拒むのは自由だが、その結果診療所の近くで少女が死んでしまうと、「もしあの時ドアを開けていれば・・・。」という良心の呵責に苦しむことに・・・。

　その後始まる、前途洋々の若き女医ジェニーによる探偵まがいの行動にはビックリだが、そこで顕著なのは医者としての冷静さと距離感。それをしっかり検証しながら、若き女医の探偵ぶりに注目したい。

　さらに本作では、研修医の生きザマを絡めたヒロインの医者としての生きザマと、さり気なく入れ込んだフランスにおける移民問題の深刻さも合わせてしっかり考えたい。

――＊――＊――＊――＊――＊――＊――＊――＊――＊

## ■□■ 『サンドラの週末』に続く本作は必見！■□■

　私は『ロルナの祈り』（08年）ではじめてダルデンヌ兄弟の作品を観て衝撃を受け『シネマルーム22』（133頁参照）、『サンドラの週末』（14年）を観て、ダルデンヌ兄弟の社会問題提起性に改めて感心した（『シネマルーム36』193頁参照）。ダルデンヌ兄弟は、『サンドラの週末』ではフランスを代表する女優、マリオン・コティヤールを起用して、「ボーナスを選ぶの？それとも同僚を選ぶの？」という「究極の選択」を迫ったが、本作では、若い女医ジェニー（アデル・エネル）に対して、「午後8時の訪問者」を無視したことによって起きた少女の死亡事件を巡って、「あの時、ドアを開けていれば・・・」という「後悔」や「罪悪感」の「処理」を迫っていく。ジェニーに何の落ち度もないのは当然

で、少女の死を捜査する警察官もそれは認めているが、当の本人は・・・？

『サンドラの週末』ではマリオン・コティヤールが出ずっぱりで、本作ではアデル・エネルが出ずっぱりで、ダルデンヌ兄弟が提示する「論点」に立ち向かっていくサマは興味深い。したがって、『サンドラの週末』に続いて本作は必見！

## ■□■あの時ドアを開けていれば■□■

弁護士は依頼者からの受任を拒否することができるが、医師は診療義務がある。しかし、医師といえども２４時間働きづめはできないから、診察日や診療時間の制約があるのは当然。本作の主人公である若い女医ジェニーは、近々大きな病院に好待遇で入る予定だったが、今は知人の老医師（ファブリツィオ・ロンジョーネ）の代診で週に何回か彼の小さなの診療所に勤務しており、今日もそこで若い研修医のジュリアン（オリヴィエ・ボノー）と共にある患者の治療にあたっていた。

やっと今日の診療を終え、ジェニーがジュリアンに対して「医者は患者に振り回されてはだめよ」とお説教を垂れていた時、受診者の来訪を告げるベルが鳴ったが、ジェニーは既に診察の受付時間が過ぎているうえ、今ジュリアンに垂れたお説教のこともあり、そのベルに応対しなかった。

すると翌日、突然刑事がジェニーを訪ねてきて、診療所の近くで身元不明の少女の遺体が見つかったとを告げたから、びっくり！ひょっとして、その遺体は昨日の診療時間を過ぎた午後８時ごろに診療所のベルを鳴らした患者？もしそうだとすれば、あの時私がドアを開けていれば、少女は助かっていたのでは・・・？

## ■□■ジェニーの探偵のような行動は良心の呵責から？■□■

診療拒否は医師法違反だが、診察受付時間が過ぎていたのでベルに応対しなかったのは何の犯罪でもない。そのことはジェニー自身も分かっているが、本作中盤は、なぜ少女があの時間に診療所を訪れたの？彼女はなぜ診療所の近くで死んでしまったの？を巡ってジェニーが探偵のような行動をとっていくストーリー展開となるので、それに注目！もちろん、それはジェニーの日常の仕事＝診察の合間だから十分なことはできないが、それでも少女の死亡事件を捜査しているベンマムート警部（ベン・ハミド）とは綿密に連絡を取っているし、いつも少女の顔写真を持って誰彼となく「この女の子を知らない？」と声をかけているから、かなりのエネルギーだ。

弁護士ならともかく、医者が日々の診療の合間に死亡した少女の写真だけを持って少女の死亡事件の手がかりをさぐるのは、所詮無理な話。ところが本作では、ある日、自分の患者である男の子ブライアン（ルカ・ミネラ）に死亡した少女の写真を見せたところ、急激にブライアンの脈が早まったため、ジェニーは「ブライアンはきっと何か知っている」と直感！両親には絶対秘密にするという条件でブライアンから事情を聞くと、ブライアンは

死亡した少女を高架橋下にあるキャンピングカーで見たとの重要な情報を提供することに。そこで、ジェニーはキャンピングカーの持ち主（オリヴィエ・グルメ）に連絡を取って出かけて行き少女の写真を見せたが、その返事は「知らない」と冷たいもの。さらに、ジェニーは「ある有力な情報」を持って、ネットカフェに赴き、受付の女性（　　　　　　）に写真を見せたが、そこでも「知らない」とのつれない返事だけだった。しかも、ジェニーがそんな素人探偵を続けていると、ある日、乗っていた車を若いチンピラ風の男２人から無理矢理停止させられたうえ、「これ以上かぎ回るな！」と脅かされるまでに。

しかして、なぜジェニーはこんな危険を犯してまで探偵のような行動に走るの？これは、すべてあの時、私がドアを開けていれば、と思う良心の呵責から・・・？

## ■□■医者は社会の病理にどこまで？この女医の距離感は？■□■

弁護士は、個人ＶＳ個人の法律問題を越えて、公害問題、消費者問題等々の分野では、個人ＶＳ企業、個人ＶＳ既存の社会システムという問題に関与することが多い。もちろん、そういう法律の分野における「社会の病理」に、弁護士がどう立ち向かうかは個々の弁護士の自由だが、弁護士はそれに働きがい、生きがいを感じることがある。私もそんな弁護士の一人だ。しかし、医者の場合、とりわけ臨床医、開業医の場合は、個々の患者の身体に潜む病理を診察し治療するのが仕事だから、それに手いっぱいで、「社会の病理」にまで目を向けたり、その解決のため行動することは少ない。そう考えると、「あの時私がドアを開けていれば・・・」という良心の呵責からとはいえ、本作に見るジェニーのような行動はきわめて珍しい。

もっとも、本作に見るジェニーの行動できわだつのは、あくまで医者としての視点、立場をキープした「距離感」。すなわち、ジェニーが探偵のようにかぎ回る行動は、警察に対しても患者の秘密を守る権利と義務があることを前提としたものだから、その聞き取りに応じる者には一種の安心感があるらしい。そんな医者としてのジェニーの「距離感」は、本作ラストのクライマックスで、ブライアンの父であるヴァンサン（ジェレミー・レニエ）が、自分のある行動のためにあの少女が死んでしまったと反省し、診療所のトイレの中で首つり自殺をしようとしたのを止めるについても、一種の客観性（＝冷静さ、冷たさ）を感じさせることにもなっている。

本作を監督したダルデンヌ兄弟が、なぜ本作のヒロインのような医者としての微妙な「距離感」を把握できたのかは不思議だが、本作では中盤に見るそんなジェニーの「距離感」をしっかり検証したい。

## ■□■なぜ研修医は医師の道を諦めたの？２人の距離感は？■□■

本作のメインテーマは、「あの時私が、ドアを開けていれば」という「良心の呵責」を契機として、大きく揺れる女医ジェニーの生きザマだが、それと対比する形で登場するのが、

ひ弱そうだが、自分の生き方にそれなりの信念を持った研修医ジュリアンの生きザマだ。フランスの研修医の制度がどのようになっているのかは知らないが、老医師の診療所でジェニーと共に働いていた研修医のジュリアンは、ジェニーから「医者は患者に振り回されてはだめよ」と言われたことにショックを受けたためか、急に医者のへの道を諦めて、田舎に戻ってしまったから、ジェニーはビックリ！ちょっとした「教育的指導」がそこまで影響を与えては、ジェニーの良心がまたまた呵責を覚えたのは当然。そこで、ジェニーは死亡した少女の手がかり探しと並行してわざわざジュリアンの家を訪れ、きつい言葉を投げかけたことを謝ると共に、再度医者への道を促したが、さてジュリアンは・・・？

　ジュリアンがなぜ医者を目指したのか？ジェニーと一緒に患者に向かって仕事をしていた時、なぜジュリアンがあれほど狼狽したのか？そして、なぜジュリアンが「ボクは医者に向いていない」という結論を下したのかは、あなた自身の目でしっかり確認してもらいたいが、はっきり言って、このジュリアンの人生の選択は、如何なもの？私はそう思わざるえない。他方、ジェニーの方も、少女の死亡やジュリアンの医者の道への諦めという事態を受けて、自分の医者としてのあるべき姿が大きく変わったらしく、待遇の良い大病院への転身をやめ、老医師の小さな診療所のあとを引き継ぐことを決意。これはいわば、『白い巨塔』（６６年）の財前五郎のような医者としての立身出世の道を選ばず、『赤ひげ』（６５年）に見た新出去定医師のような生き方を選んだわけだが、それは一体なぜ？

　本作にみる、２人のこのような行動を見ながら、なぜジュリアンは研修医の道を諦めたの？そして、研修医と女医の距離感は？という２つの問題をしっかり考えたい。

## ■□■声高ではないが、本作も一種の移民問題！■□■

　フランスでは去る４月２３日に行われた大統領選挙の第１回投票で既在政党への「ノン」がはっきり示され、３９歳の清新なエマニュエル・マクロン氏と極右政党・国民戦線のマリーヌ・ルペン党首の２人が５月７日の決選投票に駒を進めることになった。そこでの大きな争点は第１に、ＥＵ重視かＥＵからの離脱か、第２に、移民の受け入れに賛成か否かだ。今年１月に発足したアメリカのトランプ政権は、メキシコに壁を造るという公約はまだ実行していないが、外国人の入国を巡る大統領令を巡る司法判断を含むイザコザは、既に現実問題になっている。ヨーロッパでは、ドイツのメルケル首相だけは移民に寛容だが、さてフランスの大統領選挙と移民政策の行方は？

　本作冒頭に診療所の近くで死亡した少女は、警察の調べの中で名前だけは明らかにされるが、その出身、仕事、死亡原因等は明らかにされない。しかし、その肌の色から見て彼女が移民であることは明らかだ。ジェニーが訪れたネットカフェの受付の女性も、肌の色からして明らかな移民だったが、本作ラストの「種明かし」では一体どんな事実が明らかに・・・？危険も顧みないジェニーの懸命な調査の結果、本作では少女死亡事件のカギを握る男がブライアンの父ヴァンサンであったことが明らかになっていく。そして、少女の

死亡原因についてヴァンサンの口から意外にありふれた事実関係が語られるが、それをあなたはどう考える？そして、やっと落ち着いて小さな診療所での診療生活に入ったジェニーを、ある日訪れてくる人物とは？

　日本では、移民問題の深刻さは全然意識されていないが、フランスではこんな映画にも移民問題の影響が！移民問題を真正面から扱うのはイギリスのケン・ローチ監督の特徴で、ダルデンヌ兄弟監督の本作は移民問題を声高に扱っていないが、本作からも移民問題をしっかり考える必要がある。

２０１７（平成２９）年４月２７日記

『午後８時の訪問者』　１０月６日発売　DVD¥3,800（税抜）
発売・販売元　株式会社KADOKAWA

**Data**

監督：アンヌ・フォンテーヌ
出演：ルー・ドゥ・ラージュ／アガ
タ・ブゼク／アガタ・クレシャ
ャ／ヴァンサン・マケーニュ

★★★★

## 夜明けの祈り

2016年・フランス・ポーランド映画
配給／ロングライド・115分

| 2017（平成29）年8月11日鑑賞 | シネ・リーブル梅田 |

## みどころ

　日本では先日、刑法の強姦罪が強制性交等罪と改正され、「厳罰化」が進められた。しかし、戦争終結時の混乱期には、満州でもポーランドでも集団婦女暴行事件が！日本人は満州でのそれをよく知っているが、ポーランドの修道院で起きたそれは・・・？

　この手の事件は歴史の闇に埋もれがち。修道院長はそれを望んだが、臨月が近づいてきた、7人の妊娠した修道女たちの運命は？そして、命の危険も省みずその出産の協力をした、若い女医の医師としての使命感とは？

　韓国の「従軍慰安婦」問題、日本の「二日市保養所」問題等とも対比しながら本作の悲劇を学び、希望とは？再生とは？を考えるきっかけとしたい。

————＊————＊————＊————＊————＊————＊————＊————＊————＊

### ■□■ポーランドでは「カティン虐殺」の他、こんな事件も！■□■

　私は「カティン虐殺事件」を２０１６年１０月９日に亡くなったポーランドの巨匠アンジェイ・ワイダ監督の『カティンの森』（０７年）（『シネマルーム２４』４４頁参照）ではじめて知り、大きなショックを受けた。また、シネマルーム２３の第３章「こんな問題作に注目！」の中の「あの虐殺を考える」と題するテーマの中で、『セントアンナの奇跡』（０８年）（『シネマルーム２３』８８頁参照）と『戦場でワルツを』（０８年）（『シネマルーム２３』９３頁参照）を評論した。スパイク・リー監督のアメリカ、イタリア映画である『セントアンナの奇跡』は「セントアンナの虐殺」を、アリ・フォルマン監督のイスラエル、ドイツ、フランス、アメリカ映画である『戦場でワルツ』は「レバノンの虐殺」をテーマとした問題作だった。

「カティン虐殺事件」は、１９３９年９月１日のナチス・ドイツのポーランド侵攻に伴って、ポーランドは西からはナチス・ドイツが、東からはソ連が侵攻して占領されたことによって起きたポーランド人の大量虐殺事件だ。しかし、あの時代のポーランドの悲劇は、カティン虐殺の悲劇にとどまらず、山奥の田舎町にある小さな修道院でも・・・。

日本の終戦記念日は１９４５年８月１５日だが、ナチス・ドイツの降伏は１９４５年５月２日。ナチス・ドイツの敗北によってポーランド国内からドイツ軍が撤退し、ソ連軍が占領することになったが、女ばかりの（女しかいない）修道院に荒くれのソ連兵が集団で侵入してくると・・・。

## ■□■韓国では性奴隷？満州では接待？ポーランドでは？■□■

日韓の間では、日本の植民地支配時代に起きた「性奴隷」と呼ばれる、「慰安婦問題」がずっと問題になってきた。しかし、これについては、２０１５年１２月２８日、日本の岸田文雄外務大臣と韓国の尹炳世外交部長との間で交わされた「慰安婦問題日韓合意」によって、最終かつ不可逆的に解決された。しかしその後、朴槿恵大統領が退陣し、２０１７年５月１０日に合意に批判的な「共に民主党」の文在寅が新大統領に就任したこともあって、合意の履行が危うくなっている。しかして、韓国の慰安婦問題の真相とは？

他方、日本のテレビ界では毎年終戦記念日に向けてそれを特集する様々な番組が作られているが、今年はＥテレで「告白〜満蒙開拓団の女たち〜」が８月１０日午前０時から再放送された。これは、敗戦直後の満州で女たちが強いられた辛苦を追ったドキュメントで、８月９日付朝日新聞の記事でも詳しく紹介されていた。

ちなみに、張芸謀監督の『金陵十三釵（Ｔｈｅ　Ｆｌｏｗｅｒｓ　Ｏｆ　Ｗａｒ）』（１１年）では、１３人の清楚な女学生たちを助けるために、非道な日本兵に対して自ら我が身を提供する１４人の娼婦団たちの姿が描かれていた（『シネマルーム２９』９８頁参照）が、さて、ポーランドの修道院にソ連兵が集団乱入してきたことによって起きた、修道女たちの悲劇とは・・・？

## ■□■フランス人女医の献身的協力に焦点を！しかし・・・。■□■

本作冒頭、一人の修道女が救いを求めるため雪道を歩いて病院を訪れるシーンが登場する。彼女が辿り着いたのは、フランスからポーランドに派遣されていた赤十字の病院。そして、彼女に対応したのはフランスの女医マチルド（ルー・ドゥ・ラージュ）だが、いくらポーランドの修道院でソ連兵による集団レイプ事件が起こり、修道女たちが集団妊娠していると聞いても、フランスから派遣されている赤十字病院には自分の持ち場があるため、勝手な行動がとれないのは当然。そこで、マチルダはいったん修道女に帰ってもらったが、さて、その後の彼女の行動は・・・？

『カティンの森』ではアンジェイ・ワイダ監督作品だけあって、事件の衝撃度もさるこ

とながら、ドラマ展開の面白さが際立っていた。それに対して、本作はマチルダが夜毎病院を抜け出し一人で車を運転して修道院を訪れ、医師として修道女たちに対して献身的協力をする姿が強調されるだけ。したがって、その意義はわかるものの、ストーリーとしての起伏はあまりない。また、7人の修道女がほとんど臨月になっている今、一人の医師ができることなんてたかが知れているうえ、チラリと見せられる出産シーンはあまりにも簡単すぎるものばかり。マチルダが医師として具体的にどんな献身的協力（治療行為）をしているのかが、私にはさっぱり見えてこない。

© 2015 MANDARIN CINÉMA AEROPLAN FILM / ANNA WLOCH

もっとも、教会の教えに頑なで集団レイプ事件を秘密にしておくことに固執した院長のマザー・オレスカ（アガタ・クレシャ）の価値観（頑迷さ）はともかく、当初は用心していた修道女たちが危険を冒して修道院を訪れてくれるマチルドを次第に信頼しはじめたのは当然。その先頭に立ったのはフランス語が話せる修道女シスター・マリア（アガタ・ブゼク）で、本件ではマチルダとシスター・マリアを中心とする修道女たちとの交流の中で生まれる信頼関係が繰り返し描かれる。それはそれでわかるのだが、それだけでは映画としては少し不十分なのでは・・・？

## ■□■赤ちゃんの命の大切さは？その命は誰のもの？■□■

合意に基ずく行為であれ、レイプであれ、妊娠した女性の身体から赤ちゃんが生まれてくるのは神の摂理（自然の摂理）。しかし、本作では1人1人の修道女のそこらあたりの「苦悩」が全然見えてこないのが、私には不満。また、私の知識経験では女性が子供を産むのはそれなりに大変な作業のはずだが、本作では帝王切開でも自然分娩でもわりと簡単そう・・・？これなら、別にマチルドの命を危険を冒した献身的な協力がなくても、赤ちゃんは自然に生まれてくるのでは・・・？

もっとも、修道院での集団レイプ事件は大きな恥だから、何とかそれを隠したいと考えた院長にとっては、生まれてきた赤ちゃんをどこかの里子に出したら、それが噂となってしまう恐れを感じたらしい。慰安婦問題の日韓合意を約束通り履行しない韓国と同じように（？）、母親やマチルドと赤ちゃんを里子に出す約束をした院長は、本当にその約束を履行しているの？私にはそれが心配になったが、案の定・・・。

レイプされた修道女たちは、神にすべてを委ねた修道女であると同時に、女の性と肉体を持った人間だから、妊娠し赤ちゃんを産むと自ずから母性も生まれ、この子は自分のものだ、何とか我が手で育てたい、と考えるのが自然の摂理。また、どこかの里子に出せば、我が子に会いたいと願うのも当然だ。

しかして、本作では時期こそ少しずつズレているものの、集団レイプされた７人の修道女たちが一人また一人と赤ちゃんを産み里子に出していくことになると、その赤ちゃんの命の大切さは？また、その命は誰のもの？という問題も顕在化することに。また、それと同時に、院長が秘かにとっていた「あっと驚く行動」も暴かれていくことに・・・。訂正

## ■□■信頼から生まれた希望は？再生は？■□■

８月６日付読売新聞の文化欄にある「著者来店」のコーナーでは、「女性の悲劇、誠実に発掘」という見出しで、下川正晴氏の「忘却の引き揚げ史」をとりあげ、「かつて福岡県筑紫野市にあった『二日市保養所』。この名称にピンとくる人が今、一体どのくらいいるだろうか。」と問題提起をした。つまり、「終戦直後、博多港だけで外地から約１３９万人は引き揚げてきた。その中に満州（現中国東北部）や朝鮮半島で暴行され、心ならずも妊娠した女性がいた。厚生省（当時）などが、中絶を希望する女性に超法規的に手術を施すため、約１年半にわたり開設した施設、それが二日市保養所だ。」ということだ。

戦後の混乱の中で起きた集団婦女暴行事件に伴う妊娠問題について、この二日市保養所での対応は中絶手術だったが、ポーランドの修道院でマチルドがしたのは出産への協力。もちろん、マチルドはその後生まれてきた赤ちゃんの「処置」についても可能な協力はしたかったはずだが、医師として自分が最低限することはここまでと割り切っていたらしい。そのため、生まれた後の「処置」については、サミュエル院長の意向が大きく働くことになり、問題も発生したが、さて全体としての「処理」の是非は・・・？

本作前半では、その協力と処置はマチルドの個人的なものだったが、後半からはマチルドの上司であるサミュエル医師（ヴァンサン・マケーニュ）たちの協力もあって、マチルドと修道女たちとの信頼の絆はどんどん強まっていくことに・・・。そして、その信頼によって、肉体にも心にも大きな傷を負った７人の修道女たちにも今後の希望が生まれ、再生への道が模索されることになるが、さてその姿は・・・？それは本作では描かれておらず、私たち観客１人１人が想像するしかないが、本作が見せるその余韻はおみごとだ。私はこの原稿のラストを８月１５日の「終戦記念日」の日に書いているが、今年はこんな映画を通じて、「あの戦争」のことをしっかり考えることができたことを嬉しく思っている。

２０１７（平成２９）年８月１５日記

**Data**

監督：マーレン・アデ
出演：ペーター・ジモニシェック／
ザンドラ・ヒュラー／イング
リッド・ビス／ミヒャエル・
ヴィッテンボルン／トーマ
ス・ロイブル／トリスタン・
ピュッター／ハーデウィッ
ク・ミニス／ルーシー・ラッ
セル

★★★★

# ありがとう、トニ・エルドマン

2016年・ドイツ・オーストラリア映画
配給／ビターズ・エンド・162分

2017（平成29）年7月2日鑑賞　シネ・リーブル梅田

## 👀👀みどころ

　近時のリーアム・ニーソンが主演した『９６時間』（０８年）３部作等では、父親の娘に対する愛情の示し方は単純明快だったが、本作は実に複雑。コンサル会社の有能な社員として懸命に働く娘に対する父親のおせっかいは、ありがた迷惑を超えた詐欺まがい、ストーカーまがいだ。

　こんな父親はもうイヤ！そんな娘の叫びが聞こえてきそうだが、さて１６２分という長尺が織り成すハチャメチャな物語の行き着く先は・・・？

—— * —— * —— * —— * —— * —— * —— * —— * —— *

## ■□■テーマは父娘間の愛情だが、かなりかなり・・・？■□■

　父と娘の愛情を描く映画は多い。直接の父と娘ではないものの、小津安二郎監督の『東京物語』（５３年）は、笠智衆と東山千栄子が演じる平山周吉、とみ夫妻と、原節子が演じる次男の嫁・紀子との愛情を描いた名作中の名作だ。また、近時のアクション映画では、フランス人俳優リーアム・ニーソンが主演した『９６時間』（０８年）（『シネマルーム２３』未掲載）、『９６時間／リベンジ』（１２年）（『シネマルーム３０』未掲載）、『９６時間／レクイエム』（１４年）（『シネマルーム３５』１３２頁参照）の３部作や、去る６月６日に観たメル・ギブソン主演の『ブラッド・ファーザー』（１５年）が、娘のために命を賭けて闘う強い父親をテーマにした面白い映画だった。

　本作も「その範疇」の映画だが、父娘間の愛情のパターンは千差万別だということが、本作を見ればよくわかる。というよりも、本作をみれば、父娘間の愛情と父娘間の確執（うっとうしさ）は紙一重とだということが実によくわかる。しかし、ここまで徹底して、そのぎりぎりの姿を描いた映画は珍しいのでは・・・？その結果、本作は第６９回カンヌ国

際映画祭で国際批評家連盟賞を受賞しただけでなく、カイエ・デュ・シネマ２０１６年映画ベスト１等、世界中で４０以上の賞を受賞している。

公式ホームページのイントロダクションにも「世界中が熱狂！！この父と娘に涙し、笑った」と書かれているから、これは必見！

## ■□■いったんは迷惑な父親の訪問を振り切ったが・・・■□■

悪ふざけが好きな男は世の中にたくさんいるが、今は妻と離婚しドイツで愛犬と２人（？）で暮らしている元音楽教師のヴィンフリート（ペーター・ジモニシェック）のそれは桁外れなので、本作導入部ではそれに注目！それに対して、東欧の国ルーマニアの首都ブカレストにあるコンサル会社で働いている一人娘のイネス（ザンドラ・ヒュラー）は、キャリア志向が強い、働き蜂的性格であることが一目でわかる、チョー生真面目な女性。きっとそのせいで今も婚期を逸しているのだろうと思っていると、案の定、本作中盤ではあっと驚く秘密の恋人（？）と２人で、あっと驚く性行動を・・・。それはともかく、本作導入部では、父親が離婚した妻のところに帰省したイネスが、束の間の再会を果たした父親との間でろくな会話も交わさず、携帯で仕事の話ばかりしている姿が際立っている。まあ、自分の身を振り返ってみても、仕事にバリバリ精を出す娘と父親との関係なんてそんなものだろうが・・・。

したがって、ブカレストに戻り、上司のゲラルト（トーマス・ロイブル）らと打ち合わせながら、大切な顧客との大切なプレゼンの準備をしているイネスのもとを突然ヴィンフリートが訪問してくると、イネスはビックリ。もちろん、そんな訪問が大いに迷惑なことはわかりきっているが、それをはっきり言うわけにもいかず、何とか仕事先でも自宅内でも父親のちょっかい（？）をやり過ごし、やっと帰らせることができたので、イネスはひと安心。そう思って、仕事の合間に父親の家に電話して、「預けた鍵の返還は今度でいいからね」と言おうとしたが、なぜか父親は電話口に出てこない。時間的にはもうドイツの自宅に戻っているはずだが、さてヴィンフリートは今どこに・・・？

## ■□■トニ・エルドマンって一体誰？■□■

すでに３０歳を過ぎ４０歳にも近い（？）イネスの男関係については、後半に登場するあっと驚く展開に注目。しかし、女もそんな歳になれば、様々な男関係はもちろん女友達同士でもいろいろあるのは当然だ。したがって、父親の「介入」によって大失敗になりかけたプレゼンを何とか挽回し、今晩はゆっくり「女子会」を楽しもうとしたイネスは、計３人の女子で、あるレストランを訪れたが、何とそこには、ダサいスーツ姿でかつらをかぶり、奇妙な入れ歯をした奇妙なおじさんが１人で座っていたから、イネスはビックリ！そのうえ、この男は厚かましくも、「はじめまして。トニ・エルドマンと申します」、と言いながら女友達に気安く声をかけ、挙句の果ては食事会にまで加わろうとしたから、さすが

149

にイネスはそれを断固拒否！

　ちなみに、公式ホームページによると、本作のタイトルにもなっている「トニ・エルドマン」という男のプロフィールは次の通りだ。

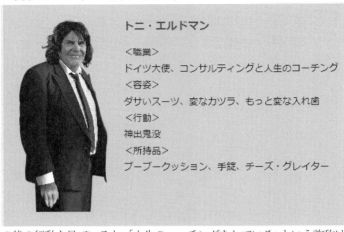

トニ・エルドマン

＜職業＞
ドイツ大使、コンサルティングと人生のコーチング
＜容姿＞
ダサいスーツ、変なカツラ、もっと変な入れ歯
＜行動＞
神出鬼没
＜所持品＞
ブーブークッション、手錠、チーズ・グレイター

　彼のその後の行動を見ていると、「人生のコーチングをしている」という詐称は許せても、「ドイツ大使だ」との詐称は悪ふざけの域を完全に超えて、明らかに詐欺・・・？もっとも、人を欺罔して金目のものを詐取するわけではないから、彼の行為は刑法上の詐欺罪には該当しないが、「詐欺まがい」であることは明らかだ。しかして、この男（＝トニ・エルドマン）は、一体なぜこんな行動を・・・？１６２分という長尺の本作中盤では、手を替え品を替え、これでもかこれでもかと、まるでストーカーのようにトニー・エルドマンがイネスの前に登場し、イネスを大いに悩ませる（？）ので、その大展開に注目！

## ■□■イネスの楽しみは？生き甲斐は？ホントに仕事が好き？■□■

　人間が生きる目的は一体何？それは、古今東西を問わず昔から追及されてきた大きなテーマだ。また、近代資本主義国になってからは、人は何のために仕事をするの？、何のために仕事をしてお金を稼がなくちゃならないの？が大きなテーマになってきた。６８歳の私はそんな質問に対してそれなりの答えを確立しているが、現在、企業の合理化（＝大量の社員の首切り）のためのコンサル業務に邁進しているイネスは・・・？一見そんな「非人間的な行動も仕事のため」と割り切っているようだが、その本心は・・・？

　イネスの父親ヴィンフリートがそんなイネスの仕事上の悩み苦しみをどこまで具体的に理解できているのかは疑問だが、どうも人生の達人らしいヴィンフリートは非人間的な仕事に埋没しているイネスの苦しみを直感的に理解し、少しでもイネスの気持ちを軽くしてあげたいと願っていたらしい。したがって、いったん娘と別れた後に、トニー・エルドマンとして再び奇妙な形で娘の前に現れるのは、そんな父親としての愛情のためらしい。

　そんな２人の気持ちが少しだけ通じ合うのは、ある日石油採掘の現場を訪れ、その場で

解雇を言い渡された従業員に接するヴィンフリートの姿を見た時。イネスにとっては現場で1人でも首切りになればそれだけ仕事が減るわけだが、その解雇を必死で止めようとするヴィンフリートの姿を見ると、口では強がりを言いつつイネスの心は・・・？

## ■□■誕生日パーティがなぜヌードパーティに？■□■

本作では、イネスのそんな微妙な心の変化が、会社の同僚たちを招いて仕事上の結束を固めようとする彼女の誕生日パーティの席で思わぬ形で爆発するので、それに注目！誕生日パーティーにはお祝いの品を持って訪問するのが礼儀だが、当日の服選びに悩んでいたイネスは、訪問のベルが鳴るとなぜか素っ裸のまま玄関へ。そして、イネスの姿を見てあっと驚く秘書のアンカ（イングリッド・ビス）、上司のゲラルト、秘密の恋人（？）たちに対して、本日の誕生日パーティーはヌードパーティにすると宣言したから、アレレ・・・？

ヨーロッパ流の素っ裸の演技は日本的な色気に欠け、情緒不足が甚だしいため、私は全然好きではないが、女性監督のマーレン・アデがここまで平気で素っ裸の演出をしていることにビックリ！ここまででもかなりハチャメチャなストーリー展開だが、このシークエンスで本作のハチャメチャはピークに！

## ■□■「クケリ」とは一体ナニ？この演出にビックリ！■□■

一瞬そう思ったが、いやいや、その後誕生日パーティーの席に巨大な"クケリ"が登場してきたから、私を含む観客の本当のビックリのピークはここになる。公式ホームページよると、"クケリ"とは次の通りだ。

**幸せを呼ぶ毛むくじゃらの精霊＜クケリ＞**

ブルガリアで毎年1月から3月の間に行われる伝統的な祭りの際に着用される被り物。イネスの誕生日パーティーに登場する。
その昔、新春になるとブルガリアの様々な地域で、クケリに身を包んだ人々が、腰に付けたベルを鳴らしながら家々を訪れ、悪霊退治や家族の健康を祈っていた。現在もこの文化を継承している地域がある。日本の「ナマハゲ」に近い存在である。クケリは、五穀豊穣、子孫繁栄など幸せを運ぶものの象徴として今なお親しまれている。

これを被って誕生日パーティーに出席しているのは一体誰？イネスもそれがわからなかったが、しばらく経てばそれが誰かは明らかだ。しかして、本作ラストにおけるこの"クケリ"の登場をイネスはどう受けとめるの？そして、あなたはそれをどう解釈？

仕事は金のためにするものではない。自分を見失うような仕事は嫌だ。自分にフィットした生き甲斐のある仕事に従事したい。誰もがそう願うが、私が面接した際に耳にする若

者たちのそんな言葉は概ね甘っちょろい考えの応募者ばかりだ。しかして、イネスの場合は、さて・・・？

　イネスの自宅での誕生日パーティーに秘書のアンカが美しい裸体を見せてくれたのは私もうれしかったが、上司の裸も秘密の恋人の裸も私は見たくない。多分、それはイネスも同じだろう。だのに、イネスはあの時なぜ、ヌードパーティーにしようと考えたの？それによって上司や同僚たちとの仕事上の結束が固まるとは到底思えないから、その後のイネスの首切りコンサル業務がどうなったかはあなた自身の目でしっかりと。そして、死ぬ思いで巨大な被り物を外したトニ・エルドマンことヴィンフリートの必死の行動による（？）父娘の絆の回復は・・・？

　園子温監督ばりの（？）あっと驚くストーリー展開と、アクの強さがトコトン強調された本作は、嫌みな面もあるものの問題提起性は強烈。マーレン・アデ監督が自分と自分のの父親との体験談を元にした本作は、好き嫌いは別として必見！

２０１７（平成２９）年７月７日記

『ありがとう、トニ・エルドマン』
発売日：2018年1月6日
価格：ＤＶＤ３，９００円＋税　ブルーレイ４，８００円＋税
発売元・販売元：株式会社ハピネット
(c)Komplizen Film, coop99, Missing Link Films 2016

**Data**

監督：アフィア・ナサニエル
出演：サミア・ムムターズ／モヒ
ブ・ミルザー／サーレハ・ア
ーレフ

# 娘よ

2014年・パキスタン、アメリカ、ノルウェー映画
配給／パンドラ・93分

2017（平成29）年5月22日鑑賞 ｜ テアトル梅田

## 👀 みどころ

　日本でも戦国時代には大名間の「政略結婚」が当たり前だったが、パキスタンでは今でも部族間の「児童婚」が！部族間の同盟のため、１０歳の娘をじいさんの嫁に。そう決定されれば従うしかないのが部族の掟だから、それを破って逃走などしようものなら・・・。

　１９９９年の実話を基に、パキスタン人の女性監督が魂の叫びを映画にした本作はアカデミー賞のパキスタン代表作となる等、話題性と問題提起性は大きい。しかし、脱出劇の展開と結末のストーリーには少し甘いところも・・・。

　もう少し突っ込んだキャラの掘り下げや社会背景の解説が欲しかったが、それでも平和ボケし何ごとにも安住している今の日本人には、こんな映画こそ必見！

――＊――＊――＊――＊――＊――＊――＊――＊――＊――＊

## ■□■パキスタン女性監督の心の叫びがデビュー作に！■□■

　パキスタン映画が日本で公開されるのは珍しいが、本作は１９７４年にパキスタンで生まれた女性アフィア・ナサニエルの監督デビュー作にして、第８７回アカデミー賞外国語映画部門のパキスタン代表作。日本でも戦国時代には「政略結婚」があり、弱小大名は１０代のわが娘を政略結婚のため大大名に差し出していたが、部族間抗争が激しいパキスタンでは今なおそれと同じような「児童婚」があるらしい。これは、ある部族が部族として生きていくために、まだ１０代の少女に対して、他の有力部族の部族長おやじ（じじい）との結婚を強制する制度だ。

　しかし、世の中にはたまに勇気ある女性がいるもの。女性の教育の重要性を説いたため

タリバンに狙われ頭を撃たれたものの、生き延びて国連で演説したパキスタン人の女性マララ・ユスコサイさんがその代表だが、実はパキスタンには、１９９９年に押し付けられた児童婚から逃げ出した母娘の実話があるらしい。そんな実話を知って感銘を受けたアフィア・ナサニエル監督が、その実話を基に英題を「Ｄａｕｇｈｔｅｒ」として、監督、脚本、製作したのが本作だ。まずは、監督デビュー作となるそんなアフィア・ナサニエル監督の「心の叫び」に注目！

## ■□■舞台は？部族は？夫は？娘は？■□■

本作の舞台はパキスタンとインド、中国の国境にそびえ立つカラコルム山脈のふもと。そこでは、多くの部族がひしめき合っているらしい。アッララキ（サミア・ムムターズ）は、ある弱小部族の部族長ドーラットの妻だが、冒頭に登場するアッララキがドーラットに朝食を用意するシーンを見れば、２人の年齢が大きく違うからこの夫婦も児童婚によるものだろうと推測できる。また、妻は夫に従うだけの役割だとされていることもよくわかる。他方、アッララキが１０歳の娘ザイナブ（サーレハ・アーレフ）から英語の「ｐｕｔ」

と「ｂｕｔ」の発音の違いを教わっているシーンを見ると、この母娘の愛情と信頼の深さもよくわかる。

さらに興味深いのは、ザイナブが同世代の女の子と結婚について語り合うシーン。そこでは、「私もいつかこんな家が欲しいな」と語るザイナブに対して、友人の女の子は、「それなら結婚しなくちゃ」と語り、さらに、「どうしたら子供ができるの？」と聞

配給：パンドラ

くザイナブに対して「絶対に内緒だよ」と念を押したうえ、そのシステム（？）を耳打ちしてくれたが、それはいかにも怪しそう・・・。今どきの日本のように、「性教育」が行き届いていないパキスタンでは、１０歳の女の子の性知識はその程度のもの・・・？

## ■□■なぜ１０歳で結婚？お相手は？それを知った母娘は？■□■

ある有力部族との和平交渉に出向いたドーラットは、その部族長であるトール・グルからドーラットの娘ザイナブを自分の嫁に差し出せば２つの部族の和平が実現できると提案

されたから、さてドーラットの決断は？とは言っても、その話を聞かされた瞬間からドーラットのハラは決まっていたようで、家に帰ってくるなりドーラットはアッララキに対してそのことを既定事実のように告げただけ。そうなれば、当然アッララキもそれに従い、あとはザイナブの花嫁衣装を準備するだけだ。

　そんな前提の下で、自分も１５歳の時にドーラットと児童結婚させられたアッララキは、ザイナブの結婚の準備を整えていたが、ある日、母娘が楽しそうに語り合っているにもかかわらず部屋に鍵がかかっていたため、不審に思ったドーラットがドアを破って中に入ってみると、その会話は録音テープによるものだった。アッララキとザイナブは一体どこに？ひょっとして、結婚を拒否して逃げ出したの？

　どうもそうらしいが、そんな事態になればドーラットの面子は丸つぶれ。部族長の地位は奪われるうえ、トール・グルから何をされるか分からない大変な事態に・・・。こりゃ、何が何でもアッララキとザイナブを捕まえなければ・・・。そこでドーラットはもちろん、アッララキに対してよこしまな気持ちをもろに示していたドーラットの弟も、あるよからぬ願望を抱きつつ必死にアッララキとザイナブの捜索に乗り出すことに。まだ、２人は遠くには行っていないはず、とにかく徹底的に探せ！そうすれば発見できるはずだ。確かにその通りだが、さて、スクリーン上の展開は？

## ■□■中盤の追跡劇は？運転手ソハイルのキャラは？■□■

　アッララキが逃走するという決断をしたのはすごいことだが、乗り物もなく、行き先も特定したものではない。それに対して、アッララキとザイナブの逃走を知ったドーラットは部族員を総動員して、車や銃そして携帯を駆使して探せばいいのだから、２人の発見は時間の問題・・・。２人が走って逃げているシーンを見ていると、誰でもそう思ってしまう。しかし、ソハイル（モヒブ・ミルザー）が運転する極彩色のトラックの荷台に隠れて乗り込んでいた２人がソハイルに発見されたところから、本作中盤のちょっと中だるみ気味のロードムービー（？）が始まっていくから、それに注目！

　私たち日本人は、パキスタンの部族間抗争のことは新聞報道でしか知らないから、スク

配給：パンドラ

配給：パンドラ

155

リーン上に映るパキスタンの風景やパキスタンの人々の生活ぶりは興味深い。しかし、あるブログでは、「ムジャヒドというイスラム人民戦士機構」にいた人と説明されている男ソハイルのキャラクターが私にはサッパリわからないから、このロードムービーには次のような違和感がいっぱい・・・。

## ■□■ソハイルはなぜ協力を？なぜ・・・？なぜ・・・？■□■

　ソハイルの車（のエンジン）がオンボロのため、早く逃げようとしているのに途中で停まってしまったのはご愛嬌だとしても、そこまで迫ってきた追っ手をソハイルが拳銃一発で仕留めてしまうことができたのは一体なぜ？ソハイルは、なぜこんな射撃能力を持っているの？また、本来何の縁もゆかりもない母娘だから、当初「早く車を降りてくれ」と冷たく突き放したのは当然だが、その後はソハイルがこの母娘にここまで「肩入れ」するのは一体なぜ？そもそも、ラジオのニュースで2人が逃げ出したことが流されたため、ある村では2人を連れたソハイルのトラックが発見されたことによって、そこでソハイルとしゃべっていた友人は一発で殺されているのに、なぜ、ソハイルはあえてドーラットとトール・グルの部族全体を敵に回すような行動に出たの？

　さらに、そこはアフリカの砂漠ではないが、パキスタンの荒野の中で故障した車を乗り捨てて歩いたのでは、とても逃走などできないのでは？なぜ、ソハイルは銃殺した追っ手の車に乗り換えないの？また、ソハイルが頼った友人は一体どこに住んでおり、なぜ、そこではドーラットとトール・グルの部族を挙げた追及から安全に過ごすことができるの？そこらあたりが全体的に甘い構成になっているため、私には、こんな、なぜ・・・？なぜ・・・？の連続に・・・。したがって、束の間の平和の中でソハイルがアッララキに語るソハイルの身の上話や、ソハイルがアッララキに説明するインダス川とカブール川の由来のお話し（ラブストーリー）もよくできているのだが、少し違和感が・・・？

## ■□■アッララキはなぜ今、危険を犯して祖母のもとへ？■□■

　本作では、もともとアッララキがザイナブを連れてどこに逃げるのか、が全く示されていない。そのため、ソハイルの出現による中盤の逃走劇も、ソハイルの友人の家に逃げ込んでからの安住ぶりもイマイチ違和感がある。それがさらに拡大するのは、急にアッララキが母親と電話で連絡

配給：パンドラ

をとり、「どうしても会わなければ・・・」と会いに行く後半のストーリーだ。

ザイナブを児童婚の強制から救いだし、今ここに安住の地を見い出しただけで、アッラ
ラキは十分満足すべきなのでは？だのに、そこで「生活が・・・？」などと不満（？）を
述べ、どうしても「母親に会わなければ・・・」という話は到底納得できるものではない。
したがって、それを聞かされたソハイルも「それなら好きにしろ！」と突き放すかと思う
と、当初はそんな口ぶりだったものの、最後には「俺が会わせてやる」と、そこでも命懸
けの行動を決意することに・・・。

この時点で、ソハイルとアッララキの間に男女の愛情が強く芽生えていたことは明らか
だが、本作はそこらあたりはあくまでオブラートに包んでいるし、ソハイルがそれを告白
するシーンも登場しない。それはそれで納得だが、私にはその分ソハイルの行動原理に？
マークが・・・。

## ■□■パキスタン都心部の華やかさは？祖母との再会は？■□■

　１５歳で児童婚のためドーラットのもとに嫁いできたアッララキは、今日まで一度も母
親と会うことはなかったらしいが、本作ではその事情もよくわからない。また、アッララ
キの母親が今どこに住み、どんな生活
をしているのかもよくわからない。し
かし、アッララキからの電話を受けた
母親が、アッララキの声が聞けたこと
を喜びつつ「追っ手が捜しているから
気をつけろ」「こちらは危険だから来
てはダメ！」と警告したのは当然だ。

　本作ラストの舞台はどこかわから
ないが、アッララキの母親が住んでい
るパキスタンの都心部らしい。ソハイ
ルの車で走るその都心部の華やかさ
は上海や北京には到底及ばないが、そ
れなりのもの。幹線道路にはたくさん
の車やバイクが走っているし、商店街
や市場は大勢の人々が行き交ってい
るから、ビックリ！この賑わいに１０
歳の娘ザイナブが大いに興奮したの
は当然だが、ソハイルもアッララキも
それにつられてお菓子を買って食べ
たり、珍しいものを見物したり・・・。

配給：パンドラ

配給：パンドラ

しかし、この行動にも追っ手の目が光っているとしたら、そんな気楽なことをしていて大丈夫なの・・・？

　そう思っていると、やっとアッララキとザイナブがアッララキの母親と再会し、抱き合ったと思った途端、その側に立った男から拳銃を突き付けられることに。ああ、案の定・・・。すると、その後の展開は？

## ■□■この結末にも少し不満が・・・■□■

　ソハイルが普通のトラック運転手でないことは、登場した当初からのふてぶてしさ（？）や各地に散在している友人の多さ、またライフルや拳銃の扱い方等で明らかだが、本作では最後までそのキャラの説明がないのは少し残念。しかし、ソハイルは今、2人をアッララキの母親に会わせるためにちゃんと拳銃まで用意してい

配給：パンドラ

たから、3人が追っ手の男によって路地に連れて行かれるのを見ると、直ちにそれを追跡。そして、「娘を差し出せば、アッララキとその母親は解放する」と申し出る追っ手に対して、「自分が身代わりになるので、ザイナブは見逃してくれ」と交渉（？）しているアッララキを見て、ソハイルが男に飛びかかり乱闘となる中、一発の銃声が・・・。

　ここらの描写も、監督初作品のためか、かなり違和感がある。なぜなら、追っ手の男はアッララキとザイナブのガードマン役として銃を持っているソハイルの存在を知らないのだから、ソハイルは最初からその追っ手を銃で狙い撃ちすれば、それでコトは足りるわけだ。しかるに、あえて飛びかかって乱闘に及んだため、死んだのが追っ手だったからよかったものの、もしそれが逆だったら・・・。しかも、その後私には全く想像もしなかった、あっと驚く事態が起きるとともに、本作はそれでジ・エンドに・・・。それはここには書かないので、あなたの目でじっくりと・・・。しかし、これはクライマックスとしては少し甘すぎるのでは？

　もっとも、この評論で書いたこんなあんなの出来の悪さはあっても、なお本作のテーマとその問題提起には感動！

２０１７（平成２９）年５月２５日記

# 第5章
# こんな戦争も、あんな戦争も！

## 第2次世界大戦の激戦地は？

ハクソー・リッジ（沖縄戦）

ダンケルク（ヨーロッパ）

## 日中戦争は？天下分け目の関ヶ原は？

レイルロード・タイガー（中国）

関ヶ原（日本）

## ヒトラー映画2作

ヒトラーへの２８５枚の葉書

ハイドリヒを撃て！　「ナチの野獣」暗殺作戦

## 昔のアメリカには、こんな戦争も！

ある決闘　セントヘレナの掟

潜入者

## アメリカの経済戦争、企業戦争

ファウンダー　ハンバーガー帝国のヒミツ

ゴールド　金塊の行方

**Data**

監督：メル・ギブソン

出演：アンドリュー・ガーフィール
ド／サム・ワーシントン／テ
リーサ・パーマー／ヴィン
ス・ヴォーン／ルーク・ブレ
イシー／ヒューゴ・ウィーヴ
ィング

# SHOW-HEY シネマルーム

★★★★

## ハクソー・リッジ

2016年・アメリカ・オーストラリア映画
配給／キノフィルムズ・木下グループ・139分

2017（平成29）年6月24日鑑賞　TOHOシネマズ西宮OS

## 👀👀 みどころ

　自ら兵役を志願しながら銃を持つことを断固拒否！なぜなら、俺は衛生兵だ
し、イエス・キリストは「汝殺すなかれ」と教えているから・・・。アメリカ
ではそんな理屈が通るの？また「良心的兵役拒否」が認められるの？

　『パッション』（04年）でものすごい問題提起をしたメル・ギブソン監督
が沖縄戦の「ハクソー・リッジの戦い」を描いた本作では、そんな論点をじっ
くりと！

　本作にみる日本軍の反撃能力にはびっくりだし、主人公が「良心的兵役拒否
者」としてアメリカ史上はじめて名誉勲章を授与されたことにもびっくり！し
かし、たった1人で日本兵を含めた75人の負傷者を救ったという実話は、ホ
ントにホント・・・？

―――＊―――＊―――＊―――＊―――＊―――＊―――＊―――＊―――＊―――＊―

## ■□■本作に見るメルギブソンの問題提起（1）■□■

　『アポカリプト』（06年）（『シネマルーム14』19頁参照）以来10年ぶりのメル・
ギブソン監督作品となる本作には、大きく3つの問題提起がある。第1は、『パッション』
（04年）（『シネマルーム4』261頁参照）でイエス・キリストへの迫害についてもの
すごい問題提起をしたメル・ギブソン監督らしく、「汝殺すなかれ」と教えるキリスト教の
敬虔な信者であるため、兵器を持つことを完全拒否しながらも兵役を志し、衛生兵として
生きる信念を貫いた1人の兵士の実話に焦点を当てたこと。本作の公式サイトのIntr
oductionには、次の通り書かれている。すなわち、

> 銃も手榴弾もナイフさえも、何ひとつ武器を持たずに第2次世界大戦の激戦地〈ハクソー・リッジ〉を駆けまわり、たった1人で75人もの命を救った男がいた。彼の名は、デズモンド・ドス。重傷を負って倒れている敵の兵士に手当てを施したことさえある。終戦後、良心的兵役拒否者としては、アメリカ史上初めての名誉勲章が授与された。
> なぜ、彼は武器を持つことを拒んだのか？なんのために、命を救い続けたのか？ いったいどうやって、奇跡を成し遂げたのか？ 歴戦の兵士さえひと目見て言葉を失ったという〈ハクソー・リッジ〉の真に迫る戦闘シーンが、"命を奪う戦場で、命を救おうとした"1人の男の葛藤と強い信念を浮き彫りにしていく―実話から生まれた衝撃の物語。

しかし、そんなことってホントにありうるの？

かつての世界ヘビー級チャンピオンだったカシアス・クレイ（モハメド・アリ）は、良心的兵役拒否のため禁固5年と罰金1万ドルを科せられたうえ、ボクサーライセンスも剥奪され、3年7カ月ものブランクを余儀なくされた（なお、1971年7月には合衆国最高裁で無罪となった）。しかし、ドス（アンドリュー・ガーフィールド）にはそれと同じようなペナルティはなかったの？また、第2次世界大戦中の日本では兵役拒否は到底考えられないが、同じ時期にアメリカではなぜ「良心的兵役拒否」が認められていたの？また、「良心的兵役拒否」をしたドスは、なぜ「俺は、銃を持たない」と主張したまま衛生兵として実戦に配置されたの？さらに、アメリカではホントにドスのようなケースがあったとして、それは英仏独等のヨーロッパでも可能なの？また、韓国では・・・？メル・ギブソン監督の第1の問題提起に対して私はそんな疑問を持ったが、本作はあくまで実話に基づいた物語らしい。するとアメリカって、やっぱりすごい国・・・？

## ■□■本作に見るメルギブソン監督の問題提起（2）■□■

本作のタイトルになっている「ハクソー・リッジ」とは、第2次世界大戦の激戦地、沖縄の前田高地のことで、多くの死者を出した壮絶な戦いの場として知られているらしい。ハクソーはのこぎりで、リッジは崖の意味。150メートルの断崖絶壁の崖がノコギリの

© Cosmos Filmed Entertainment Pty Ltd 2016

© Cosmos Filmed Entertainment Pty Ltd 2016

ように険しくなっていたことから、最大の苦戦をしいられたアメリカ軍が、「ハクソー・リッジ」と呼んだそうだ。本作は第1の論点を丁寧に描く前半と、壮絶なハクソー・リッジの戦闘シーンをリアルに描く後半にはっきり分けられる。沖縄戦を描くアメリカ映画は珍しいが、本作にみる問題提起の第2は、その「ハクソーリッジの戦い」の壮絶さをメル・ギブソン監督流にリアルに描いたことだ。

　戦争シーンをリアルに描いた近時のハリウッド製の戦争映画には、①スティーヴン・スピルバーグ監督の『プライベート・ライアン』（98年）と②クリント・イーストウッド監督の『硫黄島からの手紙』（06年）（『シネマルーム12』21頁参照）、『父親たちの星条旗』（06年）（『シネマルーム12』14頁参照）がある。前者は近時公開されるクリストファー・ノーラン監督の『ダンケルク』（17年）や、古くは『史上最大の作戦』（62年）等のヨーロッパ戦線（対ナチスドイツ）との戦いを描いたもので、後者は太平洋にある「硫黄島の戦い」を敢えて2部作にしてアメリカ側の目と日本側の目の双方から描いた異色作だった。戦争映画はややもすれば一方の視点が強調される嫌いがあるが、このように2部作にして双方の視点から描けば硫黄島の戦いを平等かつ客観的に評価することが可能・・・？

© Cosmos Filmed Entertainment Pty Ltd
2016

　そんな狙いが成功して、同2部作は大ヒットしたが、さて本作のタイトルに出てくるハクソー・リッジの戦いを知っている日本人はどれくらいいるの？沖縄では毎年6月23日に沖縄全戦没者追悼式（慰霊の日）が開催され、激しかった沖縄戦の回顧がなされているが、多くの日本人はひめゆり部隊は知っていてもハクソー・リッジの戦いは知らないのでは・・・？そう考えると、メル・ギブソン監督の第2の問題提起はよくわかるが、本作が日本人に受け入れられる余地は少ないかも・・・？

## ■□■ 「汝殺すなかれ」の教えをどう考える？■□■

　ハンムラビ法典に記載されている有名な「目には目を、歯には歯を」を単純に信じる人間なら、戦争に参加し武器を取り敵兵を殺すことに抵抗がないかもしれない。しかし、「汝殺すなかれ」「汝の敵を愛せよ」「右の頬を打たれたら左の頬を出せ」と教えるキリスト教（ユダヤ教も同じ？）の信者は、本来戦争に参加し武器を持ち敵兵を殺すことに矛盾を感じるのは当然だ。したがって、スペイン、ポルトガル、オランダ、イギリス、フランス等の西洋キリスト教諸国が十字軍や植民地獲得戦争をはじめとする多くの戦争を仕掛け、多くの「敵」を殺してきたのは、本来キリスト教の教えに矛盾する行為のはずだ。

　そう考えると、敬虔なキリスト教徒であるドスが、「汝殺すなかれ」の教えを教条的に（？）

信じ、いかに戦争といえども武器を持ち敵兵を殺すことを拒否したのはむしろ正論。戦争ともなればキリスト教徒でも敵兵を殺すのが当然だ、という米軍主流の考え方こそおかしいのでは。したがって、もし本当にアメリカでは「良心的兵役拒否」が許されているとすれば、それは素晴らしいことだ。

　もっとも、ドスが「汝殺すなかれ」の信念を持ち、それを貫くのは自由。また、ドスが軍隊に入り衛生兵として働きたいと希望するのもOK。しかし、軍隊に入れば軍隊のルールがあるのは当然だ。そして、自衛隊は軍隊か否かという議論を考えれば軍隊の定義は難しいが、少なくとも、どこの国でも軍隊に民主主義的自由は存在せず、「上官の命令は絶対服従」等の軍隊特有のルールがあるの当然だ。そう考えると、ドスが衛生兵として軍隊に入ることと、軍隊の中で「汝殺すなかれ」の信念を貫き通すことの両立は到底無理だと思うのだが・・・？

## ■□■本作にみるギブソン監督の問題提起（3）■□■

　しかして、本作にみるメル・ギブソン監督の問題提起の第3は、「汝殺すなかれ」と信じるドスの主義・主張（信念）と、敵兵を殺すことを基本任務とする軍隊のルールとの関係だ。スクリーン上にはドスたち一人一人に銃が与えられるシーンが登場し、「銃は自分の命であり、恋人だ」と教えられる。ところが、そこで1人だけ銃を受け取らない男ドスがいたから、これでは組織の秩序が成り立たないのは当然。最初にドスたち新兵の訓練にあたるのはハウエル軍曹（ヴィンズ・ヴォーガン）。そこで描かれる教育ぶりは、仲代達矢主演の『人間の條件』全6部作（59年～61年）や、勝新太郎主演の『兵隊やくざ』シリーズ（65年～72年）等で描かれた旧日本陸軍の新兵しごきとは全く異質だが、その厳しさは同じ。また、徹底的に体力と気力（根性）を鍛え、上官の命令への絶対服従を教え込むのも同じだが、どこかに自由の雰囲気があるのはやっぱりアメリカ流・・・？

　本作前半では、そんな新兵の訓練風景の中で様々な問題提起がされる。たとえば、「お前は右の頬を殴られたら、本当に左の頬を差し出すのか？」と質問されると、ドスはどう答えるの？さらに「銃は敵を殺すためだけではなく、自分を守るためにある。だから必要だ」

と言われると、ドスはどう反論するの？それらに対してドスは十分答えられないまま、それでも自分の主義主張を貫き通そうとしていたから、こりゃある意味タチが悪い。これでは、ドスの信念はともかく、ドスの理論武装が不十分なことは明らかだ。本作前半ではそこらの「理論闘争（？）」が面白いので、それに注目。

　結局、ドスは軍法会議にかけられるが、その容疑は上官の命令への不服従。軍法会議でハウエル軍曹や部隊長のグローヴァー大尉（サム・ワーシントン）らがドスを支持しなかったのは当然。また、軍法会議の裁判長も、弁護人も付けず理論武装も不十分なままのドスの言い分を認めなかったのは当然だ。ところが、そこにドスの父親トム（ヒューゴ・ウィーヴィング）が登場（乱入？）し、ある手紙を裁判長に手渡したところ、その「威力」によって、裁判長はドスの衛生兵としての軍隊入りを認めてしまったから、アレレ・・・？トムと裁判長は第一次世界大戦を戦った時の戦友だそうだが、その手紙には一体何が書かれていたの？日本では今、森友学園や加計学園問題での「忖度」が問題になっているが、アメリカの軍法会議はホントにこれでOKなの・・・？

## ■□■本作に見るハクソーリッジの戦いの疑問(1)■□■

　本作後半から始まるハクソー・リッジの戦いでは、まずアメリカの戦艦からの艦砲射撃の激烈さに注目！これは『硫黄島からの手紙』と同じだ。続いて米軍兵士がよじ登るのは、高さ１５０メートルの崖にかけられた縄梯子から。しかし、兵士の登り降りはこれで十分だろうが、大量の武器・弾薬も、これを使って人間の手作業で運ぶの？いくら太平洋戦争の時代といえども、大量の武器弾薬を昇降させるエレベーターのような装置くらいはあったのでは？

　他方、艦砲射撃の間に日本軍が深い壕の中に籠っていたのも『硫黄島からの手紙』と同じ。高台によじ登った米軍はそこから進撃を開始したが、それに対する日本軍の反撃は予想以上だ。しかし、あれほど強力かつ組織的な日本軍の反撃は本当に可能なの？しかも、夜が明けた後には、より大量の兵力の日本軍が反撃してきたから、米軍は一斉に撤退し、縄梯子を使っての退却を余儀なくされることに。しかし、これもホントの話しなの？そして、そうなれば高台に残された傷ついた米兵を日本軍が一人ずつ殺していくのはごく簡単だから、そこで傷つき倒れているハウエル軍曹や傷ついたドスの戦友たちは一人残らずアウト・・・。そう思うのが当然だが、そこからスクリーン上は意外な展開に・・・。

　ここで私が疑問に思ったのは、なぜ日本軍はあの縄梯子をそのまま残しておくの？ということ。ちなみに、ハクソー・リッジへの６度目のチャレンジに臨んだドスたち米軍兵士は、傷ついて撤退していく先行部隊を見ていたのに、何故目の前のハクソー・リッジには米軍の縄梯子がそのまま残されていたの？本作はドスの手記に基づいて脚本を書いたものらしいが、こんな疑問を持つと、この戦いは本当？本作に見るハクソーリッジの戦いにはそんな疑問すら湧いてくるが・・・？

## ■□■本作に見るハクソーリッジの戦いの疑問(2)■□■

　日本人にとって、沖縄戦は硫黄島の戦いと同じく悲惨な戦いというイメージしかない。ところが、本作にみるハクソー・リッジの戦いは、少なくとも高台の上では日本軍が圧勝！１５０メートルの崖下に米軍を敗退させた日本軍が縄梯子をそのまま残しているのはご愛嬌（？）だが、高台の上にはもはや走り回れる米兵が１人もいないのだから、この後日本

© Cosmos Filmed Entertainment Pty
Ltd 2016

© Cosmos Filmed Entertainment Pty
Ltd 2016

軍は傷ついた米兵を１人ずつ殺し放題！そう思うのが当然だが、何の何の。そこには未だた傷つかず、看護と救護活動に従事できる衛生兵ドスが１人残っていた。それが、本作ラストのストーリーの核になる。

　しかして、ドスは日本兵の目をかすめて穴から穴を駆け巡り、傷ついたハウエル軍曹や戦友たちに対して１人また１人と救急措置を施したうえ、肩に担いで崖まで運び、その後は１人ずつ縄梯子を使って高台から降ろしていったからすごい。しかし、ホントにこんな事が可能なの？本作ラストでは、「神様、もう１人救わせてください」と唱えながら、１人また１人とそんな作業を続け、結局７５人もの日本兵を含む負傷兵を救い出したという物語になるが、そのストーリーは本当？ひょっとして、これはマユツバ・・・？私にはそう思えてきたが・・・？

## ■□■作品賞・監督賞は無理だが、撮影賞・美術賞なら…■□■

　『史上最大の作戦』は第３５回アカデミー賞で５部門にノミネートされ、撮影賞と特殊効果賞を受賞した。また、『プライベート・ライアン』は第７１回アカデミー賞で１１部門にノミネートされ、監督賞、編集賞、撮影賞、音響賞、音響編集賞５部門を受賞した。それに対して、「メル・ギブソン流の戦争大作」という前評判の高かった本作は、第８９回アカデミー賞で計６部門にノミネートされたが、結局作品賞、監督賞を受賞できず、録音賞と編集賞という２部門の受賞にとどまった。たしかに戦闘シーンの描き方の激しさでは本作は『プライベート・ライアン』と並ぶものがあり、録音賞と編集賞の受賞には納得だが、作品賞、監督賞の受賞が無理なのは私の評論を読めば明らかだろう。

　日本人がほとんど知らない沖縄戦における「ハクソー・リッジの戦い」なるものを教えてくれた点で、本作は大いに貢献したことは間違いない。しかし、その戦いの内容と、本作でヒーローとしてまつり上げられている衛生兵ドスの奮闘ぶりには、いくつかの疑問がある。さて、皆さんはどうだろうか・・・？

２０１７（平成２９）年６月２８日記

■Data

監督・脚本：クリストファー・ノー
ラン
出演：フィン・ホワイトヘッドピー
ター／トム・グリン＝カーニ
ー／ジャック・ロウデン／ハ
リー・スタイルズ／アナイリ
ン・バーナード／ジェイム
ズ・ダーシー／バリー・コー
ガン／ケネス・ブラナー／キ
リアン・マーフィ／マーク・
ライランス／トム・ハーディ

## SHOW-HEYシネマルーム

★★★★★

### ダンケルク

2017年・アメリカ映画
配給／ワーナー・ブラザース映画・106分

2017（平成29）年9月9日鑑賞 ｜ TOHOシネマズ西宮OS

 みどころ

　ノルマンディーへの上陸作戦を描いた『史上最大の作戦』（62年）は勇ま
しかったが、ダンケルクでの「史上最大の撤退作戦」の目標は？見通しは？結
果は？

　史実としてのそれは明らかだが、ダンケルクに追い詰められた40万人の英
仏将兵の最大の任務は、「生き抜け！生き残れ！」

　『太平洋奇跡の作戦　キスカ』（65年）と同じように、その成功にはさま
ざまな偶然の要素が重なっているが、そこにダンケルク・スピリットがあった
ことは本作を見ればよくわかる。日本の大和魂との比較検討もしながら、ノー
ラン監督流の「戦争映画ではない戦争映画」をしっかり鑑賞したい。

――＊――＊――＊――＊――＊――＊――＊――＊――＊――＊――

### ■□■ダンケルクとは？史上最大の撤退作戦とは？■□■

　ジョン・ウェインをはじめとする世界の大スターたちがこぞって連合国側の将兵役を演
じた『史上最大の作戦』（62年）は、ノルマンディーへの連合国側の上陸作戦（オーバーロ
ード作戦）を178分の長尺で描いた戦争大作だった。太平洋戦争でも敗色濃い日本への
アメリカ軍の上陸作戦がどこで実施されるかは大きな注目点だったが、対ナチス戦争のヨ
ーロッパ戦線では、アメリカを含めた連合国軍が、ナチスドイツにとどめを刺すために、
どこに上陸するかが最大のポイントになった。その結果、同作公開当時中学生だった私で
も「ノルマンディー」という地名を覚えたし、「史上最大の作戦」（オーバーロード作戦）を
知ったが、さて本作のタイトルとされているダンケルクとは？　これは地名だが、ダンケ
ルクはどこにあり、何が有名なの・・・？

今の私はダンケルクがフランスの北端にあること、そのダンケルクでは、ドイツ軍に追い詰められた英仏連合軍の将兵約４０万人がドーバー海峡を渡ってイギリスに撤退するための「史上最大の撤退作戦」（ダイナモ作戦）が断行されたことをよく知っている。しかし、今の若者たちは、そんなダンケルクにおける史実を全然知らないのでは・・・？

クリストファー・ノーラン監督はそんな現代の若者を意識したためか、『史上最大の作戦』のように史実を丹念になぞっていく手法で本作を演出せず、ノーラン監督独自のやり方で本作の魅力を形作っている。したがって、必ずしもダンケルクの史実を知らなくても本作を楽しむことはできるが、やはり前述した史実は知っておくに越したことはない。その意味では、本作のパンフレットにある白石光氏（戦史研究家）の「真実のダンケルク」と題するコラムは必読だ。さらに、本作を鑑賞するについては、各自ネット情報等でダンケルクにおける「史上最大の撤退作戦」（ダイナモ作戦）の内容をしっかり勉強しておきたい。

## ■□■防波堤のテーマは生き抜け若者たち！その主役は？■□■

本作はレッキとした「戦争映画」だが、『プライベート・ライアン』（９８年）や『ハクソー・リッジ』（１６年）のように、いかにもハリウッド的な戦闘シーンを売りにした映画ではない。ダンケルクは海に面した街で、兵士たちは遠浅の海岸上に並んでイギリスへ向かう船に乗り込むのを待っていたから、ドイツ軍にとってそれを攻めるのは赤子の手をひねるようなもの。陸上からはもとより、空からでも、海からでも集中攻撃を浴びせれば、４０万人の英仏連合軍の将兵たちの命はひとたまりもないはずだ。

しかし、なぜか理由はわからないが、ナチスドイツの戦車部隊がダンケルクへの進撃を一時的に止めたのは歴史的事実。したがって、本作冒頭はダンケルクの市街戦から命からがら逃げ出す英軍兵士トミー（フィン・ホワイトヘッド）の姿が映し出されるだけで、戦闘シーンといえるようなシーンは全くない。そして、トミーが市街地を抜け出すと、彼の目の前には大きく海が広がり、浜辺に並んだ多くの英仏兵たちの姿が・・・。ハリウッド流の戦争映画を期待した人々は、それとは全然違うそんな展開にビックリするはずだが、私はノーラン監督のこの見事な演出にビックリ！

トミーは浜辺では死体を埋めていた若い兵士ギブソン（アナイリン・バーナード）と、そして、防波堤では同じく若い兵士アレックス（ハリー・スタイルズ）と知り合い、共に船に乗り込むための努力を続けることになる。それがまさに本作の防波堤における１週間の「生き抜け若者たち！」というテーマだから、本作は極めて異色な戦争映画だ。しかも、本作が異色な戦争映画になっているのは、①防波堤：１週間の出来事、②海：１日の出来事、③空：１時間の出来事、という３つのテーマを同時並行的に描きながら進んでいくこと。そして、①で、「動の姿勢」を示す主役がトミー、ギブソン、アレックスという３人の若者なら、「静の姿勢」を示すのが、ボルトン海軍中佐（ケネス・ブラナー）とウィナント陸軍大佐（ジェイムズ・ダーシー）だ。なるほど、なるほど。すると、海は？空は？

## ■□■海の１日の主役は民間人！こんなちっぽけな船で？■□■

　戦争映画であるにもかかわらず、本作の海の主役は民間のイギリス人ミスター・ドーソン（マーク・ライランス）、その１９歳の息子ピーター（トム・グリン＝カーニー）、その親友のジョージ（バリー・コーガン）の３人。ドーソンは木造のプレジャーボート、ムーンストーン号の船長として、ダンケルクに残された同胞を救出するため英国海軍が要請した民間船の徴用に応じてダンケルクへ向かうことになったが、これは１００％ボランティア活動だ。日本でも、太平洋戦争末期には民間の船舶が多数輸送船として動員され、その多くがアメリカの潜水艦の犠牲になったが、ドーソン船長の国家への忠誠心を見ていると、同じ島国でも日本とイギリスの根本的な違いを認識させられることになる。

　こんな船がダンケルクに向かって本当に役立つの？ダンケルクに向かう途中でドイツの軍艦や飛行機で攻撃されれば、こんな小型船舶の群れはひとたまりもないことは明らかだが、ムーンストーン号がダンケルクに到達するまでの冒険行、そして、ダンケルクで大量の兵士を乗り込ませた後の冒険行は本作の見どころだから、その１日の出来事にしっかり注目したい。なお、そこにはムーンストーン号が海上で救出した謎の兵士（キリアン・マーフィ）が登場する。精神的に大きなショックを受けている

『ダンケルク』2017年12月20日リリース
ブルーレイ＆DVDセット（3枚組）3,990円＋税
ワーナー・ブラザース ホームエンターテイメント
© 2017 WARNER BROS. ENTERTAINMENT INC. ALL RIGHTS RESERVED.

彼は、ダンケルク行きを断固拒否し、それをドーソン船長に命令するという行動に出るばかりか、あるハプニングのためピーターが瀕死の重傷を負わされることになる。こんな場合、船長権限としてこの兵士を海に放り出すことができるはず（？）だが、ドーソン船長の行動はあくまで冷静だ。

　邦画では、大規模な日本海軍によるキスカ島からの撤退作戦を描いた『太平洋奇跡の作戦　キスカ』（65年）が興味深かったが、４０万人の将兵たちの救出に向かったイギリスの駆逐艦は１隻のみで、あとはドーソン船長のような民間の小型船舶に依存していたのは何とも意外。ほんとにこんな寄せ集めの小型船舶で、４０万人もの将兵をダンケルクからイギリスに撤退させることができるの？そんな心配でいっぱいだが、さてノーラン監督が本作で見せる海での１日の出来事は？

## ■□■空の１時間の主役は？空中戦は？空からの援護は？■□■

証人尋問が「法廷の華」なら、戦闘機同士の空中戦はまさに「上空の華」。百田尚樹の原作を映画化し、岡田准一が主演した『永遠の０』（１３年）は感動的だったし、そこで観たゼロ戦とグラマン戦闘機との一騎打ちは迫力があった（『シネマルーム３１』１３２頁参照）。それは、本作も同じだ。その主役はイギリス軍のパイロット、ファリア（トム・ハーディ）やコリンズ（ジャック・ロウデン）だが、イギリスの戦闘機ファイヤーシュミットを操縦する彼らの空中戦の力量は？そんな興味はもちろんだが、「燃料があとどれくらい持つか？」「帰還のための燃料はキープしておくように」と気にしながら、次々と舞い込んでくる任務をいかに達成するかに苦労する彼らの姿に注目したい。

　戦闘機同士の空中戦では敵機の後ろにつくことが何よりも大切だが、それを実現し目の前の敵機をやっつけても、自分の後ろに別の敵機が迫ってくると自分もやられてしまうのは当然。さらに、ファリア達の本来の任務は、ドイツのメッサーシュミット戦闘機と一騎打ちする事ではなく、ダンケルクにおける撤退を援護すること。さあ、彼らはいかに命を張ってその任務を達成するのだろうか？

　とことん特攻機として敵艦に体当たりすることを避けていた岡田准一扮するゼロ戦乗りの宮部久蔵は最後には見事特攻機としての任務を完遂したが、さて、過剰なまでの任務に挑み、最後には燃料切れになってしまったファイヤーシュミット機の最後の操縦は・・・？そこでも、戦闘機乗りたちの生きることへの執念をしっかり確認したい

## ■□■生き抜け！生き残れ！の価値をどう考える？■□■

　『太平洋奇跡の作戦　キスカ』が描いた通り、キスカ島からの撤退作戦は日本海軍が成功させた唯一の大規模な撤退戦。それとは逆に、ガダルカナル島をはじめとする南方戦線で日本海軍は孤立した島々に残る将兵を撤退させることができず、無用な玉砕を強いたことは歴史上の事実だ。その後の「特攻作戦」を含めて、日本の軍部は少しずつ人命軽視＝兵隊は消耗品という誤った思想に変わっていったが、本作を見れば、イギリスでは何より大切なのは将兵の命だという思想が貫かれていることがよくわかる。日本なら銃を置いたまま逃げたりしたら銃殺刑ものだが、冒頭に見るトミーの銃を放り出しての逃げっぷりのよさを見れば、その違いに唖然。

　ダンケルクにおける「史上最大の撤退作戦」が奇跡の大成功と言われているのは、ダンケルクに追い詰められ、本来ならドイツ軍の陸、海、空からの攻撃にさらされて全滅していたはずの４０万人の将兵のうち約３５万人が無事にイギリスに撤退できたこと。彼らはその後の対独戦争において大いなる戦力になったわけだ。日本では１９４１年１２月８日に真珠湾奇襲作戦を成功させた若く優秀なゼロ戦乗りたちが、その後１９４２年６月５日のミッドウェー海戦でで多数戦死したうえ、その後も次第に消耗していったが、その補充はほとんどできなかった。そればかりか、敗色濃くなると兵士一人一人が特攻兵器だという馬鹿げた思想が幅を利かすようになってしまったわけだ。

「イギリスは、絶対ナチスに降伏しない」。チャーチル首相はそう宣言し、現実にもロンドンが連日ドイツ空軍の空爆にさらされる中、じっとそれに耐えたから、その「精神主義」は日本とほぼ同じ。しかし、人命尊重主義、すなわち兵器弾薬は失っても補充できるが、将兵の命は失えばその補充は大変という合理的な価値観は、日本よりイギリスのほうが数段上だ。ノーラン監督は戦争映画の本作にそんな根源的メッセージを込めて、防波堤の1週間、空の1日、海の1時間を描いている。そこに見る「生き抜け！生き残れ！」の価値観をしっかり確認したい。

## ■□■ノーラン監督の2つの映画製作手法に注目！■□■

今ドキの映画はフィルムではなく、デジタルで撮るのが常識。また、撮影現場やそこでのセットにこだわらず、ＣＧ撮影で済ませるのが常識だ。ところが、パンフレットにある尾崎一男氏（映画評論家／ライター）の「現物主義をまっとうする"フィルム"メイカーの思惑」では、次のように書かれている。すなわち

> クリストファー・ノーランが手がける映画の最大の特徴は、観客が劇中の世界へと没頭するに充分な「リアリティ」の創出だろう。そのために費やされる技術や方法が、今や彼のスタイルとして独自の域に達している。
> 特に代表的なのが、フィルムに対するこだわりだ。映画はその誕生から1世紀もの長きにわたり、フィルムという物質的な媒体によって撮像が記録されてきた。しかし現在、映画はチップやセンサーを用いて電子的に画を記録する「デジタルシネマ」にとって代わられている。そんな状況においてノーランは、今もフィルムでの撮影を継続させているのだ。

それに続いて語られている技術面は私にはよくわからないが、とにかく本作を見ていると、まず第1にこのフィルムにこだわる撮影にローラン監督流の特徴があることがよくわかる。3つの異なる時間軸の中で描かれる本作は、当然ながら防波堤での1週間のできごとが一番盛りだくさんだが、その中で最も迫力あるのは、海に投げ出された兵士たちが海の中で生き残るために格闘するシーン。その姿は時々刻々と変化していく戦況の中でさまざまだが、その格闘をとらえる本作のカメラワークの素晴らしさには、すべての観客が驚かされるはずだ。

次に、パンフレットにあるプロダクションノートやノーラン監督のインタビューを読めば、ノーラン監督が本作を製作するについてＣＧ撮影には見向きもせず、ダンケルク現地での撮影に固執したことがよくわかる。ＣＧ撮影と現場撮影との違いは私でもすぐにわかるが、『ダンケルク』というタイトルの本作で最初にはっと驚かされるのは、トミーの目の前にダンケルクの砂浜が広がるシーン。これはＣＧでは絶対表現できないだろう。本作のパンフレットには、押井守氏（映画監督）の『『ダンケルク』は映画を超えた巨大事業」と題されるＲＥＶＩＥＷがあり、その中で彼はノーラン監督が「ダンケルク」での撮影にこだわったことについて、次のとおり語っている。すなわち、

黒澤明監督の完璧な現場撮影のこだわりぶりは今や語り草になっているが、ノーラン監督も今の時代状況中で、それと同じものを目指して本作を監督したわけだ。本作では、そんなノーラン監督の2つの映画制作手法に注目し、しっかり検証したい。

## ■□■ダンケルク・スピリットとは？大和魂との異同は？■□■

『ダンケルク』2017年12月20日リリース　ブルーレイ＆DVDセット（3枚組）3,990円＋税　ワーナー・ブラザース ホームエンターテイメント© 2017 WARNER BROS. ENTERTAINMENT INC. ALL RIGHTS RESERVED.

イギリスも日本も同じ島国だし、第2次世界大戦でドイツとアメリカの激しい空爆に苦しめられたのも同じ。また、苦境に陥っても絶対に降伏はしないと言い続けた頑固さも同じだ。そして、私を含む多くの日本人が知らないのが、イギリスには「ダンケルク・スピリット」なる言葉があること。これは、生き残るための「史上最大の撤退作戦」として展開されたダンケルクの戦いでイギリス人が見せた、仲間を救おうという強い思いのこと。つまり、ダンケルクの戦いではイギリスからは軍艦だけでなく、多くの民間船が自らの舵を取り、兵士と一般市民が協力し、自国の兵士を救おうと命がけで戦ったが、奇跡を起こしたのは、仲間を救おうという強い思い。すなわち、ダンケルク・スピリットというわけだ。そして、これは英国人の誇りとして、今も語り継がれているらしい。

なるほど、なるほど・・・。そんな話しを聞き、それを日本に当てはめるとすぐに思いつく言葉が大和魂だ。この言葉は太平洋戦争中の軍部の頑迷な精神主義と結びついたため今ではかなりマイナスのイメージだが、もともとはいい意味だったはず。逆に言うと、イギリスのダンケルク・スピリットも、チャーチル首相の「絶対降伏しない」もある意味頑迷な精神主義だが、今でもそれがいい意味で使われてるのは、ダンケルクにおける史上最大の撤退作戦が成功したためだ。そういう意味では、やはり歴史は勝者が作るもの。そして、生き残る言葉も、勝者のためのものなのだ。

ダンケルク・スピリットと大和魂を比べると私はそんな気がするが、さて、あなたは？日本人としては本作を鑑賞する中で、そんなこともぜひ考えてみたいものだ。

２０１７（平成２９）年９月１９日記

**Data**

監督・脚本：ディン・シェン
出演：ジャッキー・チェン／池内博
之／ファン・ズータオ／ワ
ン・カイ／ワン・ダールー／
サン・ピン／ン・ウィンラン
／シェイ・ファン／ジャン・
ランシン／チャン・イーシャ
ン

## SHOW-HEYシネマルーム

★★★★

## レイルロード・タイガー

2016年・中国映画
配給／プレシディオ・124分

2017（平成29）年6月17日鑑賞　TOHOシネマズ西宮OS

## 👀👁みどころ

　還暦を越えたジャッキー・チェンが「列車モノ」で「列車アクション」に挑戦！時代は１９４０年代、舞台は中国山東省の鉄道駅、主役はレイルロード・タイガーのリーダー。そう聞けば反日・抗日色が心配だが、ジャッキーなら大丈夫。

　八路軍でもできなかった「韓荘大橋の爆破」という大変な任務の達成物語と、仲間・家族たちの友情・愛情物語、そして、そこに反日・抗日色をバランスよく・・・。

　「列車モノ」は面白い！そんな定説通りの出来だし、ラストの感動は『誰が為に鐘は鳴る』（43年）に迫るもの。それはちょっと言い過ぎだが、ジャッキーの頑張りと2時間のエンタメ作提供に拍手！

———＊———＊———＊———＊———＊———＊———＊———＊———＊———＊

### ■□■「列車もの」は面白い！それをあらためて実感！■□■

　「潜水艦ものは面白い」と並んで「列車ものは面白い」が、私の持論。それは馮小剛（ファン・シャオガン）監督の『イノセントワールドー天下無賊ー』（04年）（『シネマルーム１７』２９４頁参照）やポン・ジュノ監督の『スノーピアサー』（13年）（『シネマルーム３２』２３４頁参照）等で実証されている。

　若い時からアクション映画に俳優生命を懸けてきたジャッキー・チェンは、当然、一対一で対決する「カンフーもの」が多いが、車やトラックそして列車等の「道具」を使った「アクションもの」も多い。しかして、これまでに俳優としてはもとより、監督、脚本、歌手、プロデューサーとして関わってきた映画が２００本以上となり、２０１６年にはア

ジア人俳優としてはじめてアカデミー名誉賞を受賞したジャッキー・チェンが主演する最新作たる本作は、後半４５分間の息をつくことのない列車アクションを含む、まさに「列車もの」。そしてまた、いかにもジャッキー・チェンにふさわしいコメディ色満載のエンタメ巨編の「列車もの」だ。

　今秋の中国共産党大会を控えて習近平国家主席の独裁体制が強化される中、中国と香港・台湾との関係は少しずつ悪化しているが、ジャッキー・チェンの最新作ともなると、中国資本は気前よく３億元（約５４億円）もの大金を出資したらしい。さらに、中国政府の協力によって（？）、本作では中国東北地区の遼寧省鉄嶺市でのみ今でも稼働している大型の蒸気機関車が撮影に使われると共に、地元の鉄道労働者たちの協力を得て全編リアルな列車色で彩られることになったらしい。

　同じ日に見たガイ・リッチー監督の『キング・アーサー』（１７年）はＣＧ色満載だったが、本作はジャッキー・チェンの肉体を使ったアクションはもちろん、列車も駅も本物の匂いがプンプン。それもあって、後半４５分の列車のぶつかり合いや転覆シーンの迫力はすごい。やはり、「列車もの」は面白い。それを、あらためて本作で実感！

## ■□■時代は？舞台は？反日・抗日色は？■□■

　本作の時代は１９４０年代。舞台は中国山東省。つまり、日本が満州国を作り、大東亜共栄圏の建設を目指していた、中国にとって最悪の時代だ。満州国では、甘粕正彦を理事長とし、李香蘭を代表的女優兼歌手とする満映（満州映画）と共に、「あじあ号」に代表される満州鉄道が有名。狭い日本でも、「汽笛一声新橋を、早や我が汽車は離れたり」で有名な「鉄道唱歌」に代表される鉄道の敷設によって富国強兵の明治国家が建設されたから、広い満州国ではなおさら鉄道網が日本にとって重要な輸送手段だった。そのことは裏を返

せば、憎っくき日本軍に八路軍（中国共産党軍）だけではまともに対抗できない力関係の下では、反日・抗日の民間人ゲリラの活躍が大切ということになる。

　中国旅行に行くと今でも毎日のように、ホテルのテレビでは反日・抗日ドラマが放映されているが、本作で見る主役を務めるジャッキー・チ

ェンの役柄は、そんな反日・抗日の民間ゲリラ組織「レイルロード・タイガー」のリーダーであるマー・ユエン役だ。このゲリラ組織は、劉知侠原作の『鉄道遊撃隊』やゴードン・チャン監督の映画『ファイナル・オプション／香港最終指令』（９４年）で有名な「飛虎隊」をモデルとしたものらしいが、彼らは当時どんな反日・抗日活動を展開していたの？もっとも、張芸謀（チャイ・イーモ）監督の『金陵十三釵（Ｔｈｅ　Ｆｌｏｗｅｒｓ　Ｏｆ　Ｗａｒ）』（１１年）（『シネマルーム２９』９８頁参照、『シネマルーム３４』１３２頁参照）の反日・抗日色はきつかったが、本作ではそれはかなり薄められ、エンタメ色が強められているので、「その手の反日・抗日映画」が嫌いな人もご安心を。

## ■□■主役は民間ゲリラのリーダー！「日本鬼子」は誰が？■□■

　前述のように、本作の主役はジャッキー・チェン演じる「レイルロード・タイガー」のリーダー・マーだから、その縦横無尽ぶりの活躍が作品の出来を左右するのは当然。しかし、他方で反日・抗日映画では、反日・抗日のヒーローの存在感を強めるため、嫌われ役としての日本鬼子（＝リーベンクイズ）役の存在感が不可欠だし、その役割も重大だ。

　姜文（チアン・ウェン）監督の『鬼が来た！（鬼子來了）』（００年）（『シネマルーム５』２１２頁参照）では、香川照之がその日本鬼子役を「怪演」していた。また、日本人俳優で中国語がペラペラの矢野浩二が、中国で放映されている反日ドラマの日本鬼子役で大活躍しているのは有名だ。しかして、本作では、池内博之が日本鬼子役の日本軍憲兵隊長で大活躍。

　他方、なぜか日本軍の憲兵司令官由子役（日本鬼子役）を、中国人女優ジャン・ライシンが熱演している。元テコンドー選手だったという彼女のアクション能力は、とりわけ本作後半で発揮されているが、池内博之演ずる憲兵隊長より上の階級である憲兵司令官の役を、女がしかも中国人女優が演じるのはいかがなもの・・・？マーの娘でシンエル（チャン・イーシャン）が、可憐な姿で「レイルロード・タイガー」の決死の任務に志願してくるストーリーはそれなりに心打つものだが、ジャン・ライシンの日本軍の憲兵司令官由子役は、ミスキャストだったかも・・・？

## ■□■八路軍兵士の救出を契機に、重大かつ危険な任務を！■□■

　マーをリーダーとする民間ゲリラ組織レイルロード・タイガーに集うのは、①棗荘駅の駅員のダークイ（サン・ピン）、②棗荘駅で荷物運びをするシャオフウ（ン・ウィンラン）、③鋭く大きなハサミをいつも持っている素人裁縫師のダーハイ（ファン・ズータオ）等々の若者たち。彼らは棗荘駅で働く鉄道労働者だから、列車や地元の地形をよく知っているのは当然だ。

　姜文が監督、主演した近時の大ヒット作『さらば復讐の狼たちよ（譲子弾飛／ＬＥＴ　ＴＨＥ　ＢＵＬＬＥＴＳ　ＦＬＹ）』（１０年）は、１９２０年代の軍閥が割拠する時代に、

腐敗した権力に牙をむいたギャング団が西部劇風に中国大陸をかけめぐる痛快エンタメ作だったから、その舞台は広く大きかった（『シネマルーム３４』１４６頁参照）。それに対して、本作に見るマーたちの任務は所詮棗荘駅に出入りする日本軍の列車から軍用物資を盗む程度のことだから、馬や武器がなくても小回りさえきけば、その実行は可能。それでも、「チリも積もれば何とやら」で、憲兵隊長の山口はそんなレイルロード・タイガーの取り締まりが進まないことにイライラ。新しく着任してきた軍司令官の由子もその取り締まりを強化したが・・・。

　他方、マーたちのそんなセコいゲリラ活動（？）を少し斜めに構えて見下していたのが、過去にある将軍のボディガードをしていたため狙撃が自慢の男で、今は食堂を経営しているファン・チュアン（ワン・カイ）。そんな仲の悪いマーとファンを結びつけることになった出来事は、ある日、足を撃たれた八路軍兵士のダーグオ（ワン・ダールー）が町の中に逃げ込んできたことだ。マーは娘のシンエルや煎餅売りのおばさんチン（シェイ・ファン）たちと共にダーグオを匿い逃がしたが、中国を横断する日本軍軍用物資の輸送を妨害するために韓荘大橋の爆破に向かった彼の部隊はそれに失敗し、彼一人だけが生き残ったらしい。そのためダーグオはその任務をマーたちレイルロード・タイガーに託したが、それまで軍用物資の盗みしかやったことのないレイルロード・タイガーの面々にそんな重大かつ危険な任務が務まるの・・・？ファンがそんなことはとても無理！と鼻で笑ったのは当然だが、さてマーは・・・？

## ■□■爆弾はどこで？ゲリラには所詮無理？■□■

　ジャッキー・チェンは１９５４年生まれだから、私と５歳しか違わない。しかし、本作冒頭から次々と登場する彼の「列車アクション」を見ていると、その身のこなしにビックリ！私なら列車の上にしがみつくだけでも無理だが、マーをリーダーとするレイルロード・タイガーの面々は、山の中から列車の屋根の上に飛び乗ったり、屋根の上を走り回ったり、更には列車の下にへばりついて追っ手の目から隠れたりと、まさに列車を舞台として好き放題の暴れ方見せてくれるので、本作ではそんな「列車アクション」に注目！これだけのアクションができれば、駅の中の軍用物資をくすねるくらいのゲリラ活動は簡単だろう。

　しかし、橋の爆破のために必要な大量の爆弾を盗み出すとなると話は別。そこでは、警備は厳重だし、そもそも、大量の爆弾を運び出すためには大規模な輸送手段も不可欠だ。しかし、そんなことを議論ばかりしていても仕方がない。実践派で現場主義、そして何事もその場の機転とアクションの機敏さで任務を果たしてきたマーは、若手の星ダーハイと共に日本軍の爆弾庫の中に入り込み、見事に大量の爆弾を盗み出すことに成功！そう思ったが、由子と山口の執念によって形勢は逆転し、２人は捕えられることに・・・。

　そこでの司令官の計略は、２人の「公開処刑」を餌としてレイルロード・タイガーを一網打尽にすること。リーダーのマーが捕まってしまった以上、残りの部隊ではとてもその

奪回は無理。誰もがそう思ったが、そこでそれまでの主義主張を改め、レイルロード・タイガーの加入に同意したのがファン。正規軍に近い形でファンがレイルロード・タイガーの面々に銃の打ち方や戦闘技術を教えたことによって、レイルロード・タイガーは何とかマーとダーハイの奪回作戦を成功させたが、さあ次の本格的目標である韓荘大橋の爆破という、八路軍にもできなかった大任務の達成は・・・？

## ■□■橋爆破は至難の技。しかし、これぞ男子の本懐！■□■

橋の爆破のためには何よりも橋に大量の爆弾を巻き付ける作業が必要だし、一定の時刻に一瞬に橋を爆破する爆破装置と爆弾を連結しなければならない。そのため、それは大変な作業で、その達成は至難の業。そのことは、ゲーリー・クーパーとイングリッド・バーグマンが共演した『誰が為に鐘は鳴る』（４３年）を観ても、『戦場にかける橋』（５７年）（『シネマルーム１４』１５２頁参照）を観てもよくわかる。もっとも、マーの場合は、韓荘大橋の爆破のみが目標で、韓荘大橋の爆破とその上を走る列車の爆破の両者が目標ではないから、まだ少し楽かも・・・。本作は、ラスト４５分にみるその韓荘大橋の爆破がクライマックスになるので、それに注目だが、その前にマーが立案する列車強奪計画とその実行にも注目したい。

スティーブ・マックイーン、ジェームズ・ガーナー、チャールズ・ブロンソン、ジェームズ・コバーン、リチャード・アッテンボロー、デヴィッド・マッカラムなどハリウッドのスターたちが大集結した『大脱走』（６３年）では、大脱走の前のトンネル掘り作業の計画性とその実行ぶりがクライマックスシーン前の面白さだったが、それは本作も同じだ。八路軍が狙うのは、日本軍が新たに導入する兵器を乗せた輸送列車を阻止するために韓荘大橋を爆破すること。そのためにまずマーたちレイルロード・タイガーの面々が乗っ取る輸送列車には大量の爆弾はもちろん戦車まで積み込まれていたから、当然その警備は厳重だ。そう思っていたが、本作ではそこらあたりの日本のヘマさ加減が少しご愛嬌。しかし、それでもそこで見せるマーたちの列車内への「潜入アクション」はお見事で、迫力十分なうえコメディー色もたっぷり。

他方、その警備を指揮する由子と山口も剣術や格闘能力は抜群だから、マーたちを迎え撃つレベルは相当高い。したがって、マーたちが乗り込んだ列車内の爆弾の奪い合いではダークイ、シャオフウ、ダーハイたち若いレイルロード・タイガーのメンバーたちが、一人また一人と犠牲になっていくことに・・・。マーは今回の任務については犠牲者はもとより、自分の死も覚悟のうえだったから、これらの死者の屍を乗り越えながら、今やボロボロになった列車に乗り込み続け、大量の爆弾と共に韓荘大橋の手前まで進んだが、そこで列車は停まってしまったから万事休す。一瞬そんな諦めムードになりかけたが、さあそこからさらに登場する最後のクライマックスとマーの決死の行動とは・・・？

## ■□■自己犠牲の姿も中国流！ジャッキー流で！■□■

　『誰が為に鐘は鳴る』では、爆破装置の設置を終え、最後に敵の狙撃を免れながら走ったロバートの足を敵の銃弾が射抜いたから、さあロバートはどうする？そんなクライマックスの中、自由のため、スペインのため、アメリカのためにはどうしても頑張れないロバートが、「そうだ。マリアのためならまだ頑張れる」と最後の力を振り絞り、マリアたちを逃がすシーンが感動的だった。もちろん、『誰が為に鐘は鳴る』では、主人公のロバート自身が、スペイン人民のためフランコ独裁体制に反対してスペインに渡ったアメリカの義勇軍兵士だから、もともとしっかりした任務感をもった人物だった。

　それに対して本作の主人公マーは、レイルロード・タイガーのリーダーとして反日・抗日の不満分子を率いているのだから、それ相応の愛国心を持っていることは確実だが、そのために命を張ろうという気持までも持っていたのかどうかは、冒頭にみせる彼の姿とキャラを見ると、いささか怪しいものだ。しかし、傷つきながらも韓荘大橋爆破の任務達成に固執する若い八路軍兵士ダーグオの心意気を知ると、・・・？さらに、それまで仲の悪かったファン・チュアンの本格的協力を得たり、自分の目の前でレイルロード・タイガーに結集する若いメンバーたちが次々と死んでいく姿を見たり、自分の娘のシンエルまでも命を懸けて任務の達成に協力している姿を見ると・・・。

　やっと韓荘大橋にたどり着いたマーは由子や山口たちとの対決を続けていたが、肝心の橋を爆破するための大量の爆弾は、今にも橋からずり落ちそうな軍用列車の中に収められたまま。しかし、最後のチャンスとして火のついた1個の爆弾を列車の中に投げ込んだところ、それが無事にナイスイン！これで橋の爆破は大成功！そう思ったが、残念ながら、いったん列車の中に入った爆弾は次の瞬間無情にもずり落ちてしまったから、いよいよ万事休すだ。さあ、そんな中、６０歳の還暦を超えたジャッキー・チェン演じるマーが見せる、オリンピックと世界体操競技選手権で素晴らしい活躍を見せ続けた内村航平ばりのダイビングとは・・・？

　爆破のためには、韓荘大橋に爆弾を巻き付ける作業が不可欠。そして、それに着火して爆発させる作業が不可欠。マーはそれにこのダイビングで挑んだわけだが、するとその本人は・・・？本作のクライマックスに観る『誰が為に鐘は鳴る』で見た主人公ロバートの崇高な自己犠牲の姿とは少し違う、中国流かつジャッキー・チェン流の自己犠牲の姿に注目したい！

　　　　　２０１７（平成２９）年６月２６日記

Data
監督・脚本：原田眞人
原作：司馬遼太郎「関ヶ原」（新潮
　　　文庫刊）
出演：岡田准一／役所広司／有村架
　　　純／平岳大／東出昌大／大
　　　場泰正／松山ケンイチ／春
　　　海四方／中嶋しゅう／中越
　　　典子／壇蜜／伊藤歩／北村
　　　有起哉／音尾琢真／和田正
　　　人／松角洋平／キムラ緑子
　　　／西岡徳馬／滝藤賢一

★★★★

## 関ヶ原

2017 年・日本映画
配給／東宝、アスミック・エース・149 分

2017（平成 29）年 8 月 26 日鑑賞　　TOHO シネマズ梅田 OS

## 👀👀 みどころ

　　今年の終戦記念日に向けての戦争大作がこれ。『坂の上の雲』と並ぶ司馬遼太郎の最高傑作に沿って、原田眞人監督が「関ヶ原」を映画化！女忍者・初芽の登場等のエンタメ性を楽しみつつ、島左近を通じた石田三成の人間性に肉薄したい。

　　そして、近江派＝石田三成＝淀君派ＶＳ尾張派＝加藤清正、福島正則＝北政所（ねね）派の対立軸と、それを見据え、徹底的に利用した徳川家康の大戦略を俯瞰しつつ、「関ヶ原の合戦」の実態に迫りたい。

　　しかし、本作こそ２時間２７分の１本モノではなく、４時間の２本モノにすべきだったのでは・・・？そのため、一部わかりづらい点が出たし、大スペクタクルとなるべき「合戦シーン」の描き方にも不満が・・・。

―――＊―――＊―――＊―――＊―――＊―――＊―――＊―――＊―――＊

### ■□■原作は？テレビドラマは？俳優は？■□■

　　『日本のいちばん長い日』（15 年）への挑戦（『シネマルーム３６』１６頁参照）に続いて、原田眞人監督が挑戦したのが『関ヶ原』。『日本の一番長い日』は半藤一利原作の『日本の一番長い日』（大宅壮一監修）に基づくものだったが、本作は司馬遼太郎の『関ヶ原』を原作としたもの。同小説は『国盗り物語』『新史太閤記』に続く司馬遼太郎の「戦国三部作」の最終作であり、また『覇王の家』『城塞』と並ぶ「家康三部作」の１つで、『週刊サンデー』紙上で１９６４年７月から１９６６年４月にかけて連載されたもの。私が読んだのはずっと後になってからだが、大いに興奮しながら読んだ記憶がある。

　　他方、これを原作として、１９８１年１月２日から１月４日まで３夜連続で放映された

テレビドラマもあり、私はこれも興味深く鑑賞した。同ドラマは加藤剛が石田三成役、三船敏郎が島左近役を、そして三国連太郎が本多正信役、森重久彌が徳川家康役をそれぞれ演じた大型時代劇だったが、そこでは「関ヶ原の戦い」に至るまでの権力闘争の模様と人物像が原作に沿って詳細に描かれていた。また、クライマックスの「関ヶ原の戦い」でも、小早川秀秋の裏切りと大谷刑部の奮闘をはじめとする様々な人間ドラマが面白く描かれていた。したがって、本作については、まずは司馬文学の理解という視点からしっかり鑑賞したい。

　次に俳優の面では、本作で石田三成を演じるのは岡田准一。『永遠の０』（１３年）（『シネマルーム３１』１３２頁参照）や『海賊とよばれた男』（１６年）（『シネマルーム３９』６８頁参照）等の大作、さらにはＮＨＫ大河ドラマ『軍師官兵衛』等に続く主演だが、さて彼の熱演ぶりは？本作で徳川家康を演じるのは役所広司だから、俳優としてのキャリアと実力には大差がある。すると、関ヶ原の戦いで石田三成率いる西軍が敗北したのと同じように、演技面でも岡田准一は役所広司に敗北？いやいや、そんなことはないはずだが・・・。

## ■□■司馬遼太郎原作の魅力あれこれ！■□■

　「関ヶ原の戦い」は１６００年９月１５日に起きた徳川家康率いる東軍と石田三成率いる西軍との激突で、チラシが謳っているように、「わずか６時間で決した史上最大の戦いは、その後の日本の歴史を大きく変えた」もの。もっとも、これは日本国内では「史上最大の戦い」だが、なぜその戦いに至ったのか？なぜわずか６時間の戦いで勝敗が決したのか？なぜ石田三成が西軍を率いたのか？等については、あまり知られていない。チラシにも「誰もが知る「関ヶ原」の誰も知らない真実」と書かれている。それを読み解く鍵が司馬遼太郎の原作だが、そこでは史実を踏まえつつ、デビュー作たる『梟の城』で、忍者葛籠重蔵を登場させた司馬遼太郎らしく、女忍者初芽（有村架純）を登場させる等エンタメ的な色彩も強い。司馬原作の『関ヶ原』の魅力はいろいろあるが、ここではそのいくつかを列記しておきたい。

　その第１は、女忍者初芽の登場。これは司馬の完全な創作だが、ストーリー構成上大きなウェイトを占めるのでそれに注目！第２は、石田三成（岡田准一）が佐和山城の自分の禄高の半分を渡してまで家老に迎え入れようとした武将、島左近（平岳大）の人物像を押し出すとともに、彼との繋がりを通じて「純粋すぎる武将」と言われた石田三成のキャラクターを浮かび上がらせたこと。第３は、それまであまり知られてなかった石田三成の盟友、大谷刑部（大場泰正）のキャラクターを大きく取り上げたこと。第４は、従来、裏切り者、小心者のイメージで固まっていた小早川秀秋（東出昌大）の人物像に深く切り込んだこと。そして第５に、「関ヶ原の戦い」に至るまでの権力闘争として、官僚派石田三成＝近江派＝淀君派ＶＳ武断派加藤清正（松角洋平）、福島正則（音尾琢真）＝尾張派＝北政所（ねね）派の構造を司馬遼太郎らしく的確に描き、加藤清正や福島正則らが家康に取り込

まれ、石田三成と敵対していくサマを鮮やかに描いたことだ。加藤清正や福島正則から暗殺計画を立てられ窮地に陥った石田三成が、あえて徳川家康の伏見屋敷に逃げ込むストーリーをはじめて読んだときは、目から鱗の思いがしたものだ。

　もっとも、司馬遼太郎の原作をそのまま映画化すれば当然テレビドラマのように8時間を要するため、本作はストーリーをかなり絞っているが、それでもナレーションを活用することによって原作を忠実に生かしている。本作については、原作をしっかり読むことが大切だし、それによって本作をより楽しむことができるはずだ。

## ■□■やはり４時間は欲しい。原田監督の弁解（？）は？■□■

　キネマ旬報は本作を「時代劇の新たな頂点」と位置付け、8月下旬号と9月上旬号の2号にわたって原田眞人監督のロングインタビューをはじめとする特集を組んでいる。原作を読んでない人でもこれを読んで本作を観れば、本作の魅力や全体像がより理解できるだろう。しかし、そうでなければ、いくら要領よくまとめていても2時間27分では司馬遼太郎原作の全体像はわかりづらい。原作は、石田三成と島左近の親密さと信頼関係と対比するかのように、徳川家康とその家来の策士である本多正信の親密さと信頼関係を描いていたが、本作ではそれはごく一部にとどめている。しかし、2時間27分の1本モノにするのなら、これは思い切ってカットしてもよかったのでは・・・？その他、私は原作のどこを描き、どこをカットするかについての原田眞人監督の選択が少し甘かったのではと思っている。

　ロングインタビューの中で原田眞人監督は、「もともと、前後編で4時間くらいにするところから始まったんです。でも途中で、言い出しっぺの会社が降りちゃって、1本にできないかと。泣く泣く伏見城の攻防戦をやめたりしたのです」と述べている（『キネマ旬報』8月下旬号51頁）。もっとも、「結果としては1本にして正解だったと思います。そのほうが関ヶ原に結集した武将たちの人間群像、そして三成VS家康の関係性、さまざまな政治的駆け引きがハッキリした。僕は現状の、およそ2時間半という長さが一番合っている気がします」とうまくとりなしているが、正直なところ、これは強がり・・・？

　近時は、『６４－ロクヨン－前編』（16年）（『シネマルーム38』10頁参照）、『６４－ロクヨン－後編』（16年）（『シネマルーム38』17頁参照）、『ソロモンの偽証　前篇』（15年）（『シネマルーム36』96頁参照）、『ソロモンの偽証　後篇』（15年）（『シネマルーム36』101頁参照）等、前後編で4時間くらいにまとめる大作が増えているのだから、まさに本作こそそれにふさわしい素材のはずだ。

## ■□■1本モノ、2時間27分にしたマイナス点は？■□■

　ちなみに、トルストイの名作『戦争と平和』を映画化したオードリー・ペップバーン主演の『戦争と平和』（56年）は3時間28分の1本ものだったが、国家の総力を挙げて制

作した（？）ソ連版の『戦争と平和』（67年）は、全4部作で6時間半を越す超大作。アウステルリッツの戦い、ボロジノの戦いをはじめとする大合戦シーンは、そりゃ映画史上に残るものすごい規模のものだった。それに対比する意味でも、司馬遼太郎の『関ヶ原』を原作として映画を作るのなら、それこそ前後編、全4時間モノで撮って欲しかったと思うのは私だけ・・・？.

　2時間27分の長尺とはいえ1本モノにしたマイナス点は、多くの武将たちの多種多様な顔とその役割がわかりづらいこと。とりわけ「小山会議」の演出がそうだ。また、初芽、赤耳（中嶋しゅう）、蛇白（茶阿）（伊藤歩）等の忍者たちはキャラが立っているため、その人物像がよくわかるものの、「関ヶ原の戦い」を理解するための中核となる東軍の武将たる加藤清正、福島正則や井伊直政（北村有起哉）、松平忠吉、黒田長政（和田正人）たちや、西軍の武将たる安国寺恵瓊（春海四方）、小西行長、増田長盛、長束正家たちのキャラと役割の識別がイマイチ。それはすべて時間不足のためだ。時間があと90分あれば、もっと各武将のキャラと役割を詳しく描けたはずだし、それによってクライマックスの「関ヶ原の戦い」における各武将の役割もより理解できたはず。したがって、本作の制作費をケチって前後編とせず2時間27分の1本モノにしたのは失敗だと言わざるを得ない。

　さらに、石田三成にセリフを早口でしゃべらせたため、その言葉が聞き取りにくいことも大きなマイナス点だろう。劇場から出てきた客のそんな声もあちこちから・・・。

## ■□■なぜ三成は負けたの？小早川秀秋の裏切りの実態は？■□■

　前述のとおり、本作のチラシには「誰もが知る『関ヶ原』の、誰もが知らない真実」と謳われているが、そこにいう「誰も知らない真実」とは一体ナニ？本作は２時間２７分の１本モノに収めるため取捨選択の優劣はあるものの、司馬遼太郎の原作『関ヶ原』に沿ったものだから、原作を読んでいる人にはナレーションを含めてその基本構造がすぐにわかる。したがって、冒頭の石田三成と島左近との出会いのシークエンスからして、「誰もが知る『関ヶ原』のストーリーが展開していくことになる。

　他方、本作を見終わってもチラシにいう「誰も知らない真実」とは何かがよくわからないが、私の理解では、それは「関ヶ原の合戦」の勝敗を分けた小早川秀秋の裏切りの実態らしい。司馬遼太郎の原作でも、テレビドラマの『関ヶ原』でも、小早川秀秋はあらかじめ家康との間で裏切りの密約を交わしていたが、肝心の時が迫ってもなかなか動かない小早川秀秋にしびれを切らした家康が、「大砲」を打ち込んだため、「家康が本気で怒っている」と感じた小心者の小早川秀秋がやっと裏切りを決心し、大谷刑部の陣地に攻め込んだというストーリーが描かれ、それが真実だと思わされてきた。ところが、本作にみる小早川秀秋の裏切りの実態とは・・・？本作に見る原田監督の演出を見ると、なるほどそういう解釈もありかと思う反面、私はそんな馬鹿な、と思う面が強い。さて、あなたの理解は・・・？

　日本の合戦史上最大となった「関ヶ原の合戦」が、結果としてわずか６時間で決着がつき、東軍の大勝に終わったことは歴史上の事実だが、なぜ西軍が大敗したのかについての分析はしっかりやる必要がある。石田三成はもともと西軍の「総大将」ではなく、毛利輝元や小早川秀秋、さらには島津豊久らの大大名をまとめる調整役に過ぎなかったことは明確だが、本作ではその調整役としての役割を十分果たせなかったことはしっかり描かれている。しかし、これは最初から想定内のことだったの？それとも石田三成が「勝機は我にあり」と叫んだにもかかわらず、あちこちから誤算が積み上がってきたためなの？そこらあたりが本作を見てもイマイチ・・・？

## ■□■合戦シーンの描き方は？これで理解できる？■□■

　日本には、かつて黒澤明監督という世界的巨匠がいた。彼が監督した戦国絵巻の傑作である『影武者』（８０年）や『乱』（８５年）では、勝新太郎の降板をめぐるドタバタ劇や、天候が絶好の状態になるまでいつまでも撮影を待ち続けた等々、さまざまな逸話が残されいる。そんなサブストーリー（？）も面白かったが、これらの作品における合戦シーンの見事さは、日本の戦国時の合戦絵巻として最高のものだった。まさに、空前絶後、ＣＧを駆使した今の映画では到底考えられない人海戦術と大金をかけた映画製作だった。それでも、ソ連版『戦争と平和』に見た、「アウステルリッツの戦い」や「ボロジノの戦い」のス

ケールには及ばないが、その集団的戦闘シーンは映画として最高のものだった。しかして、本作のクライマックスで描かれる「関ヶ原」の合戦シーンは・・・？

それについて、キネマ旬報９月上旬号における岡本修造氏の「三成と家康の駆け引きから合戦まで　作り手のエネルギーが全篇から伝わってくる」は、「最初は長槍部隊が相手方を叩きのめした後に接近戦へとなだれ込むところでも、最初は槍の動きが揃っていて美しいが、やがてその陣形が乱れて混戦になっていくという、"美から乱"へ変化する戦いが基本だ」「本来命のやり取りをする合戦では、遠目から観た陣形のきれいさなどを保てるはずがない」と分析したうえで、「彼は影響を受けた作品の一つに黒澤監督の『七人の侍』（５４）を挙げているが、あの映画の最後に出てくる雨が降りしきる中で行われる、生き残りをかけた野武士集団と侍＆農民たちの泥まみれの戦闘、それを合戦の規模に拡大したのが今回の映画で、昔の黒澤映画や外国の戦争映画へのオマージュを捧げながら、これまでにない合戦シーンを創造した監督の力業は評価されていい」とまとめている。

しかし、私たちが小学生時代にやった運動会の騎馬戦でも集団戦法が基本だったように、数万人の敵味方が激突する合戦ではやはり集団戦が基本で、そのための戦略と戦略が勝敗を分けるはず。そのことは、「曹操」や「三国志」等の中国ドラマにおけるさまざまな合戦シーンを見ても明らかだ。したがって、『七人の侍』へのオマージュはいいが、同作の戦闘シーンと「関ヶ原の合戦」の戦闘シーンを同列に論じるのはナンセンスなのでは・・・？私はハッキリ言って、本作の合戦シーンにはかなり不満がある。だって、本作ではどの部隊がどこで、どの部隊とどのように戦っているかがサッパリわからないからだ。６月２４日に観た『ハクソー・リッジ』（１６年）の戦闘シーンですら、「ハクソー・リッジ」の岸壁をよじ登った米軍が、いかに日本軍に撃退されたのかがよくわかるように描かれていたのだから、「関ヶ原の合戦」では、どこに配置された誰の率いる部隊がどこをどう攻め、それを誰がどう受け止めたのかという合戦内容をもっとわかりやすく見せる必要があったのでは・・・？

## ■□■世界三大古戦場を提唱！その心意気や良し！■□■

私は本作を公開初日に映画館で鑑賞したが、客席はほぼ満席。『トランスフォーマー』や『ワンダーウーマン』、さらには『ダンケルク』や『エイリアン・コヴィナント』等のハリウッド大作が次々と公開される中、本作がどこまで観客を集めるかが注目される。また、日本では毎年８月１５日の終戦記念日に向けた「戦争大作」が作られてきたが、今年はそれがなく、８月２６日に公開された本作がそれに代わるものらしい。したがって、冒頭に述べた司馬文学の理解という視点からはもちろん、８月２９日早朝の弾道ミサイル１発の発射に象徴されるように、北朝鮮からのきな臭いにおいがプンプンする昨今、日本国の様々な戦略戦術を考える視点からも、本作の大ヒットを期待したい。

なお、「関ヶ原」という地名は日本人には有名だが、世界的には如何に？近時やっと小泉

内閣時代に提唱された「観光立国宣言」が実を結び、外国人観光客の来日が急増しているうえ、その内容も「爆買い」から「コト消費」に大きく変化している。しかし、古戦場という視点から「関ヶ原」を考える外国人はどれくらいいるの？それは日本人でも少ないはずだから、外国人観光客にはまだまだだろう。そんな中、岐阜県と関ヶ原町は、「わが関ヶ原」を欧州ワーテルローと米ゲティズバーグに並ぶ「世界最三大古戦場」と提唱しているらしい。その心意気や良しだが、その広がりは・・・？

　それについては、8月30日付け朝日新聞の「天声人語」は次のように書いているので、本作の鑑賞にあわせて、これについてもしっかり考えたい。

**天声人語**

　「世界3大」をうたう文物は世にあまたある。珍味、夜景、発明、劇場、映画祭。だが「世界3大古戦場」とは寡聞にして知らなかった。ナポレオンの栄華を終わらせた欧州ワーテルロー、リンカーン大統領が名演説をした米ゲティズバーグ、そしてわが関ケ原だという▼提唱するのは岐阜県と関ケ原町である。世界史に刻まれた戦争と並び立つものだろうか。「たしかに世界3大と銘打てるかは微妙です。時代も影響も違います」と町歴史民俗資料館長の飯沼暢展さん(60)。「でも共通点はある。十数万の兵が動員されたこと、戦いが時代の雌雄を決したことです」▼県と町は昨春、2都市から市幹部らを招いて「古戦場サミット」を開いた。今週は知事らがワーテルローを訪ね、姉妹古戦場協定を交わす。折しも映画「関ケ原」が公開され、地元に追い風が吹く▼「歴史の授業で有名なわりに観光にいかせていない」。町にはかねて歯がゆさがあった。欧米の古戦場観光を調べ、提携話に発展したそうだ▼世界3大と言うなら、関ケ原よりもスペインが地中海を制した海戦の舞台レパント、『三国志』で名高い赤壁が浮かぶ。アレクサンドロス大王の戦勝の地イッソスもある▼歴史ファンならずとも議論は尽きないが、それにしても世界3大の名乗りは気宇壮大である。果敢さもここに至るといっそすがすがしい。ほかのどんな合戦が重要か、海外の目に関ケ原はどう映るのか。歴史の面白さを知る糸口としては格好のテーマだろう。

2017・8・30

2017（平成29）年9月1日記

**Data**

監督：ヴァンサン・ペレーズ
原作：ハンス・ファラダ「ベルリン
　　　に一人死す」（みすず書房
　　　刊）
出演：エマ・トンプソン／ブレンダ
　　　ン・グリーソン／ダニエル・
　　　ブリュール／ミカエル・パー
　　　シュブラント

★★★★

## ヒトラーへの２８５枚の葉書

2016 年・ドイツ・フランス・イギリス映画
配給／アルバトロス・フィルム・103 分

| 2017（平成 29）年 7 月 11 日鑑賞 | シネ・リーブル梅田 |

## 👀 みどころ

　一人息子が戦場で死亡！日本なら「名誉の戦死」として悲しみを隠し、「天皇陛下万歳！」と叫ぶところだが、この両親は・・・？

　反ナチ思想の持ち主でもないのに、「総統は私の息子を殺した。あなたの息子も殺されるだろう」と書く抵抗を思いつき実行するのは大したものだが、止むにやまれずそんな行動をとった両親の心情とは？すごいのはそれが約２年間も、２８５枚も続けたことだが、その効用は・・？

　後半の逮捕劇があっけないのは意外だが、考えてみればそれも当然。その分だけ余韻が強く残ることに・・・。英語劇の違和感は少ないが、それでもやはり私は断然ドイツ語劇派・・・。

―――＊――＊――＊――＊――＊――＊――＊――＊――＊――

## ■□■また新たに、ナチスドイツ批判の視点が！■□■

　ナチスドイツやヒトラー、そしてアイヒマンらの犯罪性については、『シネマルーム３９』では、「ヒトラーもの」と題して、『手紙は憶えている』（１５年）（８３頁参照）、『ヒトラーの忘れもの』（１５年）（８８頁参照）、「アイヒマンもの」と題して、『アイヒマンを追え！ナチスがもっとも畏れた男』（１５年）（９４頁参照）、『アイヒマンの後継者　ミルグラム博士の恐るべき告発』（１５年）（１０１頁参照）を掲載した。また、『シネマルーム３８』では、「あらためてヒトラーを考える」と題して、『アイヒマン・ショー　歴史を映した男たち』（１５年）（１５０頁参照）、『帰ってきたヒトラー』（１５年）（１５５頁参照）を掲載した。

　このように、戦後７０年以上経った今でも、第２次世界大戦下におけるナチスドイツの

恐怖政治を題材にした映画は絶え間なく作られているが、ここにまた、新たなナチスドイツ批判の視点が誕生した。

## ■□■原作の英訳本の大ヒットから映画化へ！■□■

　本作は、原作の英訳本が大ヒットしたため映画化が決まったそうだ。本作の公式サイトには次のように書かれている。すなわち、

> 本作の原作は、ドイツ人作家ハンス・ファラダがゲシュタポの記録文書を基に、わずか4週間で書き上げたと言われる「ベルリンに一人死す」。実在したオットー＆エリーゼのハンペル夫妻をモデルにしたこの小説は、アウシュヴィッツ強制収容所からの生還者であるイタリアの著名作家プリーモ・レーヴィに「ドイツ国民による反ナチ抵抗運動を描いた最高傑作」と評され、1947年の初版発行から60年以上経た2009年に初めて英訳されたことで世界的なベストセラーとなった。

続けて、同サイトには次の通り書かれている。すなわち、

> この反戦小説に深い感銘を受け、自らメガホンを執って念願の映画化を実現させたのは、1990年代に『シラノ・ド・ベルジュラック』『インドシナ』『王妃マルゴ』といったフランス映画の歴史大作に相次いで出演し、美男スターとして一世を風靡したヴァンサン・ペレーズ。ペレーズ監督自身、父親がスペインの出身で祖父はフランコ将軍のファシスト政権と戦い処刑され、母親はドイツ系でナチスから逃れて国外へ脱出したという過去を持っている。本作では、息子の死をきっかけにナチの独裁政権に反旗を翻した平凡な夫婦が、ゲシュタポの捜査網をかいくぐりながら2年間にわたって孤独で絶望的な闘いを繰り広げていく姿を、静かな畏敬の念をこめて映し出す。

## ■□■なぜこんな邦題に？原題は？■□■

　手紙や葉書をテーマにした映画や歌は多い。新藤兼人監督の『一枚のハガキ』（11年）はその1つだ（『シネマルーム27』91頁参照）。同作では出征兵士が妻に届けて欲しいと戦友に託したたった一枚の葉書がテーマだったが、本作は、『ヒトラーへの285枚の葉書』という邦題の通り、1人で書いた285通の葉書（ポストカード）がテーマ。

　1984年3月の江崎グリコ社長の身代金要求誘拐事件以降、日本中を震撼させたいわゆる「グリコ・森永事件」では、江崎グリコに対して直接送られる身代金要求の脅迫状の他、新聞社や週刊誌に送りつけられるさまざまな挑戦状が大きな特徴だった。驚くべきことにその犯人は、1年半の間に、警察には挑戦状、企業と報道機関には脅迫状と挑戦状を計144通出している。それと同じように、本作では明らかに文体を偽造して書いた反ナチを訴える285通のカードが次々と街中に置かれたから、その書き主と置き主が誰かが大問題に。

このように本作では、どうしても葉書に焦点がいってしまうため、『ヒトラーへの２８５枚の葉書』という邦題にも納得だが、本作の英題は『Ａｌｏｎｅ　ｉｎ　Ｂｅｒｌｉｎ』。その意味はストーリーが深刻化するにしたがってハッキリと見えてくるから、本作ではこの英題の意味もしっかり考えたい。

## ■□■息子の戦死を知った両親の決断は？■□■

召集令状や戦死の通知が事務的になるのはやむを得ないと私は思うのだが、一人息子ハンスの戦死を伝える事務的な封書に納得できなかったのが、母親のアンナ・クヴァンゲル（エマ・トンプソン）と父親のオットー・クヴァンゲル（ブレンダン・グリーソン）。オットーはナチスの党員ではないが、軍需工場の職工長として真面目に働いている労働者で、「反ナチ思想」の持ち主ではない。しかし、戦死した息子に対するあまりに冷たい事務的なナチスドイツやその「総統」たるヒトラーの仕打ちを考えるうちに、次第に・・・。

『ヒトラーへの285枚の葉書』・発売：ニューセレクト
販売：アルバトロス・税抜価格：3,800円
© X FILME CREATIVE POOL GMBH / MASTER MOVIES / ALONE IN BERLIN LTD / PATHÉ PRODUCTION /

その結果、オットーは１枚のポストカードに「総統は私の息子を殺した。あなたの息子も殺されるだろう」と怒りのメッセージを書き、これを街中に置くことに・・・。しかし、こんな行為は、日本で去る７月１１日に施行された「テロ等準備罪」を新設する「改正組織犯罪処罰法」に該当するのでは・・・？そして、今の日本でもそうなのだから、パリを占領したことによって戦勝気分に盛り上がっている１９４０年当時のドイツでは、ベルリンでこんなカードが見つかれば犯人は直ちに逮捕され、死刑になってしまうのでは・・・？

## ■□■ポストカードの効用は？２人の満足度は？■□■

反ナチのビラを撒き、逮捕され、処刑された事件は、『白バラの祈り　ゾフィー・ショル、最期の日々』（０５年）で有名だが、それは大学生たちの組織的な反ナチの抵抗運動だった。それに対し、本作が描くオットーとアンナのポストカードは個人（夫婦）だけの抵抗。したがって、１度や２度はヒトラーへの腹立ちからそんな行動をとっても、それを継続するのは難しいのでは・・・？

一方ではそう思えるが、２人とも馬鹿ではなく確信犯だから、自分たちの行動がゲシュタポに露見すれば即逮捕され処分されることはわかっていたから、ポストカードに指紋を残さないことはもちろん、その置き先やその行動を目撃されないこと等の注意点はしっか

り守っていた。「グリコ森永事件」の犯人のように、新聞社や雑誌社へ愉快犯的に投稿することも、もちろんない。人間がある行動をとるについては、普通その行動の効用を考えるはずだが、２人の場合は自分たちの行動の効用を知ることは、それがマスコミ報道される可能性がない以上まず不可能。逆に、ポストカードの数＝犯行の数が増えるにしたがって、犯行が露見する危険も大きくなってくるのは当然だ。

　他方、１枚目のポストカードを回収した時から、その文面を見て、犯人像を戦争で一人息子を失った両親だと特定し、犯行回数が増えるにつれて置き場所や文書の特徴からさらに犯人像を絞り込んでいったのがゲシュタポ（秘密警察）のエッシェリヒ警部（ダニエル・ブリュール）だ。本作に見る、当時のゲシュタポとナチス政権との（力）関係は興味深いし、エッシェリヒ警部の本作に描かれる「思想性」も特筆ものだから、本作ではそれにも注目したい。結果的に約２年間にも及んだ２人の犯行をスクリーン上で見ながら私が注目したのは、ポストカードの効用は？２人の満足度は？ということだが、さて、それは・・・？

## ■□■逮捕は必然？もう少しうまく・・・？■□■

　本作は、オットーとアンナのポストカード置きによる抵抗がメインストーリーだが、オットーが住むアパートには当時のベルリンの世相を反映するかのように、①反体制的な判事、②ナチスから身を隠すユダヤ人、③筋金入りのナチス党員、④密告者、等の興味深い人物が住み、少しずつそのキャラを見せてくれるので、それにも注目！

　そこである意味、オットー以上にかわいそうな目に遭うのが、エッシェリヒ警部は絶対犯人ではないと確信しているにもかかわらず、ナチスの上層部からの、極端なことを言えば「誰でもいいから早く犯人を逮捕して処罰しろ」というハチャメチャな命令のために、警部が処罰してしまうことになる男だ。犯人が逮捕されれば、以降ポストカード置きはなくなるはずだが、エッシェリヒ警部が処罰したにもかかわらず、すぐ次の犯行が実行されるから、アレレ・・・？

　それはともかく、本作後半に登場する犯人逮捕劇は時間的にも短いうえあっけなさ感があり、多くの観客は少し拍子抜けしてしまうのでは・・・？あれほど緻密で用心深かったオットーは、なぜそんなチョンボをしたの・・・？そう思わざるをえない。そのため、オットーの逮捕は必然だと思うものの、本作の逮捕劇の描き方には少し疑問も。さらに、もう少しうまくやっていたら、ひょっとしてナチスの崩壊までオットーの逮捕はなかったのでは？そんな風に虫のいいことも思わないでもないが、それでは原作が誕生しなかっただろうし、本作も生まれなかったはず。しかし、それでも、もう少しうまく・・・？

## ■□■２人のベテラン俳優の演技に注目！■□■

　去る７月９日に観た『素敵な遺産相続』（１７年）では、１９３４年生まれの女優シャーリー・マクレーンの元気印が光っていた。それに対し、本作では、静かに夫の決断と行動

を支え、見守り、時には危険もいとわず夫と共に行動する妻アンナ・クヴァンゲルを演じたエマ・トンプソンの存在感が光っている。また、同日に観た『しあわせな人生の選択』（15年）では、末期ガンを宣告された男を演じたリカルド・ダリンと、カナダから来たその古い友人役を演じたハビエル・カマラの、互いに競うような静かで力強くかつ渋い演技が光っていた。それに対し本作では、オットーを演じたブレンダン・グリーソンの静かだが、断固とした決意に満ちた行動を示す演技が光っている。

　とりわけ、この2人のベテラン俳優の演技の見事さが目立つのは、2人の犯行が露見し逮捕されてから。オットーがエッシェリヒ警部に対して、「妻は関係ない」と弁解したり、それが通用しないとなると「妻だけは見逃してくれ」と懇願するのは、未練というもので少し見苦しいが、それはそれで夫婦間の愛情を示すものだから、やむをえない。それに対して、エッシェリヒ警部の綿密な捜査状況を目の当たりにしたオットーが、すぐに自分の立場を悟り、自己の罪を認めたのは潔い。もちろん、その後の2人の裁判、判決、死刑の執行は織り込み済みだが、本作では犯行が露見した後の2人の潔い態度に注目したい。

## ■□■英語劇の是非は？私はやっぱりドイツ語劇派だが・・・■□■

　そんな2人のベテラン俳優のきっちり計算し尽くされた緻密な演技を見て思ったのは、本来はドイツ語劇であるべき本作をヴァンサン・ペレーズ監督があえて英語劇とし、ブレンダン・グリーソンとダニエル・ブリュールの2人を主役に起用したことの意味だ。ブライアン・シンガー監督の『ワルキューレ』（08年）がドイツ語でなく英語劇になったのは、主役のクラウス・フォン・シュタウフェンベルク大佐役にトム・クルーズを起用したためのやむを得ない選択（『シネマルーム22』115頁参照）で、本当はドイツ語劇にしたかったはずだ。しかし、本作は原作の英語版が世界中で大ヒットしたため映画化が実現したものだから、観客へのサービスのため（？）にも英語劇にすべき・・・？その点について、公式サイトでヴァンサン・ペレーズ監督は、「これはヨーロッパの映画だから、僕らは英語で製作することに決めた。あとはふさわしい役者を見つければよかったんだ」と語っているが、さて、その是非は？私はやっぱりドイツ語劇派だが・・・。

　２０１７（平成２９）年７月１４日記

『ヒトラーへの285枚の葉書』
発売：ニューセレクト
販売：アルバトロス・税抜価格：3,800円
© X FILME CREATIVE POOL GMBH / MASTER MOVIES / ALONE IN BERLIN LTD / PATHÉ PRODUCTION / BUFFALO FILMS 2016

Data
監督：ショーン・エリス
出演：キリアン・マーフィ／ジェイ
　　　ミー・ドーナン／シャルロッ
　　　ト・ルボン／アンナ・ガイス
　　　レロヴァー／ハリー・ロイド
　　　／トビー・ジョーンズ／マル
　　　チン・ドロチンスキー／アレ
　　　ナ・ミフロヴァー／ビル・ミ
　　　ルナー

SHOW-HEYシネマルーム

★★★★

ハイドリヒを撃て！　「ナチの野獣」暗殺作戦

2016年・チェコ、イギリス、フランス映画
配給アンプラグド・120分

| 2017（平成29）年7月14日鑑賞 | テアトル梅田 |

## 👀👀 みどころ

　近時多くの「ヒトラーもの」が公開され、「アイヒマンもの」も多いが、「ハイドリヒもの」は珍しい。また、フランス、オランダ、ポーランドを舞台とした「ナチスもの」は多いが、「チェコもの」「プラハもの」も珍しい。

　当時ボヘミア・モラヴィア保護領だったチェコの提督代理として赴任した「ナチスのナンバー3」ハイドリヒの暗殺は大仕事。韓国映画『暗殺』（16年）は多少マンガチックなところもあったが、本作は終始緊迫間でいっぱいだ。

　銃の故障のため暗殺は失敗！一瞬そう思ったが、さて・・・？しかし、結果オーライになれば、その報復は・・・？現場の悲劇と、彼らの犠牲によるチェコ亡命政府の地位の向上。そんな現実を、本作でしっかり勉強したい。

────＊────＊────＊────＊────＊────＊────＊────＊────＊────

## ■□■公開相次ぐ「ヒトラーもの」だが、この男は初登場！？■□■

　本作は去る7月11日に観た『ヒトラーへの285枚の葉書』（16年）に続く「ヒトラーもの」だが、「金髪の野獣」と称されたラインハルト・ハイドリヒとは一体何者？数多い「ヒットラーもの」映画の中でも、近時は『ハンナ・アーレント』（12年）（『シネマルーム32』215頁参照）以降、『アイヒマン・ショー　歴史を映した男たち』（15年）（『シネマルーム38』150頁参照）の「アイヒマンもの」が目立っている。

　『シネマルーム32』216頁では、ナチス・ドイツを率いたアドルフ・ヒトラーに忠誠を誓い、反ユダヤ主義を貫いた極悪非道の「三悪人」として、①ヨーゼフ・ケッペルス、②ハインリヒ・ヒムラー、③アドルフ・アイヒマンを挙げた。しかし本作によると、ヒトラー、ヒムラーに次ぐ「ナチス第3の男」は、「金髪の野獣」と呼ばれた男ラインハルト・

ハイドリヒらしい。最近公開が相次ぐ「ヒトラーもの」だが、この男は初登場！？

## ■□■ナチス・ドイツの侵攻はあちこちに！■□■

　近々公開されるクリストファー・ノーラン監督の『ダンケルク』（１７年）では、ドイツの陸、海、空軍からダンケルクに追い詰められたフランス軍のイギリスへの脱出作戦が描かれている。この脱出作戦の成功にもかかわらず、１９４０年６月にナチス・ドイツに占領されたフランスでは、ペタン元帥を首相とするヴィシー（傀儡）政権が登場し、親ナチス政策をとったこと、そして、ある意味で人権の国フランスの「恥部」とも言える「ヴェル・ディブ事件」が１９４２年に起きたことを『黄色い星の子供たち』（１０年）で学ぶことができた（『シネマルーム２７』１１８頁参照）。また、ナチス・ドイツに占領されたオランダにおけるレジスタンスたちの活動は、『ブラックブック』（０６年）で学ぶことができた（『シネマルーム１４』１４０頁参照）。

　逆に、ナチス・ドイツの支配が及んだデンマークでは、ナチス・ドイツの敗北後、デンマークに残されたドイツの少年兵たちが強制的に地雷除去作業に従事させられたことを、『ヒトラーの忘れもの』（１５年）で学ぶことができた（『シネマルーム３９』８８頁参照）。また、ナチス・ドイツとソ連の勢力がぶつかり合ったポーランドでは、７月２日に観た『残像』（１６年）が遺作となったポーランドの巨匠アンジェイ・ワイダ監督の『カティンの森』（０７年）（『シネマルーム２４』４４頁参照）で「カティンの森虐殺事件の悲劇」を学ぶことができた。

## ■□■プラハを舞台とした「ヒトラーもの」ははじめて！？■□■

　このように、ナチス・ドイツの侵略は各方面に及んでいたが、１９４７年当時、「ボヘミア・モラヴィア保護領」と呼ばれていたチェコスロバキアのチェコ部分はナチス・ドイツに占領され、チェコスロバキアの亡命政府はイギリスに樹立されていたらしい。この「ボヘミア・モラヴィア保護領」の総督として赴任してきたのが、ナチ親衛隊（ＳＳ）の大将にして秘密警察などのナチ弾圧組織を束ねた男ラインハルト・ハイドリヒだ。なるほど、なるほど・・・。

　プレスレシートにある増田好純氏（ドイツ現代史研究者・早稲田大学）の①「ハイドリヒに挑んだ男たち―大義と情動のはざまで」、②「ハイドリヒとは何者か」を読めばボヘミア・モラヴィア保護領の成立事情とその中で戦ったレジスタンスの大変さがよくわかるので、これは必読だ。韓国映画『暗殺』（１５年）は、日本の占領統治時代の韓国を舞台に、初代の朝鮮総督として京城（現在のソウル）に乗り込んできた寺内正毅の暗殺を狙う物語だった（『シネマルーム３８』１７６頁参照）が、本作は邦題の通り、そんな男ハイドリヒの暗殺を狙う物語だ。私の持論の１つは映画は勉強。しかして、あなたは本作からいかなる勉強を・・・？

もっとも、ハイドリヒ暗殺の物語は既にフリッツ・ラング監督の『死刑執行人もまた死す』（43年）やルイス・ギルバート監督の『暁の7人』（75年）でも描かれていたらしい。私は自分の無知を告白するとともに、その分しっかり本作を勉強したい。

## ■□■誰が味方で誰が敵？こいつは本物？それとも・・・？■□■

　本作の時代は１９４１年冬。ちなみに、この年の１２月８日に日本はアメリカの真珠湾に奇襲攻撃を仕掛け、日米戦争が始まっている。そして、舞台はボヘミア・モラヴィア保護領のチェコだ。

　イギリス政府とチェコ亡命政府からハイドリヒ暗殺の指令を受けて、パラシュートで森の中に降り立ったのはヨゼフ（キリアン・マーフィ）とヤン（ジェイミー・ドーナン）。彼らの最初の任務は、現地のレジスタンス組織と接触し、その支援を受けること。しかし、総督としてボヘミア・モラヴィア保護領を統治しているハイドリヒは、既に莫大な報奨金を出すことによってほとんどの抵抗組織を潰していたから、ヨゼフとヤンの２人は、接触する男たちをすべて信用することができず、誰が敵で誰が味方かを見分けることが不可欠

だった。また、仲間と一緒にハイドリヒを暗殺する「エンスラポイド作戦」を開始しても、その作戦への賛否をめぐる意見対立があれば、いつ誰が裏切るかもしれないから、こいつは本物？それとも・・・？の判断が不可欠だ。

　本作導入部では、①動物病院の獣医、②現地の抵抗組織「インドラ」の幹部であるヴァネック（マルチン・ドロチンスキー）とハイスキー（トビー・ジョーンズ）、③２人の隠れ家となるモラヴェツ家の主人、妻マリー・モラヴェツ（アレナ・ミフロヴァー）、バイオリニストの一人息子アタ・モラヴェツ（ビル・ミルナー）、④モラヴェツ家にお手伝いとして来ている可憐な娘マリー・コヴァルニコヴァー（シャルロット・ルボン）等が登場するが、ヨゼフとヤンにとって誰が味方で、誰が敵？そしてまた、こいつは本物？それとも・・・？

## ■□■女は道具？それもやむなし！他方で真実の愛も！■□■

　敵と味方、本物とニセ物の判断を誤れば、ヨゼフとヤンも「エンスラポイド作戦」の実

行前に捕えられてしまうことになる。そんな緊迫感の中で、ヨゼフはマリーに「同じような年頃の女性はいないか」と尋ねたが、それは一体何のため？それは明らかにその女を道具に使うためだ。翌日、マリーの紹介で現れたのはレンカ（アンナ・ガイスレロヴァー）という美しい女性だったが、これは美人すぎるのが少し難。だってあえてアベックで行動して目立たないようにするべく女を道具としたのに、こんな美人では逆にドイツ兵の注目を集めてしまうから、これではヤブ蛇・・・？

　緊迫した動きの中でも、本作はそんな面白いエピソード（？）が描かれるが、正直言って、私にはヨゼフの女を道具として利用する気持ち（戦術）は理解できるが、マリーと恋に落ち、アタの誕生日パーティーで婚約発表までするヤンの気持ちは理解できない。余分なことに気を遣わず（？）、任務に集中した方が自分も気が楽なのでは・・・？

　ちなみに、司馬遼太郎の『坂の上の雲』では、主人公の1人である秋山真之は、宮内省御用掛、稲生真履の三女である季子と結婚はしたものの色恋ざたにはほど遠かったが、海軍兵学校同期の親友・広瀬武夫は、駐在武官としてロシアに駐在中、美しいロシア娘・アリアズナ・アナトーリエヴナ・コワリスカヤと恋に落ち、国際結婚問題にまで発展したが、それによる気苦労も大きかったはずだ。それはともかく、本作では、こんな緊迫した状況下で生まれる真実の愛の姿にも注目したい。

## ■□■決行！それとも中止？命令はシンプルでなくちゃ！■□■

　野球でもベンチからの指示は、勝負なら勝負、敬遠なら敬遠とシンプルでなければダメ。バッターの様子を見ながら、勝負か敬遠かお前がしっかり決めて投げろ、などというピッチャーへの指示はナンセンスだ。それと同じように連絡網が不十分な状況下でハイドリヒ「転勤」の噂が出る中、エンスラポイド作戦を決行するの？それとも中止するの？本作を見ていると、イギリス政府とチョコスロバキア亡命政府からの指示は2通りに分かれていたから、こりゃナンセンス。これでは現場が混乱するのも当然だ。しかも、「インドラ」の幹部であるヴァネックはもともとハイドリヒ暗殺作戦を決行すれば、その報復でチョコのレジスタンス組織は壊滅させられると考えて作戦に反対していたから、作戦中止の手紙が

届くとそれに同調し、作戦決行の手紙に正当性を認めなかったのは当然。

　そんな混乱下、ヨゼフが「ハイドリヒ転勤前の明日に作戦を断固決行！」という強い意志を示したため、全体の意見は「決行に決定！」。しかし、そこでヤンは極度の緊張感のため過呼吸症状を引き起こす始末だったから、こりゃホントに大丈夫？もっとも、ハイドリヒ暗殺作戦の実行計画は単純なものだったから、スクリーン上でその展開を見ていると、まさに計画通り。

ここで、ヨゼフの拳銃から弾丸が発射されれば暗殺は大成功！ところが、何とヨゼフの拳銃の故障のため弾丸が出なかったから、アレレ・・・？そこでヤンがハイドリヒめがけて投げた手榴弾によってハイドリヒの車は大破したが、さてハイドリヒの生死は・・・？

　そんな状況下、ヨゼフとヤンは仲間とともに現場から逃走したが、直ちにプラハに非常事態宣言が出され、街は完全に封鎖されてしまった

から、ヨゼフとヤンをはじめレジスタンス仲間たちの運命は・・・？

## ■□■民間人の悲劇をどう考える？■□■

　本作は、韓国映画『暗殺』と同じように、①暗殺側の人間である実行犯のヨゼフとヤン②それを支援する抵抗組織インドラの幹部であるヴァネックとハイスキー③報奨金には目もくれず危険も省みないで、抵抗組織を秘かに支援する民間人のモラヴィツ一家、に焦点を当てた物語。そのため、ヨゼフとヤンたちの襲撃によって結果的に死亡したハイドリヒの人物像については本作では何も描かれず、彼の姿はニュース映像と襲撃された時にピストルで反撃する姿だけだ。

　ハイドリヒは若くしてナチ親衛隊のトップであるヒムラーの片腕として能力を発揮していたが、そんな彼がボヘミア・モラヴィア保護領の総督代理に起用されたのは彼の「保護領政策」が高く評価されたためだ。しかして、それはどのようなもの？それは、日本が韓国を併合し、寺内正毅を朝鮮総督として京城に派遣したのと同じようなものだし、抵抗組織をつぶすために報奨金制度を採用したのも日本と同じだ。本作後半ではその報奨金制度がいかによく機能していたかを示すエピソードも登場するのでそれにも注目！

　ナチス・ドイツにとって、ボヘミア・モラヴィア保護領の提督代理たるヒムラーが白昼堂々と襲撃されたのは大事件。その犯人は草の根をわけても逮捕しなければ・・・。そう

考えたのは当然。その結果、ヨゼフたちを匿ったと疑われた小さな村は村ごと焼かれてしまったし、現実にヨゼフとヤンを匿っていたモラヴィツ家にも今、捜索の手が・・・。さらに、ヨゼフと接触していた女性レンカにも捜査の手が・・・。

　本作ラストに向けては、暗殺実行集団だけではなく、そんな民間人たちに対する弾圧のサマが描かれるので、それに注目！これは、暗殺計画に反対していたヴァネックが予言していたとおりの悲劇だが、さてヒムラー暗殺を命令した側のイギリスにあるチェコ亡命政府の幹部たちは、この悲劇をどのように受け止めたの・・・？

## ■□■教会の立て籠もりは絶望的。しかし、それでも・・・■□■

　ジョン・ウェインが主演した『アラモ』（６０年）では、「アラモの砦」に立て籠った男たちの任務は迫ってくるメキシコの大軍を１日でも長く引き止めることだった。したがって、この時点では「玉砕」という言葉はなかっただろうが、最初から全員死亡（戦死）することは覚悟の上だった。それと同じように、ヨゼフとヤンはパラシュート部隊の隊員と共にレジスタンスに協力している教会の地下に逃げ込んだが、その発見は時間の問題。本作では、モラヴィツ家の一人息子アタ・モラヴェツへの拷問や報奨金目当ての男の裏切りのため、教会はナチス・ドイツの兵に包囲されることに。その結果、本作ラストのクライマックスはこの教会での攻防戦（銃撃戦）になるのでそれに注目！

　本作を観ていると、ヨゼフやヤンたちの抵抗の頑強さが目立つが、これは映画なればこその話で、本当はこんなに華々しく銃弾をぶっ放して多くのドイツ兵を殺傷することはできなかったはず。だって、彼らが持っている銃器や弾丸数は限られていたはずだし、ドイツ兵だってスクリーン上で見るようなバカげた突入はしてこなかったはずだ。本作でも、ドイツ軍は途中から「水攻め作戦」を採用したが、日本でも豊臣秀吉が何度も採用した「水攻め」や「食料攻め」を使えば、ドイツ軍は犠牲を払わずとも教会の中に立て籠もっているヨゼフやヤンたちを容易に退治することができたはずだ。それでは映画として面白くないから、本作のクライマックスは映画用の演出だと理解しつつ、彼らの死の覚悟を決めた奮闘ぶりとその最後のサマをしっかり確認したい。

　２０１７（平成２９）年７月２４日記

# SHOW-HEY シネマルーム

★★★★

## ある決闘　セントヘレナの掟

2016年・アメリカ映画　配給／クロックワークス・東北新社・
STAR CHANNEL MOVIES・110分

| 2017（平成29）年6月10日鑑賞 | 梅田ブルク7 |
|---|---|

**Data**

監督：キーラン・ダーシー＝スミス
出演：ウディ・ハレルソン／リアム・ヘムズワース／アリシー・ブラガ／エモリー・コーエン／フェリシティ・プライス／ホセ・ズニーガ／ウィリアム・サドラー／クリス・ベイカー／クリス・ベリー／ベネディクト・サミュエル／ジャイルズ・マッシー

## 👀 みどころ

　久しぶりに観る「ウエスタン・ノワール第2弾」の西部劇は潜入捜査モノ。ダルビッシュ有が入団し活躍している大リーグ球団・テキサスレンジャーズの由来とは？また、ヘレナ式決闘とは？

　トランプ大統領の登場以降アメリカとメキシコの国境が注目されているが、『アラモ』（60年）がホントの真実？それとも、テキサスはアメリカが奪い取った土地？

　そんな歴史の上に先住民の存在も絡ませながら、独自の法により州内の自治を守った"テキサス・レンジャー"の、ある活躍ぶりを本作でしっかり確認したい。

―――＊―――＊―――＊―――＊―――＊―――＊―――＊―――＊―――＊―――＊

### ■□■久しぶりの西部劇はウエスタン・ノワール第2弾！■□■

　かつてのハリウッド映画では西部劇が花盛りだったが、近時は激減。最近の西部劇の傑作は、黒澤明監督の『七人の侍』（54年）をリメイクした『荒野の七人』シリーズ第5作となる『マグニフィセント・セブン』（16年）（『シネマルーム39』296頁参照）とクエンティン・タランティーノ監督の『ヘイトフル・エイト』（15年）（『シネマルーム37』40頁参照）だった。しかして、本作は近時公開された第1弾『悪党に粛清を』に続く「ウエスタン・ノワール」第2弾。これは、「スターチャンネル・ムービー」が、「映画の本来の魅力、感動と興奮と涙と笑いがいっぱい詰まった良質の作品を、世界中から厳選してお届けする、映画のラインナップ」らしい。

　本作の事前情報はあまりなかったが、本作の企画はマット・クックの『ザ・ブラックリ

スト（優秀脚本を選ぶ賞）』に選ばれた脚本からはじまったそうだから、きっと面白いに違いない。ちなみに、パンフレットのＩＮＴＲＯＤＵＣＴＩＯＮには次の通り書かれている。すなわち、

> 『グランド・イリュージョン』など数々のハリウッド大作に出演しているウディ・ハレルソンと『ハンガー・ゲーム』シリーズなど若手ＮＯ．１の人気を誇るリアム・ヘムズワースというハリウッドきっての演技派二人がタッグを組んだ本作は、『パトリオット・デイ』（６月公開）でも脚本を務めたマット・クックの「ザ・ブラックリスト（優秀脚本を選ぶ賞）」に選ばれた脚本からはじまった。キーラン・ダーシー＝スミス監督は、従軍経験のあるクックと共に伝統的なウエスタンの“決闘”というモチーフを中心に据えながらも、そこに＜国境＞＜信仰＞＜暴力＞など建国から続くアメリカの闇を映し出し、聖書的寓話とミステリーが織りなすウエスタン・ノワールを完成させた。

西部劇が大好きな浜村淳氏は６月２日付朝日新聞夕刊に本作のインタビューを載せており、そこでは本作への愛着ぶりが軽妙に語られていた。そんな記事を読んだこともあって、私は久しぶりに正規の料金を払って映画館で本作を鑑賞することに・・・。なお、本作の鑑賞に刺激を受けた私は、その日の夜に、近時ＢＳ３（プレミアム）で録画した『壮烈第七騎兵隊』（４２年）を観た。これは昔のハリウッドの西部劇を代表する傑作だが、本作のテイストは当然そのテイストとは全く違ったもの。さて、その面白さは・・・？

## ■□■本作では次々とこんな新発見！あんな新発見！■□■

２０１２年ダルビッシュ有がアメリカ大リーグのテキサス・レンジャーズに入団したことによって、テキサス・レンジャーが有名になったが、そもそも、「テキサス・レンジャー」って一体ナニ？それを、本作ではっきり知ることに。また、本作のタイトルになっている「セントヘレナの掟」って一体ナニ？私は「巌流島の決闘」はよく知っていたが、「ヘレナ流決闘」は全く知らなかった。これは、互いの左手を布で繋ぎ合わせ、右手のナイフでどちらかが死ぬまで闘うテキサス州ヘレナでかつて行われた決闘方式らしい。なるほど、なるほど・・・。

私は『ニュートン・ナイト　自由の旗をかかげた男』（１６年）（『シネマルーム３９』６３頁参照）を観て、アメリカの南北戦争の時代に「ジョーンズ自由州」と称して南部から独立し、「ジョーンズ自由州４原則」を宣言したニュートン・ナイトという男がいたことをはじめて知った。また、トランプ大統領就任以降、アメリカとメキシコの国境問題と移民問題が急浮上しているが、私にとって『エスコバル　楽園の掟』（１５年）（『シネマルーム３３』未掲載）と、『カルテル・ランド』（１５年）（『シネマルーム３８』１１４頁参照）は、１８４８年に国土の約半分をアメリカに割譲してから今日までのメキシコ麻薬戦争を

テーマにした興味深い映画だった。さらに、ジョン・ウエインが主演した『アラモ』（６０年）とそれを近時リメイクした『アラモ』（０４年）（『シネマルーム６』１１２頁参照）は、メキシコからテキサスを守ったというテイストの映画だった。しかし、本作では、冒頭のこんな字幕で次の歴史を勉強することなる。すなわち、

> １８４６年、アメリカがテキサスを奪う形でメキシコに戦争を仕掛け、戦後の両国の国境はリオ・グランテ川に制定された。アメリカ先住民やメキシコ人と白人入植者の衝突が何十年も続く中、秩序維持を担う一団があった。独自の法により州内の自治を守った"テキサス・レンジャー"である。

なるほど、なるほど、本作では次々とこんな発見！あんな発見を！

## ■□■サスペンスウエスタンの本作は潜入捜査もの！■□■

本作では、まず冒頭の「ヘレナ流決闘」に注目！その勝者はエイブラハム（ウディ・ハレルソン）だ。敗者となって横たわっている男の側ににじり寄り、じっとエイブラハムを見つめる少年に注目！この少年こそ、その２２年後にテキサス・レンジャーとしてテキサス州知事（ウィリアム・サドラー）の要請によって、マウント・ハーモンという町への潜入捜査を開始することになる男デヴィッド（リアム・ヘムズワース）だ。

© MISSISSIPPIX STUDIOS, LLC 2015

テキサス州ヘレナで、神を信じない無宗教の男ジェシーと神を信じる男エイブラハムがヘレナ式決闘をしたのは１８６６年。それから２２年後の１８８８年、シャイアン族の戦いを終えたにもかかわらず、アメリカとメキシコとの国境として定められたリオ・グランテ川には、毎日何十という死体が流れ着いていた。

© MISSISSIPPIX STUDIOS, LLC 2015

その中に以前から姉弟で行方不明だったメキシコのカルデロン将軍の甥の死体が見つかったことによって怒ったカルデロン将軍は、未だ行方不明の姪と犯人を捜すため大部隊を出すと息巻いているらしい。そこで、これ以上戦争を望まない州知事は、事件を解決するために死体が流れ着く川の２０キロほど上流にある町マウント・ハーモンへの潜入捜査をデヴィッドに命じたわけだ。なるほど、なるほど・・・。

すると、現在マウント・ハーモンの町を牛耳っているのは、２２年前のあの時、ヘレナ式の決闘でデヴィッドの父親ジェシーを殺したあの男、エイブラハム？当然そんな予想ができたが、さてそんな予想の成否は？

## ■□■予想がピタリ！2人の男の対比は？■□■

本作にみるエイブラハムのセリフ回しには独特のものがあり、少しくどいが、それが「説教師」という役柄がピッタリ。しかし、そもそも説教師って一体ナニ？本作でエイブラハムは、そんな説教師であると同時にマウント・ハーモンの町長のような役割を担っていたから、私の予想がピタリと的中。他方、古典的な西部劇ではインディアンによる「頭皮狩り」の習慣が有名だが、エイブラハムも頭皮狩りで千人の先住民、黒人、メキシコ人を虐殺して名を挙げていたらしい。さらに、民兵団を率いて北軍を殺りくし、死と暴力にとりつかれたうえ、マウント・ハーモンに小さな自分の王国を築いていたらしい。彼のそんな「蛮行」を支えているのは、本作全編を通じて示される、彼の強い意志の力と独自の理念だ。そんな彼には、アイザック（エモリー・コーエン）という息子がいたが、一代目に比べると、どうみても二代目の存在感の無さと馬鹿さ加減が目立っている。

他方、デヴィッドはあくまでテキサス・レンジャーとして州知事に命じられた任務を全うするためにマウント・ハーモンの町にやってきたもの。したがって、その町長たるエイブラハムが自分の父親殺しの犯人だとわかっても、それはヘレナ式決闘の結果と割り切っており、エイブラハムに対して個人的恨みを晴らすつもりはなかったから、思いがけずエイブラハムから保安官の仕事を任せられると、その話に乗っていくことに・・・。デヴィッドは、テキサス・レンジャーとして特別の訓練を経ているわけではないようだが、度胸の座り方はもちろん、射撃も格闘も抜群。そのうえ知的レベルも高いから、エイブラハムの息子アイザックとは大違いだ。そうすると、ひょっとしてエイブラハムはデヴィッドに対して理想の息子の姿を・・・？逆にデヴィッドは、エイブラハムに対して理想の父親の姿を・・・？

## ■□■美しい妻の「奪い合い」が絡むと・・・■□■

デヴィッドにとって誤算だったのは、「一人で家に残るのはイヤ」と駄々をこねた妻マリソル（アリシー・ブラガ）の希望を聞き入れて一緒にマウント・ハーモンの町にやってきたこと。そして、そのために美しい妻の「奪い合い」問題が発生したことだ。エイブラハムがマリソルに興味を示したのはもちろんマリソルが美人だったためだが、エイブラハムのマリソルへのアプローチ（誘惑？）を見ていると、それ以上に何かがありそうだ。他方、マリソルの方はそんなエイブラハムの誘惑をはねつければいいだけだが、それが何故か中途半端。さらに、デヴィッドの目で見ると、マリソルもどこかでエイブラハムに対して興味と関心を持っているように思えたから、アレレ・・・。こりゃヤバイ。そう思っていると、いろいろと・・・。本作中盤では、親子ほど歳が離れているエイブラハムとデヴィッドのキャラが、直接ぶつかり合うだけではなく、そこにエイブラハムの息子アイザック、デヴィッドの妻マリソル、デヴィッドの亡父親ジェシーのキャラが複雑に絡まってくるの

で、それをしっかり観察したい。

本作のパンフレットには、添野知生氏の「言い知れぬ不穏さを纏った『父殺し』の物語」と題する「ＣＲＩＴＩＣ」があり、そこでは、エイブラハムの息子アイザックへの思いとデヴィッドの父親ジェシーへの思いの中で互いに理想的な父親と理想的な息子を感じ合い

ながら、トコトン対立に向かっていくエイブラハムとデヴィッドのあり方を興味深く論じているので、それに注目！ちなみに「父親殺し」をテーマにした最も有名な作品はシェークスピアの『ハムレット』だが、潜入ものの西部劇たる本作のそんなテイストは珍しいので、本作ではそこに注目！

# ■□■２人の女性に注目！さらにラストの女性にも！■□■

西部劇では男のキャラがメインとなり、女は添えもの的になるのは仕方ない。しかし本作では前述したデヴィッドの妻マリソルと、マウント・ハーモンの町で娼婦をしている女ナオミ（フェリシティ・プライス）という２人の女性がストーリー構成上大きな役割を果たすので、それに注目！

マリソルはデヴィッドを愛しているにもかかわらず、「自分を憎んでいる人は愛せない」と意味シンなセリフを吐くうえ、デヴィッドにせがんで同行したマウント・ハーモンの町の滞在中には、エイブラハムからの度重なるアプローチ（誘惑？）のため何かとお騒がせ的な事件に巻き込まれることに・・・。他方、ナオミはエイブラハムの息子アイザックの情婦でもあるようだが、はじめて会ったデヴィッドにマウント・ハーモンの町の危険を暗示するから、かなりのワケあり女だ。デヴィッドがこの町にやってきた目的は潜入捜査で、決してエイブラハムへの復讐ではなかったが、エイブラハムがマリソルに対して格別の関心を示したことよって、デヴィッドの心の中に次第に荒波が広がっていくことに・・・。

さらに本作では、マウント・ハーモンの町の人たちがエイブラハムから提供されているメキシコ人「狩り」を有料で楽しむシークエンスが登場するのが大きなポイントになる。そして、本作ラストには、その檻の中に入っていた１人の若いメキシコ人女性が、大きな役割を果たすので、それにも注目！

本作はたくさんの問題提起に対する「正解」は提示していない。したがってラストのエイブラハムとデヴィッドの決闘についても、デヴィッドが勝利しても別にかまわないのかもしれないが、やはり最後は・・・？

## ■□■任務の達成は？ここでの「ヘレナ式決闘」はなぜ？■□■

　デヴィッドがテキサス・レンジャーの一員として州知事の命令によって潜入捜査のためにマウント・ハーモンの町に入ってきたことを、エイブラハムがどこまで認識していたのかはストーリー構成上明確ではない。しかし、エイブラハムはデヴィッドがあの時の「ヘレナ式決闘」で殺したジェシーの息子であることや、何らかの目的を持って妻と共に自分が支配している町にやってきたことは明確に認識していたから、そんなデヴィッドを葬り去ろうとすれば、それは簡単なこと。しかし、本作のストーリー展開はそうではなく、エイブラハムはデヴィッドの自由な行動を最大限尊重し、好きなようにやらせたうえで、最後に自分の手でデヴィッドを殺そうとしたが、それは一体なぜ？本作では、そこらあたりが父と子を巡る確執を１つのテーマとして描かれているので、それに注目したい。

　なお本作では、袋の中のねずみ状態となったデヴィッドに対して、エイブラハムの息子アイザックがあえて「ヘレナ流決闘」を申し込むので、それに注目！これは、一貫して出来の悪い息子としてスクリーン上に登場していたアイザックが、最後の土壇場で見せる唯一の男の意地であり、父親のエイブラハムに認めてもらうための最後のチャンス。もっとも、誰がどうみても冒頭で見たエイブラハムとジェシーとの「ヘレナ流決闘」と同じようにその結果はミエミエだが、なぜエイブラハムはあえてそんな決闘を認めたの？そして、その決闘を終えた後のエイブラハムとデヴィッドの最後の対決は・・・？

## ■□■最後の対決は？正義は勝者の手に？■□■

　本作のクライマックスは、当然エイブラハムとデヴィッドの「ヘレナ流決闘」ではない方式での「対決＝決闘」になる。そしてそこでは予想通り、デヴィッドが圧勝することになる。しかし、このような形でデヴィッドがテキサス・レンジャーとしての任務を果たし、エイブラハムの悪が明白となったことによって、勝者はデヴィッドと州知事（アメリカ合衆国）に決まるの？

　テキサス・レンジャーズのダルビッシュ有投手は２０１７年のシーズンの出だしは好調だったものの、しばらくは足踏みが続いていた。それは、ニューヨーク・ヤンキースの田中将大投手も同様だが、ダルビッシュ有投手は６月１２日（日本時間１３日）の試合で７回１安打の快投を見せて、今年の通算成績を６勝４敗としたから、まずまず。

　しかして、本作でテキサス・レンジャーの一員として任務を果たし圧倒的にエイブラハムをやっつけたデヴィッドは、勝者として州知事の下に報告に戻ったの？イヤハヤ、実はそうではない。それは一体なぜ？そのことをしっかり考えながら、本作の結末をじっくり味わいたい。

２０１７（平成２９）年６月１６日記

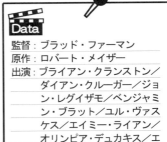

Data

監督：ブラッド・ファーマン

原作：ロバート・メイザー

出演：ブライアン・クランストン／
ダイアン・クルーガー／ジョ
ン・レグイザモ／ベンジャミ
ン・ブラット／ユル・ヴァス
ケス／エイミー・ライアン／
オリンピア・デュカキス／エ
レナ・アナヤ

## 潜入者

2015年・イギリス映画
配給／クロックワークス・127分

2017（平成29）年5月16日鑑賞 　　シネ・リーブル梅田

## 👀 みどころ

　あなたは１９８０年代に全米で猛威を振るった南米コロンビアの麻薬王パ
ブロ・エスコバルを知ってる？それを知った上で、その当時に合衆国関税局の
こんな「潜入捜査」に注目！

　スパイ映画にみるスパイ活動ぶりは２１世紀の「前後」で大きくサマ変わり
したが、『インファナル・アフェア』三部作（０２年－０３年）や昔の伊賀忍
者の「潜入」ぶりに比べて、本作の主人公メイザーの潜入捜査の特徴は？また、
彼の任務感は・・・？

　誰でもこんな仕事はもう２度とイヤ、と思うはずが、本作に見る、ホントに
ホント？と思うような大成果の後、彼はなお現役を・・・！

――＊――＊――＊――＊――＊――＊――＊――＊――＊――＊――

### ■□■実話に基づく物語！ターゲットはあの麻薬王■□■

　私は１９８０年代に史上最大といわれる犯罪帝国を築き上げた南米コロンビアの麻薬王
パブロ・エスコバルの名前とその実像（？）を昨年３月、『エスコバル　楽園の掟』（１５
年）を観てはじめて知った（『シネマルーム３７』未掲載）。そして、そこでみるエスコバ
ル像は、『ゴッドファーザー』三部作でマーロン・ブランドが演じたドン・ヴィトー・コル
レオーネと同じように、巨悪の存在ながら家族の絆を何よりも大切にするファミリー思い
の一面を持っていることにビックリさせられた。アメリカにとってエスコバルの麻薬販売
がコロンビア国内にとどまっている限りは問題ないが、アメリカ国内で流通する麻薬を中
心とするドラッグのほとんどがエスコバルの組織を経由したものだとすれば、それは由々
しき大問題だ。

アメリカではCIA（中央情報局）とFBI（連邦捜査局）が有名で、昨今は元CIAのスパイだったエドワード・スノーデンの活躍が有名となり、映画『スノーデン』（１６年）も大ヒットした（『シネマルーム３９』１２６頁参照）。しかし、１９８０年代では、コロンビアの麻薬王エスコバルを壊滅するため、合衆国関税局特別捜査官のロバート・メイザーが行った「潜入捜査」が有名らしい。これはロバート・メイザーの回想録にまとめられているそうで、本作はその「実話に基づく物語」だ。さあ、本作に見るロバート・メイザー（ブライアン・クランストン）が行う潜入捜査のターゲットはコロンビアの麻薬王エスコバルだが、さてその展開は？

## ■□■「潜入モノ」の代表作といえば？本作との違いは？■□■

「潜入モノ映画」の代表作といえば、誰でも『インファナル・アフェア』（０２年）（『シネマルーム３』７９頁参照、『シネマルーム５』３３３頁参照）、『インファナル・アフェア～無間序曲～（ＩＮＦＥＲＮＡＬ ＡＦＦＡＩＲＳⅡ）』（０３年）（『シネマルーム５』３３６頁参照）、『インファナル・アフェアⅢ／終極無間』（０３年）（『シネマルーム７』２２３頁参照、『シネマルーム１７』４８頁参照）の計三部作を思い出すはずで、これは『ディパーテッド』（０６年）としてハリウッドでもリメイクされるほど大人気を呼んだ（『シネマルーム１４』５７頁参照）。

しかし、この代表作と本作との「潜入モノ」としての最大の違いは、『インファナル・アフェア』三部作では、警察官がマフィアの組織に潜入するのとは逆に、マフィアから警察への「潜入者」も登場し、警察とマフィア互いの腹の探り合いと騙し合いが大きな見どころになっていたこと。それに対して本作は、合衆国関税局特別捜査官のメイザーが一方的に「潜入者」となってエスコバルの犯罪組織に入り込み、その壊滅作戦のために情報を集める物語になっているので、まずはその違いをしっかり確認しておきたい。

## ■□■同じ潜入者でも、時代によって大きな違いが！■□■

『インファナル・アフェア』第１部が香港で初めて公開されたのは２００２年だったから、情報の集め方や連絡の取り方等がその時代を反映にしたものになっていたのは当然。また、近時のパソコンでの情報処理のスピードの進化には目を見張るものがあるから、直近の『スノーデン』における情報処理は私には到底理解できない高レベルになっていた。

しかし、１９８０年代の潜入者メイザーの行動ぶり（潜入ぶり）を見ていると、その大半の武器は録音テープ。しかも、今私たちが日常的に使っているＩＣレコーダーもない時代だから、メイザーが使う小型の録音テープもリール式の録音テープだし、合衆国関税局の本部で使っている大型の録音テープも、私たちが学生時代に音楽の録音で使っていた大型リールの録音テープだ。他方、パスポートの偽造ぐらいは潜入捜査のイロハだろうが、メイザーがボブ・ムッセラと名前を変え、大富豪に成りすましてエスコバルとの接触をと

るという展開はホントにホント？

　さらに、本作後半にはメイザーは「潜入捜査ははじめて」という美人捜査官キャシー・アーツ（ダイアン・クルーガー）を婚約者だと偽装して、エスコバルの懐深く潜入していくが、これは今なら二人が入るホテルの部屋に盗聴器を仕掛ければ、この2人の婚約はインチキで2人とも当局の「潜入者」であることはすぐバレバレになるはずだ。

　なるほど、時代によって、つまり各種技術の進歩によって、潜入のあり方はこれほど大きく変わっているわけだ。そのため、本作は始めから終わりまでハラハラドキドキの連続だが、１９８０年代の古めかしいやり方であるため、どこか微笑ましい感じも・・・。

## ■□■こんな仕事はもうイヤ！普通はそうだが・・・■□■

　本作でメイザー役を演じたブライアン・クランストンは、『トランボ　ハリウッドに最も嫌われた男』（15年）（『シネマルーム38』123頁参照）で、素晴らしい怪演をみせた遅咲きの名優だ。「ハリウッドに最も嫌われた男」と言われながら、脚本家のダルトン・トランボは多くの脚本を書き、「マッカーサー旋風」による「赤狩り」の後、１９６０年に名誉回復した後も１９７６年に死亡する直前まで脚本家として精力的な活動を続けたそうだからすごい。まさに、「正義は勝つ！」「努力は報われる！」の典型だ。

　同作に見る「脅威」は、「マッカーシズム」による「赤狩り」という「外からのもの」だったが、本作に見るメイザーの「脅威」は、自ら選んだ「潜入捜査」という仕事によってもたらされるもの。もちろん、それを覚悟のうえでメイザーは大富豪のボブ・ムッセラに成りすまして、エスコバルの組織の中に少しずつ入り込んでいったわけだが、その途中で何度も危機に遭遇したのは当然。もし、メイザーの身分の偽装がバレたら即、命がないのは当然だし、ストーリー展開の中では文字どおり危機一髪のシーンが何度も登場するので、それに注目！

　すると、こんな仕事はもうイヤ！誰でもそうそう考えるのは当然。しかも、本作を観ていると、メイザーはこの仕事を最後に潜入捜査の仕事は辞める、と妻に固く約束していたはずだ。ところが、意外に（？）コトがうまく進み、メイザー

たちの潜入捜査に基づく大仕掛が大成功を収めると・・・。そこでメイザーにはさらなる欲が湧いてきたらしい。その結果、死ぬまで脚本を書き続けたトランボと同じように、メイザーもマネーロンダリング（資金洗浄）を摘発する「潜入者」としての仕事をその後もずっと続けたそうだから、そのタフネスぶりに唖然！

## ■□■「美人すぎる潜入捜査官」にも注目！■□■

　つい先日「高野連」（公益財団法人　日本高等学校野球連盟）の理事にアート引越センターの寺田千代乃氏が就任したところ、久しぶりに「女性初」という冠が躍った。これは、日本では女性の社会進出が遅れていることの一つの表れだが、他方では女性特有の現象として、「美人すぎる警察官」とか「日本一美しい市議会議員」等の表現があり、週刊誌に取り上げられることがある。そんなゲスの視点（？）で本作を観れば、本作には「美人すぎる潜入捜査官」が登場するので、それに注目！

(c) 2016 Infiltrator Films Limited

(c) 2016 Infiltrator Films Limited

　それが本作後半、メイザーがエスコバルの麻薬組織の大幹部ロベルト・アルケイノ（ベンジャミン・ブラット）の懐深く入り込むについてメイザーの婚約者になるのが、同僚の潜入捜査官であるキャシー・アーツ。それを演じるのが、『トロイ（TROY）』（04年）（『シネマルーム4』59頁参照）、『イングロリアス・バスターズ』（09年）（『シネマルーム23』17頁参照）で私が注目した、ドイツ人の美人女優ダイアン・クルーガーだ。

　メイザーの方は長年の潜入捜査の経験にもとづく度胸やハッタリでエスコバルの麻薬組織の幹部とのご対面を次々とこなしていくが、キャシーの方は美貌はもちろん、数か国語をしゃべる能力や人並み外れた記憶力、そして状況に応じた演技力等が武器になる。しかし、それでもはじめての潜入捜査は大変だ。

　ホテルの部屋の中に仕掛ける盗聴器がない時代だから、毎回危機一髪のところを切り抜けている2人は部屋に戻るとひと安心できているようだが、もし敵側がホテルの部屋の中をちょっとでも監視する気になれば、2人のお芝居はたちまちバレてしまうから、それを見ている私はずっとハラハラドキドキ・・・。本作では、そんな美人すぎる潜入捜査官にも注目！

# ■□■うまく行きすぎでは？これはホントにホント？■□■

　本作でメイザーを演じる名優ブライアン・クランストンは、再三迫ってくる危機に直面した時のハッタリ顔とそれを乗り越えた時の素顔の差が面白い。ブライアン・クランストンくらいの名優になれば、ホンモノの潜入捜査官もできるのでは？思わずそんなふうにうならせる彼の演技で本作をぐいぐい引っ張っていくので、それに注目！

　それはそれで十分認めるのだが、それでも私は本作の潜入捜査のあまりの成功ぶりを見ていると、少し懐疑的になってくる。とりわけ、メイザーが潜入捜査中であっても、時々自宅に戻って妻と一緒にくつろいだり、合衆国関税局本部に出向いて幹部に録音したテープを渡したり、打ち合わせをしたりする姿を見ていると、ホントにこんなことをしていて大丈夫？と思えてくる。『インファナル・アフェア』三部作では、２年も３年もマフィア側や警察側の組織に入り切り、２４時間その中の人間になりきっていたのでは・・・？まあ、本作の当時は時代がまだそれなりに甘かったのかもしれないが・・・。

　しかして、本作ラストで、結婚式に出席してくれたアルケイノをはじめとするエスコバルの麻薬組織の幹部たちを一網打尽にするシークエンスを見ていると、いくら何でもこれはうまくいきすぎではの感がさらに強くなる。これは、ホントにホント？とりわけファミリーを大切にするアルケイノやアルケイノの家族がメイザーやキャシーをホントの家族同然に信頼し、心の底から喜んで２人の結婚式に参加してくれていただけに、それをすべてインチキだとわかった時のアルケイノやアルケイノの家族たちの怒りは・・・？それを考えると、俳優は人を騙していくらの商売だと割り切れても、潜入捜査官という仕事に少し割り切れない気持ちも・・・。

　　　　　２０１７（平成２９）年５月２４日記

**Data**

監督：ジョン・リー・ハンコック
出演：マイケル・キートン／ニック・オファーマン／ジョン・キャロル・リンチ／リンダ・カーデリーニ／パトリック・ウィルソン／B・J・ノヴァク／ローラ・ダーン／ジャスティン・ランデル・ブルック／ケイト・ニーランド

# SHOW-HEY シネマルーム

★★★★★

## ファウンダー
### ハンバーガー帝国のヒミツ

2016年・アメリカ映画
配給／KADOKAWA・115分

| 2017（平成29）年8月1日鑑賞 | シネ・リーブル梅田 |
| --- | --- |

## 👀 みどころ

　今でこそフランチャイズ制は当たり前だが、１９５４年当時にマクドナルド兄弟の斬新な厨房システムと店舗経営システムをフランチャイズ制にするという戦略を立てたファウンダー（創業者）はすごい。もっとも、そのやり方（やり口）の是非については、当然賛否両論だが・・・。

　勝つためには何が必要？さらに、勝ち続けるためには何が・・・？創業者にはさまざまなタイプがあるが、マクドナルド社のファウンダーがなぜマクドナルド兄弟でなくクロックなのかを、本作でしっかり勉強したい。

　経営路線の対立と弁護士を交えた「乗っ取り戦争」の姿は、法科大学院の教材としても最適だ。

――＊――＊――＊――＊――＊――＊――＊――＊――＊――＊――＊――

### ■□■起業家、創業者あれこれ。さて、この男は？■□■

　私は日本経済新聞の「私の履歴書」を愛読しているが、ここには政治家、役人、学者、企業人、文化人等、あらゆる分野でトップを極めた人物の「立志伝」を中心としたタイトル通り「人生の履歴者」が１ヶ月にわたって連載されている。私が非常勤監査役をしているコンピューターの株式会社オービックの創業者である野田順弘氏も、２０１０年６月に１ヶ月間連載され、後日それは『転がる石は玉になる』（２０１１年１月・日本経済新聞出版社）として出版された。

　起業家、創業者としては、アメリカではマイクロソフトのビル・ゲイツや、フェイスブックのマーク・ザッカーバーグ、中国では『CEO』で描かれた家電大手のハイアールの張瑞敏（チャン・ルエミン）（『シネマルーム１７』３３５頁参照）、アリババの馬雲（ジャ

ック・マー）、そして日本では、ソフトバンクの孫正義やユニクロの柳井正等が有名だが、さて、「ハンバーガー帝国」マクドナルドの創業者（ファウンダー）は？本作は実話に基づく話とのことだから、興味津々。

彼の名はレイ・クロック（マイケル・キートン）。クロック役を演じるのは『バットマン』シリーズのうち、『バットマン』（８９年）と『バットマンリターンズ』（９２年）の２本でバットマン役を演じ、第８７回アカデミー賞作品賞、監督賞を受賞した『バードマン　あるいは（無知がもたらす予期せぬ奇跡）』（１４年）でも主演した（『シネマルーム３５』１０頁参照）マイケル・キートン。しかし、マクドナルドのファウンダー（創業者）の名前が、何故マクドナルドでなく、レイ・クロックなの？そこらあたりにハンバーガー帝国の「ヒミツ」がありそうだ。

## ■□■しがないセールスマンが、何故ファウンダーに？■□■

冒頭、アップに映し出されたクロックが流暢に経営哲学（？）を語るシーンが登場する。なるほど、なるほどと思いながら聞いていたが、実はこれは、彼が新型のミルクシェイクミキサーのセールスとして語っている言葉だった。思いの丈を語り終えたクロックは最後に「さあ、それでどうする？あなたの決断は？」と問いかけるが、それまでずっと胡散臭そうに彼のセールストークを聞いていた相手は首をひねるばかり・・・。

やむを得ず、彼は持ち込んだ重いミルクシェイクミキサーを車の荷台にしまい込んだが、どうやら彼のこのセールスは大変らしい。いる、いる、こんなセールス男。こんな飛び込みセールスはもちろんお断りだし、事前に電話で訪問の予約をしてきても即お断りだ。したがって、クロックにしてみれば、会って話を聞いてくれるだけでも御の字だが、こんなしがないセールスマンが何故マクドナルドのファウンダーに・・・？

もっとも、こんなしがないセールスマンでも、たまには大量の注文をもらって大喜びすることもあるらしい。セールス先から「秘書」に電話で業務連絡を取ると、サンバーナーディーノという田舎町のレストランから６台のミルクシェイクミキサーの注文が入っているらしい。６台も一度に？そりゃ、何かの間違いだろうと思って電話をかけてみると、忙

しそうな声で「6台は間違いだった。8台だ」と言うからアレレ・・・。しかし、一体何故そんなに大量注文を？こりゃ、是非とも経営者と直接会って話を聞いてみなければ・・・。

## ■□■マクドナルド兄弟とご対面！驚異のシステムは？■□■

　そう考えたクロックが、はるばる兄マック・マクドナルド（ジョン・キャロル・リンチ）、弟ディック・マクドナルド（ニック・オファーマン）が共同経営するハンバーガー店「マクドナルド」の前に到着すると、店には長蛇の列が。そこで、モノは試しとばかりに並んでみると、何と1人30秒で注文をさばいているそうだから、まずはそれにビックリ！続いて、ウェイトレスがおらず、食べる場所もないうえ、バーガーは袋のまま食べるらしいから、それにもビックリ！こりゃ、一体ナニ？しかし、次々とバーガーを買い求めている家族連れは、ベンチに座り、バーガーを袋に入ったまま美味しそうにパクついている。そこで、クロックも同じように食べてみると、こりゃメチャうま！

　その後、共同経営者であるマックとディックに厨房を案内してもらい、本来業務秘密であるはずのとことん合理化された厨房のシステムの説明を聞くと、まさに目から鱗。こんなシステムを考え、自ら実行し、ここまで成功させているマクドナルド兄弟は、まさにバーガー界の天才！セールスマンとして様々なチャレンジを続け、現在は大きな家を所有して、妻エセル（ローラ・ダーン）と共にそこに住んでいるクロックだが、彼の野望はエンドレス。彼の次のビジョンは、このマクドナルド兄弟と組んで何かをやること。そう考えている中で思いついた秘策とは・・・？それは本作最大のテーマになるので、それに注目！

　他方、長いセールス生活の合間にマイホームに戻ったクロックが、エセルに対してこの大発見を興奮気味に伝えたのは当然だが、安定を望んでいるエセルは彼の話に全く興味なし。この時点で、クロックとエセルの夫婦仲のすきま風は明らかだが、さてこの夫婦の行方は・・・？

## ■□■フランチャイズ！フランチャイズ！フランチャイズ！■□■

　今でこそ、フランチャイズ制度によって企業規模を拡大することは常識になっているが、クロックがはじめてマクドナルドの店を見て衝撃を受けたのは1954年のことだから、フランチャイズ制度自体が存在しなかった時代。クロックが衝撃を受けたのは、厨房システムの徹底した合理性だけではなく、何よりも商品の質に重きを置くマクドナルド兄弟の姿勢とゴールデンアーチを象徴としたガラス張りの店舗の独創性だった。この店舗なら絶対儲かる。しかし、マクドナルド兄弟が店舗の責任者として動き回ってる店1軒だけでは、儲けは知れたもの。こんなすごいシステムを活用して儲けを何十倍、何百倍にするためにはどうすればいいの？それは、フランチャイズ化だ。

　そう確信したクロックは、マクドナルド兄弟に対してフランチャイズ！フランチャイズ！フランチャイズ！と、フランチャイズ化を強く迫ったが、店舗の拡大に伴う品質管理

に不安を抱くマクドナルド兄弟はフランチャイズ化に消極的だった。しかし、クロックが自宅を担保として銀行から融資を受けて新たな土地を探し、新たな従業員も探し、自らマクドナルド2号店を準備したうえで、マクドナルド兄弟に対して再度フランチャイズ化を強く迫ると、ついに2人はOKすることに。

そこからは、私が弁護士としてよく知っているように、契約社会のアメリカでは膨大な契約書が作られ、マクドナルド兄弟はそれにサイン。契約書上ではありとあらゆる問題点にすべて対処できるよう詳細な条項が設けられていたが、さて現実は・・・？

## ■□■路線の対立は？その原因は？交渉の行方は？■□■

大阪人は昔からミックスジュースが大好き。さすがにこれを売る喫茶店は減ったが、京阪淀屋橋駅では、各種果物をジューサーにかけ、1杯ずつグラスに入れて提供する本物のミックスジュースが大人気だ。しかし、原材料の果物代が高いからといって、これを粉末ジュースにすればどうなる？味がほとんど同じで、客にわからなければ、それでOK！客の満足よりも店の儲けを優先しなくちゃ！そう考えて、シェイクに生の牛乳を使うのを止め粉末の使用を決定したクロックに対して、マクドナルド兄弟はそんなやり方に猛反対！こんな路線の対立はどこにでもよくあることだが、スクリーン上に見るクロックとマクドナルド兄弟の対立は、事業が拡大するにつれて大きくなっていくから、それに注目！

いったんフランチャイズ化に踏み切ると、拡大を続けなければフランチャイズ制を維持できなくなるのも1つの宿命。自宅を抵当に入れたことがエセルにバレた時は大問題となったが、そんなリスクを冒してまでクロックはフランチャイズ化を進めているのに、今さら「正論」を盾に、それに反対されても・・・。毒を食らわば皿までだ。牛乳を使った本物のシェイクの代わりに粉末のシェイクの活用を提案したのは、クロックが発掘した若手従業員の妻だったが、今やクロックにとっては口うるさいマクドナルド兄弟より自分の店を守るために懸命に働くそんな部下の方が大切になってしまったのかも・・・。

近時の習近平国家主席による、①重慶市の共産党委員会書記だった孫政才（スンチョンツァイ）の失脚と、新たな陳敏爾（チェンミンアル）の任命、②8月1日の中国人民解放軍創設90周年記念パーティーで行った重要演説、③今秋に予定されている5年毎の中国共産党大会での幹部人事の予想、等を見ていると、スクリーン上でクロックがやっている

ことはそれと同じ・・・？いやいや、習近平のそれは血なまぐささえ伴う政治上の権力闘争だが、クロックのそれはあくまで会社の経営を巡る、どこにでもある路線の対立に過ぎない。クロックのあまりに強引なやり方に対して、マクドナルド兄弟はついに「訴えてやる！」と叫んだが、さて双方共に弁護士を交えたその後の交渉の行方は・・・？

## ■□■巨大企業マクドナルドの企業価値をどう考える？■□■

　私は桐谷広人氏が株主優待券の活用で有名になる以前から、外食産業関連と映画産業関連の株主優待に着目して株を購入していたが、その最初に購入したのがマクドナルドの株。もっとも、マクドナルドのハンバーガーを食べるのは、新幹線に乗る時などはちょっとした楽しみだが、常時食べていると体に良くないことがわかっている。また、株主優待券を使うと元来ケチな性分の私は、一番大きなハンバーガーを注文してしまうのでカロリー過多になりがち。また、本当の味を考えれば、マクドナルドよりモスバーガーの方が圧倒的に美味しい。それはともかく、本作に見るクロックの奮闘によって、マクドナルド社はまんまとマクドナルド兄弟からクロックの手に奪われてしまうことに・・・。

　クロックがマクドナルド兄弟に手切れ金として支払った金額は２７０万ドル（約３億円弱）に過ぎないうえ、利益の１％を支払うという「紳士協定」は見事に反故にされてしまったから、クロックという男のビジネスにおける非情ぶりは徹底している。ちなみに、日本マクドナルド社は２０１４年の賞味期限切れ鶏肉問題や２０１６年の異物混入問題などで２００１年の上場以来最大の赤字を更新し、同社の株価も低迷する中、私は持ち株をすべて売ってしまった。しかし、今年のゴールデンウィークにマクドナルドの約２５００店舗でポケモンＧＯとの「ルアーモジュール・イベント」を開催したことによって、再び日本マクドナルド社の株価は上昇。今は私が売却した時の価格を大きく上回っている。しかして、あなたはこんなマクドナルド社の企業価値をどう考える？

　映画冒頭のクロックの言葉は、しがないミルクシェイクミキサーのセールスマンのセールストークだったが、本作ラストで巨大企業マクドナルド社のオーナーとなり、更なる拡大を目指すクロックが語る同じ言葉を、私たちはどう受け止めればいいのだろうか？そしてまた、彼の「勝つことがすべて！」という経営理念をどう考えればいいのだろうか？こんな映画こそ法科大学院の教材としてしっかり鑑賞し、活発な議論を期待したものだ。

　　　　　　　　２０１７（平成２９）年８月４日記

**Data**

監督：スティーブン・ギャガン
出演：マシュー・マコノヒー／エド
　　　ガー・ラミレス／ブライス・
　　　ダラス・ハワード／コリー・
　　　ストール／トビー・ケベル／
　　　クレイグ・Ｔ・ネルソン／ス
　　　テイシー・キーチ／ブルー
　　　ス・グリーンウッド

## SHOW-HEY シネマルーム

★★★★

### ゴールド　金塊の行方

2017 年・アメリカ映画　　配給／ソニー・ピクチャーズ　エンタ
テイメント、STAR CHANNEL MOVIES・121 分

2017（平成29）年6月17日鑑賞　　TOHOシネマズ西宮OS

## 👀👀 みどころ

　金脈探しの会社。そんなヤクザな会社（？）をどこまで信用するかは人それ
ぞれだが、１９９０年代にアメリカで現実に起きたブリ・エックス（Ｂｒｅー
Ｘ）社による「ブリ・エックス事件」は史上最大の詐欺事件らしい。今世紀最
大の金脈は嘘だった！１７０億ドルがパーに！それって一体ナニ・・・？

　マシュー・マコノヒー演じる主人公ケニーは決して悪人ではなく、ＦＢＩで
すらその供述を信用した一流の企業人！そこまで言うと嘘になるが、そのキャ
ラは面白い。共同出資者となる、これもホンモノかニセモノかよくわからない
キャラの地質学者との共同作業が生み出した、嘘のような本当の大事件を本作
で堪能したい。そして本作では、ラスト１０秒の大どんでん返しにも大注目！

——＊——＊——＊——＊——＊——＊——＊——＊——＊

### ■□■怪演続きのマシュー・マコノヒーに注目！■□■

　ハリウッドを代表する俳優マシュー・マコノヒーには、弁護士役がよく似合う。端正な
青年弁護士役を演じた『評決のとき』（９６年）と『アミス・タッド』（９７年）を観れば、
誰でもそう思うはずだ。それから１５年後の『リンカーン弁護士』（１１年）（『シネマルー
ム２９』１７８頁参照）で観た、一見チョイ悪風のおじさん弁護士も、ほんとはすごく真
面目で優秀な弁護士だった。しかし他方で、マーティン・スコセッシ監督とレオナルド・
ディカプリオの５作目のコンビとなった『ウルフ・オブ・ウォールストリート』（１３年）
（『シネマルーム３２』３８頁参照）で、株のカリスマブローカー役をチョイ役として演じ
たマシュー・マコノヒーがディカプリオ演じる主人公に株の投資で大きな影響を与えたよ
うに、俳優・マシュー・マコノヒーの存在感は抜群だ。

そんな彼が演技派としての本領を発揮したのが、体重を２１ｋｇ減量して実在のＨＩＶ患者を演じた『ダラス・バイヤーズクラブ』（13年）（『シネマルーム３２』２１頁参照）。同作の怪演で第８６回アカデミー主演男優賞を受賞したマシュー・マコノヒーが、本作では『ウルフ・オブ・ウォールストリート』でウォール街を席巻した風雲児を演じたディカプリオと同じように、金の鉱脈をめぐって大騒動を起こすことになる。

本作冒頭に登場する、父親の下で一生懸命働いている時のケニー・ウェルス（マシュー・マコノヒー）はまだ若かったが、父親が死亡した後会社を引き継いだ彼は、それから７年も経つと、頭は禿げあがり、腹は出っ張り状態に・・・。しかし、若い時にゲットした美人妻のケイ（ライス・ダラス・ハワード）とは今もラブラブ状態であることは、時々見せる裸の姿を見れば明らかだ。「ワショー社」は、祖父の時代から続いてきた探鉱会社だが、いかにもバクチっぽい（？）鉱脈を探し当てるという会社の仕事は、今の時代いかなる状態に・・・？

『ゴールド　金塊の行方』
公式ホームページより

『ゴールド　金塊の行方』
公式ホームページより

## ■□■これも実話にもとづく物語！■□■

去る６月１９日午後７時過ぎには、籠池泰典氏を前理事長としていた学校法人「森友学園」の補助金不正受給問題にメスが入り、大阪地検特捜部による家宅捜索が夜を徹して行われるという異例の事態になった。他方、私が弁護士１０年目頃に世間を大騒がせしたのが、「豊田商事」事件だった。このように古今東西を問わず、世の中には常に「お騒がせ事件」が発生するものだ。

しかして、１９９０年代には世界を騒然とさせた、ブリ・エックス（Ｂｒｅ－Ｘ）社による「ブリ・エックス事件」と言われている史上最大の詐欺事件が発生したらしい。そして、この事件では、「今世紀最大の金脈は大嘘だった」という衝撃的な見出しが新聞に躍り、株式市場に大混乱をもたらしたらしい。本作は名前こそ変えているが、そんな大事件にもとづく物語だ。

そんな大事件を引き起こしたのは、長年父親のもとで修業を積み、社長職を継いだ今も鉱脈探し（とりわけ金脈探し）に命を燃やしているケニー。父親から引き継いだ会社は現在どん底状態で、株価はゼロだから、このままでは会社は倒産必至・・・。

## ■□■この地質学者の学説は？その実行力は？■□■

そんな状況下、藁にもすがる思いでケニーが頼ったのは、地質学者のマイケル・アコスタ（エドガー・ラミレス）。カール・マルクスの『資本論』は１９世紀の世界を変える経済学の学説となったが、近時は、トマ・ピケティの『２１世紀の資本』がそれに対抗するかの勢いを見せている。かつてマイケルが唱えたある学説はそれと同じぐらいの影響力をもったそうだが、今は廃れているらしい。したがって、今更そんな学説にすがっても駄目だと思うのが普通だが、インドネシアのジャングル内に大量の金脈が眠っていると信じているケニーが、今もインドネシアに住んでいるマイケルに金の採掘の話を持ち込んだところ、２人は意気投合！こうなれば、ケニーの仕事は投資家から金を集めること、マイケルの仕事は現地で金脈を掘り当てることになる。２人の権利はあくまで５０対５０だ。成功すれば儲けはすごいが、失敗すれば２人ともアウト。それがミエミエなだけに、２人は必死のパッチで頑張ったが、さてその結果は・・・？

学者は研究室に閉じこもって研究するのが普通だが、実践派で現場主義のマイケルは研究室ではなくいつも現場にいるから、その点はすごい。そういう意味で彼の実行力は折り紙つきだが、彼のそんな実行力は本作ラストの大どんでん返しにおいても大いに発揮されるから、それにも注目！

## ■□■会社の実態は？株式の上場とは？株価の動静は？■□■

資本主義経済の本質は富と労働力の集積。そして、それを可能にする最もポピュラーな手法が株式会社方式。これは要するに、多くの人々から金を集めること。つまり、利益を目的として投資を募ることだ。長い間弁護士をしていると、会社の経営問題はもとより、株式の上場問題に関与することもある。普通は、株式会社が株式を上場すれば一気に株価が上昇するが、それはその会社が公開され、その会社が将来的に利益を上げ続けると期待できるためだ。

インドネシアで金の鉱脈を発見したことによって、ワショー社は多くの投資家から投資を集め、ついに株式を上場した。それによって株価はどんどん上昇したから、ケニーとマイケルはウハウハだ。代表取締役の報酬をいくら取ったのかは知らないし、上場による１株あたりの利益がいくらあったのかも知らないが、スクリーンを見ている限りワショー社の急成長ぶりはすごい。そこで突然持ち上がってきたのが、ワショー社の株式上場を支援してきたウォール街の巨大投資銀行との提携問題（吸収合併問題）だ。さあ、そこでケニーとマイケルはいかなる立場を・・・？ちなみに、ハリウッド俳優のジョージ・クルーニーは、先日不動産開発を手がけるマイク・メルドマン氏と起業家ランディ・ガーバー氏と共に、２０１３年に立ち上げたテキーラのブランド・カーサミーゴスを、今般（６月２２

日）、英国の酒類メーカー・ディアジオに対して最大１０億ドル（約１１１５億円）で売り渡したことが報道された。これによって、ジョージ・クルーニーが現実に１０億ドルの現金を手にするのかどうかは知らないが、さてケニーはワショー社（の株）を投資会社に売り渡すことを合意するの？もちろん、そうすればケニーがジョージ・クルーニーと同じような大金持ちなるのは当然だが、ケニーが求めてきたのはそんな大金？それとも、それとは全然違う男の夢・・・？そこらあたりのケニーのこだわりを、本作ではしっかり確認したい。

## ■□■こんな国では、会社の浮沈も政治権力が決め手？■□■

　日本では近時「森友学園」問題と「加計学園」問題を巡って総理大臣や文科省の忖度（そんたく・さじ加減）が世間を賑わせているが、韓国では、朴槿恵（パク・クネ）前大統領と崔順実（チェ・スンシル）との密着ぶりが明るみに出たことによって、大統領は辞任にまで追い込まれた。資本主義国でもそうなのだから、共産主義国である中国はもちろん、ケニーとマイケルが金脈を掘り当てたインドネシアでも、その採掘活動を続けていくためには、初代のスカルノ大統領のあとを引き継いだ二代目スハルト大統領との結びつきが不可欠・・・？スハルト政権は１９６８年から１９９８年まで３０年間に続

『ゴールド　金塊の行方』
公式ホームページより

いた長期政権だったから、急成長したワショー会社の乗っ取りを企む投資銀行に対抗するべくケニーとマイケルが頼ったのが、スハルト大統領の（バカ）息子。その取り入り方は、いかにも自由奔放なケニーの面目躍如たるものがあり、投資銀行のエリートサラリーマンであるブライアン・ウルフ（コリー・ストール）には到底真似ができないやり方だから、本作では後半のそんな面白いストーリーにも注目！

　日本で急成長したＩＴ企業の１つが「ホリエモン」こと堀江貴文が起業した「ライブドア」だが、彼の若き起業者としての「光と影」は周知の通りだ。彼は小泉政権の時代に衆議院議員選挙に立候補する行動に出たが、これは明らかな失敗だった。やはり企業人としては、本作にみるケニーのように、うまく時の政治権力を利用して自らの会社と自らの地位を保つという戦略を立てることが大切。時の政治権力との結びつきをうまく利用したケニーとマイケルのやり方を見ていると、２人とも大したものだと大いに感心させられたが・・・。

## ■□■金脈は嘘？１７０億ドルがパーに？ＦＢＩの捜査は？■□■

　戦後の高度経済成長期に起きた２度の石油ショックや１９９０年前後のバブル崩壊、さ

らには２００８年のリーマンショック等はいずれも日本経済に大きな影響を与えたが、消費者問題として日本最大の事件は、１９７０年代に起きた「豊田商事」事件だ。そして、アメリカで１９９０年代に起きたブリ・エックス（Ｂｒｅ－Ｘ）社による「ブリ・エックス事件」は、これに匹敵するほど世間（の投資家）を騒がせる大事件だったはずだ。

　本作中盤以降は、金脈を発見したとのニュースに有頂天になり、会社の株価が急上昇するにつれて生活ぶりがどんどん派手になっていくケニーの姿が描かれる。普通こうなれば、女を作って家庭生活が乱れることが多いが、その方面のケニーは意外に堅実だった（？）から、それにも注目！ところが、それでもある時ちょっとした行き違いから「糟糠の妻」ともいうべきケイがすね始めたから、ケニーは大変。さらに、業績絶頂期の中であの金脈は嘘だったというニュースが流れたから、ケニーは大仰天。すると、１７０億ドルがパーに・・・？そんなバカな・・・？そんな嘘を一体誰が・・・？もし嘘だという話が本当だとしたら、その張本人はマイケルしかいないが、そんなバカな・・・？

　そこまで世間を騒がせる大事件＝経済事犯ともなれば、アメリカではＦＢＩが動きだしたのは当然。ケイとの別れという辛い状況下でＦＢＩ捜査官と対峙したケニーは、そこで思いのたけを語り、自分は無罪だと主張したが、さて、そんな弁解は通用するの・・・？

## ■□■ラスト１０秒の大どんでん返しに注目！■□■

　前述した、時の政治権力との結びつきとそれを利用した企業活動にはプラス面とマイナス面がある。マイナス面は、時の政治権力のさじ加減一つで、あるいは時の政治権力の交代によって、企業活動の扱いが１８０度転換してしまうということだ。投資銀行の買収行動に抵抗して自分たちの地位と会社を守ったケニーとマイケルはしばらくは得意満面だったが、金脈は嘘だったとの大騒動になる中、ケニーはマイケルと全く連絡が取れなくなってしまったから大変。ＦＢＩの尋問の中で聞かされたところでは、盟友のマイケルはインドネシアで軍に捕えられ、渓谷の中でヘリコプターから飛び降り、自殺を決行したらしい。事態はそこまで悪化していたわけだ。そんな中でもラッキーだったのは、すべてを正直に話したケニーの言葉をＦＢＩ捜査官が信用してくれたこと。場合によればそのまま逮捕され裁判にかけられても不思議ではないところ、これはケニーの供述にそれなりの迫力と説得力があったということだ。会社はもちろん今や完全にアウト。そして、ケニーが一文無しになったのも当然。そんな中でケニーは別れた妻ケイの後を追ったが、さてその成り行きは・・・？

　その後、ケニーは穏やかな老後を細々と過ごすだけ。誰でもそう思うところだが、本作のラスト１０秒でケニーに届いた１通の郵便には一体何が書かれ、何が入っていたの・・・？ちょっと出来すぎ！ちょっと懲りすぎ！そんな見方もあるが、本作ではこのラスト１０秒の大どんでん返しに注目！

２０１７（平成２９）年６月２８日記

# 第6章
# 「裁判モノ」あれこれ

## 日本の「裁判モノ」あれこれ

三度目の殺人（是枝裕和監督）
２２年目の告白　私が犯人です（入江悠監督）
ＨＥＲ　ＭＯＴＨＥＲ　娘を殺した死刑囚との対話（佐藤慶紀監督）

## 子供は誰のもの？生みの母？育ての母？

光をくれた人

## インドにも本格的「裁判モノ」が！

裁き

```
Data
```

原案・監督・脚本・編集：是枝裕和
出演：福山雅治／役所広司／広瀬す
　　　ず／満島真之介／市川実日
　　　子／松岡依都美／橋爪功／
　　　斉藤由貴／吉田鋼太郎

# SHOW-HEY シネマルーム

★★★★★

## 三度目の殺人

2017年・日本映画
配給／東宝、ギャガ・124分

| 2017（平成29）年9月9日鑑賞 | TOHOシネマズ西宮OS |
|---|---|

## 👀 みどころ

　必ずしも法廷は真実解明の場ではない！本物の法曹関係者や、ジョン・グリシャムの「法廷モノ」小説の愛読者はそれをよく知っているが、一般的には大きな誤解が・・・。是枝裕和監督が本作で提起したそんな論点を、福山雅治扮する重盛弁護士の「すべては依頼者の利益のために」という哲学と共にしっかり勉強したい。

　供述がコロコロ変わる依頼者は要注意。それは当然だが、役所広司扮する強盗殺人の被告人のように、公判のラスト段階に至って「実は私、殺してないんです」と言われれば法廷も大混乱！おじさん同士の対決に、実は１４歳の娘がキーウーマンになるところが本作のミソ。有罪なら死刑は確実・・・？それも含めた判決予想をしながら、是枝流「法廷モノ」を検証したい。

　なお、同時期に公開されたインド映画の「法廷モノ」の傑作『裁き』（１４年）を合わせて鑑賞すれば、もっと「法廷モノ」の検討の視点は広がるから、法曹を目指す諸君はぜひともチャレンジを！

――＊――＊――＊――＊――＊――＊――＊――＊――＊

## ■□■是枝裕和監督が「法廷モノ」に初挑戦！■□■

　邦画の「法廷モノ」としては『１２人の優しい日本人』（９１年）、『裁判員―決めるのはあなた』（０３年）（『シネマルーム３』３３０頁参照）を筆頭とし、『ゆれる』（０６年）（『シネマルーム１４』８８頁参照）、『疑惑』（８２年）（『シネマルーム１０』３３頁参照）、『事件』（７８年）（『シネマルーム１０』５２頁参照）、『それでもボクはやってない』（０６年）（『シネマルーム１４』７４頁参照）等々の名作があり、それらの評論は私の『名作映画か

ら学ぶ裁判員制度』（１０年・河出書房新社）に収められている。

　他方、是枝裕和監督と言えば、主演を務めた柳楽優弥がカンヌ国際映画祭で最優秀主演男優賞を受賞した『誰も知らない』（０４年）（『シネマルーム６』１６１頁参照）が有名だが、その後の『花よりもなほ』（０５年）（『シネマルーム１１』１２８頁参照）、『歩いても歩いても』（０８年）（『シネマルーム１９』３２５頁参照）、『空気人形』（０９年）（『シネマルーム２３』２２５頁参照）はそれぞれ面白かったし、『そして父になる』（１３年）（『シネマルーム３１』３９頁参照）、『海街ｄｉａｒｙ』（１５年）（『シネマルーム３５』未掲載）、『海よりもまだ深く』（１６年）（『シネマルーム３８』２５０頁参照）は、カンヌ国際映画祭での受賞を含めて、それぞれ大きな話題を呼んだ。そんな是枝監督が本作ではじめて「法廷モノ」に挑戦！

## ■□■日本とインド、両監督の「法廷モノ」初挑戦の理由は？■□■

　去る９月５日に観たインド映画『裁き』（１４年）を監督したインドの若き俊英チャイタニヤ・タームハネーは初の「法廷モノ」に挑戦した理由を「裁判を実際に傍聴する機会があったこと」と語っていたが、さて是枝監督は？その点について、パンフレットにある是枝監督のインタビューによると、次の２つの質問に対し次のとおりに答えているから、まずはその確認をしておきたい。

> ―今回の作品はサスペンスタッチの法廷劇になりました。着想はどのあたりにありましたか？
> 「今回はまず弁護士の仕事をちゃんと描いてみたいと思いました。『そして父になる』の法律監修をお願いした弁護士の方と話をしていたときに『法廷は真実を解明する場所ではない』と言われたんですよね。そんなの誰にもわかりませんからって。ああ、そうなんだ、面白いなと思ったんです。それなら結局、何が真実なのかわからないような法廷劇を撮ってみようと思いました」

> ―脚本の執筆は試行錯誤を重ねたそうですね。
> 「これまでの作品は登場人物にジャッジを下さないという視点で撮ってきました。要するに神の目線を持たずに撮ってきたんです。でもサスペンスや法廷劇は本来、神の目線がないと成り立たないジャンルですよね。それなのに僕はやはり神の目線を持ちたくなかったので、そのせめぎあいで苦悩しました（笑）」

　近時の邦画は「原作モノ」が多いが、本作は是枝監督が原案も脚本も書いた上で監督し、しかも編集まで自分自身でやっている。役割が分離している近時の映画作りの中でこれは異例だ。さあ、いろんなやり方で是枝監督が法廷モノに初挑戦した本作の出来は・・・？

## ■□■福山雅治の弁護士役は？弁護士会の応援は？■□■

　福山雅治は歌手としても超一流だが、『そして父になる』で「是枝組」の主役として大活

躍したこともあり、本作では一方の主役の重盛朋章弁護士役で登場！前述したとおり、是枝監督が本作のキーワードにしたのは「法廷は真実追及の場ではない」ということだが、それを本作でどのように「入れ込む」かについては、法律監修として松田綜合法律事務所の岩月泰頼弁護士たちの応援を得たらしい。そのためパンフレットには、同弁護士による「法廷におけるいくつかの真実」があるから、法廷に縁もゆかりもない人たちはこれを読めば本作の理解がより深まるはずだ。

　他方、９月９日の公開に先立つ９月８日の読売新聞（夕刊）には、本作の宣伝とともに、「弁護士は、依頼者を守るために徹底的に向き合います。」「大阪弁護士会は、映画『三度目の殺人』を応援しています。」「ご相談は、大阪弁護士会へ。」の文字が躍り、さらに、「心を揺さぶる心理劇が今、幕をあける」「大阪弁護士会×三度目の殺人」という見出しの中で、亀井倫子弁護士と福山雅治のインタビューが載せられている。たしかに、一般的には「法廷は真実を明らかにする場」だと考えている人は多いが、それは誤解とは言わないまでも、大きな誤り。とりわけ、刑事裁判は真実追及の場ではなく、有罪・無罪あるいは量刑をめぐっての「勝ち負け」を争う場だし、民事裁判も真実の究明ではなく、基本的に利害調整の場だ。そのことは弁護士４２年目の私にはよくわかっているが、やはり一般的にはわかりにくいことだろう。しかして、本作ではそんな問題意識についてどこまでの突っ込みが・・・？

　アメリカでは『レインメーカー』（９７年）、『評決のとき』（９６年）、『ザ・ファーム　法律事務所』（９３年）、『依頼人』（１１年）（『シネマルーム２９』１８４頁参照）、さらには近時の『リンカーン弁護士』（１１年）（『シネマルーム２９』１７８頁参照）等々の「法廷モノ」で、よくも悪くも弁護士の仕事の実態が赤裸々に描かれているし、法廷が必ずしも真実追及の場でないことはよく知られているが、さて日本では？周防正行監督の『それで

もボクはやってない』は警察や検察の取り調べの中でいったん自白し逮捕されてしまった
ら、その後がいかに大変かの警鐘を鳴らしたが、本作はある意味法廷は真実追及の場と考
えている多くの人たちへの警鐘になっている。重盛弁護士がいわゆる「軒弁」として雇っ
ている川島輝弁護士（満島真之介）は当然のように真実の追及に懸命になっているが、そ
れに対して投げかける重盛の冷ややかな言葉を、一般市民たるあなたはどのように聞くの
だろうか？弁護士的には、そんな点も本作の大きな注目点だ。

## ■□■徳川家康も殺人犯も！役所広司の役作りに注目！■□■

　本作では、形の上では福山雅治演じる重盛朋章弁護士が主役だが、ストーリー形成の核
となる実質上の主役は、勤務していた食品加工工場の社長を殺し、財布を奪い、死体にガ
ソリンをかけて燃やした容疑で逮捕、起訴された男、役所広司演じる三隅高司だ。三隅は
３０年前にも強盗殺人の前科があったから、当初三隅の国選弁護人となった摂津大輔（吉
田鋼太郎）弁護士の見立てでは、死刑確実！

　本作がなぜ「三度目の殺人」とタイトルされているかは大きなポイントだが、いわゆる
「やめ検」で、刑事弁護にかけては百戦錬磨の摂津弁護士が音を上げ、年は若いが修習同
期の重盛弁護士に弁護の応援を頼んだのは、面会のたびに三隅の供述がコロコロと二転三
転するためだ。ある、ある、こんな事件。民事、刑事事件を問わず、そんな依頼者に遭遇
した場合、弁護士として困惑するのは当然。私だってそんな事件ははっきり言って願い下
げだ。国選弁護人は通常１人だが、死刑または無期の懲役等に当たる事件の場合、国選弁
護人を２名以上に増やせるため、摂津は重盛を主任弁護人に据えて、自分は一歩退く（楽
をする）べく泣きついたわけだ。

　「法廷モノ」の華は証人尋問。ハリウッドの「法廷モノ」では、その丁々発止のやりと
りが最大の見どころになっている。日本の刑事裁判は近時、①裁判員裁判、②公判前整理
手続き、③集中審理方式となっており、本作でもそんな刑事裁判の実態を手際よく見せて
くれる。また、本作では被害者の妻である山中美津江（斉藤由貴）と被害者の娘である山
中咲江（広瀬すず）の証人尋問と、三隅の被告人質問が行われるので、それが「法廷の華」
としての見どころになっている。しかし、本作の真の見どころは実はそれではなく、拘置
所における弁護人と被告人との面会シーンだから、それに注目！

　役所広司は、ほぼ同時期に公開された『関ヶ原』（１７年）での徳川家康役で存在感を示
し、岡田准一演じた石田三成をこてんぱんにやっつけたが、本作では強盗殺人、死体遺棄
事件の被告人三隅高司の役で、摂津弁護士だけではなく重盛弁護士をも翻弄！本作では、
俳優としては福山雅治より数段格上である役所広司の三隅高司役の役作りに注目！

## ■□■動機は怨恨？それとも金目当て？いやいや実は・・・。■□■

　強盗殺人事件の弁護方針では、犯人性や犯行態様を争わない（争えない）場合、動機が

問題となる。つまり、怨恨？それとも金目当て？あるいは、それ以外の動機？ということだが、本件で重盛が立てた作戦は怨恨。なぜなら、金目当てより怨恨の方が、量刑上、動機において情状酌量の余地があるとされているためだ。さらに、重要物証である盗まれた財布にガソリンの跡がついていたことを発見した重盛は、これなら財布を奪おうとしたのは三隅を殺した後だと認定できるため、「強盗殺人」起訴事実を「殺人プラス窃盗」というより軽い犯罪に落とせると考えたから、これにて弁護方針はバッチリ！摂津弁護士も、重盛の事務所で「軒弁」をしている川島弁護士も、さらには事務所の事務員である服部亜紀子（松岡依都美）も（？）そんな弁護方針に納得したが、さて肝心の三隅の納得は・・・？

　本作は重盛、摂津、川島の三弁護士が三者三様の弁護士像を見せるが、これに対する担当検事、篠原一葵（市川実日子）はまだ若い。それだけに少し固さがあるが、その隣にはお目付け役（？）のベテラン検事がついている。そして彼は公判にも公判前整理手続きにも同席していたが、こんな風景は日本では日常茶飯事だ。中国映画『再生の朝に　―ある裁判官の選択―（透析Ｊｕｄｇｅ）』（０９年）では、裁判官が判決を下すについて「裁判委員会」という裁判所内の機関で討議されることに驚かされた（『シネマルーム３４』３４５頁参照）が、本作では公開の法廷ではなく「密室」で行われる「公判前整理手続き」での、裁判官、検察官、弁護士の打ち合わせの姿に、法曹関係者でない一般の人々は驚かされるはずだ。今年の流行語大賞は多分『忖度』で決まりだが、そこに見る風景はまさに「腹芸」であり、「暗黙の了解」であり、『忖度』そのものだから、その風景にもしっかり注目したい。

　しかして、重盛弁護士が立てた「殺人の動機は怨恨」という主張は、公判でどこまで貫徹できるの？本作では、被告人質問の直前に至って、三隅の供述が「私は殺していません！」と急転換するため、法廷は大混乱に陥り、そこからが本作の「核心」となるが、まずは動機をめぐる検察側ＶＳ弁護側の攻防戦をしっかり検証したい。

## ■□■このネタの出所は拘置所内の三隅から！？■□■

　民進党の幹事長内定の日に、山尾志桜里衆議院議員が９歳年下のイケメン弁護士とホテルで密会！そんな特ダネを報じたのは、『週刊文春』の「文春砲」だ。それと同じように（？）、公判前整理手続きで争点整理をしている真っ最中に、拘置所内の三隅を出所として、週刊誌に「社長の奥さんから頼まれて保険金目当てで殺した」という「独占告白」が載せられたから、重盛はびっくり！これでは弁護士はたまったものではない。

　そこで重盛が直ちに拘置所に赴いて三隅と面会し、その真偽を確かめると、社長の妻美津江から、その依頼とも取れるメールが三隅の携帯電話に残っているうえ、三隅の銀行口座には給料とは別に５０万円が振り込まれているらしい。重盛がさらに突っ込んで質問すると、これは社長（夫）殺害の謝礼１０００万円のうちの、とりあえずの着手金らしい。すると、社長殺しは三隅の単独犯ではなく、美津江と三隅の共謀共同正犯？しかも、その

222

主犯は三隅ではなく美津江だから、これは三隅にとって大いに有利。摂津はコロコロと変わる三隅の供述に半信半疑だし、三隅が示した物的証拠の不十分性を指摘したが、重盛は怨恨か保険金目当てかの弁護方針の選択は、「依頼者の利益のある方に決まっている」とクールに言い放ち、弁護方針を大きく切り替えることに。そのことに篠原検事は文句タラタラだが、そこは弁護士の力量の示し方によって粛々と・・・。

　かくして公判前の争点整理手続きを終え、約3週間、5開廷と予定された公判手続きが開始されることになったが、今や重盛はみずからの弁護方針に自信満々。強盗殺人の起訴事実を殺人と窃盗に落とし、しかも主犯が美津江であるとの主張が認定されれば、重盛は十分な勝訴。そうなれば、自分の刑事弁護人としての名声も大いに上がるはず。そんな目論見さえミエミエだが・・・。

## ■□■共に１４歳の娘がキーウーマンに！■□■

　最近の東宝の若者映画をあまり見ていない私には、広瀬すずのイメージは『海街ｄｉａｒｙ』（15年）（『シネマルーム35』未掲載）、『怒り』（16年）（『シネマルーム38』62頁参照）等しかない。本作では、その広瀬すずが14歳の娘咲江役でかなり陰影のあるキーウーマン的な役割を演じている。重盛が三隅と咲江との「接点」を知ったのは、自分の足で聞き取り調査をやった結果だから、その弁護士としての地道な努力には拍手を送りたい。

　社長の妻美津江は会社が儲けのためにやっていた「ある不正行為」を見て見ぬふりをしていたが、潔癖症の娘（？）咲江にはそれは我慢できなかったらしい。さらに三隅にも咲江と同じような14歳の娘がいたこともあって、食品加工工場で働いていた三隅は咲江に

(C) 2017 フジテレビジョン　アミューズ　ギャガ

対して父親のような優しさを示していたようだ。しかし、そもそも社長の娘が１人で従業員のアパートを訪ねること自体が異例。そして、もちろん咲江はそんな事情を重盛には何も語っていなかった。そんな咲江が重盛の事務所を訪れ、「三隅の助けになるのなら裁判で証言したい」と言い始めたから、重盛はビックリ。

　さらに、公判が開始する中で、重盛が拘置所内の面会室で三隅から突然聞いたのは、「嘘ですよ、そんな話」と咲江の話を一笑に付した後の「本当は私、殺してないんです」との告白。これは咲江の申し出を受けた重盛が、咲江の言っていたことの真偽を改めて三隅に確認する中で飛び出した発言だが、さすがにこれには重盛も大混乱に・・・。いい加減にしてくれ！そんな三隅の供述は信用できない。摂津弁護士はそんな思いでいっぱいだったが、さて重盛弁護士は・・・？他方、公判が進む中で突然、被告と弁護側の方針が「犯人性」を争うと変更されたことに何よりも困惑したのは裁判所。そんな状況下で、裁判官、検察官、弁護士三者間の腹芸のような打ち合わせは本作の見どころの１つだから、じっくりと・・・。

　このように、本作では１４歳の娘咲江がキーウーマンになるので、その言動に注目したい。ちなみに、本作には重盛にも離婚した妻との間に生まれた１４歳の一人娘が時々顔を出してくるし、三隅の話しにも思い出話を含めた１４歳の娘との語らいの日々が登場してくる。したがって、１４歳の娘の存在とその言動は裁判の帰趨だけでなく、重盛と三隅のそれぞれの考え方にも影響していくので、その意味でも咲江の動向に注目！

## ■□■もし三隅が犯人でなかったら？真犯人は一体ダレ？■□■

　弁護士は依頼者の話を丹念に聞くべきは当然だが、同時にその内容を鵜呑みにしたり、丸ごと信じてしまってはダメなことも当然。依頼者の話は、その中身と共に、その話し方によっても信憑性が大きく変わってくるものだ。摂津弁護士は三隅の二転三転する供述に

辟易していたが、拘置所内で金網越しながら目と目を見ながらの三隅の話しぶりはなかなか説得力がある。「よく覚えていない」と逃げる時は「ハハーン、これはごまかしているな」と感じてしまうが、積極的に「○○ですよ」「△△ですよ」と語っていると、つい「なるほど、そうか」と弁護士の私ですら思ってしまうほどだ。

　重盛が「保険金目当て殺人説」、「主犯、美津江説」をとって公判に臨んだのは法廷戦術的側面が強かったが、公判の途中で咲江が重盛の事務所を訪れて自らの証言を要請したり、拘置所内で三隅から「本当は私、殺してないんです」との供述を聞くと、重盛の頭の中は大混乱。あの冷静沈着だった重盛でさえ、つい金網越しに三隅に対して「本当のことを言ってくれよ」と泣きつくまでに・・・。当初、三隅は重盛に対して「重大な話があると言って社長を河川敷に連れ出し、後ろからハンマーで頭を殴って殺した後、会社までガソリンを取りに行き、死体を焼いた」と説明していたが、もし本当に三隅が社長を殺していないとすると、社長を殺したのは一体ダレ？　ひょっとして咲江？そんなバカな・・・。

　本作は「原作モノ」ではなく、是枝監督の原案・脚本に基づくもので、「法廷モノ」としての面白さ、「面会モノ」としての面白さ、そして「法廷は必ずしも真実解明の場ではない」という是枝監督の問題意識が手際よく表現されている。しかし、かつての松本清張や近時の東野圭吾原作のような本格的推理小説、犯人捜しサスペンスの視点から言うと、もし三隅が最後に告白したように、三隅が殺人犯でないのなら、真犯人は一体ダレ？その点の追及が本作では甘いと言わざるを得ない。もし私が重盛弁護士の立場なら、三隅のそんな告白を聞けば、その直後に「だとすると、社長を殺したのは誰だ？」「誰だと思う？」と質問しているはずだが、一流の刑事弁護士のはずの重盛弁護士にそんな質問がなかったのは一体なぜ？重盛が弁護方針を急遽、「犯人性を争う」と切り替えたにもかかわらず、裁判所が腹芸的にそのまま審理を進め、判決言い渡しまでに至ったことを考えれば、弁護士の私には摂津と同じように判決内容はほぼ予想できる。

　しかして、スクリーン上に見る判決言い渡しの内容は？私にはそれは予想通りだったが、さてその判決を三隅や重盛弁護士はどう受け止めるの？私なら、再度三隅の供述を突き詰めて精査したうえで、断固控訴だが・・・？

犯人は捕まった。真実は逃げつづけた。

三度目の殺人

9.9 SAT

「そして父になる」
是枝裕和 監督作品

福山雅治
広瀬すず　瑛太 役所広司 市川実日子 松岡依都美
橋爪功 斉藤由貴 吉田鋼太郎
役所広司

弁護士、殺人犯、被害者の娘。ある殺人が、彼らを?ない?ない。

２０１７（平成２９）年９月１５日記

Data

監督：入江悠
原案：韓国映画『殺人の告白』
出演：藤原竜也／伊藤英明／夏帆／
　　　石橋杏奈／野村周平／竜星
　　　涼／岩城滉一／仲村トオル
　　　／早乙女太一／平田満／岩
　　　松了

**22年目の告白　私が犯人です**

2017年・日本映画
配給／ワーナー・ブラザース映画・116分

2017（平成29）年6月11日鑑賞　TOHOシネマズ西宮OS

★★★★

## 👀みどころ

　1995年に起きた連続殺人事件でも、「公訴時効」が完成すれば犯人は自由。そして出版も自由。その殺人犯が自ら書いた暴露本はベストセラーに。犯人がイケメンなら、なおさらだ。

　そんな発想で作られた韓国映画『殺人の告白』（12年）を日本版にアレンジした本作が登場！日本では2010年に刑事訴訟が改正され、殺人罪の公訴時効は廃止されたが、本作では脚本上のテクニックによって面白いトリックも・・・。

　警察や司法がダメならメディアがあるさ！本作後半は、そんな狙いで人気番組「ＮＥＷＳ　ＥＹＥＳ」スタジオでの「直接対決」がメインになるが、そこで次々に明らかにされていく真実とは・・・？そして、結末に訪れる、あっと驚く連続殺人事件の真相とは・・・？

　現代的論点をテンコ盛りにした本作を、韓国映画『殺人の告白』と対比しながらしっかり鑑賞し、その問題点を共有したい。

——＊——＊——＊——＊——＊——＊——＊——＊——＊——＊

## ■□■あれ、このシーンはどこかで見たような・・・？■□■

　2016年5月12日に満80歳で亡くなった蜷川幸雄氏に『身毒丸』で見い出された藤原竜也は、『デスノート』（06年）前編、後編がはまり役で、そこでの演技が強く印象に残っている（『シネマルーム11』393頁参照、『シネマルーム12』85頁参照）。そんな若手を代表する芸達者でイケメン俳優の藤原竜也が、「私が殺人犯です」と題された新刊本を見せながら、次々とシャッターが切られるカメラの前に立つ姿は、アレレこりゃど

こかで見たような・・・？

そう、それは藤原竜也と同じような（？）韓国のイケメン俳優パク・シフが、自ら犯した連続殺人の公訴時効が完成したことを受けて出版した「私が殺人犯です」と題する本を見せながらカメラの前で微笑んでいる姿と全く同じ。つまり、本作は韓国映画『殺人の告白』（12年）（『シネマルーム31』205頁参照）のリメイクなのだ。

韓国では1986年から91年にかけて「華城連続殺人事件」が起こり、それをネタにしたポン・ジュノ監督の『殺人の追憶』（03年）が作られたが、そこでは結局犯人は逮捕できなかった（『シネマルーム4』240頁参照）。殺人事件が迷宮入りするのはある意味仕方ないが、『ロクヨン』（16年）前編、後編をみても、その悔しさは如何ばかり（『シネマルーム38』10頁、17頁参照）。

しかるに、そこに追い打ちをかけるように殺人罪の「公訴時効」が完成し、犯人が法的に処罰されることがなくなった後、藤原竜也扮する曽根崎が「私が犯人です」と名乗り出たうえ、その本がベストセラーになり、マスコミやSNSが犯人をもてはやすことになると、犯人を取り逃がした刑事や被害者の遺族たちの悔しさは一層増幅されることに・・・。

## ■□■5件の連続殺人事件は1995年。それから22年！■□■

韓国で華城連続殺人事件が起きたのは1986年〜91年にだったが、本作が設定した5件の連続殺人事件が起きたのは1995年。1995年という年は、1．17の阪神淡路大震災、3月20日の地下鉄サリン事件が起きた激動の年で、社会的不安が蔓延した極めて異常な年。そんな年に限ってこんな連続殺人事件が起きたうえ、22年経っても犯人が特定されないまま公訴時効を迎えていたわけだ。

本作に登場する連続殺人事件の被害者の遺族は、①父親を殺された本屋で働く女性・岸美晴（夏帆）、②妻を目の前で絞殺された医師・山縣

『22年目の告白ー私が殺人犯ですー』10月4日ブルーレイ＆DVD リリース／デジタル先行配信中【初回仕様】ブルーレイ&DVD セット プレミアム・エディション（3枚組）¥5,990+税 ブルーレイ&DVD セット（2枚組）¥3,990+税
ワーナー・ブラザース ホームエンターテイメント
©2017 映画「22年目の告白ー私が殺人犯ですー」製作委員会

明寛（岩松了）、③最愛の彼女を殺され、さらに馴染みのホステスまで殺された暴力団橘組の組長・橘大祐（岩城滉一）の3人。また、牧村航（伊藤英明）の上司だった刑事の滝幸

宏（平田満）も、牧村と一緒に犯人の家に突入した時に犯人の罠にかかって死亡していたから、牧村もあの連続殺人事件の被害者の1人。

　他方、牧村の妹・牧村里香（石橋杏奈）は看護師として働いていた時に発生した阪神淡路大震災のトラウマに悩まされ続けていたため、恋人小野寺拓巳（野村周平）の求婚にも容易に応じることができず、兄と共にずっと悩みながら生き続けてきた女性だ。したがって、里香は連続殺人事件の直接の被害者ではないが、牧村と共に犯人を追っていた小野寺が、ある日里香を失った絶望の中でビルの屋上から飛び降り自殺をしてしまったから、この点では里香も連続殺人事件の被害者・・・？

　本作では１９９５年に起きた５件の連続殺人事件の直接の被害者のみならず、その遺族や捜査関係者等その周辺の広い意味での被害者たちと、それから２２年間という長い年月の重みに注目しながら、『私が殺人犯です』の出版後に次々と起きるあっと驚く事件に注目！

## ■□■殺人罪の公訴時効を巡るトリック（？）に注目！■□■

　韓国映画『殺人の告白』では、２００７年１２月１９日午前０時に１５年という殺人罪の公訴時効が完成するものの、そこに１４分間の「誤差」（トリック？）が生じるのが大きなポイントになっていた。それに対して日本では、２０１０年の刑事訴訟法の改正によって法定刑に死刑を含んでいる殺人罪については公訴時効そのものが廃止されたため、本作では殺人罪の１５年の公訴時効が２０１０年に完成した後に刑訴法の改正がなされることを前提にしているが、後半には韓国版と似たようなある誤差（トリック？）が登場するので、それに注目！

　松本清張の『点と線』では時刻表のトリックが最大のポイントとして注目されたが、さて本作が工夫に工夫を重ねて作りだした、そのトリックとは・・・？

## ■□■刑事はもちろん、妹とその恋人の動きに注目！■□■

　本作前半では、告白本『私が殺人犯です』のサイン会当日に曽根崎雅人（藤原竜也）に挑発された牧村が曽根崎に殴り掛かるシーンが登場するが、今ドキのマスコミや若者のSNSは、何よりもこんな刺激的なシーンを欲しているから、これはたちまち拡散し、新刊書の売り上げ増に大きく貢献することに。

　他方、被害者遺族の一人で現在は書店に勤めている美晴は、曽根崎の告白本の出版とその爆発的な売れ行きに不満タラタラだったが、それによってたっぷりと儲けを企む出版社もあるから、今ドキの出版を巡る構造は複雑だ。そもそも、こんな本の出版は許されるの？被害者遺族たちの意見は当然そうだが、他方で「表現の自由」、「出版の自由」は憲法上保障された権利だ。とはいっても、曽根崎の生命が狙われる危険があるのは当然だから、出版社はそれなりの防衛策を講じていたが、戸田丈（早乙女太一）のような暴力団橘組の組

員で鉄砲玉のような男にかかれば、曽根崎の殺害なんてチョロイもの・・・。そう思って
いたが、それを寸前のところで身を挺して救ったのが牧村だから、アレレ・・・。

　牧村は曽根崎が大嫌いなのだから、何も自分の身を挺してまで曽根崎を守る必要はなく、
自然の成り行きにまかせて曽根崎が殺されるのをみていればよかったのでは・・・？誰で
もそんな風に思ってしまうはずだが、練りに練られた本作の脚本では、その後の牧村の妹
里香とその恋人小野寺拓巳の動きが本作のストーリー形成の大きなポイントになるので、
それに注目！ネタバレになるため、その詳細をここに書けないのは残念だが、その展開は
あなた自身の目でしっかりと・・・。

『22年目の告白－私が殺人犯です－』10月4日ブルーレイ&DVD リリース／デジタル
先行配信中 【初回仕様】ブルーレイ&DVD セット プレミアム・エディション(3枚組)
¥5,990+税 ブルーレイ&DVD セット(2枚組) ¥3,990+税
ワーナー・ブラザース ホームエンターテイメント
©2017 映画「22年目の告白－私が殺人犯です－」製作委員会

## ■□■このキャスターは正義の味方？いやはや私は・・・■□■

　大のマスコミ嫌いを自認しているトランプ大統領は、さかんに大手マスコミ報道を「フ
ェイクニュース」と主張し、自分のフェイスブックの効用を信じているらしい。ここでハ
ッキリ私の意見を言うと、大手マスコミ報道のインチキ性については私も同感だし、それ
を助長したのが久米宏、古館伊知郎等のニュースキャスターであることは明らかだ。「自分
こそ正義だ」「自分こそ民意を代表している」と思い込み、したり顔で至極当たり前の解説
と当たり前の結論をテレビで聞くのはノーサンキュー。そんな風に思っている私には、本
作後半に登場してくる人気報道番組「ＮＥＷＳ　ＥＹＥＳ」のメインキャスターである仙
堂俊雄（仲村トオル）の姿は、いかにもうさん臭く見えてしまう。時効のために殺人犯を
警察や司法の力で裁けないならマスコミの力で裁くというのが彼のスタンスだが、そもそ
もその考え方の妥当性は？そして、本件にみる彼のやり方の妥当性は？

　彼のやり方は、自分の番組に曽根崎と牧村の両方を呼び出し、公開で議論すること。そ

れは私も賛成だが、そこでの論点整理のやり方が大問題だし、さらに曽根崎の安全の確保は・・・？そんな心配を内包しつつ仙堂が進めていく番組の内容はそれなりのもの。なるほど、このように順当に論点を整理していけば・・・。そう思っていると・・・。

そこからは韓国版『殺人の告白』とよく似たものとなり、「我こそが真犯人！」と名乗り出る者が登場したり、曽根崎がその場であっと驚く告白をしたり、と想定外の展開を見せていくので、それはあなた自身の目でしっかりと・・・。

## ■□■ラストにみるあっと驚く直接対決は？こんなのあり？■□■

本作で仲村トオルが演じた仙堂俊雄は、今でこそ人気番組「ＮＥＷＳ　ＥＹＥＳ」のメインキャスターを務め、キレイ事ばかりを語ってるが、過去は戦場記者としてかなりリスキーな取材をしていたらしい。そこが久米宏や古館伊知郎と大きく違う仙道俊雄のキャラだが、本作ラストにみるあっと驚く「直接対決」では、そこで鍛えられた（？）仙道の本性が暴露されるので、それに注目！

仲村トオルはビッグネームだが、あなたは彼がロウ・イエ監督の中国映画『パープル・バタフライ』（０３年）で章子怡（チャン・ツィイー）らと共演し、日本軍秘密諜報部員という役で出演していた（『シネマルーム１７』２２０頁参照）のを知ってる？２００３年のそんな中国映画で難しい役をこなしていた仲村トオルなら、本作における仙堂のような複雑なキャラを演じ分けるのもオーケー。本作ラストにみる仙堂の実像とその開き直りのサマはまさに演技派仲村トオルの演技力の賜物だから、それに注目！それにしても、あの１９９５年の連続殺人事件の実態がこんなものだったとは！こんなのあり・・・？

『22年目の告白ー私が殺人犯ですー』10月4日ブルーレイ＆DVD リリース／デジタル先行配信中【初回仕様】ブルーレイ&DVD セット プレミアム・エディション（3枚組）￥5,990+税 ブルーレイ&DVD セット（2枚組）￥3,990+税 ワーナー・ブラザース ホームエンターテイメント ©2017 映画「22年目の

２０１７（平成２９）年6月16日記

■Data
監督・脚本：佐藤慶紀
出演：西山諒／西山由希宏／荒川泰
　　　次郎／岩井七世／野沢聡／
　　　箱木宏美／木引優子／西田
　　　麻耶

## 👁👁👁 みどころ

　我が娘を、事もあろうにその夫孝司に殺害された母親の晴美。そんな母親と死刑囚との対話とは・・・？そんな本作は、佐藤慶紀監督が加害者と和解しようとする被害者遺族がいることを知ったところから誕生した。

　「裁判モノ」としての出来はイマイチだが、その問題意識の追及や良し！2人の「対話」に絡む晴美の夫、晴美の弟、孝司の弁護士、孝司の母親との「対話」もしっかりフォローしながら、問題点をつきつめたい。

　ラストの余韻はそれなりのものだが、ラスト直前のドタバタ劇（？）をあなたはどう評価？これを観ていると、問題意識は良しだが、演出はイマイチ・・・。

―――＊―――＊―――＊―――＊―――＊―――＊―――＊―――＊―――＊―――＊

### ■□■「裁判モノ」として必見！■□■

　私は１９７５年生まれの佐藤慶紀監督については何も知らなかったが、『名作映画には「生きるヒント」がいっぱい』(河出書房新社、２０１０年) や『名作映画から学ぶ裁判員制度』(河出書房新社、２０１０年) の著者である弁護士兼映画評論家の私としては、「大切な娘を殺した犯人と、被害者の母親の対話」というテーマで大胆な問題提起をした同監督の本作は必見！

　本作は、大阪では近々シネ・ヌーヴォで公開されるだけだが、２０１６年釜山国際映画祭をはじめ各国の映画祭で絶賛されたらしい。そこで、公開前に試写用のDVDを鑑賞。

### ■□■監督の問題意識や良し！その演出は？成否は？■□■

　プレスシートにおける、佐藤慶紀監督の「監督ステートメント」の問題意識は次の通り

なので、それをそのまま引用しておく。その問題意識はすばらしい。しかして、本作に見るその演出は？そして、成否は・・・？

## ■□■ストーリーの骨格は？■□■

　プレスシートで紹介されている本作のストーリーの骨格は次の通りなので、これもそのまま引用しておく。この紹介のとおり、本作のメインは、「HER（みちよの）MOTHER」＝晴美（西山諒）と、娘を殺した死刑囚＝孝司（荒川泰次郎）との「対話」（対決）。そして、そこに、①晴美の夫（西山由希宏）、②晴美の弟（野沢聡）、③孝司の女性弁護士、④孝司の母親との「対話」（対決）を絡ませながらストーリーが進展していく。

　裁判員制度が導入された後、第一審での死刑判決が増えながら控訴審でそれが無期懲役に減刑される問題点が近時指摘されているが、本作はその論点とはまったく無縁。ただ、娘を殺した死刑囚と、殺された娘の母親との「対話」に焦点を絞った問題提起作だ。そのストーリー展開に私は十分な成熟性を認めることはできないが、上述したストーリーの骨格だけでなく、各シークエンスでの対話を中心としたストーリーの進行をしっかり追っていきたい。

## ■□■ 「裁判モノ」としての疑問点あれこれ■□■

「裁判モノ」映画には、洋画では『アラバマ物語』（62年）や『アミスタッド』（97年）（『シネマルーム1』43頁参照）等の名作がある。また邦画では、『疑惑』（82年）（『シネマルーム10』33頁参照）、『事件』（78年）（『シネマルーム10』52頁参照）、『それでもボクはやってな

© 『HER MOTHER』製作委員会

い』（06年）（『シネマルーム14』74頁参照）、さらに、『ゆれる』（06年）（『シネマルーム14』88頁参照）等の名作があるが、死刑を争う殺人事件をテーマにした「裁判モノ」では、証人尋問はもちろん、冒頭手続きから論告、弁論、求刑に至る法廷シーンをリアルに描き、その道の専門家を納得させるレベルのものにする必要がある。「2時間モノ」のテレビドラマの「法廷モノ」では時々その点が不十分でいい加減なものが目立つが、さて本作は・・・？

本作はリアルな法廷シーンをほとんど登場させていないから、その分アラが目立たないが、映画冒頭、バッジも付けていない検察官がいきなり死刑を求刑するシーンにはアレレ・・・？こりゃいくら何でも大きな疑問だ。また、殺人事件では量刑を巡って殺人の動機が問題とされるケースが多いが、婚姻中の夫孝司が妻のみちよ（岩井七世）を殺した本件では、せっかくみちよが妊娠していたのに孝司に知らせないまま勝手に中絶したことで孝司が悲しんでいたことが1つの問題とされた。しかして、法廷でのその動機の解明は・・・？

さらに、弁護側は、「みちよは保険金目当てで夫を殺害しようとしていた」、「その記録はみちよの携帯メールに残っている」と主張していたから、みちよの携帯が重要な物証となったはず。ところが本作では、それが法廷に提出されないまま、みちよの母親である竹内晴美がずっと隠し持っていたというストーリーになっているから、その点もアレレ。こり

© 『HER MOTHER』製作委員会

233

ゃどう考えても大きな問題だ。また、この点についての弁護側の反論が立証できなくても、中絶問題が殺人の動機の１つになっていたことが立証できれば、本件で死刑や無期懲役がありえないのは常識だ。また前述した中絶問題についての弁護側の追及如何では、うまくいけば執行猶予の可能性もあったのでは？さらに、最高裁の死刑の量刑基準からしても、被害者が１人の本件で死刑判決が下される可能性が少ないはずだ。「裁判モノ」の本作には、そんな、あれこれの疑問点が！

## ■□■死刑判決から６年。夫の変化にビックリ！■□■

本作は本格的な「法廷モノ」ではなく、「娘を殺した死刑囚との対話」というサブタイトルのとおり、殺人犯で死刑囚となった田中孝司と、孝司の手で娘のみちよを殺された母親竹内晴美との対話、その対話の中でもとりわけ「赦し」をテーマとした映画だ。したがって、殺人事件をめぐる第一審の法廷模様はほとんど描かれず、死刑判決が出され孝司が上告している６年後から、そのテーマに沿ったストーリーが進んでいくことになる。

「俺は、みちよがあんな男と結婚することにもともと反対だったんだ。なのにお前が・・・」、「あなただって、最後は賛成したんでしょ！」。そんな言い争いをしている亡きみちよの両親の姿を見ていると、裁判の行方だけでなく２人の夫婦仲も心配になったが、案の定、６年後の今２人は離婚し別居しているらしい。もっとも、この夫婦が住んでいた家は晴美が両親から相続したものだったため、晴美が家に残り、夫が出て行ったらしい。夫は久しぶりに再会した晴美に対して、「中古のマンションを買った。俺と一緒に生活しないか？」、「俺が悪かった、晴美の気持を尊重すべきだった。」と語ったが、それって一体ナニ？さらに彼は、「孝司君から手紙がきているだろう。」と質問したり、「面会に行った。孝司君は変わった。」等の言葉が次々とその口から出てきたから、更にアレレ・・・。

夫がこのように変化したのは、喫茶店の中で夫を見守っている宗教団体らしき友人たちの影響のようだが、「誰にでも誤ちはある。仕方なかったんだ。」、「憎しみは憎しみしか生み出さない。その連鎖を断ち切らないと。」といういかにもキレイゴト的な言葉は、ホントの気持・・・？

晴美は別れた夫とそんな会話を交わしたことによって、封を切らないままにしていた孝司の手紙を開けてみると、そこには・・・？

## ■□■晴美と孝司の対話は？謝罪はいいから真相を！■□■

本作のハイライトは、目下死刑判決を受け、上告中の孝司と「ＨＥＲ（＝みちよ）ＭＯＴＨＥＲ」たる晴美との短い面会時間内の会話になる。１度目の面会で、晴美は「収容者との関係」の欄に「義理の母親」と書いたが、それは一体なぜ？また、孝司は面会に来てくれた晴美に対して、「本日は来てくれてありがとう。ずっと謝罪したいと思っていた。」、「これで私はいつでも死ねます。」と語ったが、それってホントの気持・・・？そんな晴

美が、2度目の面会では「被害者の母」と記入し直したのは一体なぜ？さらに、「私の母に、私の代わりにみちよの墓参りに行かせたい。許してくれるか？」と質問する孝司に対して、「どうしてそんなことが言えるのか！」と怒りをぶつけ、さらに、「なぜ殺したのか？質問に答えてくれ！」と詰問したのは一体なぜ？

　さらに、孝司の母親がみちよの墓参りに来ていた時に、「私の責任です。私の育て方がまずかったのです。」との言葉と共に、「お願いがあります。死刑を取り消すための上申書を書いて下さい。私の命を差し上げるから書いて下さい。あの子がこんなことをするとは、今も信じられない。」と頼まれたことを受けた3度目の面会で、晴美は「なぜ母親に上申書を書いてくれと頼んだのか」と孝司を詰問したが、これはなぜ？上申書の件は、最高裁で新たに孝司の弁護人となった女性弁護士が孝司の母に頼んだらしい。そのため、この弁護士がわざわざ晴美の家まで謝罪に来たから、それにて一件落着と思っていると、そこで晴美は逆に「上申書を書きます」と回答したから、さらにアレレ・・・。

## ■□■夫が変なら、晴美の弟もかなり変！■□■

　本作では、晴美の夫が第一審の裁判で「極刑を求めます。極刑とは死刑のことです。」と証言していたのに、その後、何らかの宗教団体に入ったことで大きく考え方を変えていく姿が描かれる。しかし、私にはどうも彼の言っていることが変としか思えない。晴美とは離婚したのだから、晴美が孝司死刑囚とどう向き合おうと関係ないはずだが、精神的苦痛から立ち直れない晴美に対して「俺たちは話し合うこともできないのか？」、「俺もお前を

助けたいんだ。」等とお節介（？）を焼くのは一体なぜ？しかも、彼の心が孝司を赦すことで救われたのならそれはそれでいいが、その後の展開をみているとそれも怪しそう。こりゃ一体ナニ・・・？

　他方、本作には１人娘のみちよを殺されて大きな痛手を負った晴美の家を何度も訪れ、さかんに（精神）病院行きや投薬を勧める弟が登場するが、これもかなり変な奴。彼は親の土地建物を晴美一人が相続したことに不満があるようで、晴美が離婚したのを契機に自分たち家族がその家で住みたいようだが、本作に登場する「姉弟ゲンカ」には、かなり違和感がある。

　さらに、晴美が上申書を書いたにもかかわらず、孝司の上告が棄却され死刑が確定すると、今度は、晴美が弁護士の勧めに応じてテレビ局の取材を受けてテレビに登場するのも変なら、それを更に詰問する弟も変。そこで弟は「なぜテレビなんかに出るのか、病院に行こう！いつまでもここに住んでいられると迷惑なんだ。姉ちゃんのせいで、妻も嫌な思いをしている。」等と述べて無理やり晴美を精神病院に連れていこうとするから、これまた変だ。本作では、こんな変な夫や変な弟の動きや言動に注目し、それをどう解釈するのかをしっかり考えたい。

## ■□■死刑確定後の波紋は如何に？晴美は？夫は？■□■

　私が本作を観てはじめて知ったのは、死刑が確定すると死刑囚に面会できるのは親族に限られるため、被害者の母親である晴美は孝司に面会できないこと。もっとも、晴美がそれを孝司の弁護士に聞くと、拘置所の所長は例外を認める権限があるとのことなので、何度もしつこく面会を求めて拘置所に通っていると、ある日一度だけＯＫの回答が・・・。また、晴美が弁護士から得た情報によると、死刑判決確定後に法務大臣が交代したが、法務大臣の任期を終えるタイミングでよく死刑が執行されるらしい。すると、孝司の死刑執行が近々ありうるの・・・？また、弁護士の紹介で「死刑より無期懲役を望むか？」、「被害者の親族へのサポートが不十分だと思っているか？」等の問題意識でテレビ局の取材を受けた晴美は、出演したテレビ番組で一体何をどのように語ったの？

　他方、孝司を赦すことによって心の平穏を得ていたかにみえた晴美の夫は、「敵を愛し、みんなで祈りましょう！」との趣旨が徹底している某宗教団体の討論会に出席し、「死刑はかわいそう。和解の道が閉ざされる。」等と話し合っていたが、その中で突然キレてしまい、主催者に対して「偽善者め！」と食ってかかったからビックリ。アレレ、彼の本音は一体どちらにあるの？孝司を赦したんじゃないの？それとも、彼は今でも孝司の死刑を望んでいるの・・・？

　さらに、晴美が最初に面会した時には「これで私はいつでも死ねます」と語っていた孝司は、死刑が確定した今、被害者の母として面会に来た晴美に対して、自分への死刑執行についてどう語るの？私にはこの最後の「対話」はすれ違いばかりだと感じざるをえなか

236

ったが、さてあなたの見方は・・・？

## ■□■このドタバタ劇（？）の是非をどう考える？■□■

晴美の家（土地、建物）を
めぐるトラブルは、晴美とそ
の弟との間だけの問題だと思
っていたが、ラスト近くのド
タバタ劇に向けては、別れた
夫が１人で家の鍵を開けて入
っていくのでアレレ・・・。
彼は一体何をしようとしてい
るの？他方、晴美の弟は家の
こと、精神病院のこと、投薬
のことをしつこく晴美に迫り、
食事の席に心理カウンセラー
を同席させる始末。これには
晴美もプッチンとキレてしま
ったが、そんな３人がたまた
ま晴美の家で遭遇したから、
さあ大変だ。

© 『HER MOTHER』製作委員会

晴美の夫の主張は、「お前は
一体何を考えているんだ？今
度は法務大臣に上申書を書く

© 『HER MOTHER』製作委員会

のか？おかしくないか？娘が殺されたんだぞ！」というもの。その挙句に、「これ以上やる
なら、お前も殺して俺も死ぬ！」と叫び、包丁を持ち出してきたからビックリ。そこに孝
司の弟が「姉ちゃんは病気だ。病院へ行く！」、「なぜあいつを赦すんだ？」と割って入っ
たから、事態はさらにややこしいことに。そして、そんなやりとりの中での晴美の発言は
「赦すつもりはない！でも、殺すのは間違っている！」、「みちよを愛している。でも私に
は彼が必要。私の気持を一番わかっているのは彼だ」というものだったから、夫は晴美に
包丁をつきつけながら「今の発言を取り消せ！それでも母親か！」とさらに激怒。本作ラス
トは、そんなものすごいドタバタ劇になっていく。さらに、そこに孝司の死刑が執行さ
れたとのニュースが入ってくると・・・。さあ、このドタバタ劇はどんな結末を迎えるの？

「被害者の母と死刑囚との対話」とは別の舞台で展開される、この３人のドタバタ劇を
どう評価すべきかについても、本作ではしっかり考えたい。

## ■□■余韻を残す（思わせぶりな？）ラストシーンに注目！■□■

　映画は作りものだから、どんなシーンでも設定が可能。広い東京でタクシーに乗っている時、偶然知り合いの姿を見つけることはまずありえないが、本作ではタクシーに乗っていた晴美が偶然孝司の母の姿を見つけてタクシーを降りるシーンが登場する。そこで孝司の母の口から発せられた言葉は、「孝司は死んではいけなかった！」、「なぜもっと早く携帯を出さなかったの！なぜ隠していたの！」というもの。つまり、孝司の母は、孝司の刑を軽くするための重要な物的証拠であった、みちよの携帯を晴美が隠し持っていたことをずっと知っていたわけだ。これまでそれをずっと言わなかった孝司の母は、孝司の死刑が執行された今となっては、その思いのたけを晴美にぶちまけることに・・・。しかして、それに対する晴美の回答は？

　孝司の死刑執行が終わった今となっては、孝司と被害者の母たる晴美との対話はありえないが、本作ラストで交わされる、そんな被害者の母と死刑囚の母との対話に注目したい。しかして、2人の対話はこれがラスト？それとも、これからも続くの？そんな余韻を残す本作のラストに注目！

　　　　　２０１７（平成２９）年８月２１日記

238

**Data**

監督・脚色：デレク・シアンフランス

原作：M・L・ステッドマン　「海を照らす光」（早川書房）

出演：マイケル・ファスベンダー／アリシア・ヴィキャンデル／レイチェル・ワイズ／ブライアン・ブラウン／ジャック・トンプソン／レオン・フォード／ジェーン・メネラウス／ギャリー・マクドナルド／フローレンス・クレイ

SHOW-HEY シネマルーム

★★★★★

## 光をくれた人

2016 年・イギリス・ニュージーランド・アメリカ合作映画
配給／ファントム・フィルム・133 分

2017（平成 29）年 5 月 27 日鑑賞　　TOHO シネマズ西宮 OS

## 👀 みどころ

　「あの戦争」を契機に世捨て人のような状態で、1 人の男がヤヌス島の灯台守を志望！ところが、そこで出会った 1 人の女性の生命力と魅力によってその男は新たな人生を！そんなラブストーリーは、かつての名作『喜びも悲しみも幾年月』（57 年）を彷彿させるが、ある "罪" 以降は、全く異質の展開に！

　産みの母親と育ての母親は、どちらがより母親にふさわしいの？その答えは難しいが、そこにインチキや誘拐まがいの要素が入ってはダメ！したがって、本作の「親権」を巡る帰趨は明白だが、それとは別の、殺人事件サスペンスの展開に注目！そして、チラシのうたい文句になっている「ラスト 10 分」をしっかり涙しながら、楽しみたい

―― * ―― * ―― * ―― * ―― * ―― * ―― * ―― * ―― *

## ■□■このイギリス人は、なぜオーストラリアの灯台守に？■□■

　「おいら岬の灯台守は、妻と二人で沖ゆく船の無事を祈って、灯をかざす、灯をかざす」これは、1957 年に若山彰が歌って大ヒットした歌（歌謡曲）。私が小学生の時からこの歌をよく知っていたのは、両親が木下恵介監督の『喜びも悲しも幾歳月』（57 年）という映画を観て、その素晴らしさを語ってくれたため。同作の主演は佐田啓二と高峰秀子の 2 人で、海の安全を守るべく、日本各地の辺地に点在する灯台を転々としながら厳しい駐在生活を送る灯台守夫婦の、戦前から戦後に至る 25 年間を描いた長編ドラマだ。もっとも、いくら辺地の灯台への赴任といっても所詮日本国内のことだから、距離的にはたかが知れている。

　しかし、本作の主人公であるイギリス人のトム・シェアボーン（マイケル・ファスベンダー）が、臨時雇いの灯台守として赴く任地は、オーストラリア西部バルタジョウズ岬か

ら１６０キロも離れた絶海に浮かぶ孤島ヤヌス島だから、メチャ遠い。ヤヌスとは、ＪＡNUARY（１月）の語源で、２つの物を見つめ、２つの物事の間で引き裂かれるヤヌス神から取られた名前。住民は誰一人おらず、定期便も３カ月に１度だけというから、何とも孤独な場所だ。

　しかして、トムはなぜそんな灯台守の仕事に自ら志願を？それは、本作冒頭に示される１９１８年、つまり第１次世界大戦が終了した年ということが大きなポイントらしい。つまり、イギリス人のトムは、戦争の英雄として帰国したものの、心に深く負った戦争の傷を癒すことができず、生きていく希望も意欲もないまま、とにかく孤独を求めてヤヌス島の灯台守の仕事を希望したわけだ。なるほど、なるほど・・・。

## ■□■それでも、イザベルのようないい女がいれば・・・■□■

　あの悲惨な戦争体験によって生きる希望を失ってしまったトムが、同時に女性に対する意欲も失ってしまったのは仕方ない。そのことは冒頭の面接の際のトムの受け答えによって明らかだ。ところが、臨時採用で赴任した３カ月後、正式採用の契約を結ぶためにバルタ

© 2016 STORYTELLER DISTRIBUTION CO., LLC

ジョウズの町に戻ったトムが、カモメに餌をやる若い女性イザベル（アリシア・ヴィキャンデル）を見つけると、たちまちそこで空気が一変するから女性の力はすごい！もっとも、このシーンに説得力を持たせるためには、それまでほとんど死んだ目をして、生きた屍状態だったトムに対して、女性の方がいかにも生命力に満ち溢れていると共に、トムのような男に対しても女性の魅力を感じさせる「いい女」であることが不可欠だ。本作のストーリー構成の中でそんな前提（条件）を満たす魅力的な女性イザベルを演じるのは、『リリーのすべて』（１５年）のゲルダ役でアカデミー賞助演女優賞を受賞し（『シネマルーム３８』４３頁参照）、続く『エクス・マキナ』（１５年）であっと驚く美女ぶりを見せつけ（『シネマルーム３８』１８９頁参照）、『イングリット・バーグマン　愛に生きた女優』（１６年）で世紀の大女優イングリット・バーグマンになりきった（？）（『シネマルーム３９』未掲載）スウェーデン出身の美人女優アリシア・ヴィキャンデルだ。

　アリシア・ヴィキャンデル演じるイザベルも「あの戦争」で２人の兄を失っていたから、

戦争の悲惨さは十分味わっていたが、若いこともあり、その人間としての生命力と女性としての魅力は今や真っ盛り。そのイザベルの方から積極的にトムにアプローチしていく姿は微笑ましいし、夫を失った妻には「寡婦」という別の呼び名があるのに、兄を失った妹はあくまで「兄を失った妹」というだけで納得できない、と語りかける哲学論争（？）も面白い。もっとも、2人の男の子を失ったため、残った子供がイザベル1人だけになってしまった両親は、イザベルがヤヌス島の灯台守トムの妻になることに抵抗するのでは？私はそう予想したが、本作ではストーリーをシンプルにし、論点を絞るためもあって（？）そこらはスンナリとストーリーを通している。

　しかして、本作導入部が終わる頃には、トムとイザベルは夫婦でヤヌス島の灯台守として赴任し、2人だけの楽しくかつ充実した時間を過ごすことになる。もっとも、病気になったらどうするの？また、2人が希望するように、イザベルが妊娠したら定期健診はどうなるの？こんな心配を内包していたのは当然だが・・・。

## ■□■ボートの中には何が？2人の決断は？■□■

　ヤヌス島における灯台守の仕事は多岐にわたっているため仕事は大変だと思うのだが、本作中盤では主に2人のラブラブの夫婦生活が描かれ、トムの仕事の大変さはほとんど描かれない。その中で大変だったのは、せっかく妊娠したイザベルが2度も流産したこと。これはきっと、妊娠中の定期健診を含むケアが不十分だったためだろうから、少なくとも2度目の妊娠の際にはイザベルをバルタジョウズに帰して出産に臨むべきだったはず。それをしなかったのは、イザベルはもちろん2人の不注意としか言いようがないが、本作ではそれを責めるよりも、2度の流産が本作最大の論点であるあの「行為」に結びつく最大の動機になったことに注目すべきだ。

　「あの行為」とは、ある日、ヤヌス島に一艘のボートが流れ着き、その中に既に死亡した男（父親？）と小さな女の赤ん坊が乗っていたことへの対処法。そんな大事件が発生すれば、灯台守たるトムはこれを直ちに本国に報告し、死体と赤ん坊の処分方針を仰ぐべきだが、それを断固拒否したのがイザベル。つまり、イザベルは男（父親）が死亡していることもあり、この女の子を自分たちの子供として育てることを直感的に決め、断固としてそれを曲げずに主張したわけだ。ここが、「男は大脳で考え、女は子宮で考える」と言われる由縁だが、さあイザベルの強い主張を受けたトムの決断は？

## ■□■幸せ組の一方、悲しみ組は？2人の行為の犯罪性は？■□■

　子宮で考えた結論に沿って内々に処理することを主張したイザベルに対して、大脳で考えたトムの主張は、きちんと事実を報告したうえで赤ん坊を養子にするように申請するというもの。誰が考えてもそれが正論だが、それが2人だけしか住んでいないヤヌス島の中では正論とならず、イザベルの異論がまかり通ったため、トムはやむ得ずボートの中で死亡していた男（父親）を丁寧に埋葬することに。それはそれで当然だが、20世紀のイギリスで、大の大人1人が死亡したという事実を無視できるの？また、子供は少し早産で、

241

妊娠していたイザベルが産んだというインチキがまかり通るの?当時のイギリスには母子手帳はないの?血液型の記載はどうするの?さらに、無断で男(父親)の死体を埋葬したトムとイザベルの犯罪性は?そして、赤ん坊を勝手に自分たち夫婦の子供として届け出たトムとイザベルの行為の犯罪性は?

　そんな些細な問題(?)はラブストーリーの本筋と無関係かもしれないが、弁護士の私としては、やはり気になるところだ。他方、既に2度も流産し、赤ちゃんにはもう恵まれないのではないか、と心配していたイザベルは、まさに天から降って湧いたようにかわいい女の子が授かったことに大喜び。以降、ルーシーと名付けた子供を中心にトムとイザベ

© 2016 STORYTELLER DISTRIBUTION CO., LLC　　© 2016 STORYTELLER DISTRIBUTIONCO., LLC

ルの幸せな家庭生活が回り始めたのは喜ばしい限りだ。しかし、一方でこんな「幸せ組」が誕生すれば、他方で夫と子供を失った妻を中心とする「悲しみ組」は・・・?

　本作では、ルーシー(フローレンス・クレイ)を得てから2年後の、ルーシーの洗礼式のためにバルタジョウズを訪れた日に、トムは教会にあるお墓の前でむせび泣く女性ハナ(レイチェル・ワイズ)を見て愕然とすることになる。そのお墓はボートで海に消えたまま行方がわからなくなった彼女の夫と娘の墓だったから、この女性がルーシーの「産みの親」であることが明らかだ。さあ、それを知ったトムのその後の行動は?ここから本作後半のストーリーが始まっていくが、さてその展開に対するあなたの賛否は?

## ■□■ 「戦力の逐次投入」は愚策!この男はなぜそんな策を?■□■

　砲兵上がりのナポレオンが、戦略・戦術ともに秀でていたのは、兵力の集中に優れていたから。敵を叩くには一気に戦力を集中して、一気にそれを投入することが不可欠なわけだ。したがって、それと正反対の「戦力の逐次投入」は愚策とされており、太平洋戦争中の日本軍の作戦はその典型が多いとされている。

　ここで何故そんなことを書くのかというと、夫と一人娘のグレースを失った悲しみから立ち直れないハナの存在を知りかつ良心の呵責に苦しむトムが、本作中盤以降にみせる行動がまさにその愚策にあたるからだ。ハナの存在を知ったトムは、何よりもそれを妻のイ

ザベルに報告して善後策を協議すべきだが、それをせず、ハナに対して「夫君は神の御許だが、娘さんは大切にされている」と書いた手紙を出したが、これはまずい。なぜなら、そんな中途半端な情報を提

供されたハナがそれに満足するはずはなく、その手紙の送り主に対してより多くの情報提供を求めたり、警察に相談することが想定されるからだ。もっとも、ハナからのアピールを聞いた警察は怠慢にもロクな捜査をしなかったため、ハナ1人がイライラする中で月日は経っていった。しかし、さらにその2年後、バルタジョウズで開催された灯台建設40周年を祝う式典にトムとイザベルがルーシーを連れて出席し、いろいろな会話を交わしていると、イザベルの目にも少しづつ真実が見えてくることに・・・。

　その時点では、ハナの方はまだルーシーこそが亡き夫との間で自分が産んだ一人娘グレースだと確信を持つことはできなかったが、イザベルの方は・・・?その後に、トムとイザベルとの間で交わされた会話は、「打ち明けるべきだ」「今さら手遅れよ」「彼女は母親だ」「あの子にとって母親は私よ」等々だが、そんな「会話」の後トムがとった行動も中途半端で、まさに戦力の逐次投入という愚策だった。しかして、それは一体なぜ・・・?

## ■□■トムの反省と好対照のイザベルの反省に注目！■□■

　1918年の第1次世界大戦終了直後のヨーロッパで、本作のようなトムとイザベルの行為がどのような犯罪に該当するのかは弁護士の私にもよくわからない。しかし、少なくともハナの存在を知った後は、幼児の誘拐事件に該当する可能性が高い。他方、ハナの夫はボートの中で発見された時は既に死亡していたのだから、トムやイザベルが殺人罪に問われることはあり得ない。そう思っていたが、警察がトムの供述の裏付けを取るべく、ボートの中で男を発見した時に男はまだ生きていたかどうかをイザベルに確認すると、なんとイザベルの供述は・・・?

　ここらあたりの女心をどう解釈するのかが本作中盤最大のポイントだが、どうも私にはそのストーリー展開がイマイチ納得できない。イザベルに何の相談もなしにトムが取った

行動がいくらイザベルの意思に反するものだったとしても、殺人罪になるか否かという重大な問題について、イザベルが警察に対して虚偽の供述をするというのはいかがなもの・・・？そして、一体なぜ・・・？

　「産みの母親」と「育ての母親」のどちらがより母親らしいの？子供はどちらが引き取って育てるべきなの？そんな論点についての正解は難しいし、それを巡る本作におけるイザベルとハナの綱引き（攻防戦）は見応えいっぱい。それはそれとして十分わかるし、かつ、楽しめる（？）のだが、本作に見るトムの反省ぶりと、それと好対照な（？）イザベルの反省ぶりに注目するとともに、なぜイザベルがあんな偽りの供述をしたのかについて、十分掘り下げる必要がある。

## ■□■ 「ラスト１０分　もう涙は止められない」の意味は？■□■

　本作は後半を裁判劇仕立てにすれば、それなりの迫力ある面白いストーリーになるかもしれないが、本作はあくまでラブストーリーを貫いている。そのためチラシでも『きみに読む物語』（０５年）（『シネマルーム７』１１２頁参照）『Ｐ．Ｓ．アイラヴユー』に続く今年最高の愛の感動作！」「孤島に暮らす灯台守の夫婦。他に誰もいらない。そう願うほど幸福だった。その＜罪＞に気づくまでは──。」の見出しが躍り、さらに「愛のために、彼らは何を決断するのか。ラスト１０分、もう涙は止められない。」と書かれている。しかし、トムが警察に逮捕、収監された以降は、トムの犯罪の行方と罪の重さに焦点が当てられるストーリー展開になっていくから、それほど感動的なシークエンスが登場してくるとは思えない。そして現に、トムの罪が決まると事実上、本作のトムとイザベルを主人公とするラブストーリーとその罪の後始末のストーリーはジ・エンドになってしまう。すると「ラスト１０分　もう涙は止められない」というチラシのうたい文句になっているストーリーは？

　それは、イザベルが先に死亡し、１人だけまだ生き残っているトムの元をある女性が訪問するシークエンスになるが、この女性は一体誰？そう聞けば誰でも、それが成長したグ

レース（ルーシー？）（カレン・ピストリアス）だということが想像できるが、さてその女性の名前は？そして、そこで交わされる会話とは・・・？

## ■□■メールではなく、やはり手紙！その役割は？■□■

　私が大学生だった時、由紀さおりが歌った「手紙」や、因幡晃が歌った「わかって下さい」等が大ヒットしていた。これらは、人間が自分の手でペンを持ち紙の上に文字を書く行為の中で、人間の気持ちを歌った曲（歌詞）だった。

　しかして本作では、①イザベルがトムにはじめて送った手紙を契機として始まった、3カ月に1度の定期便で運ばれるトムとイザベルの間で交わされる手紙、②トムがハナに投函した（中途半端な？）告白の手紙、③イザベルが読まずに机の中にしまっておいたトムからの手紙、がストーリー展開の中で大きな役割を果たしていく。そして、本作はさらに感動のラスト10分間に、読まれるかどうかもわからないまま、イザベルがルーシー宛に書き、引き出しの中に保管していた手紙が登場するので、それに注目！

　そこには何が書かれていたの？イザベルのルーシーに対する思いの深さはいかばか

りだったの？その手紙の朗読を聞いて涙がどっと溢れ出てくるのは必至だ。なるほど、なるほど、チラシに躍るうたい文句の意味はこういうことだったのか！そんな感動をじっくり味わいながら、良質な時間を過ごせたことを感謝したい。

2017（平成29）年6月2日記

Data

監督・脚本：チャイタニヤ・ターム
ハネー
出演：ヴィーラー・サーティダル／
ヴィヴェーク・ゴーンバル／
ギーターンジャリ・クルカル
ニー／プラディープ・ジョー
シー／ウシャー・バーネー／
シリーシュ・パワル

★★★★★

## 裁き

2014年・インド映画
配給／トレノバ・116分

| 2017（平成29）年9月5日鑑賞 | シネ・リーブル梅田 |

### 💿👀 みどころ

　インドの若き才能が、長編第1作として「法廷モノ」に挑戦！65歳の歌手の起訴事実は、ある下水清掃人の自殺幇助罪。扇動的な歌が彼を自殺に追い込んだということだが、そりゃちょっと無理筋では・・・？

　法廷シーンはハリウッドや日本の「法廷モノ」と同じように興味深いが、本作では同時に描かれる「法曹三者」の私生活も興味深い。

　別のポイントは、被告人も下水清掃人も被差別カースト出身、もしくは不可触民（ダリト）とされているため、カースト制度への興味と理解が不可欠なことだ。しっかり勉強が必要だが、歌と踊りばかりではないボリウッドの「法廷モノ」の傑作として、本作には星5つを！

―――＊―――＊―――＊―――＊―――＊―――＊―――＊―――＊―――＊―――

### ■□■はじめてボリウッドの「法廷モノ」を！■□■

　ハリウッドの「法廷モノ」は多いし、日本の「法廷モノ」も多い。そして、中国でも近時『再生の朝に　―ある裁判官の選択―（透析Ｊｕｄｇｅ）』（09年）（『シネマルーム27』196頁参照、『シネマルーム34』345頁参照）、『我らが愛にゆれる時（左右／ＩＮ　ＬＯＶＥ　ＷＥ　ＴＲＵＳＴ）』（08年）（『シネマルーム27』33頁参照、『シネマルーム34』350頁参照）、『ビースト・ストーカー／証人』（08年）（『シネマルーム28』81頁参照、『シネマルーム34』453頁参照）等の「法廷モノ」が登場している。歌と踊りをメインとしたボリウッドでも、近時は『チェイス！』（13年）（『シネマルーム35』120頁参照）、『女神は二度微笑む』（12年）（『シネマルーム35』127頁参照）等の「ミステリーもの」や、『マダム・イン・ニューヨーク』（12年）（『シネマルーム3

246

3』３８頁参照）、『めぐり逢わせのお弁当』（１３年）（『シネマルーム３３』４５頁参照）等の女の生き方をテーマとした「社会モノ」が登場しているが、「法廷モノ」はこれまでゼロだった。

　日本では９月９日から『三度目の殺人』（１７年）が公開されるが、これはタイトル通り殺人罪をテーマとしたもの。本作の主な舞台はインドのムンバイにある地方裁判所の１つの法廷。そして、物語は期日ごとの法廷の姿を追いながら進行していく。本作のそんな構成は日本の「法廷モノ」の傑作である『事件』（７８年）（『名作映画から学ぶ裁判員制度』９２頁参照、『シネマルーム１０』５２頁参照）や『ゆれる』（０６年）（『名作映画から学ぶ裁判員制度』８２頁参照、『シネマルーム１４』８８頁参照）と同じだが、本作の罪名はこれらの映画の殺人罪とは異なり「自殺幇助罪」だから、かなり異質だ。

　本作冒頭には、屋外の舞台上で６５歳の民謡歌手カンブレ（ヴィーラー・サーティダル）

が観衆に向かって激しく歌う姿が登場する。アメリカでは黒人解放を求める「プロテスタントソング」やベトナム戦争反対をテーマとした反戦フォークソングが有名だが、本作に見るカンブレの反戦・反政府ソングの歌詞はすごい！そして、本作の法廷で被告人とされるのがこのカンブレだが、なぜ彼は「自殺幇助罪」で起訴されたの？

## ■□■この起訴はかなり無理筋では？■□■

　日本では地方裁判所はそれぞれ官庁らしい外観を持ち、それなりの威厳があるが、簡易裁判所になると２階建ての小さいものもあり、あまり威厳がない。本作の舞台になるのはムンバイにある下級裁判所だが、その建物は街の風景の中に溶け込んでいるから、これが裁判所だという威厳はない。それはともかく、日本やアメリカと同じように、インドの裁判官のサダーヴァルテー（プラディープ・ジョーシー）が担当する刑事法廷もかなり忙しそうで、傍聴人が詰めかけている中、次々と「一丁上がり方式」で事件が進行していく。

　女性検事ヌータン（ギータンジャリ・クルカルニー）が読みあげるカンブレの自殺幇助罪の内容は、ムンバイのマンホール中で発見された下水清掃人の死亡は、カンブレが集会で歌った扇動的な歌、とりわけその中の下級労働者の自殺を駆り立てるような歌詞が原因。したがって、そんな扇動的な歌を舞台で歌ったカンブレは、下水清掃人の自殺幇助罪に該当するというものだ。たしかに、下水清掃人はカンブレが舞台で歌った２日後に死亡して

いるらしい。しかし、弁護人のヴィナイ・ヴォーラー（ヴィヴェーク・ゴーンバル）が主張するように、そうだからといって、下水清掃人の死亡は自殺とは限らず、劣悪な環境下、不良な体調下で仕事をしていたことによる事故死の可能性が高い。したがって、誰がどう考えても、カンブレが扇動的な歌を舞台で歌ったことが下水清掃人の自殺幇助罪に該当するというのは、かなり無理筋だ。これは多分、「法曹一元」の理念の下、同じ司法研修所で学んだ日本の司法修習生仲間なら誰もが共通して思うことだろう。したがって、日本の検察官ならそもそもカンブレの自殺幇助罪での起訴に反対するだろうし、そんな事件を担当した検事もヌータン検事のように自信たっぷりに本件の起訴内容を語れないだろう。

ヌータン検事の主張に対して、インドの若手人権派弁護士らしいヴィナイ・ヴォーラーは堂々と反論を加えていくから、邦画の『事件』（７８年）や『疑惑』（８２年）（『シネマルーム１０』３３頁参照）そして、『それでもボクはやってない』（０６年）（『シネマルーム１４』７４頁参照）等々、さらにはハリウッド映画の『コネクション　マフィアたちの法廷』（０６年）（『シネマルーム２９』１７２頁参照）や『リンカーン弁護士』（１１年）（『シネマルーム２９』１７８頁参照）等々と同じように、本作でもそんな本格的な法廷ドラマの展開に注目したい。

## ■□■裁判官の能力は？その訴訟指揮は？■□■

日本では「法曹一元」の理念の下、司法研修所を卒業すれば、裁判官、検察官、弁護士への道は基本的に本人が自由に選択できる。また、それぞれ仕事に就いた後も弁護士から裁判官任官の道もある。しかし、日本では依然として戦前からの「裁判官優位」の考え方が強い。それはアメリカでも同じだが、同僚たちとヌータン検事が語っている会話を聞いてると、インドでもそれは同じらしい。しかして、本作にみるサダーヴァルテー裁判官の能力は？その訴訟指揮は？

中国の法廷モノである『再生の朝に　―ある裁判官の選択―（透析Ｊｕｄｇｅ）』（０９年）では、「死刑のような重い判決が出る重大な案件については、基本的に裁判委員会という裁判所内の機関で討議され、判決が下される」ことにビックリさせられたが、本作にみるサダーヴァルテー裁判官の訴訟指揮は、アメリカの裁判官に近く、訴訟の進行や証人尋問における訴訟指揮は即断即決ぶりが目立つ。第１回期日で下水清掃人の保釈を求めるヴォーラー弁護士に対して、それを却下する決定を下すサダーヴァルテー裁判官の姿を見てると、かなり権力的で独善的なキャラかなと思ったが、審理が進むにつれて、そんなことはないことがよくわかる。もちろん、多少権力的なところもあるが、意外に検察官と弁護人の主張をきちんと聞いた上で明確な判断を下す優秀で有能な裁判官のようだ。

ちなみに、日本の現在の刑事裁判は、かつての「五月雨方式」から「集中審議方式」に変わったが、インドでは昔の日本と同じような「五月雨方式」だ。また、日本では裁判員裁判が始まっているが、インドではまだそれはないようだ。

## ■□■１９８７年生まれの新星監督の問題意識は？■□■

本作のパンフレットのＩＮＴＲＯＤＵＣＴＩＯＮには、次の通り書かれている。

> ヴェネツィア国際映画祭ルイジ・デ・ラウレンティス賞（新人監督賞）＆オリゾンティ
> 部門作品賞Ｗ受賞！米アカデミー賞®外国語映画賞部門インド代表！
> 不条理な容疑で逮捕され被告人となった男と、彼の運命を握る裁判官、検事、
> 弁護士。一つの「裁き」を巡る法廷の攻防と、並行する彼らの私生活を、独特
> の視点とカメラワークで描いた異色の法廷劇が幕を開ける――
> 監督は、ムンバイを拠点としながらもボリウッドとは一線を画し、独自のスタイル
> で作品を作り上げているインド新世代の旗手チャイタニヤ・タームハネー。米
> 経済誌フォーブス「アジアのエンターテインメント＆スポーツにおける30歳以
> 下の30人」、米業界誌ハリウッド・レポーター「世界で最も将来が期待されて
> いる30歳以下の映画監督の一人」などに選出され、世界の映画界に新風を
> 巻き起こしている。本作では、インドの裁判やカースト、家族といった社会シス
> テムを背景に、国家権力などの問題にも踏み込みながら、ユーモラスかつ洞
> 察力に富んだ視点で“人間”を描いていく。

また、チャイタニヤ・タームハネー監督については、次の通り紹介されている。

> 1987年インド、ムンバイ生まれ。23歳の時に発表した短編映画『Six Strands』は、ロッテルダム国際映画祭、クレルモンフェラン短編映画祭、エディンバラ国際映画祭、スラムダンス映画祭など各国の映画祭で受賞。その後、長編映画第一作目となる本作『裁き』を制作し、ヴェネツィア国際映画祭ルイジ・デ・ラウレンティス賞、ウィーン国際映画祭批評家連盟賞など16の賞を受賞。米アカデミー賞のインド代表にも選出される。米経済誌フォーブス「アジアのエンターテインメント＆スポーツにおける30歳以下の30人」、米業界誌ハリウッド・レポーター「世界で最も将来が期待されている30歳以下の映画監督の一人」として取り上げられるなど、若手随一の才能として世界から注目されている。

　世界中から注目されているチャイタニヤ・タームハネー監督が最初の長編として本作のような「法廷モノ」を選んだのは、「裁判を実際に傍聴する機会があった」ことがきっかけらしい。パンフレットにはチャイタニヤ・タームハネー監督のインタビューがあり、そこでは、①本作を作ろうとしたきっかけ、②インドの司法制度を描く上での苦労、③ムンバイの街自体の意味、④カースト制度の問題点、⑤劇中でカンブレが歌う音楽、そして、⑥本作の俳優たちについて等が、縦横無尽に語られているので、こりゃ必読！

　本来法廷とは無縁のチャイタニヤ・タームハネー監督にとって、「他の映画や小説よりも、ムンバイの下級裁判所で見聞きした事実の方がはるかに着想の参考になった」そうだが、本作で描かれる法廷シーンは、日本の弁護士である私にとっても興味深いものばかりだ。

法科大学院制度の失敗、弁護士増員の思惑の失敗、そして司法制度改革そのものの失敗の中、新たな司法教育制度のあり方に苦悩している今の日本では、法科大学院のくだらない授業に固執せず、本作のような映画から、遅れてるとはいえインドのこんな裁判制度もしっかり勉強することが不可欠だ。

## ■□■法曹三者の私生活にも注目！■□■

　ハリウッドでも日本でも、本格的な「法廷モノ」はとことん法廷の論点を追求していく面白さがポイントだが、本作はそうではない。つまり、カンブレを被告人とする自殺幇助事件の進行はは五月雨方式で順次伝えていくのだが、本作ではなぜかその合間に、ヌータン検察官、ヴォーラー弁護士、サダーヴァルテー裁判官の「私生活」が紹介される。日本では弁護士はともかく、裁判官と検察官の私生活はベールに包まれていることが多いから、本作のそんなシーンは新鮮だ。ヴォーラー弁護士は人権派だが、実はかなり裕福な家庭の出身。そして、息子の結婚にやきもきしている両親を尻目に、独身生活を謳歌（？）しているらしい。それに対して、家では夫や２人の子供ために料理を作り、休日には家族そろって演劇に出かけたりしているヌータン検事の私生活はもちろん安定しているが、そんな私生活から垣間見える彼女の価値観や思想性とは・・・？

　他方、裁判所が夏休みに入った後にスクリーン上に登場する裁判官や裁判所職員たちの私生活では、サダーヴァルテー裁判官の意外な素顔が浮き彫りになるので、それに注目！折りしも日本では、民進党の代表に選出された前原誠司氏の下で、幹事長就任が「内定」していたはずの山尾志桜里氏が能力不足や私生活の混乱ぶりから見送られてしまった。さらに、その見送りが決まるや否や、"肉食のジャンヌダルク"山尾志桜里」と９歳年下の「イケメン弁護士」との「お泊り禁断愛」が『週刊文春』で報じられている。インドでは『週刊文春』のようなスキャンダル探しにチョー強い報道はないのかもしれないが、私の目には本作に見るサダーヴァルテー裁判官の私生活は少し心配だ。

　２９歳の若さで、法曹三者のそんな私生活まで踏み込む本作の演出をしたチャイタニ

ヤ・タームハネー監督に拍手！

## ■□■有罪？無罪？決め手は目撃者と妻の証言！■□■

　証人尋問は法廷の花。ハリウッドの「法廷モノ」では丁々発止のやりとりがよく見られるが、日本の「法廷モノ」でそれが少ないのが残念。本作の原題は『COURT』で、チャイタニヤ・タームハネー監督は法廷そのものに大きな焦点を当てている。そんなことも

あって、弁護士の私には本作に見る検察官、弁護人と証人席の配置が興味深い。インドの法廷（コート）では、検察官と弁護士が立ったままで書記官、事務官らを挟んで裁判官と向かい合い、証人席はその左右に配置されている。また、一段高い位置にある裁判官席の隣には裁判官の指示を記録する速記官がいるが、これはアメリカや日本にはないもの。本作の法廷シーンではサダーヴァルテー裁判官の的確な（？）訴訟指揮も興味深いが、何と言っても被告人の有罪無罪をめぐる決め手になるのは目撃者と下水清掃人の妻の証言だから、それに注目！

　どんな事件でも事件や被告人と無関係な第三者の目撃者がいれば、その証言は貴重。ハリウッドの法廷モノの古典ともいえる『十二人の怒れる男』（５７年）でも、それが大きなウエイトを占めていたが、さて本作では・・・？また、事故死？それとも自殺か？自殺なら、その原因（動機）がカンブレの扇動的な歌を聴いたことか否か、については、下水清掃人の日常生活と仕事ぶりをよく知っている妻の証言が大きなウエイトを持つことになる。下水清掃人の死亡後、弁護士がその家を訪れ、妻の証言を求める努力をしたのは立派だが、その時既に妻は家を出てしまっていた。それは一体なぜ？その説明を含めて、法廷に証人として出頭してきた妻は、①下水清掃人は過酷な作業の過程で片方の目を失明していたこと、②下水清掃人は作業ができるか否かの基準となる有毒ガスの有無をゴキブリの有無で調べていたこと、③下水清掃人は防護服やマスクなど一切なしで作業していたこと、④下水清掃人は悪臭に耐えるため、酒を飲み酩酊状態で作業していたこと、等を証言したから、これは弁護人にとって大いに有利な証言だ。こんな証言が出る頃には、裁判官の訴訟指揮もかなりカンブレに好意的になっていたし、１０万ルピー（日本円で約１７万円）という高額な保釈保証金ながらもカンブレの保釈が認められることになっていた。そんな状況下、私はヴォーラー弁護士とともにカンブレの無罪判決を期待したが、さて判決は有罪？それとも無罪？

## ■□■カースト制度への興味と理解が不可欠！■□■

　日本の徳川時代には「士農工商」という明確な身分（差別）制度があったし、明治時代

になってからもいわゆる「部落差別」があったことは、島崎藤村の『夜明け前』や住井すゑの『橋のない川』を読めば明らかだ。また、唯物史観、階級闘争史観に立った白土三平の『カムイ伝』や『カムイ外伝』などの原作を映画化した『カムイ外伝』（０９年）をみれば、下忍と抜け忍との関係に焦点を当てた旧態然とした身分制度、階級制度の不合理性がよくわかる（『シネマルーム２３』１８７頁参照）。それと同じように、いやそれ以上にインドには「カースト制度」という旧態然とした身分制度の大問題があり、本作はとりわけ「カースト制度の堅忍さ」を表現している。

　本作のパンフレットには、ＣＯＬＵＭＮとして、①インド映画研究家の高倉嘉男氏の「インド映画の今と『裁き』」、②大東文化大学教授の石田英明氏の「『裁き』の背景」、③映画ライターの済藤鉄腸氏の「新感覚インド映画、その最先端」の３本があり、②はカースト制度について詳しく論じている。そこでは、「被告も清掃作業員も被差別カースト出身であるが、裁判の過程でカースト制への言及はない」と解説されているが、ネット批評では、彼らは「ダリト」と呼ばれる「不可触民」だとも書かれている。しかして、カースト制度とは？不可触民（ダリト）とは？

　それをここで詳しく述べることができないが、カンブレのような民衆詩人ともいえる職業の人物は、低い階層や被差別カースト出身者が多いそうだから、カンブレが何年も前から警察や検察に付け狙われていたことを考え合わせると、カンブレの自殺幇助罪での起訴はある意味でっちあげ的な冤罪・・・？そんな見方も可能だ。事実上無罪の見通しで保釈されたカンブレが直ちに次の舞台に出演したり、自分の活動記を出版しているとさらにそこに捜査の手が入り、改正テロ防止法違反の容疑でカンブレが連行されていく姿を見ると、警察や検察がいかにカンブレを危険人物とみなしているかがよくわかる。日本でも冤罪事件であることが判明したいくつかの事件では、その被告人が被差別部落出身であったことを考えると、カースト制度の問題は奥深い。もちろん、本作でそれがすべてわかるわけではないが、本作の鑑賞についてはカースト制度への興味と理解が不可欠だ。

２０１７（平成２９）年９月１３日記

# 第7章
# 映画から何を考える

## 雑貨店での仕事は？

ナミヤ雑貨店の奇蹟（廣木隆一監督）

ローサは密告された（ブリランテ・メンドーサ監督）

## 原発問題をどう考える？

STOP（キム・ギドク監督）

彼女の人生は間違いじゃない（廣木隆一監督）

## 宇宙飛行士2態

メッセージ

きっといい日が待っている

## グランドホテル形式VSワンシチュエーション形式

サラエヴォの銃声（グランドホテル形式）

おとなの事情（ワンシチュエーション形式）

Data

監督：廣木隆一
原作：東野圭吾『ナミヤ雑貨店の奇
　　　蹟』（角川文庫刊）
出演：山田涼介／西田敏行／尾野真
　　　千子／村上虹郎／寛一郎／
　　　林遣都／成海璃子／鈴木梨
　　　央／門脇麦／萩原聖人／小
　　　林薫／山下リオ／手塚とお
　　　る／ＰＡＮＴＡ／吉行和子

## ナミヤ雑貨店の奇蹟

2017 年・日本映画
配給／ＫＡＤＯＫＡＷＡ・松竹・129 分

| 2017（平成29）年8月8日鑑賞 | 松竹試写室 |
| --- | --- |

## 👀 みどころ

「東野圭吾史上、最も泣ける感動作」が映画に！悩み相談の手紙とその回答が
人の生き方に与える影響とは？

　１９８０年、１９８８年、そして２０１２年と「３つの時空」が交差する物
語は複雑だが、なぜ、悩み相談の手紙を通じてバラバラの人たちが時空を超え
て結びついたの？そして、ナミヤ雑貨店を舞台として最後に生まれた奇跡と
は・・・？

　映画化困難と言われた原作の映像化にみる、廣木隆一監督の手腕に拍手！

—— ＊ —— ＊ —— ＊ —— ＊ —— ＊ —— ＊ —— ＊ —— ＊ —— ＊ —— ＊

### ■□■「東野圭吾作品史上最も泣ける感動作」の舞台は？■□■

　人気作家、東野圭吾の小説は次々と映画化されてきたが、「東野圭吾作品史上最も泣ける
感動作」として世界累計８００万部を超える大ベストセラーとなっている『ナミヤ雑貨店
の奇蹟』は、５つのエピソードが時代を超え、綿密に絡み合った美しい群像劇。そのうえ、
同作は登場人物が多く、時間軸が複雑な物語だから、西田敏行がプレスシートで、「最初に
この小説を映画化するのは至難の業だろうと思ってたんです」と語っているように、本来
映画化が困難な原作だ。

　本作冒頭に登場する１９６０年代後半のナミヤ雑貨店はそれなりに繁盛しているようだ
が、その店主たる浪矢雄治（西田敏行）は雑貨販売の傍ら、シャッターの郵便口から投げ
込まれる悩み相談の手紙に対して回答を書くことに精を出していた。その回答のほとんど
は掲示板に張り出していたが、深刻な相談への回答は牛乳箱に入れられ、相談者以外が勝
手に回答を見ないのが暗黙のルールになっていた。

私も弁護士業務の傍ら映画評論をしているが、いつしかそれがメインになってきたのと同じように、浪矢もその当時既に雑貨業より悩み相談への回答の方が本業に・・・?それはともかく、本作の舞台はタイトル通りここ「ナミヤ雑貨店」になるので、まずはその店に注目!

## ■□■3つに区分された時空に注目!■□■

異なる時空を交差させながら物語を進めていく映画は多いが、それは複雑でわかりにくくなることが多い。本作もそうなので、少し整理しておくと、1960年代後半から始まる本作では、次のとおり①1980年、②1988年、そして③2012年という3つの年が節目のポイントになる。

①1980年は、末期の膵臓がんが発見され、余命3カ月と宣告され入院した浪矢が、もう一度雑貨店で手紙を待ちたいため、1人息子の貴之（萩原聖人）に頼んで店に戻ってきた年。同時に1980年は、魚屋ミュージシャンこと松岡克郎（林遣都）が、祖父の葬式に参列するために久しぶりに故郷で父親健夫（小林薫）と会い、先の見えない音楽の道を選ぶのか、それとも家業の魚屋を継ぐべきかに悩む年にもなる。

②1988年は、クリスマスの慰問のために児童養護施設「丸光園」を訪れたミュージシャンの松岡克郎が「丸光園」の火事に遭遇し、園児のセリ（鈴木梨央）の弟を助けようとして自分の命を落としてしまう事件が発生した年。

③2012年は、「丸光園」の卒園生で今は19歳になっている矢口敦也（山田涼介）、小林翔太（村上虹郎）、麻生幸平（寛一郎）の3人組が、田村晴美（尾野真千子）宅に盗みに入った後、今や廃屋と化した「ナミヤ雑貨店」に忍び込んだ年だ。

ちなみに、私にとっての節目になる年は、①大学に入学した1967年、②弁護士登録をした1974年、③独立して事務所を設立した1979年、そして④自社ビルを構え事務所を移転した2001年、⑤直腸がんの手術をした2015年というところだ。もちろん、これは本作の展開とは無関係だが、本作については観客1人1人が自分自身の人生の時代区分と対比しながら、「三つに区分された時空」を味わうのも一興だ。

## ■□■人の生き方にも時代区分が!2012年の今も手紙が?■□■

私が近時出版した『まちづくりの法律がわかる本』（2017年　学芸出版社）の第5章「成立した時代でわかる!まちづくり法のポイント」で分析した通り、戦後日本のまちづくり法は「第1期　戦災復興と国土づくりの時代（1945年～1961年）」から「第10期　安倍長期政権と新たな都市再生の時代（2012年～）」までの10期に時代区分できる。それと同じように、一人の人間が生きていくについても、時代区分が可能。私の人生の時代区分は前述したとおりだが、その内容は人それぞれだ。

浪矢は1960年代後半にはナミヤ雑貨店を営みながら「悩み相談」に精を出していた

が、１９８０年には余命３ヶ月と宣告され、ほどなく死亡してしまった。そして、息子の貴之がその跡を継ぐこともなかったから、２０１２年の今ナミヤ雑貨店は廃屋となり「悩み相談」の機能も失われてしまっていた。ところが、田村晴美の家に「軽く盗みに入った」矢口敦也たち３人組が、逃走用の車がエンストで動かなくなったためやむなくナミヤ雑貨店の廃屋に入り込んで休憩していると、シャッターの郵便口から１通の手紙が・・・。手紙の差出人は魚屋ミュージシャン。こりゃ一体ナニ・・・？

## ■□■廃屋の一夜で、様々な人生模様を見ることに■□■

　大きく３つの時空に分けられ、その時空がスクリーン上で縦横無尽に駆け巡るのが本作第１のポイントなら、本作第２のポイントは、３つの時空ごとに展開するストーリーが互いに絡まり、互いに伏線となりながら、ラストにはそれらが１つに繋がり、ある「奇跡」が浮かび上がってくることだ。３つの時空で展開するストーリー全体を牽引するのは３人組だし、その舞台になるのは廃屋となったナミヤ雑貨店だが、中盤から後半にかけて大きくクローズアップされてくる人物が「迷える子犬」として浪矢に人生相談の手紙を出した田村晴美だ。

**2017「ナミヤ雑貨店の奇蹟」製作委員会**

　田村晴美を演じるのは、河瀬直美監督の『萌の朱雀』（９７年）でデビューし、今やひっぱりだこの売れっ子女優になっている小野真千子だが、本作で彼女は１９歳の田村晴美と、企業家として大成功し大邸宅に住んでいる５１歳の田村晴美の二役を演じているからビッ

クリ！。「先日、金持ちの客から店を持たせてやるから愛人にならないかと誘われました。私は迷っています・・・」と質問した彼女は、「あなたは愛人になってはいけません。私を信じて指示にしたがってくれれば、夢をかなえるお手伝いができるかもしれません。」と書かれた回答のとおりに頑張ったところ、大成功したそうだが、そんなことってあるの・・・？この回答はホントに浪矢が書いたの？それとも・・・？

　他方、１９８８年に「丸光園」で起きた火事で、幼い弟の代わりにミュージシャンの松岡克郎を失った１０歳のセリは、松岡が口ずさんでいた「リボーン」の曲に歌詞をつけて歌うことによって、その後国民的歌手に成長していたが、皆月良和（ＰＡＮＴＡ）が経営する「丸光園」が経済的苦境に陥りながら何とか維持できたのは田村晴美の多大な経済的支援によるものだったらしい。田村晴美がそんなに大成功することができたのは一体なぜ・・・？

　２０１２年の今、ナミヤ雑貨店に忍び込んだ３人組はそこに忍んでいる一夜の間にシャッターの郵便口から投函される手紙を読んだり、それに回答を書いたりすることによってさまざまな人生模様を知っていくことに・・・。

## ■□■西田敏行が！門脇麦が！そして成海璃子もいい味を！■□■

　「昭和の良き時代」をうたいあげた山崎貴監督の『ＡＬＷＡＹＳ　三丁目の夕日』（『シネマルーム９』２５８頁参照）、『ＡＬＷＡＹＳ　続・三丁目の夕日』（『シネマルーム１６』２８５頁参照）、『ＡＬＷＡＹＳ　三丁目の夕日　’６４』（『シネマルーム２８』１４２頁参照）では、吉岡秀隆、堤真一、小雪、堀北真希らがそれぞれいい味を出していた。しかして、昭和から平成に移行していく１９８８年を境目とする本作の「時空を超えたストーリー」では、何といっても浪矢雄治を演じる西田敏行がいい味を出している。そもそも、雑貨業の傍らに始めた悩み相談が次第に本業になっていく姿が興味深いうえ、余命３カ月の宣告を受けた浪矢の「最後の頼み」が再びナミヤ雑貨店に戻ることだったのは、「最近、毎晩、奇妙な夢をみるんだ。真夜中に誰かが店のシャッターの郵便口に手紙を入れている。それはかつて俺に相談し、俺から回答を受け取った人たちで、自分の人生がどう変わったか、それを知らせてくれてるんだよ」と考えたから、というのも興味深い。近時公開される『アウトレイジ最終章』では、こわ〜いヤクザ役を演じるようだが、やっぱり西田敏行には本作のような役がピッタリ！

　他方、前述したとおり小野真千子は安定した演技を見せているが、本作でキラリといい味をみせているのが、先日みた『世界は今日から君のもの』（１７年）で主演した門脇麦。舞台衣装に身を包んで「リボーン」を熱唱しているシーンや、曲に合わせて１人で踊る幻想的なシーンを見ていると、彼女がいかにいい女優に成長しているかを実感！

　また、あくまで添えもの的役割ながら、浪矢を温かい目で見守り続ける成海璃子の演技もいい。彼女が演じた皆月暁子は若き日の浪矢の恋人で、かつて２人で駆け落ちしようと

までしたそうだが、さてその実行は・・・？『神童』（０７年）で映画初出演をし『罪とか罰とか』（０９年）で鮮烈な印象を残した成海璃子（『シネマルーム２２』２７０頁参照）は最近あまりパッとしないが、本作では脇役として立派な存在感をみせている。また矢口敦也、小林翔太、麻生幸平の「３人組」の若者たちの演技は私にはイマイチだが、町の中を何度も疾走する馬力を含めて一貫してストーリーを牽引していく努力に拍手！

## ■□■還暦を越えた山下達郎が、美事な死生観を主題歌に！■□■

　ミュージシャンの山下達郎といえば、私の大好きな竹内まりや全作品のアレンジとプロデュースを手がけていることで有名。また、１９８９年のバブル真っ盛りの時代にオリコンチャート１位を記録した「クリスマス・イブ」は、それから３０年近く経った今でもユーミンの「恋人はサンタクロース」と共にクリスマスでの定番ソング。そんなミュージシャンである山下達郎も１９５３年生まれだから、私より４才若いだけだ。本作では、最初にミュージシャンを目指す松岡がメロディだけで「リボーン」を口ずさんでいたが、松岡の死亡後、丸光園を卒園したセリはその曲に歌詞をつけ、歌手デビュー後は自分の大事な曲として歌い続けていた。

　これは名曲だ。この歌詞についてのプレスシート上での山下達郎の「コメント」によれば、「東野圭吾さんの原作において、すでに「再生」（映画では「ＲＥＢＯＲＮ」）とタイトルが定められている曲を、映画の劇中に具現化し、さらにそれをエンドロールで私自身が歌うという、虚実のないまぜの世界が求められ」たそうだ。そして、「そのため、どの場面にも違和感のない曲調を実現するために、かなりの模索と推敲を要しました。そのおかげで、今までの自分の作品とはひと味違った、新たな作風が提示できたと思います。」と説明している。

　プレスシートには、「ＲＥＢＯＲＮ」の歌詞が全文載せられているが、彼が語っているように、この歌のテーマは「死生観」。彼は「人はどこから来てどこへ行くのかという、根源的な問いに思いをはせていただくことで、映画のストーリーと併走し、盛り立てることができるのではと思っています。」と語っている。本作の評論については、この「ＲＥＢＯＲＮ」の歌詞も是非確認してもらいたい。そして、もちろんそれだけでは曲の良さはわからないだろうから、是非スクリーン上で門脇麦扮するセリがステージで歌う姿を直接見るとともに、スクリーン上で流れる山下達郎自身の素晴らしい歌声をしっかり味わいたい。

２０１７（平成２９）年８月１６日記

**Data**

監督：ブリランテ・メンドーサ

主演：ジャクリン・ホセ／フリオ・ディアス／フェリックス・ローコー／アンディ・アイゲンマン／ジョマリ・アンヘレス／イナ・トゥアソン／クリストファ・キング／メルセデス・カブラル／マリア・イサベル・ロペス

★★★★★

## ローサは密告された

2016年・フィリピン映画
配給／ビターズ・エンド・110分

| 2017（平成29）年8月15日鑑賞 | テアトル梅田 |

## 👀 みどころ

近時、フィリピン映画が元気！韓国のキム・ギドク監督の後を追うかのように、カンヌ、ベルリン、ベネチアの三大国際映画祭で活躍している１９６０年生まれのブリランテ・メンドーサ監督に注目！そして、ドゥテルテ大統領が誕生し、混沌とした政治情勢下にある首都マニラの雑踏に注目！しかして、本作のタイトルの意味は・・・？

近時の不祥事にもかかわらず、日本では官僚組織としての警察の信用力は高いが、フィリピンのそれはハチャメチャ。その腐敗ぶりは？この賄賂の実態は一体ナニ！

「ナミヤ雑貨店」では、決して販売されていない麻薬が「ローサの雑貨店」では平気で販売されていることにもビックリだが、密告され、逮捕されると、次の密告は・・・？「地獄の沙汰も金次第」を地でいく、マニラのスラム街の実態を興味深く観察したい。ローサの熱演をみれば、こりゃ第６９回カンヌ国際映画祭での主演女優賞受賞は当然！

―― * ―― * ―― * ―― * ―― * ―― * ―― * ―― * ―― *

## ■□■今、フィリピンに注目！マニラの雑踏に注目！■□■

２０１６年末、アメリカにドナルド・トランプ大統領が誕生したことによって、２０１７年夏の今、世界は激動中。それに先立つ２０１６年６月３０日、フィリピンにロドリゴ・ドゥテルテ大統領が誕生したことによって、フィリピンも激動し始めていた。その第１は、ドゥテルテ大統領の「反米・親中国政策」の展開で、これは東南アジアの力関係に大きな変化を及ぼしている。そして第２は、選挙期間中から公約していた麻薬、薬物犯罪への厳

しい取り締まりだ。麻薬、薬物犯罪者の殺害を容認し、奨励金による告発を推進する政策の是非は・・・？

フィリピン共和国の首都はマニラ。人口約1億人の国フィリピンの首都マニラにはその約1割が住んでいるが、人口が急増する中、首都圏にはスラムが多い。本作のタイトルに登場するローサ（ジャクリン・ホセ）は、マニラのスラム街にある雑貨店の女店主の名前だ。

去る8月8日に見た『ナミヤ雑貨店の奇蹟』（07年）では、健全な品物しか売っていなかったばかりか、店主の浪矢雄治はシャッターの郵便口に投げ込まれる悩み相談の手紙に回答していたが、ローサの店では何とアイスと呼ばれる麻薬も販売していたから、ドゥテルテ政権が誕生すれば、そりゃヤバいのでは・・・？

## ■□■フィリピンの鬼才ブリランテ・メンドーサ監督に注目！■□■

1960年生まれの韓国のキム・ギドク監督は、①『サマリア』（04年）（『シネマルーム7』396頁参照）で第54回ベルリン国際映画祭銀熊賞（監督賞）（2004年）を、②『うつせみ』（04年）（『シネマルーム10』318頁参照）で第61回ヴェネツィア国際映画祭銀獅子賞（監督賞）、国際映画批評家連盟賞を、また『嘆きのピエタ』（12年）（『シネマルーム31』18頁参照）で第69回ヴェネツィア国際映画祭金獅子賞（2012年）を、③『アリラン』（11年）（『シネマルーム28』206頁参照）で第64回カンヌ国際映画祭ある視点賞（2011年）を受賞した大監督だ。

それに対して、同じ1960年生まれのフィリピンのブリランテ・メンドーサ監督は、カンヌ国際映画祭監督賞の受賞を含んで、キム・ギドク監督と同じように三大国際映画祭すべてのコンペティション部門出品を果たし、キム・ギドク監督の後を追っている。そんなブリランテ・メンドーサ監督は、「第3黄金期」と呼ばれるフィリピン映画界を牽引している鬼才らしい。私は、キム・ギドク監督作品のほとんどを見ているが、ブリランテ・メンドーサ監督の作品を見るのは今回がはじめてだ。しかして、本作は？そんなブリランテ・メンドーサ監督に注目！

## ■□■肝っ玉母さん役の女優にも注目！■□■

ブリランテ・メンドーサ監督の最新作たる本作でローサ役を演じたジャクリン・ホセは、第69回カンヌ国際映画祭で、クリステン・スチュワート、シャーリーズ・セロン、イザベル・ユペールらを抑えてフィリピン初の主演女優賞を受賞したのだから、すごい。若手の美人女優でないのが残念だが、本作でのいわゆる「肝っ玉母さん」役としての存在感と演技力は抜群。

カンヌ国際映画祭の審査員の1人だったキルステン・ダンストは、本作のラストシーンに感動して涙を流したそうだが、ラストシーンでローサが食べるのは、フィリピンの屋台

名物である「フィンガーフード」の１つのキキアム（魚のすり身を揚げたもの）。これは、果物や酢を使ったソースにつけて食べるらしい。キキアムを食べながら店仕舞いをしている小さな屋台を眺める顔、そしてまた「ローサおばさん、アイスをちょうだい」と言いながら店にやってくる客を見ながら涙を流す顔は、近時の甘ったれた邦画には決してありえない圧倒的な力強さをアピールしている。

　こりゃ、かつて１９８０年代後半にチャン・イーモー監督やチェン・カイコー監督の中国映画が世界を席巻した時の迫力と同じだ。発展途上の混沌とした状態にあるフィリピンの首都マニラを舞台として、そんな雰囲気を発散させるブリランテ・メンドーサ監督の手腕と共に、本作で主演したこの肝っ玉母さん役の女優ジャクリン・ホセにも注目！

# ■□■警察は信頼できる？日本では？フィリピンでは？■□■

　今から１５０年前の明治維新によって近代化を進めた日本では、西洋列強の植民地とされない強力な軍事力を持った近代中央集権国家を建設するについて、対外的には徴兵制に基づく強力な軍事力を持ち、対内的には「おいこら警察」といわれる（？）強力な警察力を整備した。他方、義務教育制度を定め「読み、書き、そろばん」を始めとする教育に重点をおくと共に、議院内閣制を支える強力な公務員制度を作り上げた。その結果、近時の不祥事はともかく、公務員制度の中でも警察は最も不祥事が少なく、国民への献身度の高い公務員だと考えられてきた。

　それに対して、長年スペインの統治下におかれ、１８９８年の米西パリ講和条約調印以降はアメリカの統治下におかれ、日本敗戦後の１９４６年７月４日にフィリピン共和国として独立したフィリピンの警察は・・・？その実態を、公式ホームページから引用すれば次の通りだ。

**●警察の汚職と麻薬政策**
フィリピン国家警察には長きにわたる汚職の歴史があり、同国で人権侵害的な法執行機関の最たる例が警察だと米国務省は明言している。ドゥテルテ大統領は2017年1月29日の発言で、警察組織内の40％が「芯まで腐敗している」と述べた。これまでフィリピン政府は、「麻薬戦争」殺害を調査しようとする国連の働きかけを拒んで来た。だが麻薬撲滅作戦は国外では批判を浴びているものの、フィリピン国内では幅広い支持を獲得。ドゥテルテ大統領によれば、フィリピンは「麻薬の脅威」に対処しなければ崩壊の危機にひんしていたという。
大統領就任後、最初に行った7月25日の一般教書演説において、ドゥテルテ氏は、フィリピン国内には370万人の「麻薬中毒者」がいると断言した。フィリピン最大のメディア企業であるABS-CBNは、大統領選翌日の16年5月10日～17年5月9日までの1年間で3,407件の麻薬関連死が発見され、そのうち1,897件が警察による殺人と報じている。平均すると毎日9人の麻薬関連死者がいて、そのうち5人が警察により殺害されているという計算になる。

## ■□■フィリピン警察の実態は？こんな現地報告にも注目！■□■

　ホームページに載せられている丸山ゴンザレス氏の「映画のリアリティをひもとけば、フィリピンの今が立体的に見える。」を引用すれば、こんな「フィリピン警察の実態」も・・・。

　本作には異様なリアリティがある。マニラのスラム街を舞台に撮影したそうだが、背景のひとつひとつに見覚えがあって、思わず「アレ知ってる！」と反応したくなってしまう。だが逆にあまりにリアル過ぎて、フィクションと思われかねないポイントがあった。ここで補足しておきたい。

　まず、フィリピンの警察の雑さである。令状なしで犯人宅に押し入り、連行後は取り調べもそこそこに一気に見逃し料の話に入っている。流れるような展開で誇張しすぎと思われるかもしれないが、かなり現実に沿っているのだ。

　フィリピンの警察は、市の予算で運営される。財政状況はいつもひっ迫していて、捜査にかける予算などはほとんどない。おそらく本作に登場する警察官の月収は2～3万円といったところだろう。そのため警察官は、幹部や署長への上納金を差っ引くといくら手元に残るのかを考えて見逃し料を計算しているのだ。

　現場で見逃し料の請求が可能なのは、捜査のスタイルによるところが大きい。科学捜査が前提になって証拠集めをしている日本と違い、フィリピンでは監視カメラの動画と目撃証言や自供が重視される。そのため、まずは犯人を確保してしまって、"状況"に応じて目撃者を用意するかどうかを決めるのだ。つまり、目撃者が出てこない場合にはお蔵入り、迷宮入りにできてしまう。警察の胸先三寸であることをみんな知っているから、見逃し料の支払いにも応じるというわけなのだ。

　ほかにも、本作が驚くほど狭い範囲で展開されていることもリアル過ぎる。同じ場所が何度も登場してくるのは、そのことを示しているのかとも思うが、実際のドラッグ売買も隣近所を対象にした小商いであることが多い。

　日本に置き換えて考えれば、商店街のタバコ屋とか駅の売店で覚せい剤を扱っているような感じである。周囲の人が知らないはずはない。そうなると、本作の邦題にある「密告」の持つ意味合いがちょっと重くなる。取引関係にある人というだけではなく、隣人を売ることになるのだ。それで助かったとしても、コミュニティのなかではその後は周囲の顔色を伺いながら生きていかなければならない。

　マニラのスラム街を取材した時、犯罪に関わっている人間を探したことがある。その際に「みんな知ってても言わないよ」とか、「警察の方が知ってるよ。必要なときに逮捕したり、たかったりしていく」とかなり衝撃的な証言をされた。

　実際、昨年6月にドゥテルテ大統領が就任して麻薬撲滅戦争を開始して以来、自首したい犯人と自首されたら困る警察との殺し合いが繰り広げられている。

## ■□■２０万ペソをつくれ！しかし、それをどうやって？■□■

　本作に登場する警察官たちの姿を見ていると胸糞が悪くなってくるが、彼らのスタンスははっきりしている。つまり、「長く拘束されたり、裁判にかけられたりするのが嫌なら、早く金を持ってこい。そうすれば釈放してやる。」というものだ。映画の中でこれは「保釈金」という言葉で語られているが、それは多分誤訳で、スクリーンを見ている限り弁護士の私には、逮捕や保釈の正式な手続きがとられているとは考えられない。要は、賄賂になる金ということだ。警察署のボス（かつての人気テレビ番組『太陽にほえろ！』なら、さしずめ石原裕次郎演じる、警視庁七曲警察署の捜査第一課捜査第一係のボス(?)）がローサに要求したのは、２０万ペソ（４５万円）。

　フィリピンで最低限必要な食糧費は一人当り月１２６６ペソ（約２８２０円）だそうだから、ローサが「そんな金はとても用意できない」と答えたのは当然。それに対してボスは「金がないなら売人を売れ」と要求し、仕方なくローサが売人のジョマール（クリストファ・キング）を密告したことによって、ジョマールが逮捕され、ジョマールの財布から１０万ペソをゲットできたから警察署のボスは大喜びだ。さらに、残りの１０万ペソの算段のため、ジョマールの妻のリンダ（メルセデス・カブラル）が警察署に呼ばれたが、ジョマールは大怪我を負わされた上、リンダが準備できる金額は５万ペソだけらしい。そこで、ボスは再度ローサに対して、何としても残りの５万ペソを用意するよう迫ったから、アレレ・・・。私の判断では、警察はリンダに甘く、ローサに厳しすぎるようだが、それもこれもすべてボスの自由裁量・・・？

　ローサと夫ネストール（フリオ・ディアス）は金を持ってくるまでは家に帰せない。そう宣言される中、ローサの長男ジャクソン（フェリックス・ローコー）、長女ラケル（アンディ・アイゲンマン）、次男カーウィン（ジョマリ・アンヘレス）、ローサの子供たちはどうやって残りの５万ペソの工面を・・・？

## ■□■子供たちはどうやって５万ペソを？なお不足分は？■□■

　元気いっぱいで働き者の「肝っ玉母さん」の夫は、概ね線が細く、「酒飲みで博打好きの遊び人」と相場が決まっている。ローサの夫ネストールもそのとおりだが、麻薬をやっている分、更にタチが悪い。したがって、一家がこんな危機に瀕しても彼はオロオロするばかりで、警察との交渉や対処方法を決めるのはもっぱらローサだ。しかし、ネストールもローサも身柄を警察に置いたままで子供たちが５万ペソを工面しなければならないことになると、子供たちはどうするの？

　お金を借りられそうな親戚や友人については、ローサの指示に従って長女ラケルが頼みに行ったが、その結果は？面白いのは長男ジャクソン。彼の役割は家の中にあったテレビを質に入れることだが、フィリピンでは今でもテレビを抱えて質屋に持っていく方法があることにビックリ！他方、多分一番大きな金額を稼いだと思われるのは、次男カーウィンの怪しげなお仕事。肝っ玉母さんのローサはお世辞にも美人とは言えないし、夫のネストールもハンサムではないが、なぜかこの次男カーウィンだけは映画スター並みにハンサム。

これなら日本以上にＬＧＢＴが盛んな（？）フィリピンでは、いい客を見つけてタンマリ稼げそうだ。しかしてスクリーン上には、一人の太っ腹の中年男とのデートとホテルへのチェックイン、そして男が入浴を終えた後のベッドインとお決まりのコースが登場するが、そこで偉いのはカーウィンが約束の金額以上の金をゲットすることだ。半分脅迫ともとれるようなモノのいい方によって、かなりの追加料金をせしめたようだから、フィリピンのスラムで育っている若者は、したたかだと、妙に感心！

　しかして、３人の子供たちが工面してきた金額は４万５０００ペソ。不足する、たった５０００ペソくらいは勘弁してくれるように頼んだが、警察署のボスはローサに対してはとにかく厳しい。その結果、さあ残り５０００ペソの工面は・・・？

## ■□■携帯を売れば、残りの５０００ペソができそう！■□■

　フィリピン警察のハチャメチャな汚職ぶりは本作の当初から明らかだが、上は所長から下は使い走りのガキ（？）まで、警察組織のヒエラルキーに応じた汚職システムはすごい。ジョマールが持っていたリョックの中に予想以上の大金が入っていたことに警察官たちは大喜びで、たちまちビールと食べ物の注文が始まった。そんなどさくさの中、使い走りのガキまでが次女ジリアン（イナ・トゥアソン）の携帯をネコババしていたから、それにもビックリだ。

　１度はそのことに文句をつけても「却下」されていたが、「残りの５０００ペソはその携帯を売れば工面できる」と言われると、警察署のボスもそれに同意。そこで、使い走りのガキが仕方なく差し出した携帯をローサが責任をもって売却し、残り５０００ペソを持ってくると約束したから、ボスもそれを許可。その結果、ローサはジリアンの携帯を質に入れるべく友人宅を訪れ５０００ペソを要請したが、相手の回答は３０００ペソ。そこからの交渉が見モノだから、それはあなた自身の目でしっかりと。結果的には、これにて５０００ペソプラス交通費などの小銭も貸してもらえたからやっと一安心だ。

　そこではじめて空腹を感じたローサは、もらった小銭で屋台のキキアムを注文しそれを食べたが、その目にはローサの店で「ローサおばさん、アイスをちょうだい」と声をかける客たちの姿が・・・。一方ではひたすらキキアムを食べ、他方ではそんな姿をじっと見ているローサの瞳に涙が溢れ、頬を伝わってくるラストシーンは実に素晴らしい。そんなシーンをよく見ていると、太っちょの肝っ玉母さんに見えたローサも、その素顔は意外に美人・・・？ブリランテ・メンドーサ監督のそんなラストの演出に拍手！今後もこの監督に注目していきたい。

２０１７（平成２９）年８月２１日記

**Data**

監督・脚本・撮影・録音・編集・配給：キム・ギドク

出演：中江翼／堀夏子／武田裕光／田代大悟／藤野大輝／合アレン

**SHOW-HEY シネマルーム**

★★★★

**STOP**

2017 年・韓国、日本映画
配給／Kim Kiduk Film、Allen Ai Film・82 分

2017（平成 29）年 7 月 13 日鑑賞 | ＤＶＤ鑑賞

## 👀 みどころ

　小型で高性能のデジカメが普及した今、監督が脚本はもちろん、撮影、編集、録音から配給まで 1 人でやることも可能。

　園子温監督の『希望の国』（12 年）をはじめ、日本の映画監督は何人も福島第一原発事故の直後からそのテーマに挑戦してきたが、韓国のキム・ギドク監督も彼なりの問題意識と使命感を持って本作に挑戦！その公開規模と興行収入にも注目だが、最大の焦点はその内容だ。

　原発事故の 5 km 圏内にいた妊娠中の妻は人工妊娠中絶が必要なの・・・？放射能汚染による奇形の心配は避けられないが、それをこの若夫婦はどう考えるの？なんとも悲惨な現実を目の当たりにすれば、それまでの綺麗ごとは吹っ飛んでしまうの・・・？

　小泉純一郎元総理が「反原発路線」へ 180 度方向転換したことも考えながら、キム・ギドク監督の本作の問題提起をしっかり受け止めたい。しかして、現在続々と再開中の原発の可否は・・・？

—— * —— * —— * —— * —— * —— * —— * —— * —— * —— *

## ■□■キム・ギドク監督が来日し、1 人で執念の作品を！■□■

　2011 年 3 月 11 日に発生した東日本大震災から既に 6 年余りが経った。1995 年 1 月 17 日の阪神淡路大震災からは既に 22 年半が経過した。阪神淡路大震災は地震だけの被害だったが、東日本大震災は福島第一原発の爆発事故が併せて発生したため、チェルノブイリ原発事故と並んで原子力発電所の是非と、それに必然的に伴うライフスタイルのあり方という問題が急浮上した。

しかし、他方で人間は忘れっぽい動物。また、悲惨な過去を忘れることによって新たな未来に進むことができる動物であることも確かだ。したがって、いつまでも福島原発の被害を考えていても仕方がない、大切なのは未来だ。そんな発想で、日本人があの悲惨だった太平洋戦争の戦災被害を乗り越えてきたのも間違いない。

　そんな中、私の大好きな韓国の鬼才キム・ギドク監督が、なんと１人で来日し、１人で監督、脚本、撮影、録音、編集、配給までの役割を務めた、執念の本作が完成！

## ■□■徹底的に経費節減！その功罪は？日本公開は？■□■

　本作は、２０１５年に発表された映画だが、２０１７年５月以降東京、名古屋、横浜、愛媛での上映後、２０１７年７月２０日から大阪の第七芸術劇場で上演されるが、大阪での試写会はなし。サンプルのＤＶＤを借りられるだけだ。もちろん、日本で上映する映画館もごく一部の劇場だけで、作品の収益の一部は、福島と昨年地震で被害に遭った行定監督の故郷・熊本に寄付されるらしい。

©・Allen Ai Film

　本作のプレスシートで、キム・ギドク監督は９つの質問に答えているが、質問７、８、９では次の３つの質問に対して、いかにも彼らしい回答をしているので、それに注目！

---

質問７　（韓国での）小規模公開の理由は？

この映画は私ひとりで日本へ行き、俳優たちと交渉して作った映画です。
日本のいろいろな場所をロケハンして撮影場所を決め、午前に小道具をつくり午後から撮影し、夜に編集して作った映画です。
本当に辛く、肉体的にも精神的にも、自分自身を虐待する自分に嫌悪しました。
しかし一方で、放射能についての恐怖と、俳優たちの献身的な協力があったため、諦めることはできませんでした。
特に、この映画は合アレンさんの協力がなければ完成はしていませんでした。
合アレンさんは、素晴らしい女優でありプロデューサーでした。


質問８　なぜいつもそのように苦労をしてまで作品を作り続けるのですか。

そうですね。「The Net 網に囚われた男」という作品でもやはり寒い冬に約１０日間の撮影で約1,500万円の予算で撮ったのですが、とても大変でした。映画を見た観客が映画の完成度に不満を表したことに頭を抱え、苦痛を味わいました。
このように苦労して作り続けなければならないのだろうかと深刻に悩みもしました。
大手で撮る方法がないことはないのですが、シナリオの改定、有名俳優のキャスティング、版権譲渡など、受け入れがたい点が多いのです。
そのため、完成度で批判されても、「結局、作りたいストーリーが一番重要だ」と自分自身に言い聞かせながら、また新たな作りたいストーリーを生み出そうとするのだと思います。

---

質問9 　『STOP』の日本公開について

2017年、小規模公開とDVD化の予定です。
出演者の同意も得た上で、少しでも収益があれば、福島と熊本の被災者のために寄付すること
にしました。
日本公開の準備は、合アレンさんが進めており、彼女の努力で劇場も賛同してくれました。
上映していただく日本の劇場に心から感謝しています。
この映画は日本の原発事故についての恨みや、非難を描くものではありません。
いまだに福島の水産物の輸入を禁止している国は多いです。
原発の事故は、世界の災害です。
世界に約５００基の原発があります。
それは、核爆弾５００個が常に爆発を待機していることを意味します。
今後、それが更に１０００個増えるのです。
とても、恐ろしいことだと思いませんか。
私は、あまりの恐怖から、この映画を作りました。
安全な地球のために、この映画を作りました。
日本で『STOP』をご覧になる観客のみなさんに、感謝します。　　　　　以上

## ■□■キム・ギドク監督の原発問題についての問題意識は？■□■

　小泉純一郎元総理は福島第一原発事故を見たことによってそれまでの価値観を１８０度
転換し、「原発反対」陣営に加わったが、キム・ギドク監督は従前から反原発派だった。そ
れが、福島原発事故以降はより強まったようだ。その結果、どうしても福島に入り、原発
問題を映画にすることによって問題提起をしたいという思いを映画人として強めたらしい。
それが本作として結実したわけだが、その点に関しても、質問１から５に対して次のとお
り答えているので、それにも注目！

質問１　　福島の放射能を題材にした映画を制作することになった理由は？

私はこの世界に生きる上での危険要素について優先順位を持っており、その第１位が核問題で
す。
核問題の危険には２種類あり、１つは戦争における核兵器、もう１つは原発です。
２０１１年の福島原発事故による放射能漏れで、今でも周辺地域の土壌の除染は続いており、
周辺の動植物にも大きな影響を与えました。
福島の事故以降、私は恐怖心を持つようになりました。そして、放射能事故に関する映画を製
作することで、原発政策に対して問題提起をしようと考えました。
原発は、絶対に安価な電気ではありません。
もう１つの危険要素は戦争と言いましたが、もし今戦争が起これば核兵器を使用する可能性は
高く、同じ危険であると考えます。

質問２　　原発が高価な電気であるというのはなぜですか？

全世界的に原発の建設は続いており、今後約１０００基が建設される予定だといいます。
特に中国では約１８０基が建設予定で、その大部分は中国の東海岸に建てられる計画です。
もし事故が起これば、韓国に黄砂が飛んでくるのと同じように被害を及ぼすことが予想されま
す。
チェルノブイリ原発事故も多大な費用を投入しながら未だに収束しておらず、立ち入り禁止区
域がある状態ですし、福島の廃炉費用は少なくとも２０兆円に及ぶといいます。
原発は、老朽化や管理トラブル、自然災害によって想定外の災害を引き起こす可能性があり、
その危険を避けることはできません。
人間の安全のために、危険なものは作らないということが最善の策だと考えます。

質問3　では、原発の運転を停止した場合、現在必要な電気をどう賄えばよいでしょうか

原発以前の電力を使用し、節約もしなければなりません。
そして、既に開発されている代替エネルギーの使用に加え、更なる安全な代替エネルギーの開発が求められます。
日本は福島原発事故後、すべての原発の運転を停止した後、大飯原発、川内原発、伊方原発、高浜原発が再稼動してしまいました。
経済的萎縮はややあったものの、それに耐えた現在東京の夜は、以前のように明るいです。
福島事故後、日本はエネルギー政策を転換し、多くの民間の太陽光発電施設も生まれました。
現在の太陽光エネルギーと蓄電の技術は進歩しています。電気を節約しながら、代替エネルギー施設を増設していくことは可能だと思います。
今、「エネルギーデザイン」への注目が高まっています。
工場用電気など経済活動に必要なものを除き、個人個人としては最小限の電気を使用しながら、自分で動き発電機となることで、原発がない世界を実現できると思います。


質問4「エネルギーデザイン」とは？　個人個人が発電機になるとはどういうことか？

現代社会とは、誇示の文化です。家や建物に人がいなくても、常に照明が明々と灯り、ネオンサインも大きくて数も多い。それらは、電気を著しく浪費しています。
交通安全や保安の目的以外では、街頭の電気は節約しなければなりません。
個人発電機とは、例えば最近の運動器具には発電機が内臓され、1時間運動すればスマホが充電できる、といったものです。
また、室内の暖房の温度を抑え、一種の個人発電だといえます。
また、最近の住宅はリビングや寝室が広いですが、寝室を狭くすれば冷暖房の費用も抑えることができます。
私も、3年前に木材で狭い部屋を作り、書斎や寝室として使っていますが、弱い冷暖房で夏も冬も快適に過ごしています。
それ以外にも多様な方法があると思います。


質問5　「それはとても原始的な生活に思えますが、すでに最先端の文明社会に暮らす状態からそこに戻ることは可能でしょうか」

それはとても難しいことです。
周囲に尋ねると、なぜそんな生活をするのかと反論されます。
しかし、想定外の災害で命を落としたり、障害を持ったりという状況に陥るとすればどうでしょう。
すべてのものには代償があると考えます。
皆がスマートフォンを持つ最先端の時代において、私たち幸せとは何かを改めて考えなければなりません。
本来、人間の生活とは、自分で食料を確保し、生活する家を作り、修理するということが基本でした。
それが現代、各分野の専門家に役割が分割されました。
しかし私は、ある程度は過去の原始的な生活に戻ることも悪くないと考えています。
過去に戻るとは、頭を使うことではなく、体を動かすという意味です。
労働は体と心を健康にしますし、それによって幸せも感じることができます。

## ■□■こんなのあり？絶対ありえない！いやいや・・・？■□■

本作の主人公は福島第一原子力発電所の爆発事故を、マンションの窓から身近に見た写真家のサブ（中江翼）と現在妊娠中の妻ミキ（堀夏子）。マンションが福島第一原発から5km圏内だったため直ちに立退きを命じられた彼らは東京に移住したが、そこで謎の政府の役人から電話が・・・。彼の話は「ミキは奇形児を産む危険が高いので、直ちに中絶を勧める」という親切（？）なものだが、政府の役人がホントにそんなことをするの・・・？さらに、半信半疑のままミキがその話を詳しく聞きに行くと「あくまで判断は自由意志です。」と言いながら、その役人は親切心をカタ

©・Allen Ai Film

に、かなり強制的な行動に出たから、アレレ・・・。

これを見たサブが怒り狂い、大論争をし、ミキを連れ戻したのは当然だが、その後ミキの精神状態は大きく変調を来したから、さあ大変。また、こんな大変な事態になった後のサブの行動は・・・？しかし、民主主義とマスコミがここまで発展している日本でホントにこんなのあり・・・？絶対ありえない！いやいや・・・？

## ■□■いくらキム・ギドク監督でもこの設定はちょっと？■□■

本作でミキ役を演じたのはキム・ギドク監督を慕って韓国に渡り、その後監督、女優、プロデューサーとして大成長した杉野希妃の『3泊4日、5時の鐘』（14年）に出演した女優・堀夏子（『シネマルーム37』144頁参照）。堀夏子は杉野希妃監督の下で続々と育っている若手俳優の一人で、同作では脇役だったが、本作では見事に主役をゲット！生まれてくる子供が原発事故の影響のために奇形になるのではないかという心配と恐怖で身も心もズタズタにされ、精神に変調を来していくミキ役を見事に演じている。

もっとも、本作の製作に杉野希妃は全く関与しておらず、韓国日本合作映画である本作をキム・ギドクとともにプロデュースしたのは合アレン。配給もKim Kiduk FilmとAllen Ai Filmだ。しかして、この合アレンは原発事故後も5km圏内にある自分の廃屋に残り、1人で赤ちゃんを産む女性の役を演じているので、それに注目！

政府関係者からの人工妊娠中絶の勧め（強制？）を断固拒否し、「俺たちの子は大丈夫だと信じるんだ」とカッコいい原則論を唱えていたサブも、現地に入り、廃屋に1人残った

女（合アレン）が１人で子供（奇形児）を産む姿を目撃すると、その地獄のサマに唖然！これによって、サブのそれまでの主義主張は小泉元総理と同じように１８０度転換してしまったが、私がビックリしたのはここまですごい設定をしたうえ、その映像まで見せたこと。本作が「Ｒ１５指定」とされたのは、きっとこのせいだろう。また、プレスシートには「世界各国の映画祭で物議を醸し、あまりの衝撃に上映困難とされた問題作が遂にベールを脱ぐ。」と書かれているが、そもそもの問題設定がすごいうえ、このシークエンスに私は思わずゾー・・・。いくらキム・ギドク監督でもこの設定はちょっと・・・？

©・Allen Ai Film

©・Allen Ai Film

## ■□■こんなゲリラ的抵抗は全く無意味！■□■

本作中盤では、ミキの精神が異常を来していく姿と、奇形児を産む女の姿を目の当たりにしたサブがあまりの絶望感の中で、赤々と電燈が灯る大都会・東京で１人ゲリラ的抵抗を示す姿が登場する。しかし、東京の繁華街でイルミネーションを輝かせながら営業するパチンコ店に対して文句をつけて一体何の意味があるの？俺の金で、俺がネオンを点けて、俺が営業しているのに何が悪い！そう切り返されたことに対するサブの反論は、明らかに支離滅裂だ。そんなサブを見て、１度はサブから因縁をつけられた、福島の汚染された肉（？）を秘密のルートで売っていた男ナオ（武田裕光）が、急遽サブに興味を示し接触してきたところから、大手の電力会社を相手にした２人の新たな大冒険＝ゲリラ闘争（？）が始まることになる。

昭和４０年代に発生した石油ショックの時も節電が叫ばれたし、近時は地球温暖化対策のためにエネルギーの転換が不可欠なことが長期的な国際課題になっている。そして、日本では災害のたびにそれが強調され、一部実行されているが、「喉元すぎれば熱さを忘れる」のことわざ通りで、なかなか結果が出ていない。大震災の後しばらくは灯っていなかったネオンもすぐに復活。あの災害もこの災害も、他人事のように忘れてしまうのが人間の習性だ。したがって、本作中盤にみる２人の男の行動は、風車に向かって１人突進していくドン・キホーテと同じように、かなり滑稽で馬鹿げたものと言わざるをえない。もっとも、こんなゲリラ的抵抗が全く無意味なことは明らかだが、そうかといって何もやらなくてい

いの・・・？

# ■□■それから数年後、この夫婦は？家族は？■□■

　ミキが精神に変調を来したことによって、出産を控えたミキと、ミキの出産への賛否を
１８０度転換させたサブとの夫婦仲はかなりおかしくなっていたが、さてその展開は・・・？
キム・ギドク監督はそれを詳しく描かず、８２分とコンパクトな本作では、それから数年
後のこの夫婦の実態を見せてくれる。それを見る限り、２人の夫婦仲は復活し、円満そう
だ。生まれてきた１人息子も今は小学生になっていたから一安心。もっとも、この男の子
には、音が異常に大きく聞こえるという耳の病があるらしい。すると、それはいかなる原
因に基づくもの・・・？ひょっとして、あの原発事故による放射能のせい・・・？すると、
政府の役人が言っていた通りの結果に・・・？それは誰にもわからないが、スクリーン上
にはハッキリとそんな厳しい現実が示されるので、それに注目！

　ちなみに、私が近々鑑賞する
予定の廣木龍一郎監督の『彼女
の人生は間違いじゃない』（１７
年）は、東日本大震災から５年
後の福島県いわき市に住み、市
役所に勤務している瀧内公美扮
するヒロインが、週末になると
東京の英会話教室に通っている
と父親に嘘をついて、毎週末毎
に高速バスに乗って渋谷に行き、
そこでデリヘル嬢をしている物
語だ。これがお金のためでない

©・Allen Ai Film

ことは明らかだが、さあそれは一体何のため？

　人間は誰でもいつでも何らかの心の病を持つ動物だから、東日本大震災や福島原発事故
に直面した人たちが、大なり小なり心に病を持つのは当然。しかし、それを韓国のキム・
ギドク監督が映画化すれば本作のようになり、廣木隆一郎監督が映画化すれば、『彼女の人
生は間違いじゃない』のようになるわけだ。もちろん、好き嫌いは人それぞれだが、本作
のように１人で現地に入り、１人で撮影、録音、編集から配給までをこなして小規模な公開
にこぎつけるという行動力を持った監督は、キム・ギドク監督だけだろうし、これほどハー
ドな内容を詰め込んだ問題作を発表するのもキム・ギドク監督だけだろう。しかして、
私の大好きな韓国の鬼才キム。ギドク監督の前作『Ｔｈｅ　ＮＥＴ　網に囚われた男』（１
６年）（『シネマルーム３９』１４５頁参照）に続いて本作に注目！

　　　　　　　　　　　　　　　　　　　　　２０１７（平成２９）年７月２１日記

**Data**

監督：廣木隆一
原作：廣木隆一 「彼女の人生は間違いじゃない」（河出書房新社刊）
出演：瀧内公美／高良健吾／光石研／柄本時生／篠原篤／蓮佛美沙子／戸田昌宏／安藤玉恵／波岡一喜／麿赤児／小篠恵奈／毎熊克哉／趣里

## SHOW-HEY シネマルーム

★★★★★

# 彼女の人生は間違いじゃない

2017年・日本映画
配給／ギャガ・119分

| 2017（平成29）年7月23日鑑賞 | テアトル梅田 |
| --- | --- |

## みどころ

　東日本大震災の津波で母親を失ったみゆきは、市役所に勤めながら仮設住宅で父親と２人暮らし。農業しかできない父親は、酒とパチンコ浸りの毎日だ。そんな中、彼女は毎週末、英会話教室に通うため夜行バスで東京まで行っているそうだが、それは真っ赤な嘘。実は渋谷でデリヘル嬢を・・・。それは一体何故？

　韓国のキム・ギドク監督が『STOP』（１７年）製作のため１人で福島に乗り込み、監督、脚本、撮影、録音、編集、配給したのに対し、廣木隆一監督は、自分で小説を書き、それを映画化。しかして、そのテーマは？焦点は？

　瀧内久美という女優はグッド！演技も良ければ、脱ぎっぷりも良し。脇役の高良健吾もグッドだ。

　被災者の気持ちに寄り添うことは難しくても、みゆきが何故そんな生き方をしているのかについて、みんなで一緒に考えたい。

―――＊―――＊―――＊―――＊―――＊―――＊―――＊―――＊―――＊―――

### ■□■廣木隆一監督が自分自身の処女小説を映画に！■□■

　私は廣木隆一監督の『ヴァイブレーター』（０３年）を観ていないが、『Ｍ』（０７年）（『シネマルーム１６』３７２頁参照）、『軽蔑』（１１年）（『シネマルーム２７』１７０頁参照）、『さよなら歌舞伎町』（１５年）（『シネマルーム３５』２１４頁参照）という、男女の情愛をテーマにした映画はしっかり鑑賞している。その廣木監督が、自分自身の故郷である福島が２０１１年３月１１日の東日本大震災で大被害を受けたことを受けて、はじめて書いた小説が『彼女の人生は間違いじゃない』。

日本では近々、韓国のキム・ギドク監督が東日本大震災の報道を受けて、１人で監督、脚本、撮影、録音、編集、配給した映画『ＳＴＯＰ』（１７年）の公開が始まる。私は、一足早くこれを宣伝用ＤＶＤで鑑賞したが、これはキム・ギドク監督ならではのものすごい問題提起作だった。それに対して、廣木監督が自分で書いた小説を自分で映画化した本作は、東日本大震災の津波で母親を失い、今は福島の仮設住宅で父親の金沢修（光石研）と２人で生活しながら市役所に勤務している女性、金沢みゆき（瀧内公美）が主人公。普通、市役所勤務の地元のお嬢さんといえば、地元で一番真面目な女の子を想像するが、廣木監督の設定では、何と彼女は父親には英会話教室に通っていると嘘をついて、毎週末夜行バスで東京へ通い、渋谷でデリヘル嬢をしているらしい。ええっ、そんなことってあるの？それは、お金のため・・？いやいや、そうでない。そのことは地元での彼女の勤勉な生活ぶりから明らかだ。しかして、なぜ彼女はそんな仕事を・・？

## ■□■この女優はグッド！演技にも、脱ぎっぷりにも注目！■□■

　同じ日に観た韓国人監督ユン・ソクホの『心に吹く風』（１７年）は、映画の出来もイマイチなら、ヒロイン女優の真田麻垂美もセリフは棒読みに近く、アップもあまり見栄えがしない容姿だった。それに対して、本作のヒロインみゆきを演じた瀧内公美は、廣木監督がオーディションで選んだというだけあ

2017 『彼女の人生は間違いじゃない』製作委員会

って演技も素晴らしいうえ、「Ｒ１５」と指定された本作での脱ぎっぷりも素晴らしい。

　スクリーン上では彼女が１人で高速バスに乗り、渋谷のデリヘルで送り迎え兼ガードマン役の男三浦秀明（高良健吾）と共に「お仕事」をする様子が映し出されるが、なるほどデリヘルのお仕事ってこんなもの・・・？そんな彼女が、父親と２人で過ごしている仮設住宅では、毎日の家事をきちんとこなしつつ、父親にはしっかり小言を言い、市役所では真面目に仕事をしてる姿見ると、この女はジキルとハイド・・・？そんな二面性にビックリ！近々鑑賞予定の『世界は今日から君のもの』（１７年）では、近時人気急上昇の女優門脇麦が主演するが、彼女は三浦大輔監督の『愛の渦』（１４年）での脱ぎっぷりとあえぎぶりがお見事だった（『シネマルーム３２』未掲載）。本作では、それと同じレベルの過激なセックスシーンはないが、みゆきのデリヘル嬢としての奮闘ぶりに注目！

## ■□■若手イケメン俳優・高良健吾もいい味を・・・■□■

　風俗店で女の子の送り迎え兼ボディガードをしている男。そんな男には概ねロクな奴はいないはずと思っていたが、本作にみる三浦は意外にいい奴・・・？『新宿スワン』（１５年）では、今をときめく若手イケメン俳優・綾野剛が新宿でキャバクラ嬢をスカウトするのがお仕事という面白いキャラを演じていたが、映画の出来としては単純でイマイチだった（『シネマルーム３５』未掲載）。

　それに対して、本作にみる三浦はほどほど自分の仕事に真面目だが、同時にほどほどの距離を置いているらしい。また、この業界においては女の子は商品だからそれに手を出すのはご法度だが、三浦はきっちりそれを守っているらしい。さらに、本作中盤に登場するみゆきを採用面接する（？）回想シーンでは、『新宿スワン』の綾野剛のように女の子を褒めて褒めて褒めまくるのではなく、「君には無理、止めたほうがいい」と何度も自分の気持ちを正直にぶつけているから、その真面目な姿（？）にビックリ！さらに、ある日彼がこの世界から引退する時のみゆきへのセリフは、「風俗の世界なんて、何年もやるもんじゃないぞ」という「おじさんセリフ」だから、それにもビックリ！

　若松孝二監督の『千年の愉楽』（１１年）で素晴らしい演技を見せていた高良健吾（『シネマルーム３０』１５３頁参照）が、本作では出番こそ少ないもののすごくいい味を見せているので、本作では瀧本公美の素晴らしい演技と共に、この若手イケメン俳優の演技に

も注目！

## ■□■みゆきは元恋人に何故こんな行動を？みゆきの本命は？■□■

　本作最大の面白さは、みゆきが何故東京でデリヘル嬢をしているかを考えることだが、もう１つ、みゆきは元恋人に何故こんな行動を？みゆきの本命は？という面白いテーマもある。

　本作には、元恋人の山本健太（篠原篤）から再びつき合いたいとの申し出を受けたみゆきが、自分からホテルへ行こうと大胆な提案をし、東京でデリヘルの仕事をしていることをあえて告白するシーンが登場する。私はそれを、そんな告白を受けてもなお彼が自分を好きになってくれるのかどうかを試したかったという女心から出た行動だと理解したが、さて真相は・・・？スクリーン上では２人がラブホテルのベッド上に横たわるシーンが登場するが、そんな告白を受けた後の２人のてん末は・・・？福島の仮設住宅を中心とした狭いコミュニティの中でみゆきのそんな噂が広がればえらいことだが、そんな心配も含め、なぜみゆきは山本にそんな告白を・・・？

　他方、みゆきを主役とした本作のストーリーで、三浦はあくまで脇役。しかし、三浦が一方では風俗の世界で働きながら、他方では劇団員として真面目に活躍していたというストーリー構成は興味深い。そして、それを知ったみゆきがわざわざその芝居を観に行くというストーリー展開を見ていると、廣木監督がこの男に大きな存在感を与えていたこともわかる。本作では、山本との関係に全然満足できなかったみゆきが、なぜかこの三浦との関係には充足感と満足感を覚えていく様子をしっかり鑑賞したい。そんなストーリーラインを考えていくと、みゆきの本命は、ひょっとしてこの男・・・？

## ■□■父親はこれでいいの？被災者の現状は？■□■

　キム・ギドク監督の『ＳＴＯＰ』（１７年）は、福島第一原発事故による放射能の影響によって奇形児が生まれてくるのではないかという問題（恐怖）を、キム・ギドク監督流の何とも生々しい設定で問題提起した。しかし本作では、みゆきの生き方と対比させながら、農業しかできないみゆきの父親が仕事にありつけないため失意の中で酒とパチンコにうつつを抜かす姿が印象的だが、それだけでは被災者の現状に切り込んだことにならないのは当然。

　そこで廣木監督は、父親の他に①みゆきの同僚で、これぞ地方公務員の典型ともいう男、新田勇人（柄本時生）、②補償金をパチンコにつぎ込みながら、それに何の疑問も感じていない男（毎熊克哉）、③被災者の心の病に乗じてインチキな壺を売る霊感商法の男（波岡一喜）、④被災地を訪れる女流写真家・山崎紗緒里（蓮佛美沙子）、⑤仮設住宅の隣の住人、夫（戸田昌宏）は東電に勤め、妻（安藤玉恵）は精神異常を来している夫婦、⑥卒論を書くため福島のスナックでバイトしながら取材を進める女子大生（小篠恵奈）、⑦みゆきが東

京駅で遭う、みゆきと同じように毎週末新潟から夜行バスで東京までデリヘルの仕事にやってくる女性（趣里）等を登場させ、それぞれ面白い被災者たちの「生態」を見せてくれるので、それにも注目！

## ■□■被災者たちのこんな生態、あんな生態に注目！■□■

上記①～⑦の人物が見せる「生態」はすべて私には想定の範囲内だが、私が面白いと思った生態の第1は、自分が浮き上がっていることを全く自覚せず、取材に協力してくれる新田に対して次々と生々しい質問をぶつけていく女子学生。私は「被災者の気持ちに寄り添う」といういかにも朝日新聞的な言い方が好きではないが、そうかといって何でもズカズカと遠慮なく被災者の心の中に入り込んでいく、この女子学生の無神経ぶりにはビックリ！今時こういう若者が増えていることが大いに心配だ。

面白い生態の第2は、父親の工場は津波で流され、母親は祖母と共に変な宗教にハマり家を出て行ったため、今はかなり年の離れた弟と2人で暮らしながら市役所の広報課に勤めている新田の真面目さ。お墓が津波で流されてしまったため新たなお墓を探している老夫婦の世話をする姿や、女流写真家・山崎紗緒里の写真展の支援をする姿等を見ていると、日本の市役所はこんな男の真面目さで成り立っていることを実感！他方、その分だけ取材協力してやっている女子大生の傲慢さにはうんざりだし、「頑張れ！福島」のチラシを見て新田が「頑張ってんだよ」と思わず本音を漏らすシーンに同感！さすが若手演技派の柄本時生が、こちらも出番は少ないものの見事にそんな被災者の生態を見せてくれる。

第3に面白い生態は、みゆきが東京駅のトイレで時々遭うみゆきと同じように東京でデリヘル嬢をしている女性。みゆきは今デリヘル歴2年だが、この女性は何年？この女性は近々新潟から東京に引っ越してくるそうだが、それはデリヘル嬢を本業にするため？それともデリヘルを卒業して新たなステップアップのため？みゆきがいつデリヘルのための東京通いを辞めるのかも含めて、今の若い風俗嬢の生態のあり方を本作からしっかり考えたい。

## ■□■父親の再生は？ヒロインの心の再生は？■□■

本作はヒロインみゆきの「問題意識」を中心に展開する物語だから、その他の被災者をめぐるさまざまなサブストーリーがさらりと消化されるだけになっているのはやむを得ない。しかし、酒を飲んでパチンコばかりしていた父親が近所の子供に野球を教えたり、みゆきからたびたびお説教を聞いているうちに少しずつ仕事への意欲を取り戻していくストーリーはそれなりのものだから、もう少し掘り下げてもよかったのでは・・・？

他方、本作の冒頭から提示される、なぜみゆきは毎週末夜行バスで東京に行き、デリヘル嬢をしているのか、という「問い」に対する明確な「答え」は私には導き出せない。父親と2人で食事をしている時にみゆきのイライラが最高潮に達し、「みんな勝手！」と叫ん

で飛び出していくシーンを見ていると、これは単なるヒステリーではなく、彼女の心の叫びであることがよくわかる。ひょっとして、東京でのデリヘル嬢勤めは、津波で死んでしまった母親と一緒に死ぬことができなかった自分を責めたり傷つけたりするための手段・・・？もっとも、もしそうだとしてもデリヘル嬢をやりながら「本番は絶対ダメ！」と条件をつ

2017『彼女の人生は間違いじゃない』製作委員会

けているところを見ると、まだまだ常識的な生き方からのレッドラインは越えられない程度の決断・・・？そうかと思うと、他方で山本にあんなに大胆な告白をすることができたのは一体何故？男の私にみゆきの心情を正確に理解することができないのは仕方ない。また、ひょっとしてみゆき自身も自分の行動の意味が十分わかっていないのかもしれないし、自分の気持ちの整理を十分つけられていないのかもしれない。

　本作では、みゆきが1人でバスに乗って被災地と東京を往復するシーンがやたら多く登場するが、そこでは当然セリフは全然なく、スクリーン上にみゆきのクローズアップの姿が映し出されるだけ。私がこの女優がグッドだと思ったのは、そのクローズアップの映像にみる瀧本公美の表情だが、残念ながら私にはその心の中を見通すことはできない。さて、あなたはこのヒロインの心の再生をどう考える？

## ■□■このタイトルをどう考える？■□■

　最後に興味深いのは、本作の『彼女の人生は間違いじゃない』というタイトルをどう考えるかということだ。これは弁護士の語彙感覚でいうといかにも中途半端で解釈の幅が広く、言ってみればずるい表現。つまり、廣木監督はみゆきの生き方を興味深く見守りつつ、みゆきのそんな生き方は「それで正しい」とも「間違っている」とも言い切れず、『彼女の人生は間違いじゃない』としか言えないわけだ。もちろん、自分の娘がみゆきのような行動をしていれば、父親は必ず「お前の人生は間違っている」と言うだろうが、他人の娘であれば、『彼女の人生は間違いじゃない』ということになるのだろう。

　震災に関する法律問題をたくさん執筆する中で被災者支援のあり方についてもいろいろ考えている弁護士の私としては、そんなこんなをいろいろ考えながら、本作のヒロインみゆきの生き方についてしっかり考えるとともに、本作タイトルの絶妙の「バランス感」を高く評価したい。

２０１７（平成２９）年７月２８日記

**Data**

監督：ドゥニ・ヴィルヌーヴ

原作：テッド・チャン　「あなたの
人生の物語」（ハヤカワ文庫
刊）

出演：エイミー・アダムス／ジェレ
ミー・レナー／フォレスト・
ウィテカー／マイケル・スタ
ールバーグ／マーク・オブラ
イエン／ツィ・マー

# SHOW-HEY シネマルーム

★★★★★

## メッセージ

2016年・アメリカ映画
配給／ソニー・ピクチャーズエンタテインメント・116分

2017（平成29）年5月27日鑑賞　　TOHOシネマズ西宮OS

## 👀👀 みどころ

　　奇妙な形の宇宙船でやって来た地球外生命体（エイリアン）！そんな「ＳＦ
もの」には「戦争型」と「問題提起型」の２種類があるが、本作は『第９地区』
（００年）と並ぶ後者の典型。アカデミー賞の作品賞、監督賞は逃したが、図
形のような文字に込められたメッセージとは？

　　女性言語学者の脳裏にいつも登場する一人娘ハンナは、なぜ前から読んでも
後ろから読んでも「ＨＡＮＮＡＨ」なの？過去・現在・未来の時間軸ってホン
トに絶対なの？

　　科学的追究にこだわればさっぱりわからなくなるから、そこはほどほどにし
て、本作のエッセンスを大づかみし、３０００年先の地球を救うためにやって
来たエイリアンからのメッセージをしっかり受け止めたい。

―― * ―― * ―― * ―― * ―― * ―― * ―― * ―― * ―― *

## ■□■近時のハリウッドは「ＳＦもの」が豊作！■□■

　　近時のドイツ映画では、『顔のないヒトラーたち』（１４年）（『シネマルーム３６』４３
頁参照）、『ヒトラー暗殺、１３分の誤算』（１５年）（『シネマルーム３６』３６頁参照）、『帰
ってきたヒトラー』（１５年）（『シネマルーム３８』１５５頁参照）、『手紙は憶えている』
（１５年）（『シネマルーム３９』８３頁参照）、『ヒトラーの忘れ物』（１５年）（『シネマル
ーム３９』８８頁参照）等の「ヒットラーもの」、そして、『アイヒマン・ショー　歴史を
映した男たち』（１５年）（『シネマルーム３８』１５０頁参照）、『アイヒマンを追え！ナチ
スがもっとも畏れた男』（１５年）（『シネマルーム３９』９４頁参照）、『アイヒマンの後継

者　ミルグラム博士の恐るべき告発』（１５年）（『シネマルーム３９』１０１頁参照）等の「アイヒマンもの」が多い。

　それに対して、近時のハリウッド映画では、「アメコミもの」「スパイもの」「戦争もの」と並んで「ＳＦもの」が豊作！最近の話題作は、『ゼロ・グラビティ』（１３年）（『シネマルーム３２』１６頁参照）『インターステラ』（１４年）（『シネマルーム３５』１５頁参照）『オデッセイ』（１５年）（『シネマルーム３７』３４頁参照）等だ。それらは軒並みアカデミー賞にノミネートされているが、さて本作は？

## ■□■この監督の名前もインプット！■□■

　本作は第８９回アカデミー賞で監督賞、作品賞等８部門にノミネートされたが、残念ながら受賞したのは音響編集賞のみだった。しかし、本作のドゥニ・ヴィルヌーヴ監督は、私が星５つをつけた『灼熱の魂』（１０年）（『シネマルーム２８』６２頁参照）、『プリズナーズ』（１３年）（『シネマルーム３３』１３９頁参照）、星４つをつけた『複製された男』（１３年）（『シネマルーム３３』２７５頁参照）を監督した１９６７年生まれのカナダ人監督で、徐々に世間の注目を集めている。

　本作は、テッド・チャン原作の『あなたの人生の物語』に基づくもの。そして、パンフレットの中でドゥニ・ヴィルヌーヴ監督は、「多層的に心の底に響いた。自分がいつ、どうやって死ぬかわかったらどうなるか。人生、愛、家族、友人、社会との関係はどうなるか。死、そして命の性質やその機微を真摯に見つめることで、僕らはより謙虚になれる。今、人類にはその謙虚さが必要なんだ。今の時代、ナルシズムが蔓延し、自然との繋がりが危険なほど失われている。この素晴らしい短編小説のおかげで、死や自然、命の謎との関係を取り戻すことができた」と語っている。原作も本作も、エイミー・アダムス扮する言語学者ルイーズ・バンクスを主人公とした何とも難解なＳＦものだが、その中に込められている様々な「メッセージ」は深くかつ重い。直近で観た『パッセンジャー』（１６年）はイマイチだった（『シネマルーム３９』未掲載）が、それとよく似たタイトルの本作『メッセージ』は必見！そして、その監督の名前はインプットしておく必要あり！

## ■□■ＳＦ映画の新たな第１歩を！そのメッセージとは？■□■

　安い予算でも、新人監督でも、スターなしでも、企画さえよければ映画は大ヒット！その典型が、ニール・ブロムカンプ監督の『第９地区』（０９年）だった（『シネマルーム２４』３０頁参照）。同作では、「人間以外立入り禁止」の看板が溢れる南ア、ヨハネスブルグの上空に留まる宇宙船と、それに乗ってやって来た地球外生命体（エイリアン）の難民ぶり（？）が異色だったが、さて本作に見る奇妙な形をした宇宙船は？その中に乗っている（？）エイリアンの姿は？彼らが語る言葉は？そして、何よりも彼らが地球にやって来た目的は？

本作のパンフレットには、「※このページ以降は、必ず映画ご鑑賞後にお読み下さい。」と注意書きされた「ＲＥＶＩＥＷＳ」が１から１２まで１２本収録されているが、これらはそれぞれ力作で、興味深いものばかりだ。その２番目に松浦泉（ライター）の「世界観の変革と新たなレベルの体験を観客にもたらす『メッセージ』」があり、そこでは、「『月世界旅行』（１９０２）から『インデペンデンス・デイ』（96）まで、ファースト・コンタクトはこれまでも何度も描かれてきた。だが『２００１年宇宙の旅』（68）などわずかな例外を除けば、異星人が真に「想像を絶する存在」として登場したことはない。『メッセージ』は、テッド・チャンの原作をただＳＦスペクタクルの素材として利用するのではなく、小説の革新的なアイデアそのもの──人類と異なる認識の枠組みを想像すること──の映像化に成功している」と書かれている。

　本作は、言語学者のルイーズとその盟友となる物理学者イアン（ジェレミー・レナー）が、苦労を重ねながらアボットとコステロと名付けた２体のエイリアンとの間で、彼らのタコ足のような７本の指（？）から吐き出される図形のような文字（？）を読み解いていく中で少しずつ「対話」を成立させていき、それによって、「全面戦争」の回避に成功する物語。そんな場合、何といっても難しいのはファースト・コンタクトのあり方だ。それについて、同ＲＥＶＩＥＷは、最後に「想像を越えた存在に対して自分を開き、未知の思考を受け入れること。世界が自閉し、排他的になろうとしている現在だからこそ、この映画のメッセージはひときわ鮮烈に映る」とまとめているので、その言葉をしっかりかみしめたい。

## ■□■時間軸とは？過去・現在・未来をどう考える？■□■

　織田信長の時代は「人間５０年」だったが、今は、男性８０歳、女性８６歳の時代。他方、秦の始皇帝は不老不死の薬を求めたが叶わず、時間だけはどんな英雄も金持ちも関係なくすべての人間に平等に与えられている。誰もがそう考えているが、さて、時間軸はホントに過去・現在・未来と流れていくものなの？

　本作冒頭のスクリーン上には、湖畔の家に一人で住むルイーズが、時おり死んだ一人娘

のハンナとの何気ない日常が脳裏に浮かんでくるシーンが登場する。そこでのハンナの年令は反抗期のティーンエンジャーだったり、いたいけな赤ん坊だったり、その都度違っている。それはある意味当然だが、本作全般を通して何度もルイーズの脳裏に登場するハンナの姿をみていると、それはかなり変。つまり、ルイーズの脳裏に描かれるハンナの像は必ずしも過去だけではなく、未来の姿も描いているらしい。

　ルイーズは、エイリアンが示す図形の解読作業を続ける中で、エイリアンの文字（図形）では３０００年後の地球のことも現在と同じ座標軸にあることを理解し始め、それと共に、自らの人生における経年も、今まで生きてきた時間軸の概念を超越したのもになっていくことを知るわけだ。なるほど、なるほど。しかし、なんとなくわかったような、わからないような・・・。

## ■□■同じ日に、同窓会で、同級生から同様の講義を！■□■

　ちなみに、私は本作を鑑賞した５月２７日の夕方、愛光学園卒業５０年周年「６８歳記念関西大会」に出席し、U氏が語る「宇宙はどのように生まれたのか」と題する１０分間講義を聴いた。そこでは、「アインシュタインの法則」や「光の速度」「宇宙の膨張」等の話と共に、「時間軸」のあり方についての興味深い話が展開されていた。その趣旨が本作に登場する理論と同じかどうかは私にはわからないが、とにかく、人間は必ずしも過去のことしか認識できないのではなく、未来も認識できるらしい・・・？

　本作に見るルイーズの思考経路は、ネタバレを恐れずに説明すれば、要するに今回の宇宙船は地球を攻撃するためにやって来たのではなく、３０００年後の地球の危機を救うためにやって来たものらしい。なるほど、なるほど・・・。

　しかして、本作の鑑賞後に読むべきREVIEWSの１０番目には、大森望（書評家）の「名作小説の核心を、鮮やかに映像に転写させたSF映画の傑作の誕生」と題するREVIEWがあり、そこでは「変分原理」「フェルマーの原理」を解説した上で『ブレードランナー』から３５年、原作と同じく長く歴史に残るSF映画の傑作が誕生した」と結んでいる。もちろん、これ自体何回読んでもどこまででわかったのか自体がよくわからないREVIEWだが、とにかく本作では、「時間軸」についてよくよく考えることが不可欠だ。それによって私もあなたも本作のヒロイン、ルイーズと同じ思考経路に立てば、たちまち世界は平和に・・・？

## ■□■宇宙船に対する各国の対応は？米国は？中国は？■□■

　映画『ゴッドファーザー』（７２年）の舞台となったイタリアのシチリア島のタオルミーナで５月２６、２７日に開催されたG７サミットでは、トランプ大統領の過激発言が注目（？）されたが、何とかまとまり、北朝鮮問題について「G７宣言」には「新たな段階の脅威」との文言が盛り込まれた。しかして、宇宙船の出現という地球全体の非常事態とも

なれば、国連軍を中心に世界各国がまとまって対応すべきが当然だ。ところが本作では、交戦の準備をし始める国、相手の出方を伺おうとする国、と各国の対応は分かれ、協力し合ってコトに当たろうとする気配は全くない。

　本作で、ルイーズに対して①宇宙船内にいる異生物が発する音や波動から彼らの言語を解明すること、②彼らに何らかの手段でこちらのメッセージを伝えることを要請したのは、米軍のウェバー大佐（フォレスト・ウィテカー）。もっとも、彼は中間管理職として動いているだけで、米軍全体を動かしている司令官がいるはずだが、本作にはそれは登場しない。他方本作には、対宇宙船戦略についてのキーマンとして中国人民解放軍のシャン上将（ツィ・マー）が登場する。各国は連日のように宇宙船の映像を映し出し、その対応策を協議しているが、しびれを切らした中国はどうやら核攻撃を狙っているらしい。しかし、そんなことになれば地球は一瞬のうちに崩壊してしまうのでは・・・？

　『キネマ旬報』２０１７年６月上旬特別号の「ＲＥＶＩＥＷ　日本映画＆外国映画」では、佐々木敦、那須千里、山口剛の３氏が本作について星５つ、５つ、４つを付けている。私は、この採点にも納得だが、とりわけ那須千里氏の「ドラマの行方を左右する局面での中国のポジションが、今の国際社会における中国のそれと多分に関係しており、政治的にも映画を含む産業的にも如実に反映されている」との指摘が興味深い。『インデペンデンス・デイ　リサージェンス』（１６年）（『シネマルーム３８』未掲載）では、インターナショナル・レガシー大隊の女性パイロットとして中国人美女を登場させた。しかし、それがハリウッドの中国（市場）に対する露骨なゴマすりであることは明らかで、それは前述の『ゼロ・グラビティ』や『オデッセイ』も同じだった。すると、本作にみるシャン上将の登場はさもありなん・・・？しかも本作のラストでは、ルイーズがこのシャン上将と直接電話で交信することによって、世界が大きく変わるというストーリーが大きなポイントとなるので、本作はハリウッド映画ながら、中国（軍）の動静にも十分注意を・・・！

## ■□■キネ旬でも大特集！■□■

　『キネマ旬報』２０１７年５月下旬号は『『メッセージ』ドゥニ・ヴィルヌーヴ監督イン

タビュー」を載せたが、その内容はパンフレットにある監督インタビューとほぼ同じものだった。

　ところが、それに続いて、『キネマ旬報』２０１７年６月上旬特別号は、５８頁から６５頁にわたって『『メッセージ』を読む３つの角度―ＳＦ／サウンド／文字』を載せたからすごい。３つの角度とは、①ＳＦ、②サウンド、③文字だが、ここまで掘り下げて本作を分析したのは一体なぜ？３人の解説者はそれぞれの分野における専門家だからその内容は難しいが、もともと内容の難解な本作をホントに読み解くためには、パンフレットに収録されている前述の１２本の「ＲＥＶＩＥＷＳ」とともに、これらを読み解くことが不可欠だ。

## ■□■本作の「メッセージ」をしっかり受け止めよう！■□■

　『第９地区』が放ったメッセージは特異だったが、本作で言語学者のルイーズがエイリアンとの「対話」を通じて放つメッセージもかなり特異だ。その理解はかなり困難だが、理論的な追究はほどほどにして、そのエッセンスを大づかみしたうえで、しっかり受け止めたい。もっとも、現在一緒に働いている物理学者のイアンが自分の夫で、再三再四、自分の脳裏の中に浮かんでくる一人娘ハンナの父親がこのイアンであることを自分一人だけが理解した時のルイーズの心境はいかに・・・？

　ちなみに、日本にはかつて「上から読んでも山本山、下から読んでも山本山」という某社の海苔のコマーシャルが人気だったが、ハンナを英語でつづると「ＨＡＮＮＡＨ」だから前から読んでもハンナ、後ろから読んでもハンナとなる。なぜルイーズが自分の娘にそんな風に、前から読んでもハンナ、後ろから読んでもハンナと名付けたのかはわからないが、過去は過去ではなく、未来は未来でもないという「時間軸」をテーマとした本作では、娘にそんな名前を付けたこと自体が本作の本質を見事に象徴している。そんなことも考えながら、作の「メッセージ」をしっかり受け止めたい。

２０１７（平成２９）年５月３１日記

**Data**

監督：イェスパ・W・ネルスン
出演：アルバト・ルズベク・リンハート
　　　ハーラル・カイサー・ヘアマン
　　　ンラース・ミケルセン
　　　ソフィー・グローベル

SHOW-HEY シネマルーム

★★★★

# きっと、いい日が待っている

2016 年・デンマーク映画
配給／彩プロ・119 分

| 2017（平成29）年9月8日鑑賞 | テアトル梅田 |
| --- | --- |

## 👀👀 みどころ

　民主主義があまねく行き渡った今の日本国では、「先生の権威」はガタ落ちだし、スパルタ教育も体罰もありえない。しかし、戦前は？明治時代は？しかして、日本が高度経済成長に向かった１９６０年代後半、ナチス・ドイツの支配から解放されて約２０年を経たデンマークの首都コペンハーゲンにある少年養護施設における、貧しい２人の兄弟への教育は・・・？

　アメリカの宇宙飛行士ニール・アームストロングが、人類史上はじめて月面着陸したのは１９６９年。そんな中、１０歳の弟が宇宙飛行士になる夢を持ったのは当然だが、さて厳しい養護施設の中、そんな夢の実現は如何に・・・？

　本作のクライマックスで見る「スパルタクスの反乱」とも共通する２人の兄弟の反乱劇に注目しながら、教育のありかたをしっかり考えたい。

——＊——＊——＊——＊——＊——＊——＊——＊——＊——＊——

## ■□■実話に基づく物語は『オリバー・ツイスト』現代版？■□■

　イギリスの文豪チャールズ・ディケンズの名作『オリバー・ツイスト』は、１８３０年代のロンドンを舞台とし、産業革命の嵐の中で翻弄される底辺の子供たちを主人公にした骨太ドラマで、世界文学全集の一冊。それを、ロマン・ポランスキー監督が映画化したのが、『オリバー・ツイスト』（０５年）（『シネマルーム９』２７３頁参照）だ。その主人公は、養育院で育ち、９歳になった今、救貧院に戻された男の子オリバー。１８３０年代のロンドンは、産業革命真っ盛りの大都市だったが、今のような福祉国家や青少年保護の理念はなく、まさに弱肉強食の資本主義が貫徹されていた。したがって、孤児のオリバーが、養育院や救貧院で育てられたのはラッキー。そう思えなくもないが、そこはまるで奴隷状

態のような長い労働時間とまずい食事が実態だったから、そこで描かれたオリバーたちの生きザマは・・・？

　それから約１３０年。第１次世界大戦、第２次世界大戦を経験し、東西冷戦の時代も終えた１９６７年。１９６７年は、私が大学に入学した年で、日本ではこれから高度経済成長に向かう昭和の良き時代だったが、デンマークの首都コペンハーゲンの養護施設はオリバーの時代からいかに進歩しているの・・・？本作はコペンハーゲンに実際にあった少年養護施設で起きた実話にもとづく物語らしい。ナチス・ドイツの支配から解放されて約２０年、コペンハーゲンでも、もはや戦後の色彩はなくなっていたが、ヘック（ラース・ミケルセン）を校長とする少年養護施設の実態は？

## ■□■２人の主人公は？養護施設の実態は？■□■

　本作の主人公は、母子家庭で育った１３歳の兄エリック（アルバト・ルズベク・リンハート）と１０歳の弟エルマー（ハーラル・カイサー・ヘアマン）の２人。母親が末期ガンで入院することになったため、２人はコペンハーゲンの養護施設に送られることに。本作がユニークなのは、貧しい中で育ったエルマーが、なぜか宇宙飛行士になるんだという強い夢を持っていること。東西冷戦の時代から核開発競争と共に始まった米ソの宇宙開発競争は、抜きつ抜かれつの様相の中で大きく進展。今や米ソのどちらが先に有人飛行、月面着陸させるかという局面になっていた。しかし、生まれつき足に障害を抱えたエルマーが宇宙飛行士になることを望んでも、そんなことは不可能では・・・？

　エリックとエルマーの２人が養護施設に入れたのはラッキーだったが、ヘック校長以下、教師たちはメチャ厳しそう。入所当日、「君は将来何になりたい？」と問われたエルマーが「宇宙飛行士！」と答えると、たちまちぶんなぐられたから、アレレ・・・？予想に反してこの養護施設はかなりヤバそうだ。

きっと、いい日が待っている
８月５日より、YEBISU GARDEN CINEMA ほか全国順次公開
© 2016 Zentropa Entertainments3 ApS, Zentropa International Sweden AB.

　そう考えた２人は、入所の日に即脱走！　しかし、それくらいのことは校長側も折り込み済みだったらしい。しかも、エルマーは足が悪いから、逃走のスピードは遅い。その結果２人は簡単に捕まえられたが、さあ彼らにはいかなる体罰が？そして、先輩の少年たちからのいかなる嫌がらせやいじめが・・・？

## ■□■校長の教育方針の是非は？新任教師のスタンスは？■□■

　「民主主義」があまねく行き渡った今の日本国の学校では教師も生徒も平等で、先生がヘタに生徒にかかわろうものなら、生徒や父母たちからの猛反撃にあってクビ。そんなことになりかねない状況らしい。しかし、日本でも、戦前や明治時代はそれとは全然違う、先生や教師の「権威」がまちがいなく存在していた。そして、良し悪しは別として、体罰もあった。

　本作は１９６０年代にコペンハーゲンの少年養護施設で現実に起きた事件を題材にしたもので、ヘック校長の体罰に偏重した厳格な教育方針を批判的にとらえた映画。たしかに本作を観ていると、「これは酷すぎる」と思えるシーンがいくつも出てくるが、そうかといってヘック校長の教育方針がすべて間違っていると言えるのかどうかは微妙だ。ちなみに、私が生涯ベストワンの映画としているロバート・ワイズ監督の『サウンド・オブ・ミュージック』（６５年）でも、７人の子持ちで目下独身男のトラップ大佐の教育方針は厳格そのものだった。それに、音楽の力と愛の力で風穴を開けたのは、トラップ家に家庭教師として入った修道女マリアだったが、本作でひょっとしてそんな役割ができるのでは？と期待されたのが、新任の女性教師ハマーショイ先生（ソフィー・グローベル）

きっと、いい日が待っている
８月５日より、YEBISU GARDEN CINEMA ほか
全国順次公開
© 2016 Zentropa Entertainments3 ApS,
Zentropa International Sweden AB.

きっと、いい日が待っている
８月５日より、YEBISU GARDEN CINEMA ほか
全国順次公開
© 2016 Zentropa Entertainments3 ApS,
Zentropa International Sweden AB.

だ。グラウンドで展開されている子供たちへの体罰を部屋の中から驚きの目でみていたハマーショイ先生は、以降この養護施設にていかなる改革を・・・？

## ■□■弟には意外な才能が！■□■

　本作冒頭には、１９６９年にアメリカの宇宙飛行士ニール・アームストロングが人類史上はじめて月面着陸する映像が流される。私たちの世代の人間はリアルタイムでそのテレビ映像を観ていたが、さて、貧しい母子家庭の間で育ったエルマーはどうやってそれを見ていたの？また、観ていたとしても、「宇宙飛行士になるんだ！」という夢をもつにはそれなりの知識が必要だが、彼はそれをどうやって仕入れたの？さらに、本作全編を通じて彼が持っている宇宙旅行や宇宙飛行士についての情報は多岐に渡り、本作ラストのクライマックスで彼がホントの宇宙飛行士になる（？）についてもその姿形はバッチリだが、それ

は一体ナゼ？　兄のエリックの方は毎日を生きていくのに精一だが、その面では生命力はあるようだ。しかし、弟のエルマーはそういう能力はゼロながら、宇宙飛行士の知識や、頭の中にいっぱい詰まっている夢の量では超一流だから、本作ではその点に注目！

　　入所当日の脱走の失敗によって、１５歳になれば施設を出られるのだからそれまでは服従の仮面をかぶる。何かと現実的（？）なエリックはそのように１８０度方針を転換し、何とか施設に馴染んでいったが、足が悪いというハンディキャップを抱えるエルマーはなかなかそれができないばかりか、精神的不安定さからおねしょをするようになったから、その体罰や投薬の面でもさらに大変なことに。

きっと、いい日が待っている
８月５日より、YEBISU GARDEN CINEMAほか
全国順次公開
© 2016 Zentropa Entertainments3 ApS,
Zentropa International Sweden AB.

きっと、いい日が待っている
８月５日より、YEBISU GARDEN CINEMAほか全国
順次公開
© 2016 Zentropa Entertainments3 ApS,
Zentropa International Sweden AB.

　　このままではエルマーはつぶれてしまう。スクリーンを観ている観客は誰もがそう思ったが、それを救ったのは、エルマーに読み書き能力はもちろん、小説家のように自由に文章を作る能力があることを発見したハマーショイ先生だ。毎年おざなりの文章しか書いてこない親からの手紙に見向きもしない先輩の少年に対して、エルマーが想像力を駆使して文章を豊かにして読んでやった手紙に、先輩は大感激。これにて、エルマーは一躍養護施設の少年たちの「知のアイドル」になることに。そして、エルマーの人並み外れた文章能力を認めたハマーショイ先生は、エルマーを郵便配達係に指名し、校長もそれを認めたから、これによって養護施設におけるエルマーの立ち位置が確立。無事おねしょも収まり、あとはエリックが１５歳になるのを待つだけ。そんな「小康状態」が続くと思われたが・・・。

# ■□■大人はどこまで信用できるの？■□■

　　１３歳と１０歳の男の子に、末期ガンが母親の命にどれくらい危険なのかについての知識がないのは仕方ない。そのため、母親が元気になれば自分たちをまた引き取ってくれると２人が期待していたのは当然だ。ところが、ある日の電話で母親の死を知らされたから２人は茫然。しかし、その後しばらくして、唯一の身内である叔父さんが養護施設に面会に来てくれたため、２人はこの叔父さんに再度脱走の計画を持ちかけることに・・・。

　　この叔父さんが母親の兄なのか弟なのかわからないが、２人に対する優しさは十分。し

かし、ヘック校長から厳しく指摘されたように、この叔父さんは定職がなく結婚もできない状態だったから、２人の甥っ子を引き取って世話するだけの能力＝生活する能力がないのが玉にキズ。要は、この叔父さんは人が良く、しゃべる内容も優しいのだが、実行力ゼロ、というレベルなわけだ。しかし、幼い２人にはそこまで大人の能力分析はできないため叔父さんが２人の脱走計画に協力してくれると言ってくれると、２人は着々と脱走の準備をすることに・・・。ところが、実行の当日になって何とこの叔父さんは「やっぱり協力はできない」とハマーショイ先生に電話してくる始末だから、アレレ・・・。

しかして、その旨を２人に伝えに来たハマーショイ先生は、その挙動不審ぶりをヘック校長に見とがめられた挙句、悪いようにはしないからと言い含められて、２人の脱走計画を校長に告白してしまうことに・・・。もちろん、そこには様々な「大人の事情」があるわけだが、２人の少年にそこまで微妙なことがわかるはずはない。そのため脱走に失敗し、校長からこっぴどい体罰を受けることになった２人が、ハマーショイ先生に対して裏切者！と呼んだのは仕方ない。しかも、そんな状況下、ハマーショイ先生が思わずエルマーの頬を叩いてしまったから事態は最悪。エルマーのハマーショイ先生に対する信頼は失われてしまったばかりか、ハマーショイ先生の方も自分の行動に嫌気がさしたまま自信を失い、ついに養護施設を離職してしまうことに。

そんな流れの中、大人はどこまで信用できるの？きっと、それがエリックとエルマーの正直な気持ちだろう。

## ■□■１５歳の誕生日が来れば・・・その希望の行方は？■□■

このように、まさに八方塞がり、最悪の状況下、２人は再度養護施設での生活を余儀なくされたが、それでもいよいよエリックには１５歳の誕生日が近づいてきたから、やっとここから退所できるという新たな希望の中で生活を続けていた。ところが、そこでヘック校長から「それはできなくなったよ」とのお達しが宣告されたから、エリックは絶望状態に。さあ、そこから本作のクライマックスが始まってゆく。

一方では養護施設を監督する国の調査機関の担当者が変わったことによって、より厳格かつホンモノの抜き打ち調査が開始されるが、それでチェックできることにはやはり限界があることが本作を見ているとよくわかる。そんな状況下、半分ヤケクソ、半分国の調査官頼みとも思えるエリックのハチャメチャな行動は如何に・・・？さらに、その結果エリックがヘック校長から受けることになった体罰によってエリックの身体は・・・？

他方、コトがここまでくれば、エルマーも幼いとはいえ、自分の行動方針を自ら確立する必要がある。その結果、彼がとった方策の１つはヘック校長にゴマを擂って一日外出の許可を貰い、「ある布石」を打つこと。そのターゲットは退職したハマーショイ先生と監督官だが、さてそこでエルマーが立てた戦略戦術とは・・・？そして、施設内に戻ったエルマーがとったもう１つの行動は、宇宙飛行士となって空を飛ぶこと。しかし、空想の世界

やテレビ画面上の話ならそれでいいが、貯水タンクの塔の上から月に向かってホントに宇宙遊泳したら人間の身体はどうなるの・・・?そんなことは大人だけでなくエルマーにも

きっと、いい日が待っている
8月5日より、YEBISU GARDEN CINEMAほか全国順次公開
© 2016 Zentropa Entertainments3 ApS, Zentropa
International Sweden AB.

わかっていたはずだが、本作のクライマックスではエルマーによるそんな宇宙遊泳シーン(?)が登場するので、それに注目!
　ヘック校長が支配する養護施設は、今やこんな大騒動の中で大変な事態に・・・。こんな事態が国の調査機関にバレたらどうなるの?ああ、なるほど、ひょっとしてこれこそがエリックやエルマーが考えた深慮遠謀なの・・・?

## ■□■本作の問題提起から何を学ぶ?■□■

　本作は「実話に基づく」物語で、「スパルタクスの反乱」にも相当するエリックとエルマーの勇気ある行動の結果、ヘック校長が支配する少年養護施設には国の厳しい調査が入り、それまでの監獄のような待遇は改められたらしい。さらに、同施設の卒業生からは損害賠償の請求もされているらしい。そして、スクリーン上で見る限り、大ケガをした(させられた)エリックとエルマーは2人とも奇跡的な回復をし、ハマーショイ先生と共に暮らすことになったそうだから、めでたし、めでたしのハッピーエンドになっている。

　そんなストーリー展開をみて、本作には『きっと、いい日が待っている』という邦題がつけられたわけだが、そんな本作が今の時代の教育のあり方に投げかける問題提起は極めて重要だ。もちろん、本作の主張の根本はヘック校長の教育方針を批判するものだが、先生の権威があまりにも低下してしまっている今の日本国を見ている私は、一方的にそんな批判ばかりではダメだと考えている。もちろん、エリックとエルマーに対する本作のような体罰が許されるはずはなく、ハマーショイ先生までが辞職せざるを得ない状況に追い詰められた同施設の中で、エリックとエルマーが見せた行動は特筆ものだが、それを英雄視するのも如何なもの・・・?

　そんな視点の中、さてあなたは、本作の問題提起から何を学ぶ・・・?

2017(平成29)年9月21日記

**Data**

監督・脚本：ダニス・タノヴィッチ

原案：ベルナール＝アンリ・レヴィ
（戯曲『ホテル・ヨーロッパ』）

出演：ジャック・ウェベール／スネ
ジャナ・ヴィドヴィッチ／イ
ズディン・バイロヴィッチ／
ヴェドラナ・セクサン／ムハ
メド・ハジョヴィッチ／ファ
ケタ・サリフベゴヴィッチ―
アヴダギッチ／アレクサン
ダル・セクサン

★★★★

## サラエヴォの銃声

2016 年・フランス＝ボスニア・ヘルツェゴヴィナ映画
配給／ビダーズ・エンド・85 分

2017（平成 29）年 4 月 11 日鑑賞　　テアトル梅田

## 👀みどころ

　第一次世界大戦の引き金となったサラエヴォ事件とは？まず、それを押さえた上で今、「ホテルヨーロッパ」で行われようとしているグランドホテル形式による 85 分間の人間ドラマをしっかりと！

　ミサイルと核実験を続ける北朝鮮に対してアメリカが空母打撃群を派遣している今、もし一発のミサイルが発射されれば・・・？

　そんな対比をし、また本作のタイトルの意味を考えながら、本作の問題提起をしっかり検証したい。

―――＊―――＊―――＊―――＊―――＊―――＊―――＊―――＊―――＊

### ■□■舞台はホテル・ヨーロッパ、形式はグランドホテル形式■□■

　『キネマ旬報映画総合研究所編　映画検定公式テキストブック』によれば、「グランドホテル形式」とは、ひとつの場所を舞台に、複数の人々のドラマを並行して描くもので、１９３２年の『グランドホテル』に由来する映画づくりのスタイル。日本では役所広司が主演し、大みそかの１日をグランドホテル形式で描いた『THE　有頂天ホテル』（06 年）（『シネマルーム 9』288 頁参照）が有名だ。

　しかして、本作の舞台は、サラエヴォ事件百周年を記念する式典が行われる、サラエヴォで一番のホテルである「ホテル・ヨーロッパ」。そして、「グランドホテル形式」で次々と登場する登場人物たちは、ホテルの支配人オメル（イズディン・バイロヴィッチ）とその忠実なフロントウーマンであるラミヤ（スネジャナ・ヴィドヴィッチ）をはじめとして多種多様だから、それに注目！しかし、そもそも、サラエヴォ事件とは、一体ナニ？また、本作のタイトルがなぜ『サラエヴォの銃声』とされているの・・・？ひょっとして、サラ

エヴォ事件と同じように、「ホテルサラエヴォ」で一発の銃声が鳴るの・・・？

## ■□■サラエヴォ事件とは？あれから１００年！■□■

サラエヴォ事件とは、１９１４年に勃発した第１次世界大戦の引き金となった、オーストリア＝ハンガリー帝国の皇太子フランツ・フェルディナント大公夫妻が、セルビア系青年ガヴリロ・プリンツィプに暗殺された事件。１９１４年６月２８日に発生したその事件の内容や時代背景、そして政治情勢や人物関係は複雑だ。ここではその解説はしないが、ウィキペディアに見るサラエヴォ事件の暗殺場面を描いた新聞挿絵（１９１４年７月１２日付）に注目！

本作は、そのサラエヴォ事件から１００年を記念して、ダニス・タノヴィッチ監督が企画したものだ。本作は『サラエヴォの銃声』とタイトルされているが、さて、そこでは一体何の銃声が鳴るのだろうか・・・？

## ■□■グランドホテル形式による３つの物語は？その１ ■□■

『有頂天ホテル』では、「有頂天ホテル」がグランドホテル形式で展開される物語の舞台となったように、本作では、「ホテル・ヨーロッパ」がグランドホテル形式によって展開していく３つの物語の舞台になる。「ホテル・ヨーロッパ」でサラエヴォ事件百周年を記念する式典が行われるのは、このホテルがサラエヴォ一のホテルだから。したがって、その経営には問題がないと思うのが当然だが、導入部からの支配人オメルの動きを追っていると、どうもそうではないらしく、従業員の給料も未払いになっているらしい。そのため、今「ホテル・ヨーロッパ」の従業員たちはストライキの決行に向けて大結集をしているようだ。

それを察知したオメルはストを阻止すべく、一方ではラミヤを使って従業員の懐柔工作を進め、他方では地下のカジノを経営しているヤクザを使って、ストを中止させようと躍起になっていたが、さてその攻防戦は？大規模なストライキともなれば、それなりの強力な労働組合や指導者がいなければ難しいもの。ところが本作では、ホテルのリネン室で長

年勤勉に働いてきたラミヤの母親ハティージャ（ファケタ・サリフベゴヴィッチ―アヴダギッチ）がリーダーシップを取っているらしい。それはそれで悪くはないが、果たしてそんな体勢でホントにストの決行は大丈夫・・・？

## ■□■グランドホテル形式による３つの物語は？その２■□■

そんな第１の物語と並行して進んでいく第２の物語は、「ホテル・ヨーロッパ」の屋上で行われている女性ジャーナリスト、ヴェドラナ（ヴェドラナ・セクサン）によるインタビュー。これは、サラエヴォ事件百周年を記念するテレビ番組だが、そこに登場してくる面白い人物が１９１４年のサラエヴォ事件の暗殺実行者と同じ名前を持つ男、ガヴリロ・プリンツィプ（ムハメド・ハジョヴィッチ）だ。テレビ番組のインタビューではインタビュアーが出演者の本音をいかに引き出すかがポイントだが、何人目かのゲストとして登場したガヴリロが生々しく語り始めた本音に対して、インタビュアーのヴェドラナも本音で対抗し始めたから大変。こんな場合、普通は途中でコマーシャルを入れることによって調整するものだが、さてここでは・・・？

## ■□■グランドホテル形式による３つの物語は？その３■□■

さらに第３の物語は、「ホテル・ヨーロッパ」の最高級スウィートの部屋に入り込み、一生懸命にサラエヴォ事件についての演説の準備をしている男ジャック（ジャック・ウェベール）と、密かにそれを監視カメラで追う男たちの姿を追うもの。一人で鏡に向かって演説の練習をするだけならスウィートの部屋はいらないと思うのだが、さてこの男はどれほどのＶＩＰなの・・・？身振り手振りを含めて一生懸命練習している姿は本来美しいはずだが、長い間それを見ていると滑稽に見えてくるが、それは一体なぜ？

本作を監督したダニス・タノヴィッチ監督は、去る４月２日に観た『汚れたミルク』（１４年）で大きな社会問題提起をした監督だが、本作中盤ではグランドホテル形式でそんな３つの物語を、ほど良い緊張感とバランスの中で進行させていくので、それに注目！

## ■□■突然一発の銃声が！この銃声の意味をどう理解？■□■

本作中盤ではこれら３つの物語は同時並行的に描かれていくが、一方で女性ジャーナリストとガヴリロとの論争が熱を帯びてケンカ状態となり、他方でストライキが不可避な情勢となる中、ホテルヨーロッパ全体が不穏な空気に包まれていったのはやむを得ない。そして、ハティージャが支配人オメルからの指示を受けたヤクザに襲われたり、ラミヤもオメルから新ストを止められなかったことの報復を受けたりと、「ホテル・ヨーロッパ」の中で現実の事件が次々と起きていくことになる。そんな中、突然ある場所で一発の銃声が！

これは、演説の練習をしている男ジャックを監視していたグループの男がガヴリロに当てて発砲したもの。しかし、そもそもジャックを監視しているグループとガヴリロの間に

は本来、何の接点もないはずだ。したがって、サラエヴォ事件の銃声は計画的なものだったが、その１００年後の今「ホテル・ヨーロッパ」で響き渡った一発の銃声は、全く偶発的なものだ。しかし、「ホテル・ヨーロッパ」内で今起きている一連の不穏な動きを見ていると、この銃声はある意味で必然・・・？しかも、サラエヴォ事件では、暗殺実行者のガヴリロが引き金を引いたのに対し、本作では同じ名前のガヴリロが銃に撃たれて死亡するという皮肉な結果になっている。さらに、サラエヴォ事件の銃声と「ホテル・ヨーロッパ」での銃声は何の関連性もなく、たまたまサラエヴォ事件百周年記念式典の日に、ホ

ダニス・タノヴィッチ［ノー・マンズ・ランド］［鉄くず拾いの物語］監督作品

# サラエヴォの銃声
## DEATH IN SARAJEVO
a film by DANIS TANOVIĆ

『サラエヴォの銃声』ＤＶＤ発売中　・価格３,９００円（税抜）・発売元／ビターズ・エンド/アット エンタテインメント・販売元／ハピネット（ピーエム）
(C)Margo Cinema, SCCA/pro.ba 2016

テルヨーロッパの中で銃声が鳴ったというだけのことだ。しかして、そのことの意味をあなたはどう考える？

　折りしも、アメリカのトランプ大統領は米中首脳会談の最中にイランに向けて巡航ミサイルを発射した上、ミサイル実験と核実験を強行しようとする金正恩独裁下の北朝鮮に圧力をかけるべく空母群を派遣しているが、そんな情勢下で一発のミサイルが発射されれば・・・？そんなことを考えながら、本作の結末をしっかり検証したい。

２０１７（平成２９）年４月１９日記

Data
監督：パオロ・ジェノヴェーゼ
出演：ジュゼッペ・バッティストン
／アンナ・フォッリエッタ／
マルコ・ジャリーニ／エドア
ルド・レオ／ヴァレリオ・マ
スタンドレア／カシア・スム
トゥニアク／アルバ・ロルヴ
ァケル／ベネデッタ・ポルカ
ローリ

★★★★★

# おとなの事情

2016 年・イタリア映画
配給／アンプラグド・96 分

2017（平成 29）4 月 15 日鑑賞 ｜ シネ・リーブル梅田

## 👀 みどころ

　３つの家族と１人の男が参加した夕食会で、「私たち本当に親友かしら？」との問題提起の中、「互いに信用できるなら、スマホを見せ合わない？」というスマホゲームの提案が・・・。

　ホントは拒否したいが、拒否すれば何かヤマしいことが、と疑われるのがオチ。しかして、楽しいはずの夕食会はドロ沼地獄に・・・。

　『キサラギ』（０７年）と並ぶワンシチュエーション・ドラマの大傑作。もっとも、地元のイタリアでは大ヒットしたが、おしゃべり好きなイタリア人が鉄砲の弾のように次々と繰り出す怒濤の会話劇が、日本人にどこまで受け入れられるかは微妙かも・・・？

―― * ―― * ―― * ―― * ―― * ―― * ―― * ―― * ―― * ―― * ―― * ――

## ■□■地元のイタリアで大ヒット！そのテーマは？■□■

　イタリア映画の本作は、イタリアのアカデミー賞に当たる第６０回ダヴィッド・ディ・ドナテッロ賞で作品賞と脚本賞のW受賞を果たし、地元のイタリアで大ヒット！監督は『赤いアモーレ』（０４年）や『神様の思し召し』（１５年）等で有名なパオロ・ジェノヴェーゼだが、私は今回見るのがはじめてだ。

　チラシに躍る本作のテーマは、「隠し事が満載のスマートフォン、愛する人に見せられますか？"夫婦の愛"が試される９６分間」だが、さてそのココロは？また、本作が赤裸々に描き出す、スマホの中に隠された各自の人生とパートナーとの絆（の危うさ）とは・・・？

## ■□■こんなゲームはいかが・・・？■□■

　私は今でもスマホは持たずガラケーで済ませているが、若者にとってはもちろん、多く
の大人にとっても、今やスマホは必需品！

　本作は、ある満月の晩に、ロッコ（マルコ・ジャリーニ）、エヴァ（カシア・スムトゥニ
アク）夫妻が友人たちを招待した楽しい食事会が舞台。お月様を観賞したり、互いの近況
報告等で楽しい会話が弾む中、ふとエヴァが「私たち本当に親友かしら？お互いが信用で
きるなら携帯電話を見せ合わない？」と提案したところからゲームが始まり、本作の本格
的なストーリーが展開していくことになる。そのゲームは、各自のスマホをテーブルの上
に置き、そこにかかってきた電話やメールの内容をすべてさらけ出そうというものだ。

　そんなゲームが成り立つのは、食事会に集まっている７人の男女が互いに信頼している
者同士で、秘密など全くないという前提（錯覚？）があるから。つまり、これは互いの「信
頼度確認ゲーム」なのだが、スマホの着信やメールを本人の代わりに妻や親友がチェック
するというルールの下でいざゲームが始まると・・・。

## ■□■ゲームの参加者は？そのキャラは？■□■

　そんな危険なゲームの参加者は、まず今夜の食事会の招待者であるロッコとエヴァ夫婦。
ロッコは整形外科医だが、優秀な医者であるエヴァの父から信用されていない。心理カウ
ンセラーのエヴァは自分に自信がなく、愛に飢えている。次に、夫婦で参加しているのは、
実は愛人がおり、夜になると秘密の写真が送られてくるレレ（ヴァレリオ・マスタンドレ
ア）と、子供が二人いるが、夫レレとの関係がギクシャクしているレレの妻カルロッタ（ア
ンナ・フォッリエッタ）。そして、流行りものが好きなため仕事が長く続かない、モテ男で

秘密がいっぱいのコジモ（エ
ドアルド・レオ）と、元カレ
からセックスのことで相談を
受けているコジモの新妻ビア
ンカ（アルバ・ロルヴァケル）。
さらに、婚約者を連れてくる
はずだったのに突然キャンセ
ルされたため、自分一人だけ
で参加したのが、臨時教師の
ペッペ（ジュゼッペ・バッテ
ィストン）だ。もっとも、本

(c)Medusa Film 2015

作冒頭には、ロッコとエヴァ夫妻の一人娘ソフィア（ベネデッタ・ポルカローリ）が母親
と大きく対立している様子が描かれると共に、ゲームの真っ最中にソフィアから父親の携
帯にかかってきた電話がそれなりの感動を呼ぶ構成になっているので、それにも注目！
　日本では、このように何組かの夫婦が一つの家に集まって楽しく夕食会を開くケースは
少ないが、そんな機会があればやってみてはいかが・・・？

## ■□■物語は二転、三転、四転、五転！こりゃ面白い！■□■

　『ワイルドシングス』（９９年）は、二人の可愛いハイスクールの女の子を主役とし、ス
トーリーが二転、三転、四転、五転しながら犯人に迫っていく、メチャ面白い映画だった
（『シネマルーム１』３項参照）。また、『キサラギ』（０７年）は、『十二人の怒れる男』（５
７年）に対抗できるワンシチュエーション・ドラマの傑作だった（『シネマルーム１３』６
１項参照）。そして『アフタースクール』（０７年）も、大泉洋、佐々木蔵之介、堺雅人と
いう三人の個性派俳優たちの競演（騙し合い？）と絶妙な演技力が際立つ、二転、三転、
四転、五転する面白い映画だった（『シネマルーム１９』２１３項参照）。
　『キサラギ』は、グラビアアイドルだった如月ミキの一周忌追悼会に出席した５人の男
たちが織りなす怒濤の推理劇で構成されたワンシチュエーション・ドラマで、彼らの推理
が二転、三転、そして四転、五転していくストーリーは予想以上の出来だった。しかして、
本作は『キサラギ』のような怒濤の推理ドラマではないものの、次々と参加者のスマホに
かかってくる電話やメールは怪しげなものばかり。夜１０時になると毎晩愛人からスマホ
に秘密の写真が送られてくることになっているレレは、自分のスマホがたまたまペッペの
スマホと同じ機種であったため、皆の目をかすめてテーブル上のスマホを交換してくれと
依頼。怪しげな写真が送られてきても、独身男のペッペなら皆も納得するだろうというレ
レの算段（お願い）だが、さあペッペはどうするの？そんな「インチキ」から始まったス
マホゲームは次々と混乱を呼び、この夫婦もあの夫婦も、ののしり合いを始めることにな

296

るので、それに注目！

　さらに、一人だけで参加したペッペは途中から襲う「レレの悲劇」を片目で見ながら、スマホを交換したことを告げられずに苦悩することに・・・。今ドキ、一人や二人は同性愛の男がいてもおかしくないが、こんな形でその秘密が暴露されることになると・・・。

　中国四大美女の一人である徐静蕾が主演した『我愛你（ウォ・アイ・ニー）』（０３年）は、タイトルとは全然異質のすさまじい夫婦ゲンカの様が面白かった（『シネマルーム１７』３４５項参照）が、スマホゲームから始まった本作に見る３組の夫婦のケンカぶりも相当なもの。心の底からそれを楽しむことはできないが、そこに見る何とも言えない人間模様をじっくりと味わいたい。

## ■□■地獄の展開にビックリ！その結末は？■□■

　日本人は夫婦そろってのパーティも、そんなパーティでの気の利いた会話も苦手な人が多いが、本作を見ていると、イタリア人は基本的にはおしゃべりだし、ウエットに富んだ会話ができる人が多いことがよくわかる。もっとも、本作は面白い会話劇を狙って脚本を書いたのだから、その会話が面白いのは当然だが、それにしても面白い会話の連続には驚かされる。もっとも、もともとおしゃべり好きなイタリア人が鉄砲弾のように次々と繰り出す怒濤の会話劇を、日本人がどこまで受け入れられるかは少し微妙かも・・・？

　本作は９６分と決して長くはないが、セリフ量はメチャ多いので、正直言ってそれについていくのはかなりしんどい。さらに、現実には２時間程度の食事中に、これほど多くの電話やメールが入ってくることはないはずだが、本作の脚本では、まるでこの時を狙っているかのように次々と各自の秘密を暴露する電話とメールが入ってくるので、その一本一本の電話やメールの内容と衝撃度に注目！そして、そのスリリングな展開から、参加者全員が次第にドロ沼状態に陥っていくサマをしっかり検証したい。エヴァが提案したスマホ

ゲームに乗ったばかりに参加者それぞれが持つ「重大な秘密」が暴露され、夫婦げんかと友人不信に陥っていく3組の夫婦と1人の男は、今まさに地獄の状態。そんな展開の中、本作の結末は一体どうなるの？最後にはそんな興味が広がっていくので、それはあなた自身の目でしっかりと。

　ちなみに、「おとなの事情」というタイトルは、本物のドロ沼状態や何の希望もない結末のイメージではなく、少し余裕とユーモアの心を持った表現だが、本作の結末は私にはちょっと甘いなと思えてしまう。しかして、あなたは本作の結末をどう見る？

2017（平成29）年4月21日記

(c)Medusa Film 2015

# おわりに

◆去る１０月２２日に投開票された衆議院議員総選挙はメチャ面白い政治ドラマになりました。この解散に大義があるのか否か？そんなくだらない議論から出発した選挙戦は、小池百合子氏が「希望の党」を立ち上げたことによって大激変！小池・前原会談（密談？）にもとづき、民進党議員は全員新党へ合流！そんな「大政奉還」のミニ版ともいえる、あっと驚く「奇策」が吉と出れば面白かったものの、小池氏の「排除発言」やヤメ検の側近議員、若狭勝氏の「政権選択選挙は次の次」という超バカげた発言等もあって、結果は凶。「緑のたぬき」の化けの皮が剥がされて、パリの「亡命政権」から東京に戻った小池氏の惨状は如何ばかり。これでは、党の代表はもとより、都知事の職責も長く持たないのでは・・・？

◆大阪では「日本維新の会」の凋落ぶりが顕著。そこで間髪を入れず橋下徹氏は日本維新の会の法律顧問の辞任を表明。そのタイムリーさは相変わらずお見事です。しかし、これでは「大阪都構想」の行方が全く見通せなくなったばかりか、松井一郎代表（大阪府知事）や日本維新の会そのものの存続も危ういのでは・・・？

　１１月以降は３分の２以上の議席を獲得した自公政権を中心に憲法改正の議論の進展が予想されますが、その前途は多難です。今回のドラマを演出し主演女優を演じたのは小池百合子、助演男優は前原誠司と枝野幸男で、３分の２獲得賞が安倍晋三総理ですが、「敵失」のお蔭で「もりかけ問題」をなんとかクリアした安倍総理の「強運」は、さていつまで・・・？

◆他方、１０月２５日に閉幕した中国共産党大会では、新たに「習近平の『新時代の中国の特色ある社会主義』思想」を発表！「毛沢東思想」と「鄧小平理論」に続く「習近平思想」の確立は今後の課題ですが、２０３５年には習近平流の「現代化」を成し遂げ、中国建国百年となる２０４９年には米国に比肩する強国を作り上げるという壮大なプランにはビックリ！目の前の政治課題を近視眼的に見ることしかできない「民主主義国家・日本」のセンセイたちとは大違いです。さらに「チャイナセブン」に５０歳代の後継者を置かなかったことからも、習近平が３期目はおろか、８０歳を超えて君臨した鄧小平モデルを目論んでいることがミエミエに・・・。

◆そんな激動の中でも、１１月時点の最大の焦点は北朝鮮情勢です。空母打撃群が展開する間は金正恩も自重するでしょうが、近いうちに小規模な軍事衝突は必至？するとその時、日本は？日米安保は？台風のために投票を棄権した安易な日本人が多い現在、果たして日本はそんな「国難」に耐えることができるのでしょうか？いろいろと心配の種は尽きません。

それでは、２０１８年の事務所だより３１号（盛夏号）と共に届くであろう『シネマルーム４１』までの半年の間、バイバイ。バイバイ。バイバイ。

２０１７（平成２９）年１０月２７日

弁護士　坂　和　章　平

# シネマルーム40　索　引

タイトル（50音順）

# 弁護士兼映画評論家　坂和章平の著書の紹介

＊著者プロフィール＊

# 坂和 章平（さかわ しょうへい）

| | | |
|---|---|---|
| 1949 (昭和24) 年1月 | 愛媛県松山市に生まれる |
| 1971 (昭和46) 年3月 | 大阪大学法学部卒業 |
| 1972 (昭和47) 年4月 | 司法修習生（26期） |
| 1974 (昭和49) 年4月 | 弁護士登録（大阪弁護士会） |
| 1979 (昭和54) 年7月 | 坂和章平法律事務所開設 |
| | （後 坂和総合法律事務所に改称） |
| | 現在に至る |

## ＜受賞＞

| | |
|---|---|
| 01 (平成13) 年5月 | 日本都市計画学会「石川賞」 |
| 同年同月 | 日本不動産学会「実務著作賞」 |

## ＜検定＞

| | |
|---|---|
| 06 (平成18) 年 7月 | 映画検定4級合格 |
| 07 (平成19) 年 1月 | 同  3級合格 |
| 11 (平成23) 年12月 | 中国語検定4級・3級合格 |

フーテンの寅さんのおいちゃん、おばちゃん
が経営する「とらや」で名物の草だんごを。(2
017年6月30日)

## ＜映画評論家SHOW－HEYの近況＞

| | |
|---|---|
| 07 (平成19) 年10月 | 北京電影学院にて特別講義 |
| 07 (平成19) 年11月9日～ | 大阪日日新聞にて「弁護士坂和章平のLAW DE SHOW」を |
| 09 (平成21) 年12月26日 | 毎週金曜日（08年4月より土曜日に変更）に連載 |
| 08 (平成20) 年10月16日 | 「スカパー！」「e2byスカパー！」の『祭りTV！ 吉永小百合 |
| | 祭り』にゲスト出演（放送期間は10月31日～11月27日） |
| 09 (平成21) 年 8月 | 中国で『取景中国：跟着電影去旅行 (Shots of China)』を出版 |
| 同月18日 | 「09上海書展」（ブックフェア）に参加 説明会＆サイン会 |
| 09 (平成21) 年 9月18日 | 上海の華東理工大学外国語学院で毛丹青氏と対談＆サイン会 |
| 11 (平成23) 年11月 | 毛丹青先生とともに上海旅行 中国語版『名作映画には「生きるヒ |
| 3～6日 | ント」がいっぱい！』の出版打合せ |
| 12 (平成24) 年 8月17日 | 『電影旅歌 一个人的銀幕笔記』を上海ブックフェアで出版 |
| 13 (平成25) 年 2月9日 | 関西テレビ『ウエルエイジング～良齢のすすめ～』に浜村淳さんと共 |
| | に出演 |
| 14 (平成26) 年 9月 | 劉慧寧の初監督作品『魔女に尋ねよ』への出資決定 |
| 14 (平成26) 年10月 | 日本とミャンマーの共同制作、藤元明緒監督作品『Passage |
| | of Life』への出資決定 |
| 15 (平成27) 年 6月29日 | 北京電影学院"実験電影"学院賞授賞式に主席スポンサーとして出席 |

# SHOW－HEYシネマルーム４０
## 2017年下半期お薦め５０作

2017年12月10日　初版　第一刷発行
著　者　　坂和　章平
　　　　　〒530-0047 大阪市北区西天満３丁目４番６号
　　　　　西天満コートビル３階　坂和総合法律事務所
　　　　　電話　　06-6364-5871
　　　　　ＦＡＸ　06-6364-5820
　　　　　Ｅメール office@sakawa-lawoffice.gr.jp
　　　　　ホームページ http://www.sakawa-lawoffice.gr.jp/
発行所　　ブイツーソリューション
　　　　　〒466-0848 名古屋市昭和区長戸町4-40
　　　　　電話　　　052-799-7391
　　　　　ＦＡＸ　　052-799-7984
発売元　　星雲社
　　　　　〒112-0005 東京都文京区水道 1-3-30
　　　　　電話　　　03-3868-3275
　　　　　ＦＡＸ　　03-3868-6588
印刷所　　藤原印刷
万一、落丁乱丁のある場合は送料当社負担でお取替えいたします。
小社宛にお送りください。
定価はカバーに表示してあります。
©Shohei Sakawa 2017 Printed in Japan　ISBN 978-4-434-24047-8